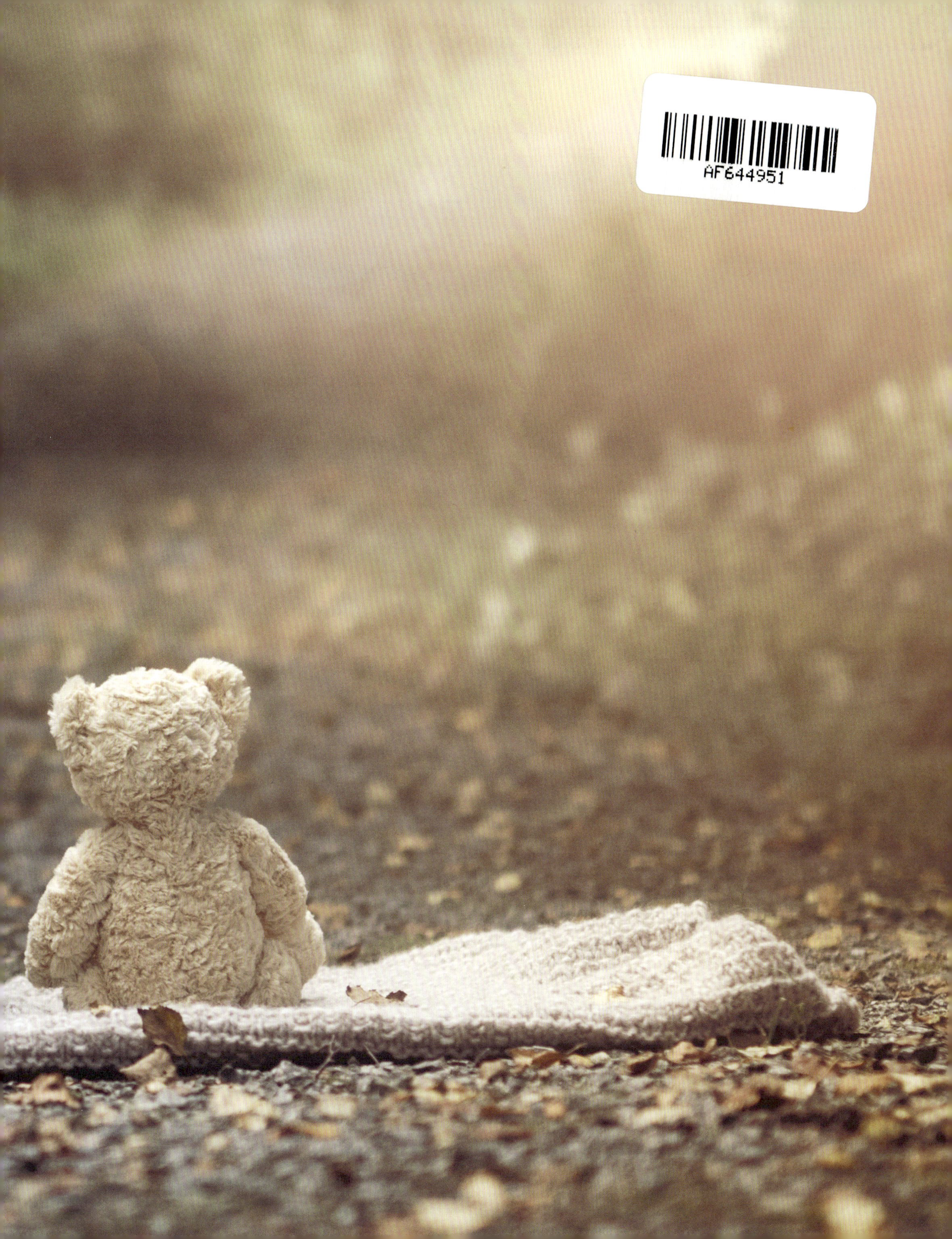

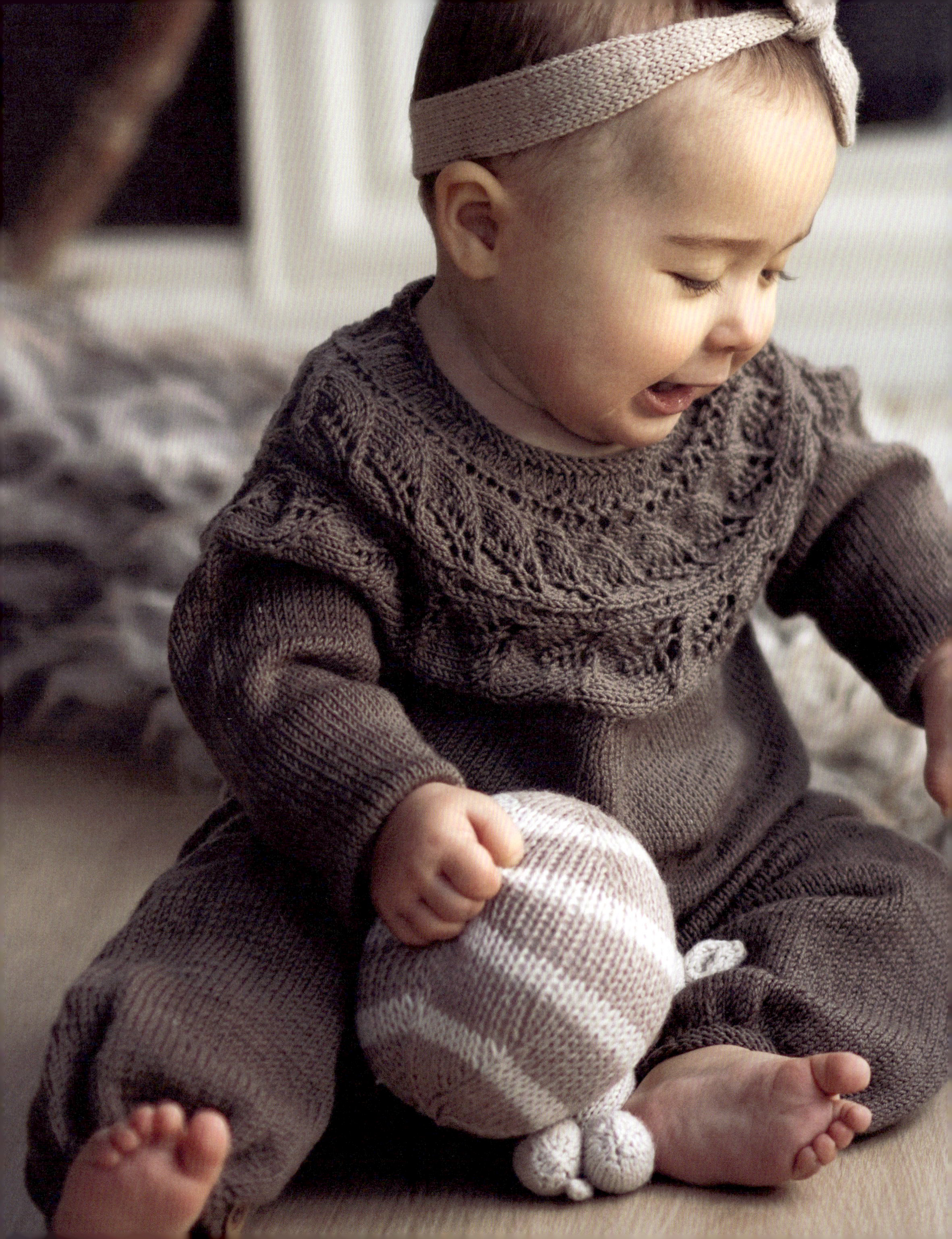

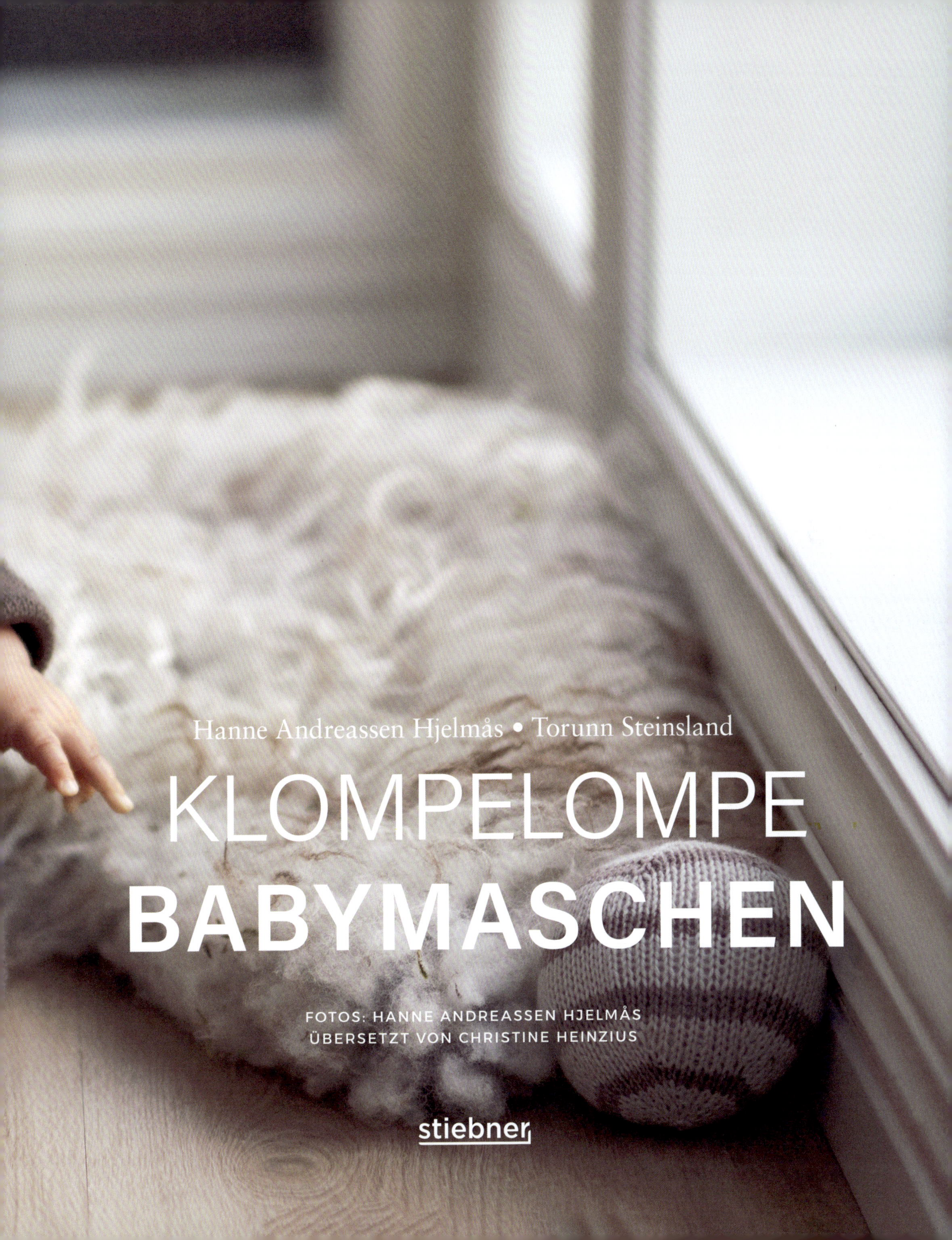

Hanne Andreassen Hjelmås • Torunn Steinsland

KLOMPELOMPE BABYMASCHEN

FOTOS: HANNE ANDREASSEN HJELMÅS
ÜBERSETZT VON CHRISTINE HEINZIUS

stiebner

Liebe Leser:innen,
wir freuen uns, dass wir Sie mit diesem Buch inspirieren und Teil Ihrer kreativen Reise sein dürfen. Noch mehr Inspiration, originelle Ideen und besondere Themen finden Sie auf unserer Verlagsseite www.stiebner.com.

LASSEN SIE UNS ZUSAMMEN KREATIV WERDEN!

Wir sind immer offen für Ihre Anregungen, Wünsche und Kritik – schreiben Sie uns gerne unter verlag@stiebner.com.
Da geteilte Freude bekanntlich doppelte Freude ist: Zeigen Sie uns Ihre kreativen Ideen und fertigen Projekte auf Social Media! Markieren Sie uns mit @stiebnerverlag oder nutzen Sie die folgenden Hashtags:
#StiebnerKreativ #KlompeLompeBabyMaschen #KlompeLompe

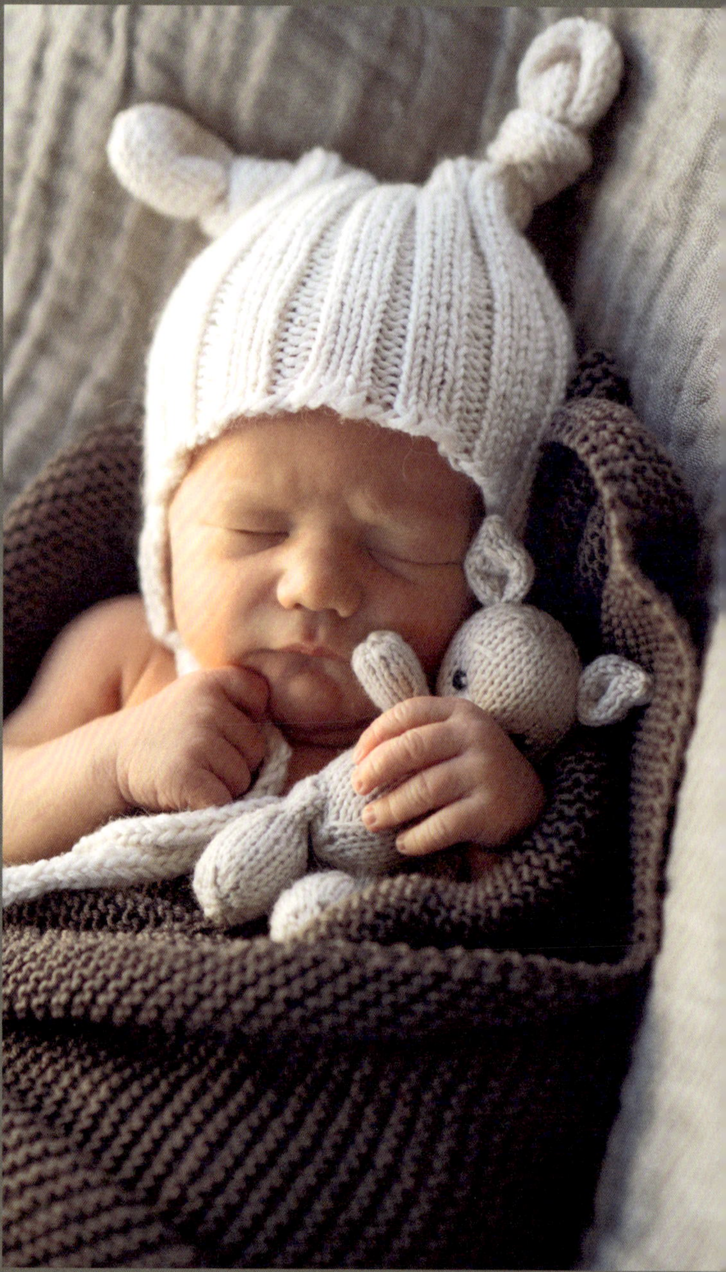

Erstmals erschienen unter dem Titel »KLOMPELOMPE – NYE FAVORITTER TIL BABY« bei Kagge Forlag

Text: Hanne Andreassen Hjelmås & Torunn Steinsland
Fotografie: Hanne Andreassen Hjelmås
Übersetzung aus dem Norwegischem: Christine Heinzius
Cover: Danai Afrati
Layout: Anne Vines
Projektleitung: Stefanie Klapetek
Lektorat: Arnhilt Tittes
Satz: Laura Becker
Druck & Bindung: Belvedere Art Books, Niederlande/ www.TheArtOfMakingBooks.de

3. Auflage 2026

ISBN 978-3-8307-2159-8
Bibliografische Information der Deutschen Nationalbibliothek:
Die Deutsche Nationalbibliothek verzeichnet diese Publikation in der Deutschen Nationalbibliografie; detaillierte bibliografische Daten sind im Internet über http://dnb.dnb.de abrufbar.

www.stiebner.com

Inhalt

Womit alles anfing 5

Minivolant-Set 7
Minivolant-Mohairjacke 9
Minivolant-Mohairwindelhose 12
Minivolant-Mohairmütze 14
Minivolant-Socken 16
Einfache Zwergenmütze 18
Minivolant-Strampler 21
Klassische Neugeborenenmütze 27
Minivolant-Babyfäustlinge 28

Basse-Set 31
Basse-Hose 33
Basse-Mütze 35
Basse-Schal 36
Herbstpulli 38
Herbstpantoffeln 42
Herbstfäustlinge 44
Ingebjørgs Rippendecke 46

Anne-Set 49
Anne-Volantjacke 51
Erstlingsmütze 55
Anne-Decke 56
Anne-Mütze 57
Anne-Babysocken 58
Oline-Strampler 60
Stripelars-Sommeranzug 63
Johanna-Strampler 66

Gromgutt-Set 70
Gromgutt-Jacke 72
Dünne Gromgutt-Hose 74
Dünne Gromgutt-Mütze 76
Gromgutt-Strampler 77
Gromgutt-Mütze 80
Olav-Jacke 82
Olav-Hose 86
Olav-Kinderwagendecke 88
Olav-Fäustlinge 90

Mini-Set 93
Kuscheliger Mini-Strampler 95
Kuschelzwerg 97
Mini-Strampler 99
Strukturorama-Babypulli 102
Strukturorama-Decke 108
Mini-Zwergenmütze 112
Kuscheliger Autoschlafsack 114

StripelarsSet 117
Stripelars kleine Jacke 118
Stripelars kleine Hose 121
Stripelars Tennissocken 122
Stripelars Hipstermütze 123
Stripelars Fäustlinge 125
Stripelars Decke 127
Stripelars große Jacke 128
Stripelars große Hose 130
Stripelars Overall 133
Stripelars Trägerhose 136
Aurora-Set 139
Aurora-Babyjacke 140
Aurora-Babymütze 142
Aurora-Windelhose 144
Lilly-Babysocken 146
Lilly-Strampler 148
Lilly-Body 152
Lillesøsters Socken 155
Aurora-Haarband 157
Aurora-Decke 158

Go'klompen-Set 160
Fischernetzpulli fürs Baby 162
Fischernetz-Hipstermütze 166
Go'klompen-Strampler 168
Kuschelige Go´klompen-Mütze 170
Go'klompen-Decke 172
Fischernetz-Babysocken 174
Dünne Lillemor-Hose 176

Spielsachen 179
Rassel 180
Ball 180
Schmusetuch 182
Minikaninchen & Minikatze 183

Danksagung 185

ABKÜRZUNGEN

abh = abheben
abk = abk
abn = abnehmen
Abn = Abnahme
arb = arbeiten
Hilfsndl = Hilfsnadel(n)
Km = Kettmasche(n)
li = links
liverkr = nach links verkreuzen
Lm = Luftmasche(n)
lrM = lange rechte Masche
M = Masche
MM = Maschenmarkierer
Mon = Monate
Ndl = Nadel(n)
R = Reihe
Rd = Runde
Rdndl = Rundnadel
re = rechts
reverkr = nach rechts verkreuzen
Rundndl = Rundnadel(n)
str = stricken
U = Umschlag
verschr = verschränkt
wdh = wiederholen
zun = zunehmen
Zun = Zunahme
zus = zusammen
von * bis * wdh = die Angaben zwischen den * wiederholen
von # bis # wdh = die Angaben zwischen den # wiederholen

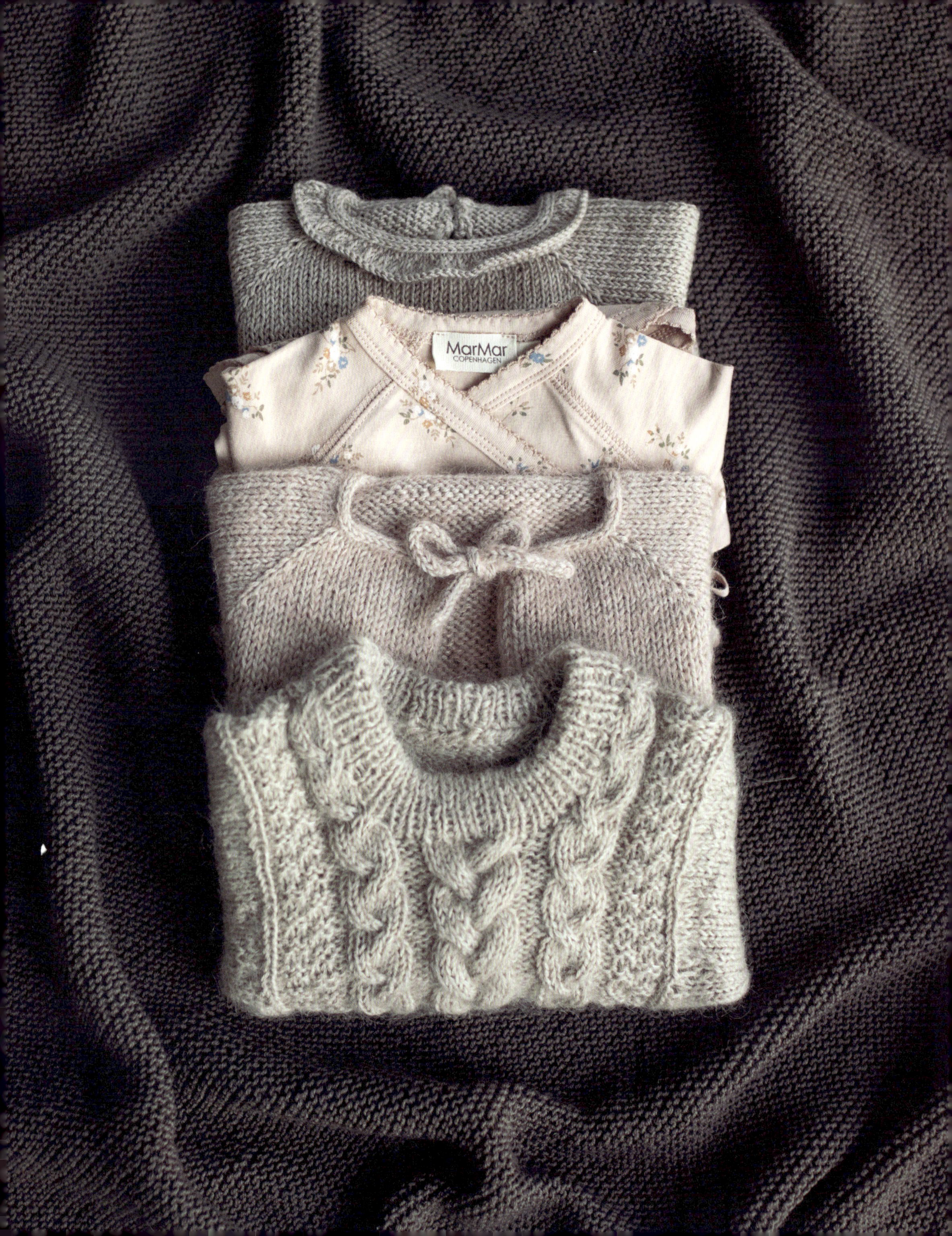
MarMar
COPENHAGEN

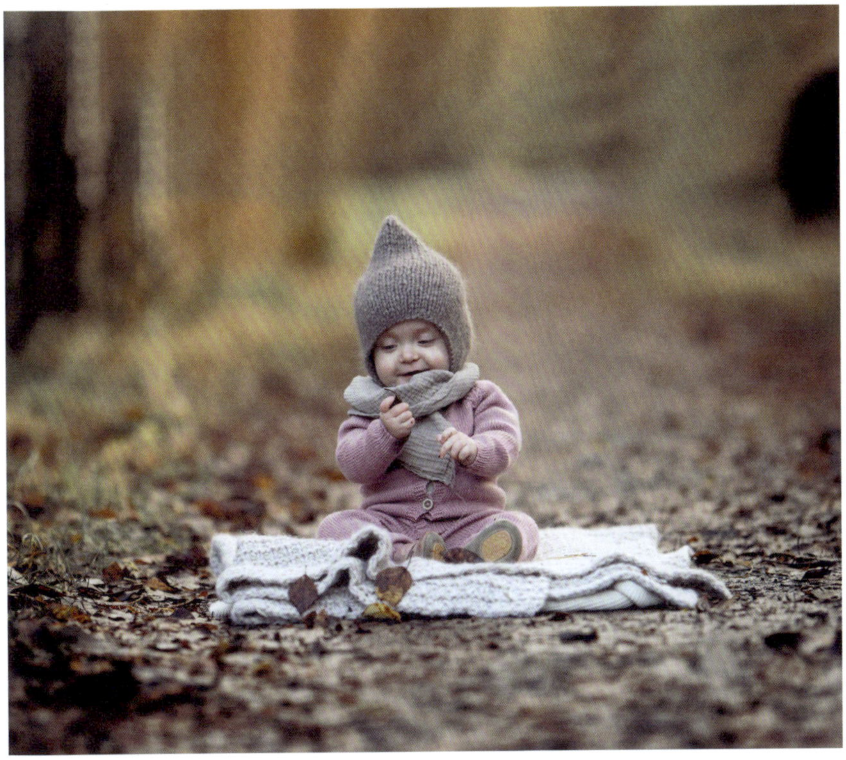

Womit alles anfing

Zwei kleine Babys auf dem Weg in die Welt und zwei schwangere Freundinnen mit demselben Geburtstermin waren die Auslöser für unsere Klompelompe-Reise. Wir machten beide gern Handarbeiten und strickten schon lange, aber diese kleinen Babys regten unsere Stricklust noch mal extra an.

Uns fiel auf, dass es wenig hübsche Sachen für Jungs gab, vor allem wenig Mützen, deswegen haben wir die Kjekkasmütze und die Pilotenmütze entworfen. Beide sind Klassiker mit einer guten Passform. Die Mützen waren beliebt, aber nach unzähligen Strickstunden wurde uns klar, dass wir nicht mehr alles selbst produzieren konnten. Anleitungen waren die Lösung, denn die Leute wollen gern selbst stricken.

16 Bücher später haben wir auch Anleitungen für größere Kinder und Erwachsene geschrieben. Aber wir wünschten uns, wieder an den Anfang zurückzukehren und für Babys zu stricken. Obwohl keine von uns mehr ein kleines Baby hat, ist es einfach etwas Besonderes, so kleine und süße Kleidungsstücke zu stricken – Kleidung, die einen ganz neuen Körper warmhält. Wir haben sowohl einfache Basisstücke entworfen als auch anspruchsvollere mit bunten Mustern, die aufgeschnitten (gesteekt) werden und natürlich auch Babydecken. Die sind ein Muss.

Eine besonders schöne Tradition ist es, ein Set zu stricken, in dem das Baby aus dem Krankenhaus nach Hause gebracht wird. Wie wunderbar, die Kleidungsstücke für die erste Reise nach Hause für einen neuen kleinen Schatz stricken zu dürfen! In diesem Buch finden sich viele Sets in unterschiedlichen Varianten und Schwierigkeitsgraden. Jedes Set besteht aus mehreren Teilen, aus denen Sie sich dann das eine zusammensetzen können, das Ihnen am besten gefällt.

Wir hoffen, dass Sie sich von den Anleitungen in diesem Buch inspirieren lassen, etwas für eigene Kinder oder die von anderen zu stricken.

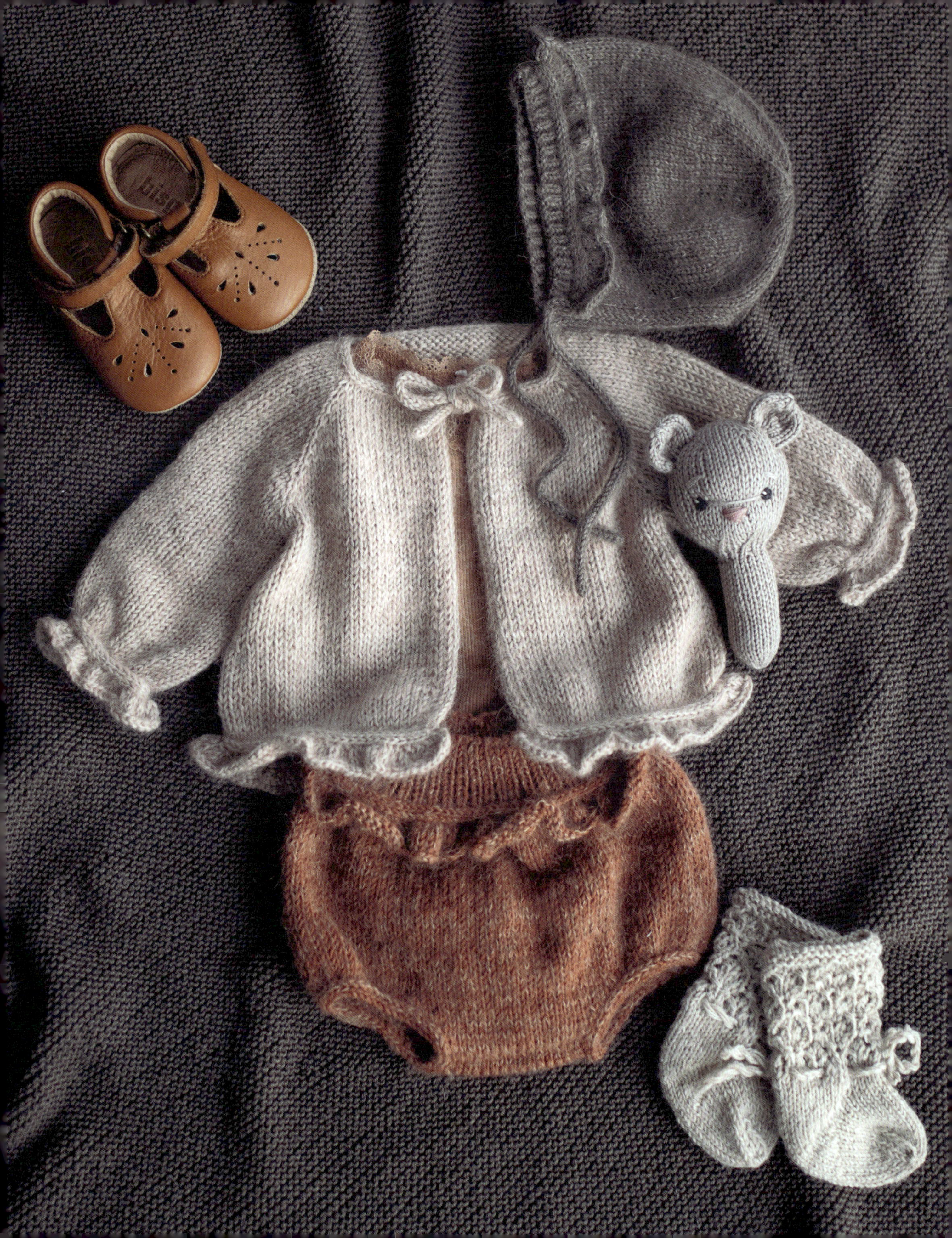

Minivolant-Set

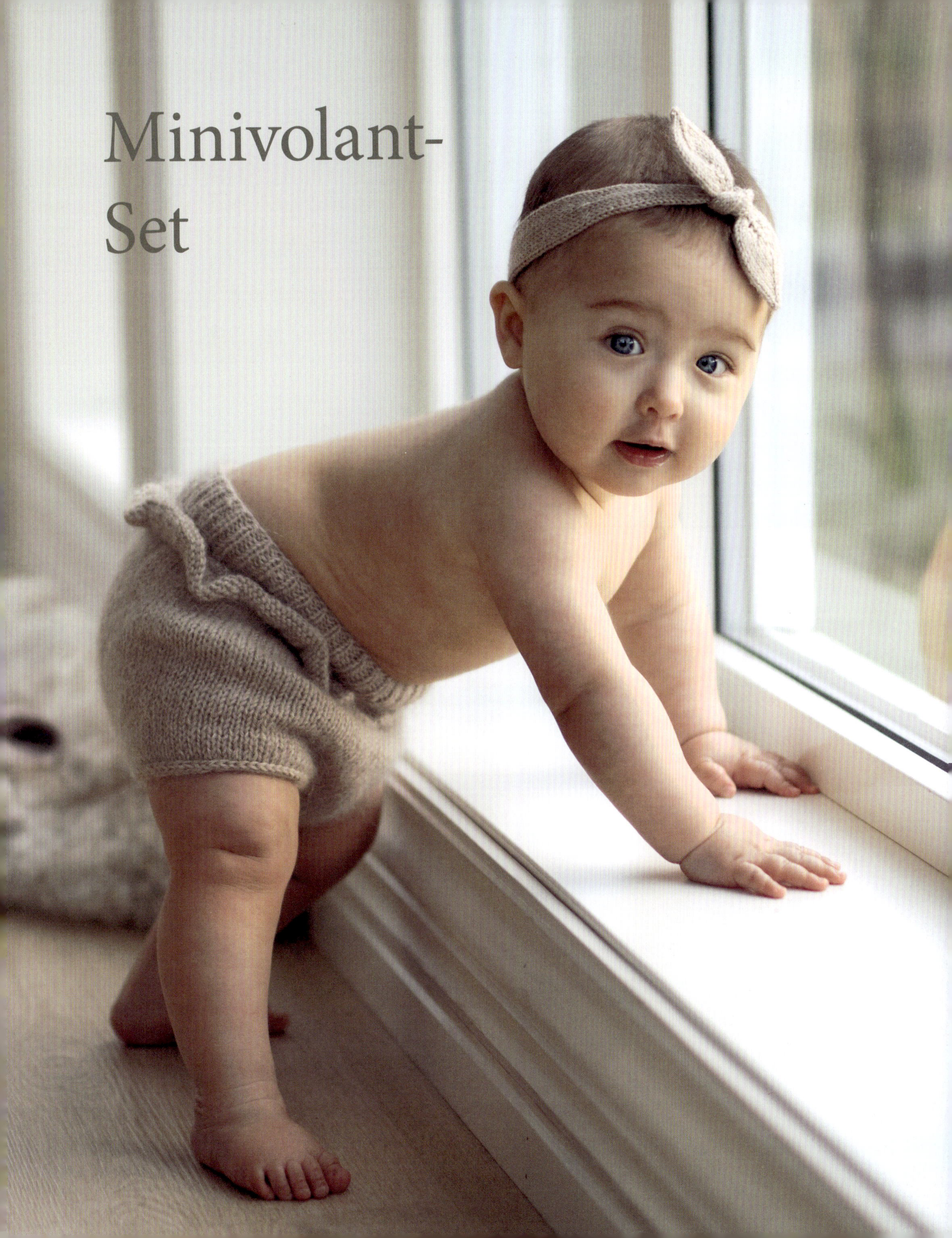

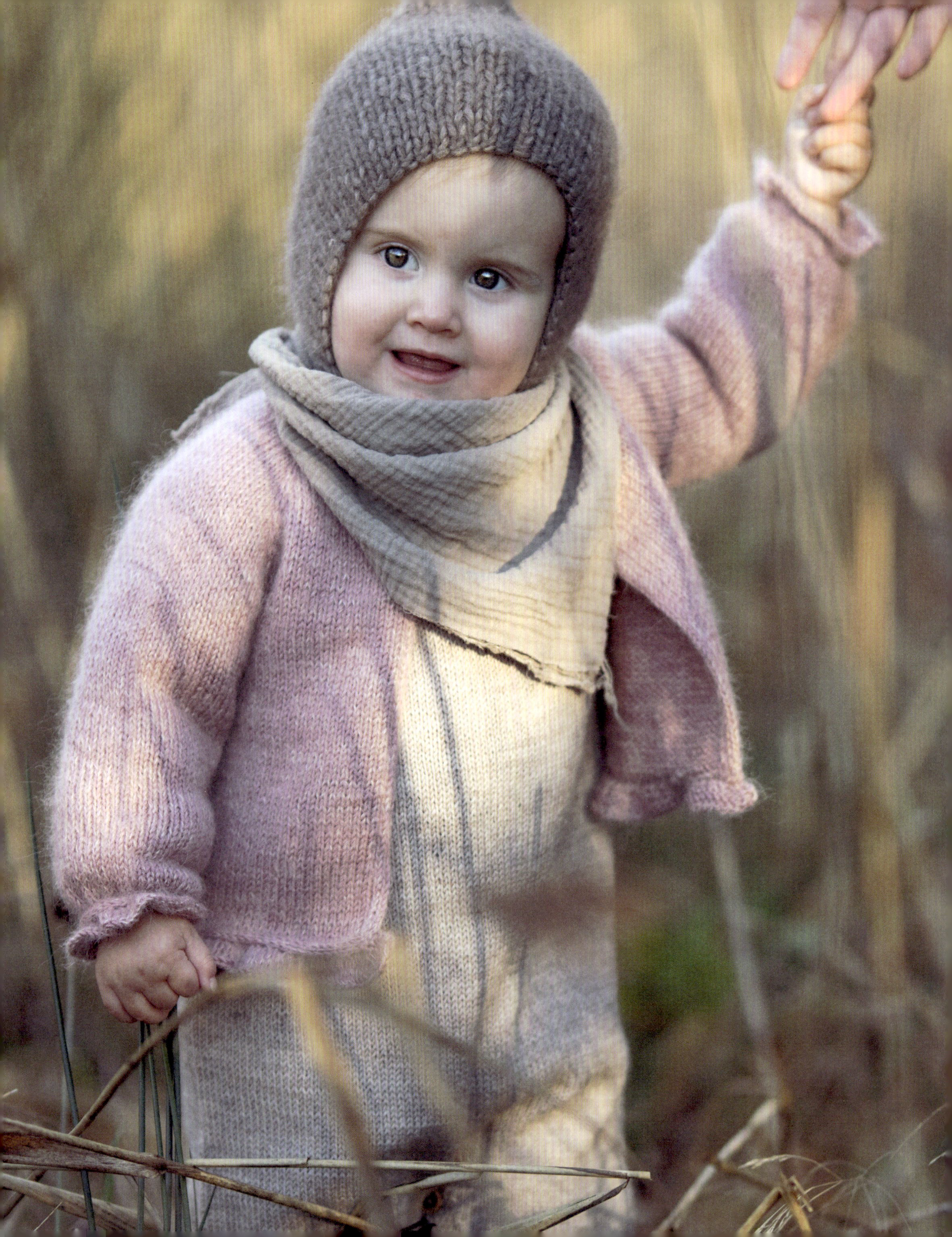

Minivolant-Mohairjacke

Eine weiche, niedliche Volantjacke mit Bindeband am Hals. Diese Mohairjacke verschönert jedes Kleid.

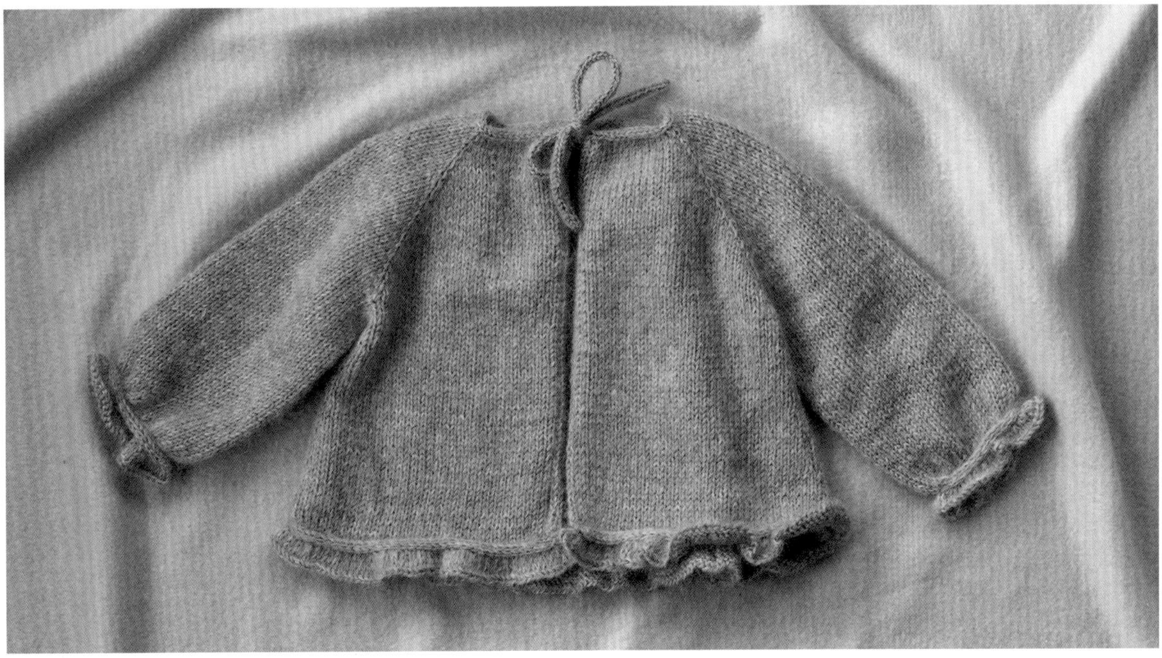

SCHWIERIGKEITSGRAD 2

GRÖSSEN: (0–1 Mon) 3 Mon (6–9 Mon) 1 Jahr (2 Jahre) 3 Jahre
GARN: KlompeLOMPE Tynn Merinoull, Farbe 4032, und Sandnes Garn Tynn Silk Mohair, Farbe 3511
MENGE: KlompeLOMPE Tynn Merinoull: (100) 100 (100) 100 (150) 150 g
Sandnes Garn Tynn Silk Mohair: (50) 50 (50) 50 (50) 75 g
NADELN: Rundnadeln Nr. 2,5 und Nr. 3,5, je 40 cm und 80 cm für Magic Loop.
MASCHENPROBE: 20 M mit Ndl Nr. 3,5 = 10 cm
MASSE: Oberweite: ca. (48,5) 52,5 (60,5) 65,5 (70,5) 75,5 cm
Gesamtlänge: ca. (22) 24 (27) 29 (32) 35 cm

Die Jacke doppelfädig mit 1 Faden KlompeLOMPE Tynn Merinoull und 1 Faden Sandnes Garn Tynn Silk Mohair str und oben am Halsausschnitt mit einem I-Cord (Strickkordel) beginnen.

3 M mit Ndl Nr. 2,5 doppelfädig mit 1 Faden jeder Qualität anschlagen. Einen (58) 60 (62) 64 (66) 68 cm langen I-Cord str.

Aus den mittleren (61) 65 (69) 71 (73) 75 M des I-Cords je 1 M aufn. Mit Ndl Nr.3,5 1 R re M M str.

1 R li M str.

Für die weiteren Zun 1 M re verschr aus dem Querfaden herausstr. Die M rechts der Raglan-M nach re geneigt und die M links davon li geneigt herausstr (siehe Video auf Klompelompe.no).

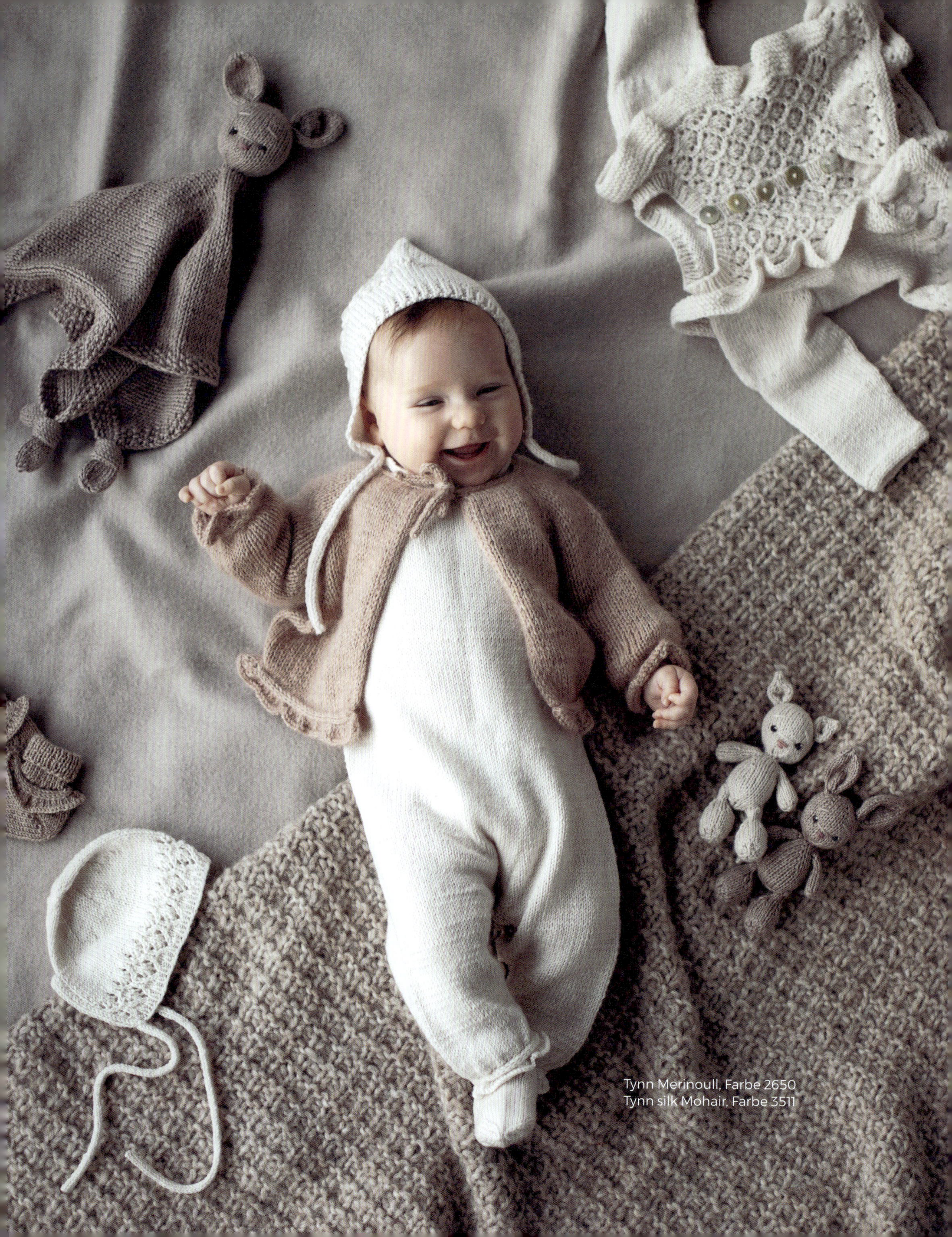

Tynn Merinoull, Farbe 2650
Tynn silk Mohair, Farbe 3511

Nächste R: (10) 11 (12) 13 (13) 14 M re, 1 M zun, 1 M re (Raglan-M), 1 M zun, 8 M re, 1 M zun, 1 M re (Raglan-M), 1 M zun, (21) 23 (25) 25 (27) 27 M re, 1 M zun, 1 M re (Raglan-M), 1 M zun, 8 M re, 1 M zun, 1 M re (Raglan-M), 1 M zun, (10) 11 (12) 13 (13) 14 M re.

1 R li M str.

Verkürzte R im Nacken: Re M mit Raglan-Zun str bis zu den letzten 5 M, wenden, li M str bis zu den letzten 5 M, wenden, re M mit Raglan-Zun bis 3 M vor dem letzten Wenden str, wenden, li M bis 3 M vor dem letzten Wenden str, wenden, re M mit Raglan-Zun str bis R-Ende.

Insgesamt (10) 11 (14) 16 (18) 20-mal in jeder Hinreihe Raglan-Zun str = (141) 153 (181) 199 (217) 235 M.

Nächste R (Hin-R): Re M str bis nach der Raglan-M, die Ärmel-M stilllegen, 6 M unter dem Arm anschlagen, re M str bis nach der Raglan-M, die Ärmel-M stilllegen, 6 M unter dem Arm anschlagen, re M str bis R-Ende = (97) 105 (121) 131 (141) 151 M.

Beidseitig der 6 unter dem Arm aufgenommenen M 1 MM setzen.

Weiter glatt rechts str und nach 2,5 cm an jeder Seite beidseitig der 6 M 1 M zun = 4 M in der R zugenommen.

Diese Zun alle 2,5 cm insgesamt (3) 4 (4) 5 (6) 7-mal arb.

Glatt rechts weiterstr, bis die Arbeit (ab der Schulter) (20) 22 (25) 27 (30) 33 cm misst und die nächste R eine Hin-R ist. 3 M dazu anschlagen.

Zu Ndl Nr. 2,5 wechseln. Alle M mit I-Cord abk (siehe Video auf Klompelompe.no):

2 M re str, 2 M re verschr zus str, die 3 M zurück auf die li Ndl heben, von * bis * wdh.

VOLANT UNTEN

Mit Ndl Nr. 3,5 arb.

Über die gesamte R aus den hinteren M des Abkett-I-Cords je 1 M aufnehmen.

1 Rück-R li M str.

Nächste R: *1 M re, 1 M zun*, von * bis * bis zur letzten M wdh, 1 M re.

1 R li M und 1 R re M M str.

1 R li M str und dabei gleichzeitig die M abk.

ÄRMEL

3 M ab der Mitte aus den unter dem Arm angeschlagenen 6 M auffassen, 1 M aus dem Übergang zum Ärmel auffassen, die (28) 30 (36) 40 (44) 48 stillgelegten Ärmel-M re str, 1 M aus dem Übergang auffassen, 3 M auffassen bis Rd-Ende

Glatt rechts str, bis der Ärmel (11) 13 (15) 17 (21) 24 cm misst.

1 Rd re M str, dabei gleichmäßig verteilt M abn auf (30) 30 (34) 34 (36) 38 M.

Zu Ndl Nr. 2,5 wechseln. Alle M mit I-Cord abk (ohne vorher 3 M anzuschlagen).

Das I-Cord-Ende mit dem Anfang zusammennähen.

VOLANT AM ÄRMEL

Mit Ndl Nr. 3,5 arb. Über die gesamte Rd aus den hinteren M des Abkett-I-Cords je 1 M aufnehmen.
1 Rd re M str.

Nächste Rd: *1 M re, 1 M zun*, von * bis * bis Rd-Ende wdh.

3 Rd re M str und in der letzten Rd die M abk.

VORDERKANTE

Mit Ndl Nr. 2,5 aus jeder M 1 M aufnehmen, dabei jede 4. M überspringen. Den Faden abschneiden und auf der rechten Seite der Arbeit beginnen. 3 M anschlagen. Alle M mit I-Cord abk.

Auf der anderen Seite genauso arb.

Alle Fäden vernähen. Die Jacke anfeuchten und die Volants zurechtziehen. Das Strickstück unter einem feuchten Handtuch trocknen lassen.

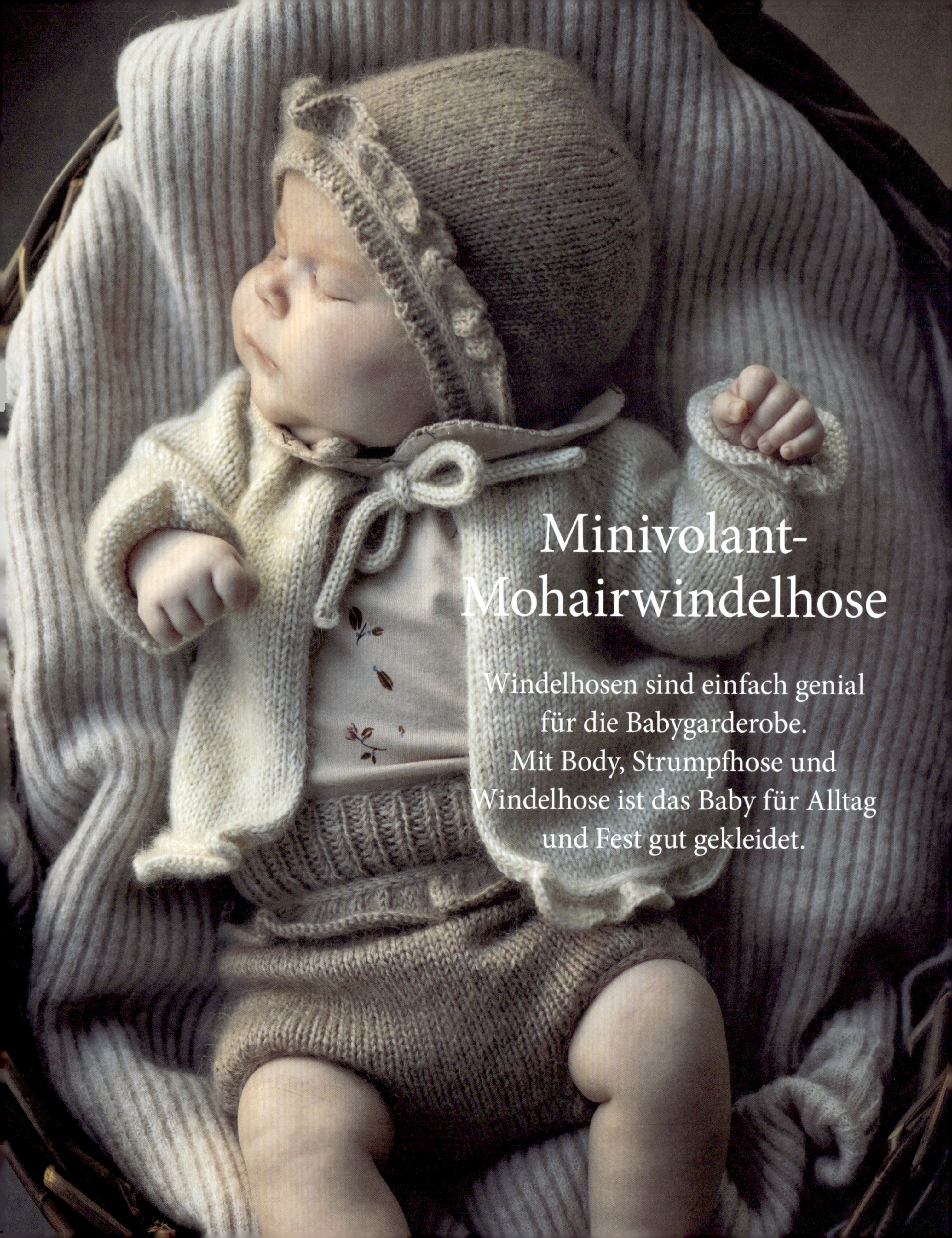

Minivolant-Mohairwindelhose

Windelhosen sind einfach genial für die Babygarderobe. Mit Body, Strumpfhose und Windelhose ist das Baby für Alltag und Fest gut gekleidet.

SCHWIERIGKEITSGRAD 2

GRÖSSEN: (0–1) 3 (6–9) 12 (18) 24 Mon
GARN: KlompeLOMPE Tynn Merinoull, Farbe 2650, und Sandnes Garn Tynn Silk Mohair, Farbe 3021
MENGE KlompeLOMPE Tynn Merinoull (50) 50 (50) 50 (50) 100 g
Sandnes Garn Tynn Silk Mohair (25) 25 (25) 25 (25) 50 g
NADELN: Rundnadeln Nr. 2,5 und Nr. 3,5, je 40 cm und 80 cm
MASCHENPROBE: 20 M mit Ndl Nr. 3,5 = 10 cm

Von oben in Runden doppelfädig mit 1 Faden jeder Qualität str. (80) 88 (92) 96 (100) 104 M mit Ndl Nr. 2,5 anschlagen. 12 Rd im Rippenmuster (1 M re, 1 M li im Wechsel) str.

3 M anschlagen und alle M mit I-Cord abk: *2 M re, 2 M re verschr zus str, die 3 M zurück auf die linke Nadel heben*, von * bis * bis Rd-Ende wdh.

Die Enden des I-Cords zusammennähen.

Mit Ndl Nr. 3,5 über die ganze Rd aus den hinteren M des I-Cords je 1 M auffassen = (80) 88 (92) 96 (100) 104 M.

1 Rd re M str.

Nächste Rd: *4 M re, 1 M zun*, von * bis * bis Rd-Ende wdh = (100) 110 (115) 120 (125) 130 M.

Weiter glatt rechts str, bis die Arbeit (13) 14 (14,5) 15 (15,5) 16 cm misst.

Das Rückenteil wie folgt verlängern (Verkürzte Reihen, siehe Video German Short Rows auf Klompelompe.no): 20 M re, wenden, 40 M li, wenden, 45 M re, wenden, 50 M li, wenden, 55 M re, wenden, 60 M li, wenden, re M str bis Rd-Ende.

Weiter glatt rechts str, bis die Arbeit vorne (14) 15 (15,5) 16 (16,5) 17 cm misst.

Für die Größen: 6–9 Mon und 18 Mon 1 M abk.

Über die mittleren (28) 30 (30) 34 (36) 36 M des Rückenteils glatt rechts str und die restlichen M auf einer Hilfsndl stilllegen.

RÜCKENTEIL

Die 1. R ist eine Hin-R.

1. R: 2 M re zus str, re M str bis zu den letzten 2 M, 2 M re verschr zus str.

In jeder Hin-R so abn, bis noch 16 M übrig sind.

In der nächsten Hin-R alle M abk.

VORDERTEIL

Über die mittleren (22) 24 (24) 26 (28) 30 M des Vorderteils glatt rechts str und auf beiden Seiten die restlichen (25) 28 (30) 30 (30) 32 M auf Hilfsndln stilllegen. Die 1. R ist eine Hin-R.

1. R: 2 M re zus str, re M str bis zu den letzten 2 M, 2 M re verschr zus str.

In jeder Hin-R so abn, bis noch 16 M übrig sind. 4 R glatt rechts str und in der letzten R alle M abk.

Vorder- und Rückenteil im Schritt zusammennähen.

Mit Ndl Nr. 2,5 M aus der Beinkante auffassen. An der Schrittnaht beginnen und aus jeder M 1 M auffassen, dabei jede 4. M überspringen, über die stillgelegten M wie folgt str: *1 M re, 2 M re zus str*, von * bis * bis zu den letzten (1) 1 (0) 0 (0) 2 M wdh, (1) 1 (0) 0 (0) 2 M re, aus jeder M 1 M aufnehmen, dabei jede 4. M überspringen.

3 M anschlagen und alle M mit I-Cord abk (siehe Video auf Klompelompe.no).

VOLANT

Mit Ndl Nr. 3,5 aus denselben M des I-Cords M aufnehmen wie beim letzten Mal. 1 Rd re M str.

Nächste Rd: *1 M re, 1 M zun*, von * bis * bis Rd-Ende wdh.

5 Rd re M str und in der letzten Rd alle M abk.

Alle Fäden vernähen und die Hose unter einem feuchten Handtuch trocknen lassen.

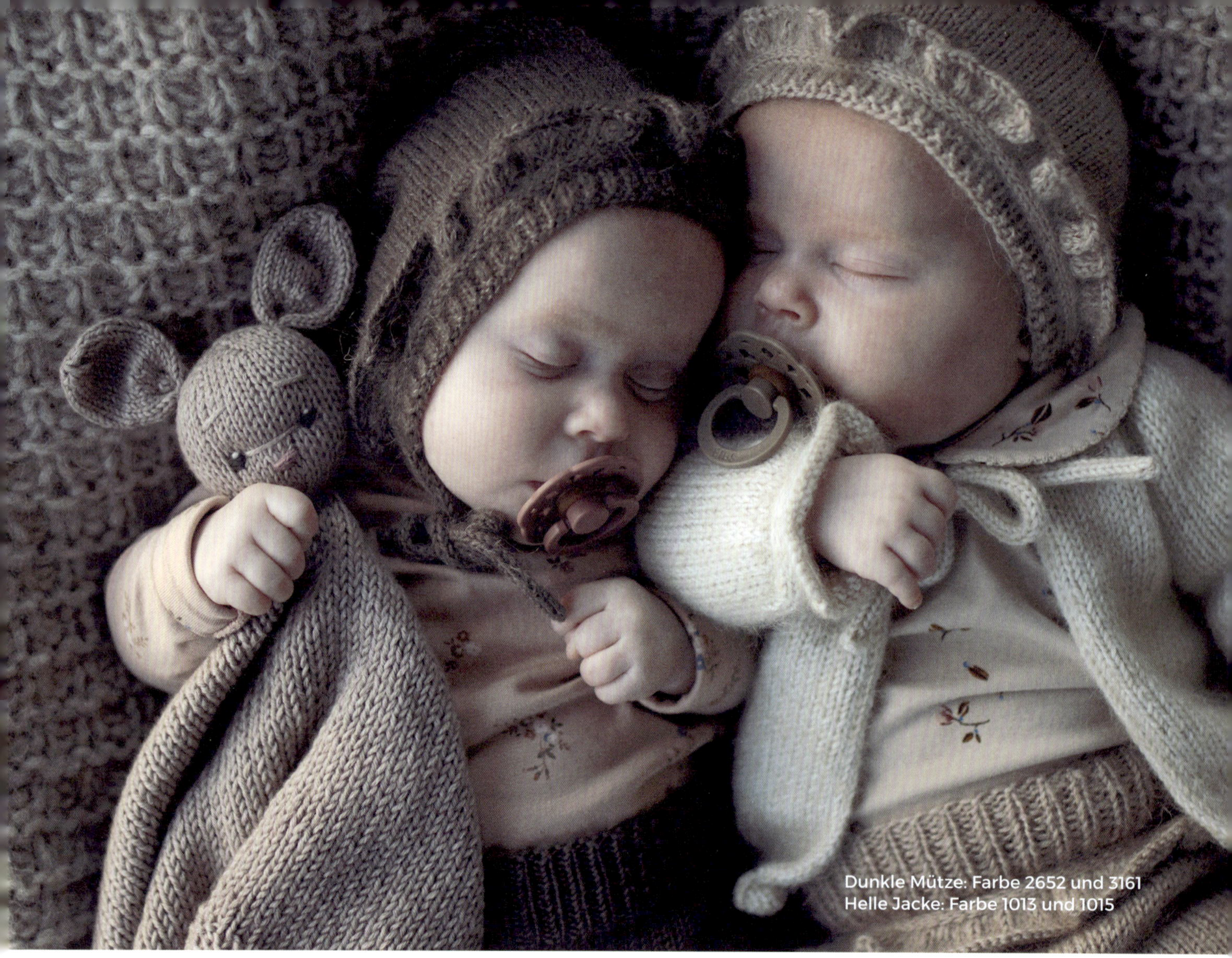

Dunkle Mütze: Farbe 2652 und 3161
Helle Jacke: Farbe 1013 und 1015

Minivolant-Mohairmütze

Eine ganz besondere, weiche Mütze mit süßem Volant.

SCHWIERIGKEITSGRAD 2

GRÖSSEN: (Frühchen) 0–3 Mon (3–6 Mon) 6–12 Mon (1–2 Jahre)
GARN: KlompeLOMPE Tynn Merinoull, Farbe 2650 und Sandnes Garn Tynn Silk Mohair, Farbe 3021

MENGE: KlompeLOMPE Tynn Merinoull: 50 g für alle Größen, Sandnes Garn Tynn Silk Mohair: 25 g für alle Größen
NADELN: Rundnadeln Nr. 2,5 und Nr. 3, je 40 cm und 80 cm für Magic Loop.
MASCHENPROBE: 22 M mit Ndl Nr. 3 = 10 cm

Mit einer Rundndl in Reihen doppelfädig mit 1 Faden KlompeLOMPE Tynn Merinoull und 1 Faden Sandnes Garn Tynn Silk Mohair str.

(67) 77 (81) 83 (87) M mit Ndl Nr. 2,5 anschlagen.
4 R Rippenmuster (1 M re, 1 M li im Wechsel) str.

3 M anschlagen. Alle M mit I-Cord abk (siehe Video auf Klompelompe.no): *2 M re, 2 M re verschr zus str, die 3 M zurück auf die li Ndl heben*, von * bis * bis Rd-Ende wdh.

Mit Ndl Nr. 3 aus jeder hinteren M des I-Cords 1 M auffassen = (67) 77 (81) 83 (87) M.
Glatt rechts str, bis die Arbeit (8) 10 (11) 12 (13) cm misst.
Ab jetzt in Rd str und in der 1. Rd gleichmäßig verteilt (4) 5 (1) 3 (7) M abn.
3 Rd re M str.

Gilt nicht für Größe Frühchen und 0–3 Mon:
Nächste Rd: *8 M re, 2 M re zus str*, von * bis * bis Rd-Ende wdh.
2 Rd re M str.

Alle Größen
Nächste Rd: *7 M re, 2 M re zus str*, von * bis * bis Rd-Ende wdh.
2 Rd re M str.
Nächste Rd: *6 M re, 2 M re zus str*, von * bis * bis Rd-Ende wdh.
1 Rd re M str.
Nächste Rd: *5 M re, 2 M re zus str*, von * bis * bis Rd-Ende wdh.
1 Rd re M str.

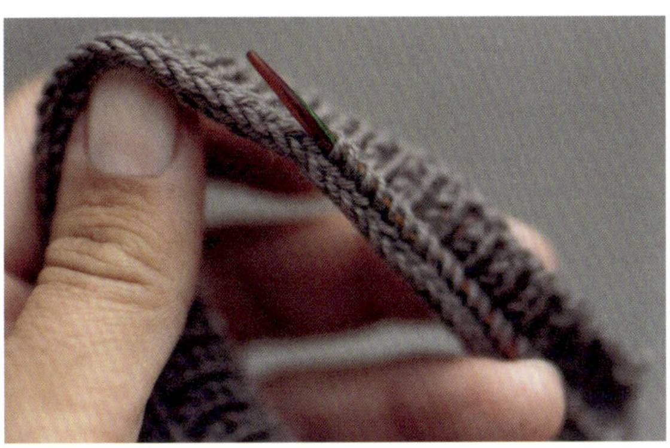

Nächste Rd: *4 M re, 2 M re zus str*, von * bis * bis Rd-Ende wdh.
1 Rd re M str.
Nächste Rd: *3 M re, 2 M re zus str*, von * bis * bis Rd-Ende wdh.
1 Rd re M str.
Nächste Rd: *2 M re, 2 M re zus str*, von * bis * bis Rd-Ende wdh.
1 Rd re M str.

Nächste Rd: *1 M re, 2 M re zus str*, von * bis * bis Rd-Ende wdh.
Nächste Rd: *2 M re zus str*, von * bis * bis Rd-Ende wdh.

Den Faden durch die M fädeln und zus ziehen.

VOLANT
Mit Ndl Nr. 3 aus denselben M des I-Cords M auffassen wie beim Mützenrand.
1 Hin-R re M und 1 Rück-R li M str.
Nächste R: *1 M re, 1 M zun*, von * bis * bis zur letzten M wdh, 1 M re.

1 R li M und 1 R re M str.
1 Rück-R li M str und die M dabei abk.

HALSAUSSCHNITT
Mit Ndl Nr. 2,5 1 M aus jeder M auffassen, dabei jede 3. M überspringen.
Die M auf einer Hilfsndl stilllegen.
3 M mit Ndl Nr. 2,5 anschlagen und 20 cm I-Cord str (siehe Video auf Klompelompe.no). Nun die stillgelegten M mit I-Cord abk , bis noch 3 M übrig sind. Mit weiteren 20 cm I-Cord enden. Alle Fäden vernähen.

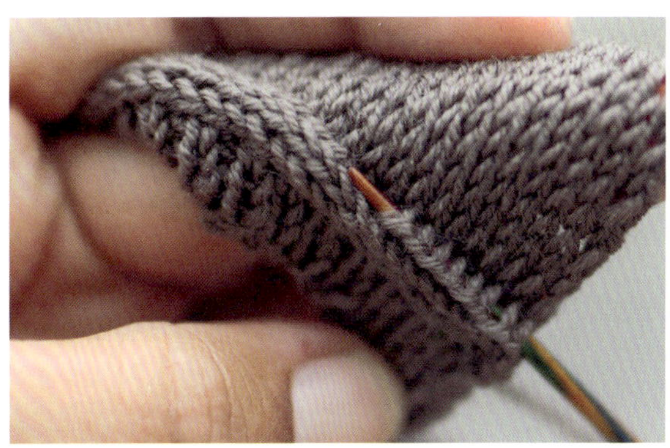

Minivolant-Socken

Diese Socken sitzen durch den I-Cord in der Mitte unheimlich gut am Fuß. Die kleinste Größe, mit Nadel Nr. 2,5 gestrickt, passt perfekt an einen kleinen Frühchenfuß.

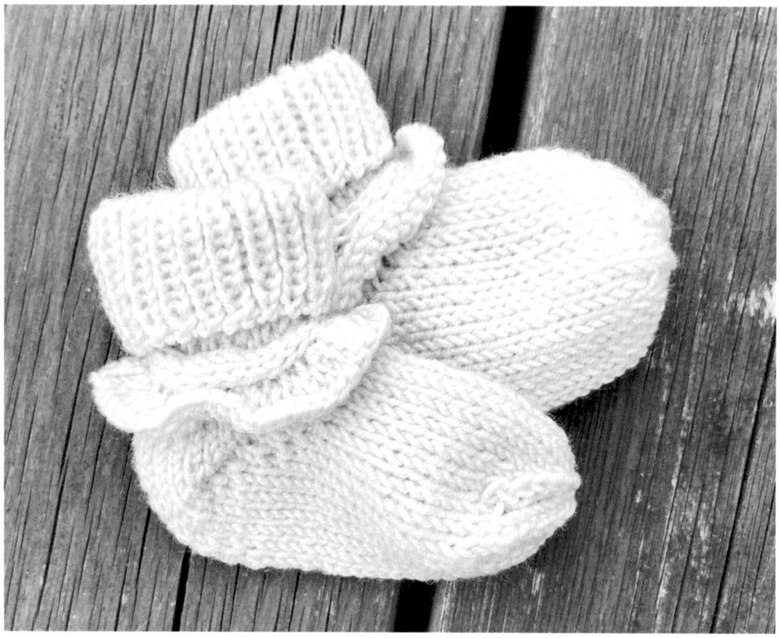

SCHWIERIGKEITSGRAD 2

GRÖSSEN: (0–1 Mon) 3 Mon (6 Mon) 9–12 Mon (18–24 Mon) 2–3 Jahre
GARN: KlompeLOMPE Tynn Merinoull, Farbe 1013
MENGE: 50 g für alle Größen
Nadeln: Rundnadeln Nr. 2,5 und Nr. 3, je 80 cm für Magic Loop
MASCHENPROBE: 27 M mit Ndl Nr. 3 = 10 cm

Von oben in Runden mit Magic Loop str (siehe Video auf Klompelompe.no).
(36) 40 (40) 44 (48) 48 M mit Ndl Nr. 2,5 anschlagen.

(20) 22 (24) 26 (28) 30 Rd im Rippenmuster (1 M re, 1 M li im Wechsel) str.
1 Rd re M str.
Alle M mit I-Cord abk (siehe Video auf Klompelompe.no): *2 M re, 2 M re verschr zus str, die 3 M zurück auf die linke Nadel heben*, von * bis * bis Rd-Ende wdh.

Die Enden des I-Cords zusammennähen.
Mit Ndl Nr. 3 aus jeder hinteren M des I-Cords 1 M auffassen, dabei gegenüber des letzten Rd-Beginns anfangen. 1 Rd re M str und dabei gleichmäßig verteilt M abn auf (30) 30 (34) 34 (38) 42 M.

FERSE
(Verkürzte R str, siehe Video German Short Rows auf Klompelompe.no)

Re M str bis zu den letzten (6) 6 (8) 8 (10) 10 M, wenden, li M str bis zu den letzten (6) 6 (8) 8 (10) 10 M, wenden.

Weiter immer 1 M vor der letzten Wende-M wenden, bis zwischen den Wende-M 8 M liegen.

Re M str bis Rd-Ende.

Re M str bis zu den letzten (10) 10 (12) 12 (14) 16 M, wenden, li M str bis zu den letzten (10) 10 (12) 12 (14) 16 M, wenden.

Weiter immer 1 M nach der letzten Wende-M wenden, bis (4) 4 (6) 6 (8) 8 M übrig sind.

(11) 13 (15) 19 (23) 27 Rd re M str.

Jetzt wie folgt abn:

Größe 2–3 Jahre:

8 M re, 2 M re zus str, 1 M re, 2 M re verschr zus str, 8 M re, von * bis * bis Rd-Ende wdh.

1 Rd re M str.

Größe 18–24 Mon und 2–3 Jahre:

7 M re, 2 M re zus str, 1 M re, 2 M re verschr zus str, 7 M re, von * bis * bis Rd-Ende wdh.

Größe (6 Mon) 9–12 Mon (18–24 Mon) 2–3 Jahre:

6 M re, 2 M re zus str, 1 M re, 2 M re verschr zus str, 6 M re, von * bis * bis Rd-Ende wdh.

Alle Größen

5 M re, 2 M re zus str, 1 M re, 2 M re verschr zus str, 5 M re, von * bis * bis Rd-Ende wdh.

1 Rd re M str.

Nächste Rd: *4 M re, 2 M re zus str, 1 M re, 2 M re verschr zus str, 4 M re*, von * bis * bis Rd-Ende wdh.

Nächste Rd: *3 M re, 2 M re zus str, 1 M re, 2 M re verschr zus str, 3 M re*, von * bis *bis Rd-Ende wdh.

Nächste Rd: *2 M re, 2 M re zus str, 1 M re, 2 M re verschr zus str, 2 M re*, von * bis * bis Rd-Ende wdh.

1 M re, 2 M re zus, str 1 M re, 2 M re verschr zus str, 1 M re, von * bis * bis Rd-Ende wdh.

Den Faden durch die restlichen M fädeln und festziehen. Alle Fäden vernähen.

VOLANT

Mit Ndl Nr. 3 aus denselben M des I-Cords wie zuvor je 1 M auffassen. 1 Rd re M str.

Nächste Rd: *1 M re, 1 M zun*, von * bis * bis Rd-Ende wdh.

2 Rd re M str.

1 Rd li M str, dabei gleichzeitig die M abk. Alle Fäden vernähen.

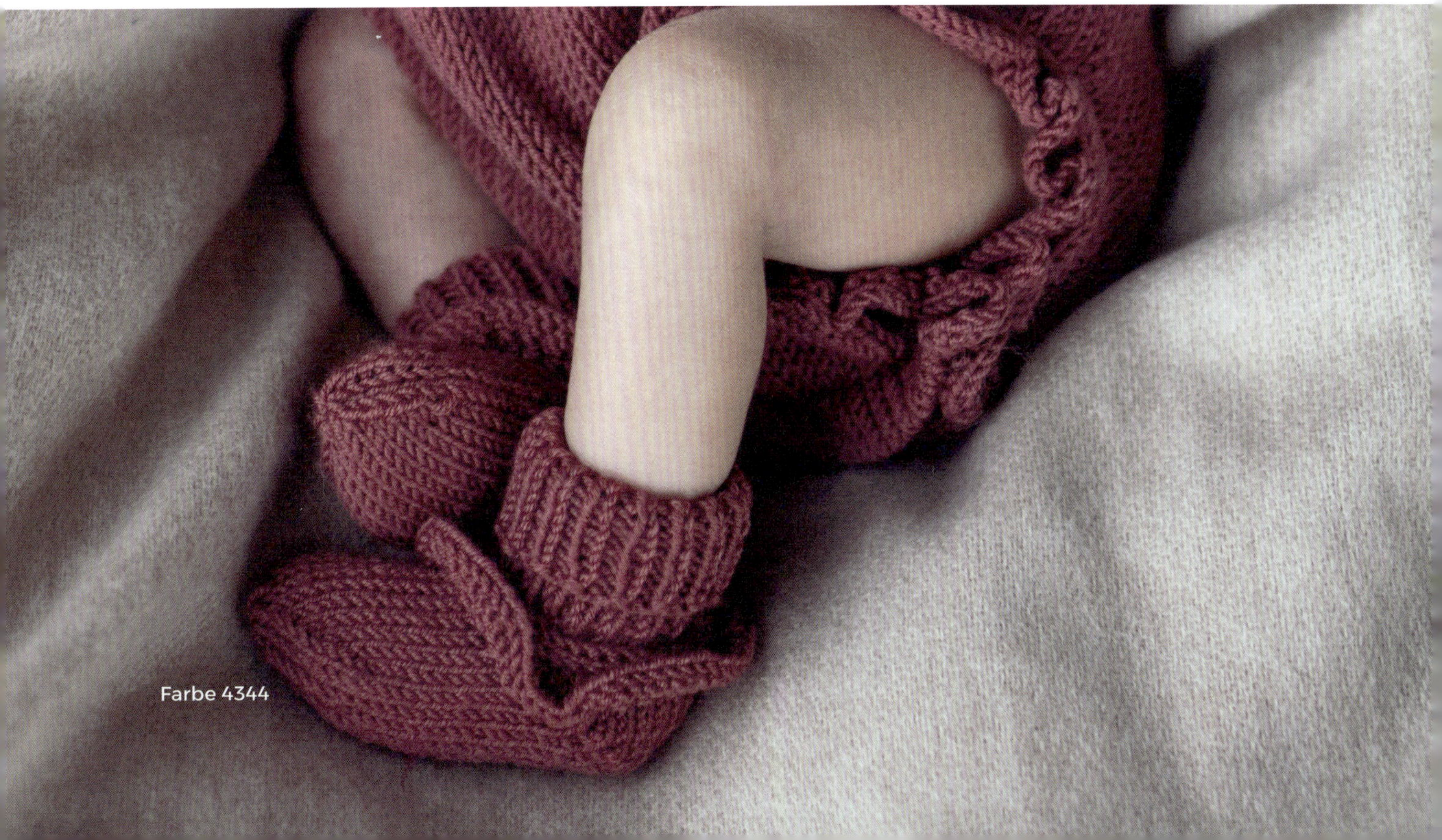

Farbe 4344

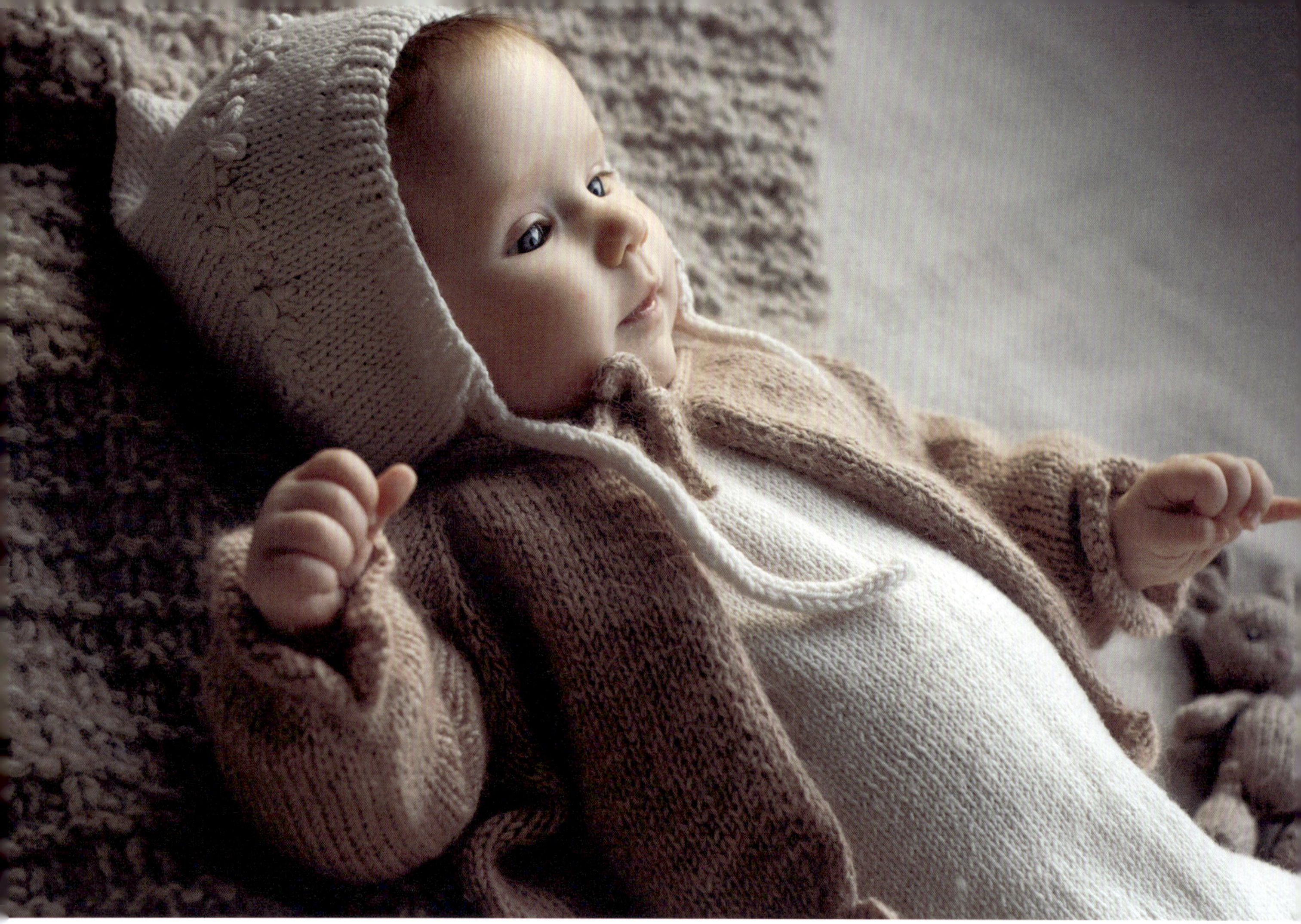

Einfache Zwergenmütze

Das Einfachste ist oft das Beste und das, was am meisten benutzt wird. Diese Mütze hat eine gute Passform und kann mit Stickerei verziert werden, wenn man möchte.

SCHWIERIGKEITSGRAD 1

GRÖSSEN: (1–3 Mon) 3–6 Mon (6–9 Mon) 1–2 Jahre (3–4 Jahre)
GARN: KlompeLOMPE Merinoull, Farbe 1013
MENGE: (50) 50 (100) 100 (100) g
NADELN: Rundnadeln Nr. 3 und Nr. 3,5 je 40 cm und 80 cm
MASCHENPROBE: 22 M mit Ndl Nr. 3,5 = 10 cm

(71) 77 (83) 83 (89) M mit Ndl Nr. 3 anschlagen. 4 R im Rippenmuster (1 M re, 1 M li im Wechsel) str. Zu Ndl Nr. 3,5 wechseln.

1 R li M str und dabei gleichmäßig verteilt 3 M zun, dafür je 1 M li verschr aus dem Querfaden herausstr = (74) 80 (86) 86 (92) M.

Glatt rechts str, bis die Arbeit (13) 14 (15) 16 (17) cm misst. In der nächsten Hin-R wie folgt verkürzte R str: Re M str bis zu den letzten 10 M, wenden, die 1. M abh und anziehen, li M str bis zu den letzten 10 M, ebenso wenden, re M str bis 3 M vor der Wende-M, ebenso wenden, li M str bis 3 M vor der Wende-M. Auf diese Weise fortfahren, bis auf jeder Seite 4-mal gewendet wurde. Re M str bis R-Ende.

Die Arbeit in 2 Hälften aufteilen und re auf re aufeinanderlegen. Beide Teile mit einer 3. Ndl wie folgt zus str: 1 M der vorderen Ndl und 1 M der hinteren Ndl re zus str und gleichzeitig abk. Dies bis R-Ende wdh. Die Mütze auf rechts wenden.

UNTERE KANTE

Mit Ndl Nr. 3 aus jeder 2. M der Kante 1 M auffassen.

3 R Rippenmuster (1 M re, 1 M li im Wechsel) str. Nächste R: 4 M re, im Rippenmuster str, dabei gleichzeitig abk, bis noch 4 M übrig sind, 4 M re.

Mit den 4 M an jedem Ende einen I-Cord von ca. 20 cm Länge str (siehe Video auf Klompelompe.no).

Alle Fäden vernähen.

Das Muster auf wasserlösliche Vlieseline übertragen. Die Vlieseline mit einem Stickrahmen oder Stecknadeln befestigen.

Mit derselben Wolle sticken, mit der die Mütze gestrickt wurde.

Die Mütze anfeuchten, bis die Vlieseline sich aufgelöst hat.

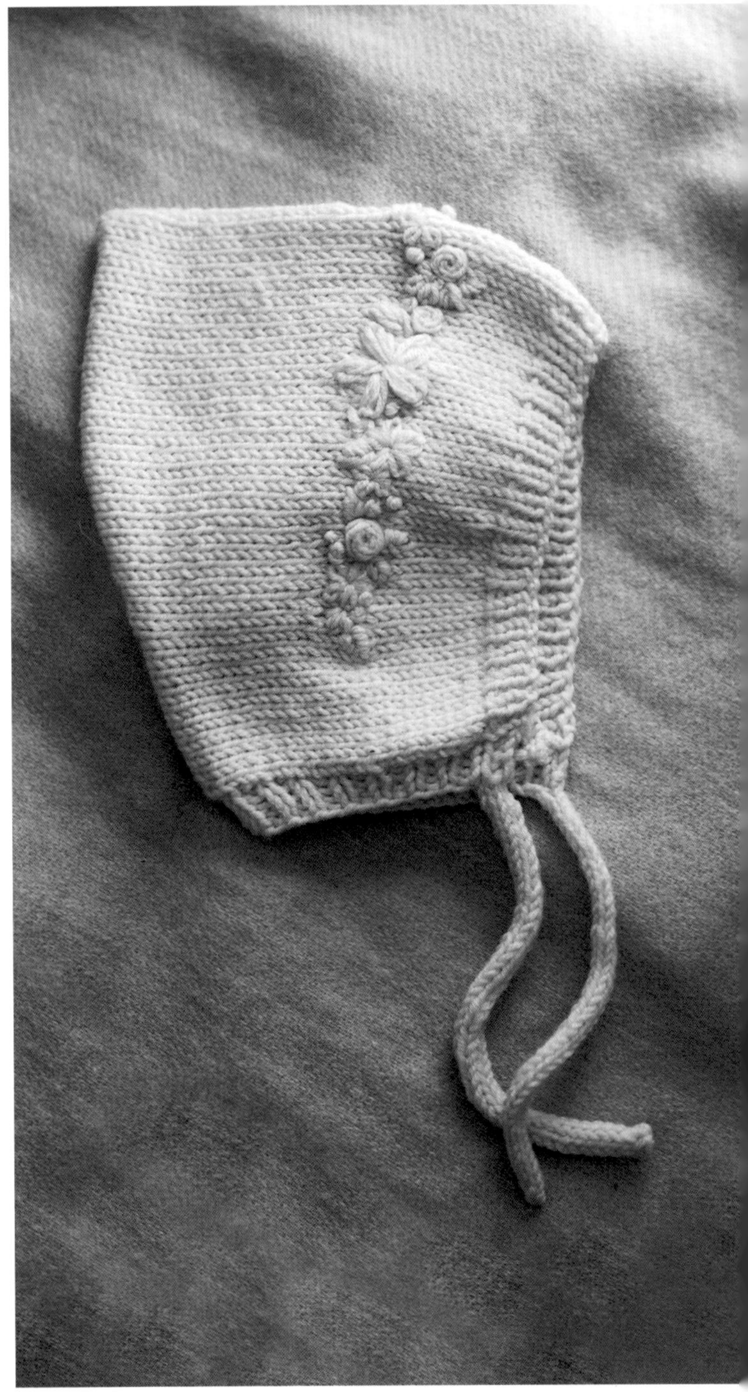

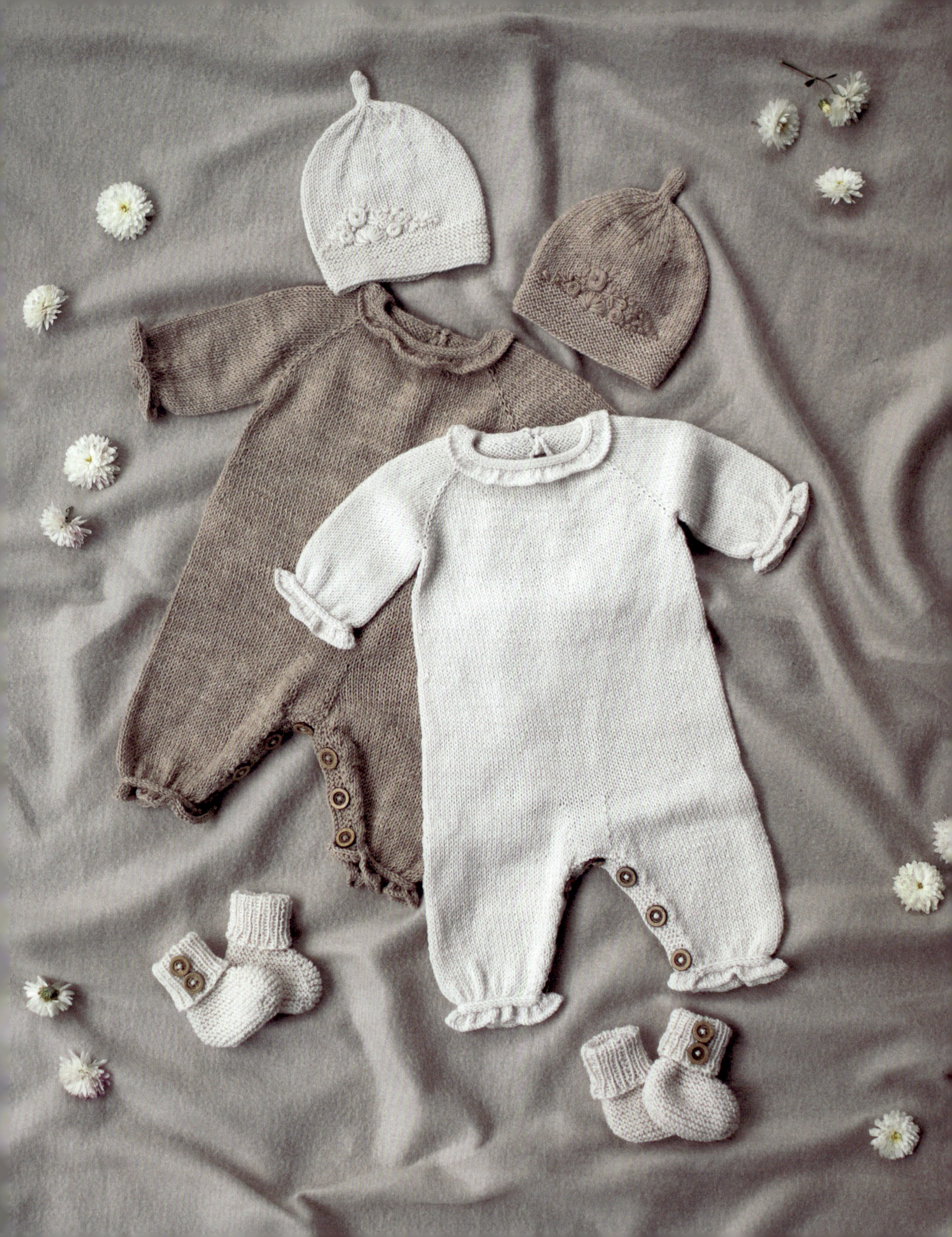

Minivolant-Strampler

Niedliche Volants und eine tolle Form machen aus diesem Strampler ein perfektes Kleidungsstück für jede Gelegenheit.

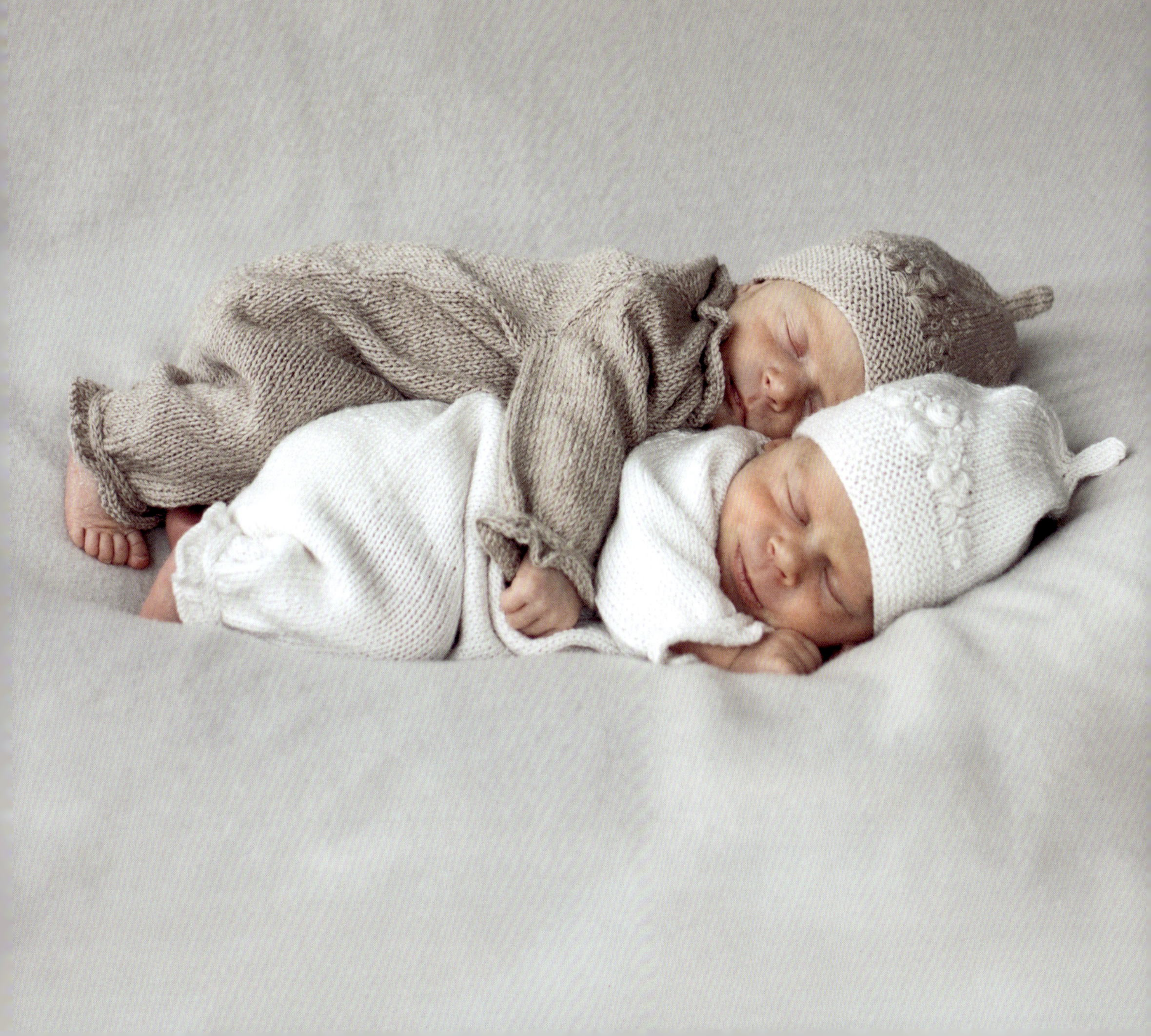

SCHWIERIGKEITSGRAD 2

GRÖSSEN: Frühchen (0–1 Mon) 1–3 Mon (6 Mon) 9 Mon (12 Mon) 18 Mon (2 Jahre)
GARN: KlompeLOMPE Tynn Merinoull, Farbe 4331
MENGE: 150 (150) 200 (200) 250 (250) 300 (300) g
NADELN: Rundnadeln Nr. 2,5 und Nr. 3, je 40 cm und 80 cm
MASCHENPROBE: 27 M mit Ndl Nr. 3 = 10 cm
MASSE: Oberweite: ca. 42,5 (47) 50 (54,5) 59 (61,5) 66,5 (69) cm
Gesamtlänge: ca. 39 (43) 49 (56) 59 (62) 67 (72) cm

Oben am Hals mit einer I-Cord-Kante beginnen (siehe Video auf Klompelompe.no).

4 M mit Ndl Nr. 2,5 anschlagen. Einen 23 (24) 24,5 (25,5) 26,5 (27,5) 29 (30) cm langen I-Cord str.

71 (74) 76 (79) 83 (86) 92 (95) M mit Ndl Nr. 3 aus den M entlang des I-Cords aufnehmen. 1 R re M und 1 R li M str.

Nächste R: 12 (13) 13 (14) 15 (16) 17 (18) M re, 1 M zun, 1 M re (Raglan-M), 1 M zun, 9 M re (Ärmel-M), 1 M zun, 1 M re (Raglan-M), 1 M zun, 25 (26) 28 (29) 31 (32) 36 (37) M re, 1 M zun, 1 M re (Raglan-M), 1 M zun, 9 M re (Ärmel-M), 1 M zun, 1 M re (Raglan-M), 1 M zun, 12 (13) 13 (14) 15 (16) 17 (18) M re.

1 R li M str.

Den Nacken mit verkürzten R höher str (siehe Video German Short Rows auf Klompelompe.no):

Re M mit Raglan-Zun bis 6 M ins Vorderteil str, wenden, bis R-Ende li M str.

Re M mit Raglan-Zun bis 9 M ins Vorderteil str, wenden, bis R-Ende li M str.

1 R re M mit Raglan-Zun str.

Li M bs 6 M ins Vorderteil str, wenden, re M mit Raglan-Zun bis R-Ende str.

Li M bis 9 M ins Vorderteil str, wenden, re M mit Raglan-Zun bis R-Ende str.

1 R li M str.

Weiter in jeder Hin-R zun, bis insgesamt 8 (8) 9 (9) 10 (10) 11 (11)-mal zugenommen wurde.

Ab jetzt in Runden str.
Weiter in jeder 2. Rd zun, bis insgesamt 13 (15) 17 (19) 21 (22) 24 (25)-mal zugnommen wurde = 175 (194) 212 (231) 251 (262) 284 (295) M.

1 Rd re M str.

Nächste Rd: Bis nach der Raglan-M re M str, die Ärmel-M stilllegen, 5 M anschlagen, bis nach der Raglan-M re M str, die Ärmel-M stilllegen, 5 M anschlagen, bis Rd-Ende re M str = 115 (126) 136 (147) 159 (166) 180 (187) M.

Beidseitig der 5 unter dem Arm angeschlagenen M 1 MM setzen.

Glatt rechts str.

Nach 3 cm an jeder Seite beidseitig der 5 M 1 M zun.

Alle 3 (3) 3 (4) 4 (5) 5 (5) cm insgesamt 3 (3) 3 (3) 4 (4) 4 (5)-mal zun = 127 (138) 148 (159) 175 (182) 196 (207) M.

In der hinteren Mitte messen. Weiterstr, bis die Arbeit 25 (27) 30 (34) 35,5 (37) 40 (42) cm misst.

In der nächsten Rd 1 (0) 0 (1) 1 (0) 0 (1) M abn.

Das Rückenteil mit verkürzten R verlängern (siehe Video German Short Rows auf Klompelompe.no): 20 M re, wenden, 40 M li, wenden, 43 M re, wenden, 46 M li, wenden, 49 M re, wenden, 52 M li, wenden.

Größe 9 Mon (12 Mon) 18 Mon (2 Jahre):
55 M re, wenden, 58 M li, wenden.

Größe 18 Mon (2 Jahre):
61 M re, wenden, 64 M li, wenden.

Alle Größen
Re M bis Rd-Ende str.

An Vorder- und Rückenteil beidseitig der mittleren 8 M 1 MM setzen.

In der nächsten R beidseitig der 8 M vorn und hinten 1 M re verschr aus dem Querfaden zun.
In jeder 3. Rd insgesamt 5-mal zun.

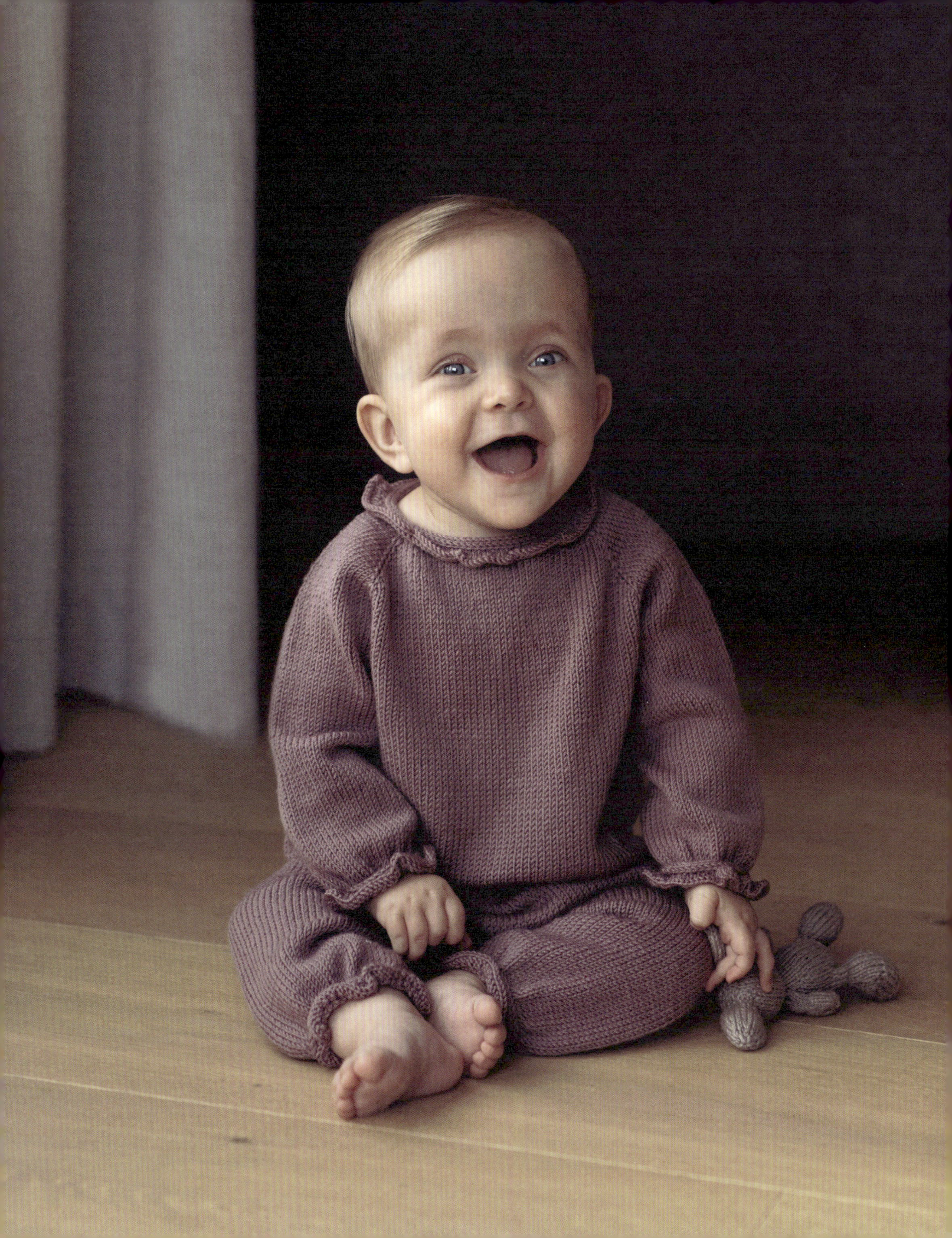

In der nächsten Rd die markierten 8 M von Vorder- und Rückenteil abk und die Beine getrennt und in R beenden = 65 (71) 76 (81) 89 (93) 100 (105) M pro Bein.

1 R li M str.

Nächste R: 1 M re, 2 M re zus str, re M bis zu den letzten 3 M str, 2 M re überzogen zus str, 1 M re.

In jeder 4. R insgesamt 8 (8) 9 (9) 10 (10) 11 (11)-mal so abn = 49 (55) 58 (63) 69 (73) 78 (83) M.

Weiter glatt rechts str, bis das Bein 10 (12) 15 (18) 19,5 (21) 23 (26) cm misst und die nächste R eine Rück-R ist.

1 R li M str, dabei gleichmäßig verteilt M abn auf 32 (34) 36 (36) 38 (38) 40 (40) M.

Zu Ndl Nr. 2,5 wechseln und die M mit I-Cord abk.

KNOPFLEISTEN

(Achtung: Hier müssen M herausgestrickt und nicht nur aufgefasst werden):

Mit Ndl Nr. 2,5 aus jeder M 1 M aufnehmen, dabei jede 4. M überspringen. Aus den im Schritt abgeketteten M je 1 M aufnehmen.

4 Kraus-Rippen str und in der letzten R die M abk.

Am Vorderteil in der 2. R gleichmäßig verteilt 7 (7) 7 (9) 9 (9) 11 (11) Knopflöcher str, dafür 2 M abk und in der nächste R wieder anschlagen.

KNOPFSCHLAUFE IM NACKEN

4 Lm an der einen Seite ganz oben häkeln und mit 1 Km befestigen. Achten Sie darauf, dass der Knopf durch die Schlaufe passt, bevor die Schlaufe befestigt wird. Auf der anderen Seite der Nackenöffnung einen Knopf annähen.

VOLANT AN DER UNTERKANTE

Mit Ndl Nr. 3 aus dem Rand der vorderen Knopfleiste und aus den hinteren M des I-Cords M aufnehmen. Die hintere Knopfleiste bekommt unten keinen Volant.

Auf der rechten Seite beginnen.

1 R re M und 1 R li M str.

Nächste R: *1 M re, 1 M zun*, von * bis * bis R-Ende wdh.

1 R li M und 1 R re M str.

1 Rück-R re M str, dabei gleichzeitig die M abk.

VOLANT AM HALSAUSSCHNITT

Mit Ndl Nr. 3 dieselben M aufnehmen, die zu Beginn der Arbeit aufgenommen wurden.

Auf der rechten Seite beginnen. 1 R re verschr M (re M ins hintere M-Glied) str.

1 R li M str.

Nächste R: *2 M re, 1 M zun*, von * bis * bis zu den letzten 2 M wdh, 2 M re.

1 R li M str.

1 R re M str.

Nächste R (Rück-R): Re M str und die M gleichzeitig abk.

ÄRMEL

Mit Ndl Nr. 3 in der Mitte der 5 unter dem Arm angeschlagenen M beginnen und 3 M aufnehmen, 1 M aus dem Übergang aufnehmen, die stillgelegten M re str, 1 M aus dem Übergang aufnehmen, 2 M aufnehmen bis Rd-Ende.

Glatt rechts in Rd str, bis der Ärmel 9 (11) 13 (15) 16 (17) 19 (22) cm misst.

1 Rd re M str und gleichmäßig verteilt M abn auf 34 (36) 38 (40) 40 (42) 42 (44) M.

Zu Ndl Nr. 2,5 wechseln. Alle M mit I-Cord abk (siehe Video auf Klompelompe.no).

VOLANT AM ÄRMEL

Mit Ndl Nr. 3 aus den hinteren M des I-Cords M aufnehmen. 1 Rd re M str.

Nächste Rd: *1 M re, 1 M zun*, von * bis * bis Rd-Ende wdh.

2 Rd re. M str. 1 Rd li M str und die M gleichzeitig abk.

Alle Fäden vernähen.

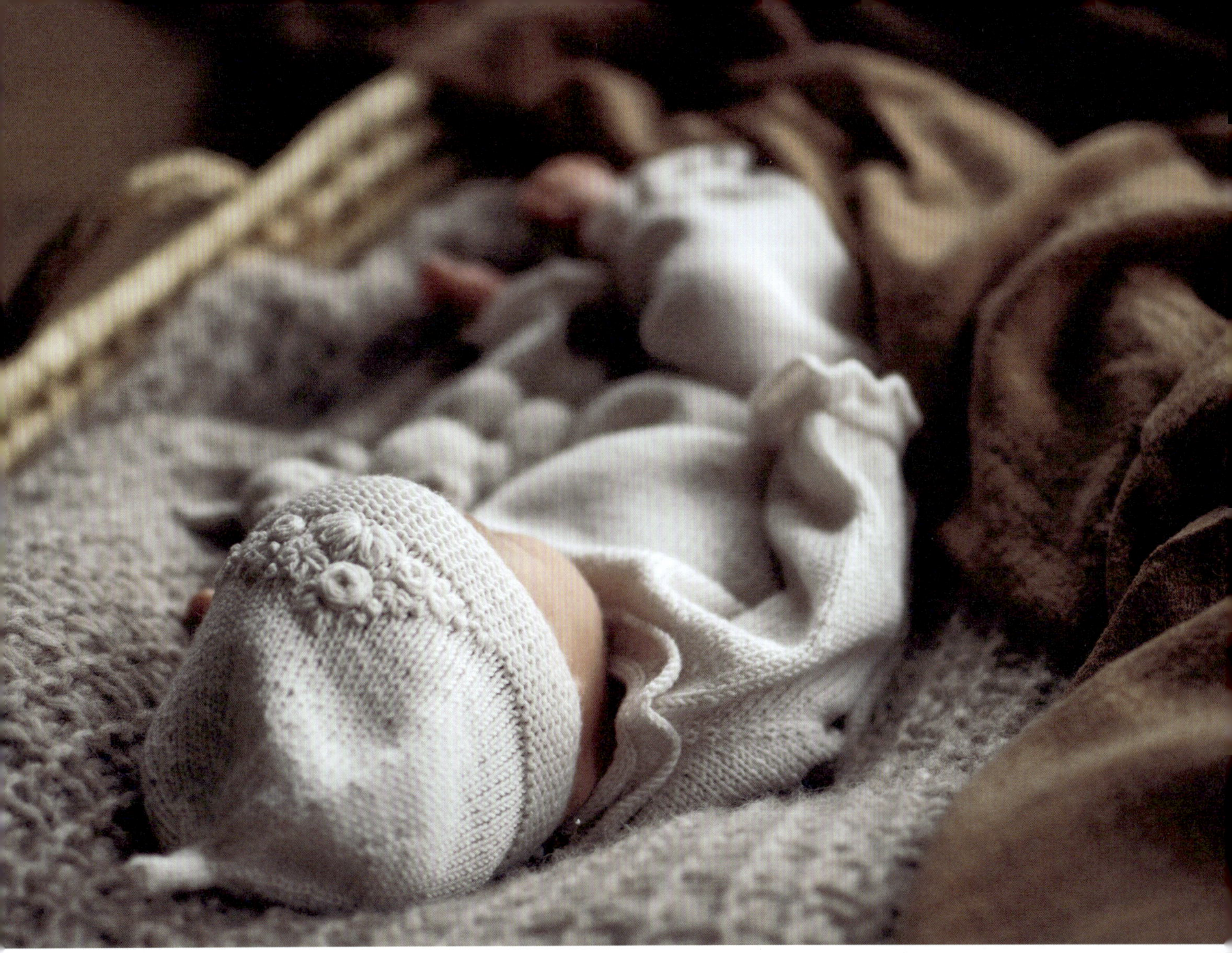
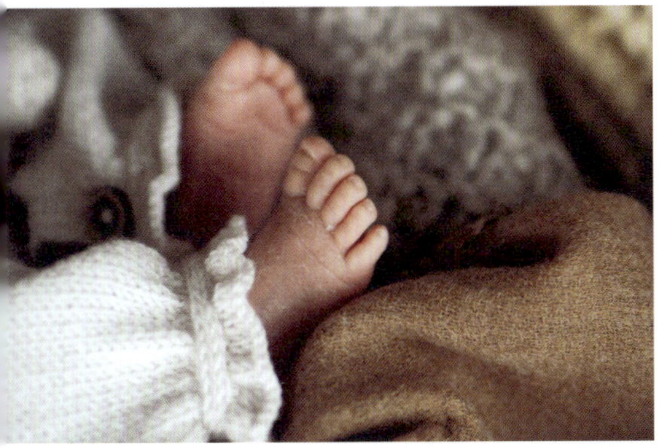
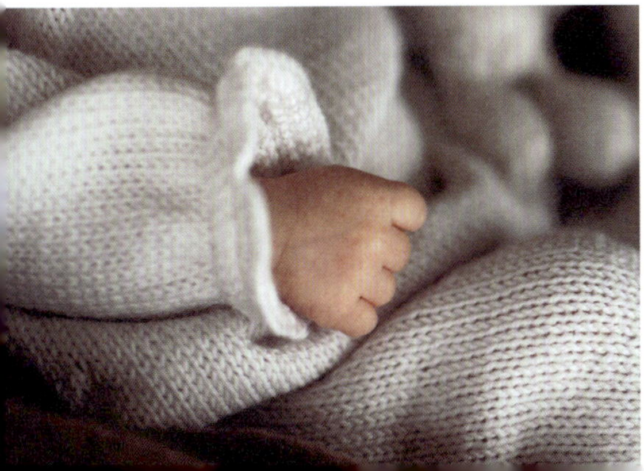
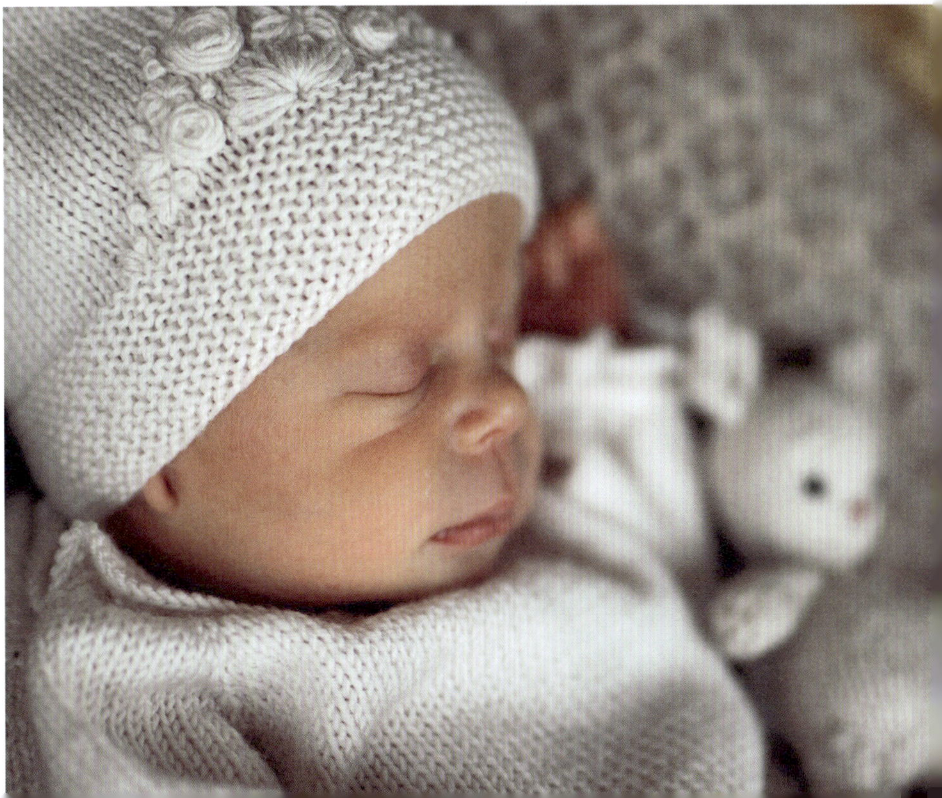

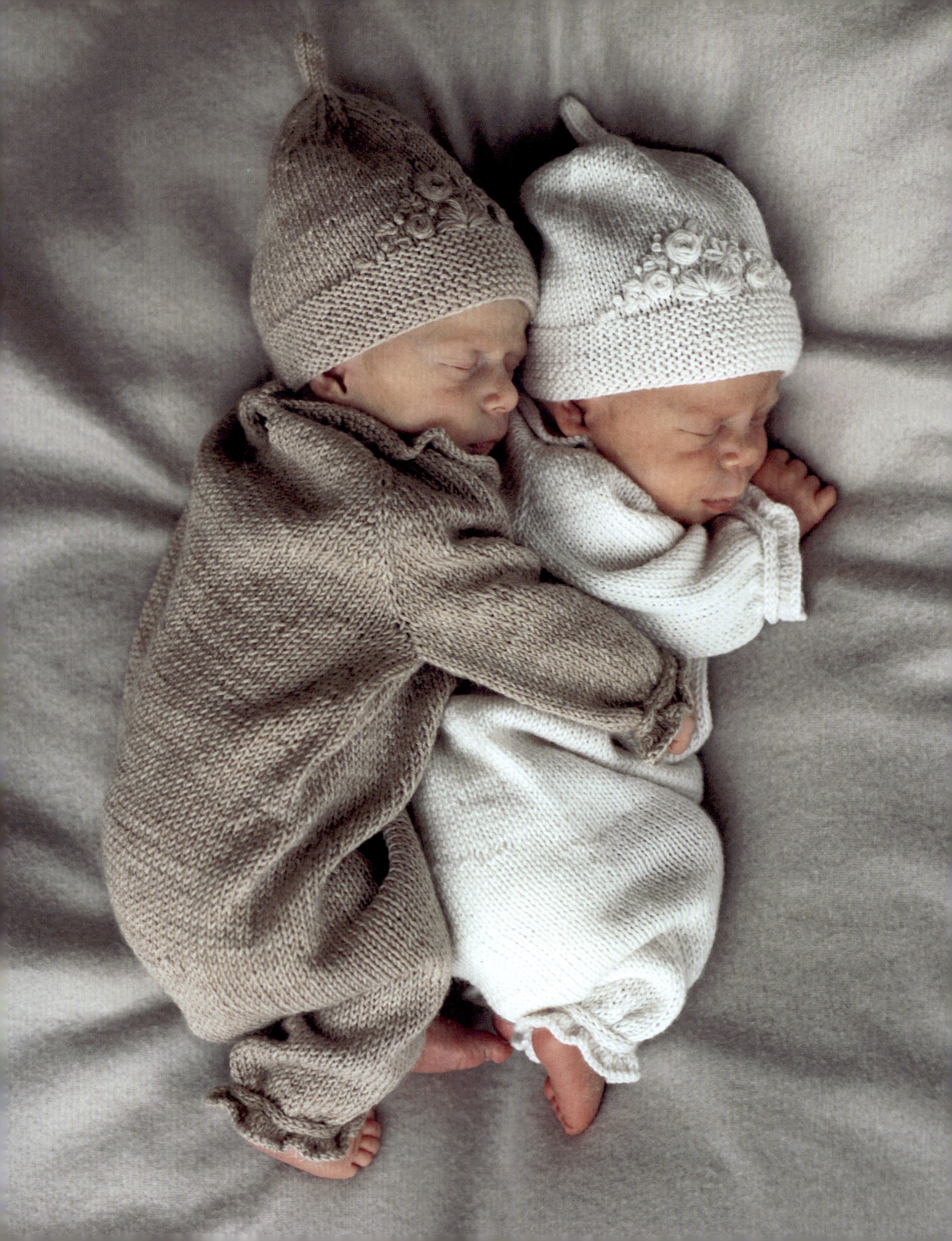

Klassische Neugeborenenmütze

Eine perfekte Mütze für das neugeborene Baby.
Verzieren Sie sie gern mit etwas Stickerei.

SCHWIERIGKEITSGRAD 1

GRÖSSEN: (Frühchen) 0–1 Mon (1–3 Mon) 3–6 Mon (9–12 Mon) 1–2 Jahre
GARN: KlompeLOMPE Tynn Merinoull, Farbe 2650 oder 1013
MENGE: 50 g für alle Größen
NADELN: Rundnadeln Nr. 2,5 und Nr. 3, je 40 cm und 80 cm
MASCHENPROBE: 27 M mit Ndl Nr. 3 = 10 cm

(72) 78 (90) 96 (102) 108 M mit Ndl Nr. 2,5 anschlagen.

3 cm kraus rechts in Runden (1 Rd re M, 1 Rd li M im Wechsel) str.

Zu Ndl Nr. 3 wechseln und 1 Rd re M str. Glatt rechts str, bis die Arbeit (9) 10 (11) 12 (13) 14 cm misst.

1 Rd re M str und gleichmäßig verteilt M abn auf (72) 72 (88) 96 (96) 104 M.

Nächste Rd: *6 M re, 2 M re zus str*, von * bis * bis Rd-Ende wdh.

3 Rd re M str.

Nächste Rd: *5 M re, 2 M re zus str*, von * bis * bis Rd-Ende wdh.

3 Rd re M str.

Nächste Rd: *4 M re, 2 M re zus str*, von * bis * bis Rd-Ende wdh.

3 Rd re M str.

Nächste Rd: *2 M re, 2 M re zus str*, von * bis * wdh, bis noch (1) 1 (3) 0 (0) 1 M übrig sind/ist, (1) 1 (3) 0 (0) 1 M re.

2 Rd re M str.

Nächste Rd: *1 M re, 2 M re zus str*, von * bis * wdh, bis noch (1) 1 (0) 0 (0) 1 M übrig ist, (1) 1 (0) 0 (0) 1 M re.

1 Rd re M str.

Nächste Rd: *2 M re zus str*, von * bis * wdh, bis noch (1) 1 (0) 0 (0) 1 M übrig ist, (1) 1 (0) 0 (0) 1 M re.

1 Rd re M str.

Nächste Rd: *1 M re, 2 M re zus str*, von * bis * wdh, bis noch (0) 0 (2) 0 (0) 2 M übrig sind/ist, (0) 0 (2) 0 (0) 2 M re zus str.

Über die letzten (8) 8 (9) 10 (10) 11 M 2 cm glatt rechts str. Den Faden abschneiden, durch die M fädeln und zus ziehen.

BESTICKTE VARIANTE

Das Muster auf wasserlösliche Vlieseline übertragen. Die Vlieseline mit einem Stickrahmen oder Stecknadeln befestigen. Mit derselben Wolle sticken, mit der die Mütze gestrickt wurde.

Die Mütze anfeuchten, bis die Vlieseline sich aufgelöst hat.

Fäden vernähen. Die Mütze unter einem feuchten Handtuch trocknen lassen.

Minivolant-Babyfäustlinge

Diese Fäustlinge sitzen gut an einer kleinen Babyhand. Wir haben sie mit einem kleinen Volant geschmückt.

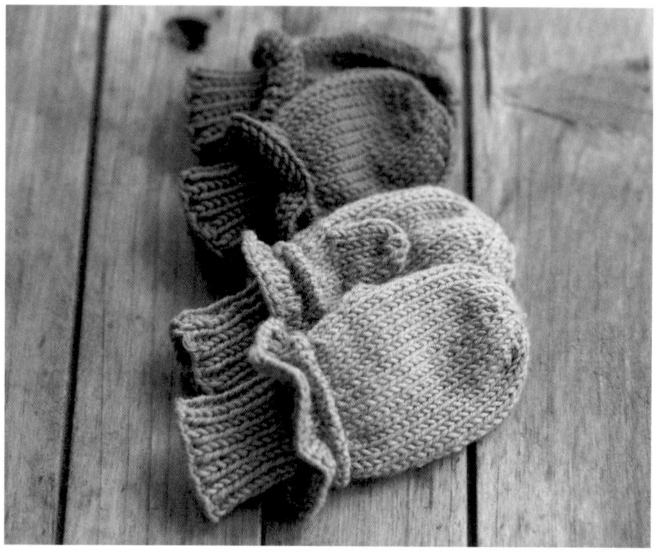

SCHWIERIGKEITSGRAD 2

GRÖSSEN: (1–3 Mon) 6–9 Mon (1–2 Jahre) 3–4 Jahre
GARN: KlompeLOMPE Merinoull, Farbe 2650 oder 9871
MENGE: 50 g oder ein Wollrest
NADELN: Rundnadel Nr. 3 und Nr. 3,5, 80 cm für Magic Loop
MASCHENPROBE: 22 M mit Ndl Nr. 3,5 = 10 cm

6 M mit Ndl Nr. 3,5 anschlagen. In Runden mit Magic Loop str (siehe Video auf Klompelompe.no).

Nächste Rd: *1 M re und 1 M re verschr in die M str*, von * bis * bis Rd-Ende wdh = 12 M.

Nächste Rd: *1 M re, [1 M re und 1 M re verschr] in die M str*, von * bis * bis Rd-Ende wdh.

1 Rd re M str.

Nächste Rd: * 2 M re, [1 M re und 1 M re verschr] in die M str*, von * bis * bis Rd-Ende wdh.

1 Rd re M str.

Nächste Rd: *3 M re, [1 M re und 1 M re verschr] in die M str*, von * bis * bis Rd-Ende wdh = 30 M.

Größe 1–2 Jahre und 3–4 Jahre

1 Rd re M str

Nächste Rd: *4 M re, [1 M re und 1 M re verschr] in die M str*, von * bis * bis Rd-Ende wdh = 36 M.

Alle Größen

Glatt rechts str, bis die Arbeit (5,5) 6,5 (7) 8 cm misst.

In der nächsten Rd in den 3 größten Größen: einen Kontrastfaden für den Daumen einstricken.

RECHTER FÄUSTLING

1 M re, die nächsten (-) 5 (6) 6 M mit einem Faden in Kontrastfarbe re str, die M wieder auf die li Ndl heben und noch einmal mit dem Arbeitsfaden str. Re M bis Rd-Ende str.

LINKER FÄUSTLING

(-) 9 (11) 11 M re, die nächsten (-) 5 (6) 6 M mit einem Faden in Kontrastfarbe re str, die M wieder auf die li Ndl heben und noch einmal mit dem Arbeitsfaden str. Re M bis Rd-Ende str.

Alle Größen

In Rd glatt rechts str, bis die Arbeit (7) 8 (9) 10 cm misst.

1 Rd re M str, dabei gleichmäßig verteilt 6 M abn.

Zu Ndl Nr. 3 wechseln und 5 Rd re M str.

1 Rd re M str und gleichzeitig die M der 5. Rd darunter aufnehmen (auf der Rückseite 5 Rd nach unten zählen, die M auf die li Ndl heben und die 2 M re zus str). Wenn das zu schwierig ist, können Sie auch zuerst alle M auf der Rückseite auf eine Ndl nehmen und die M dann zus str.

1 Rd li M str.

(4) 5 (6) 7 cm im Rippenmuster (1 M re, 1 M li im Wechsel) str und in der letzten Rd alle M abk.

DAUMEN

Die (-) 5 (6) 6 M unter und über dem Hilfsfaden aufnehmen, dazu noch 1 M an jeder Seite. Den Hilfsfaden entfernen und (-) 2,5 (3) 4 cm glatt rechts in Rd str. Dann immer 2 M re zus str bis Rd-Ende. Faden abschneiden, durch die M fädeln und zus ziehen.

VOLANT

Mit Ndl Nr. 3,5 die Fäden zwischen den li M auf die Ndl heben. 1 Rd re M str.

Nächste Rd: *1 M re, 1 M zun*, von * bis * bis Rd-Ende wdh.

2 Rd re M str.

1 Rd li M str und die M dabei gleichzeitig abk.

Alle Fäden vernähen.

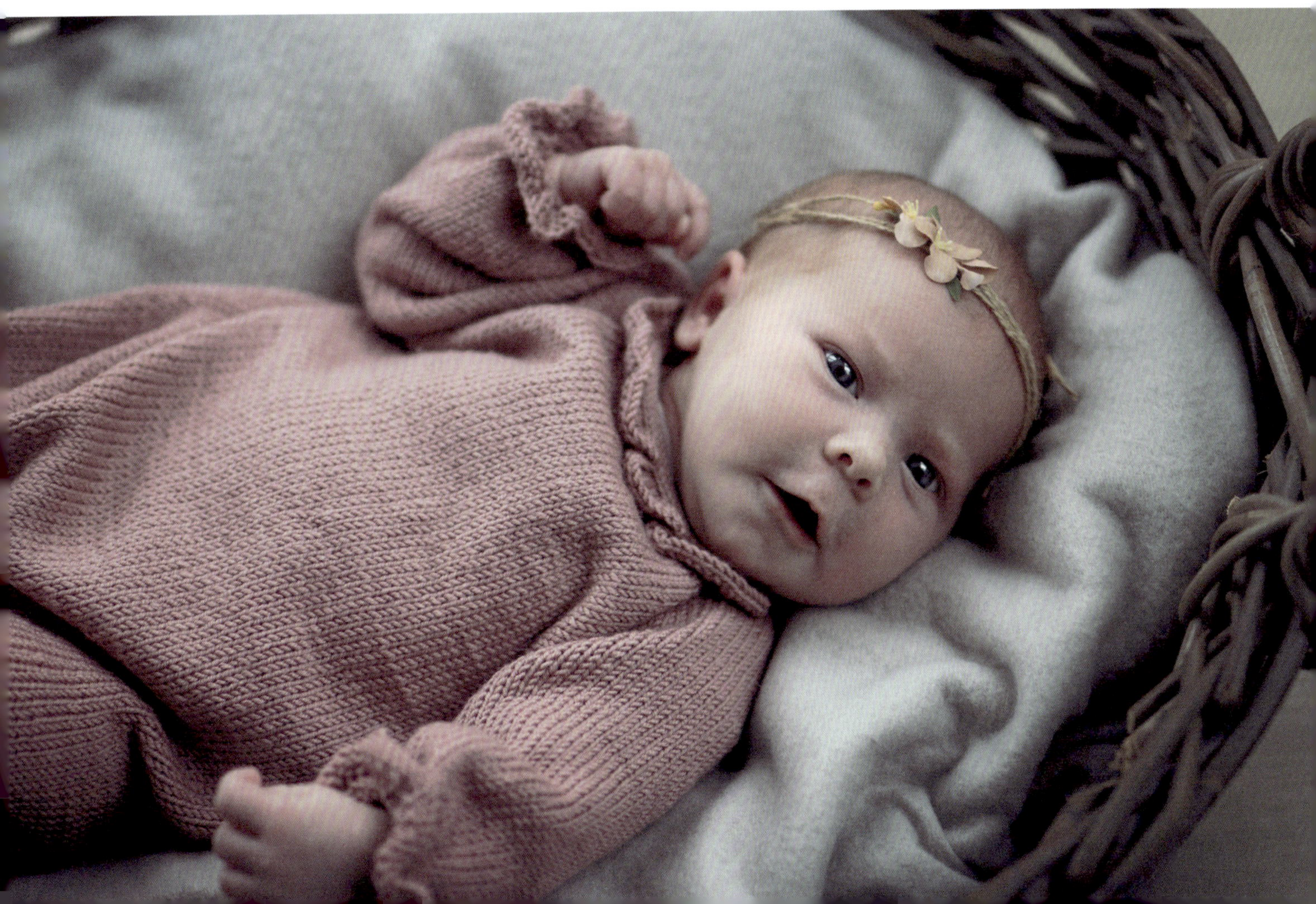

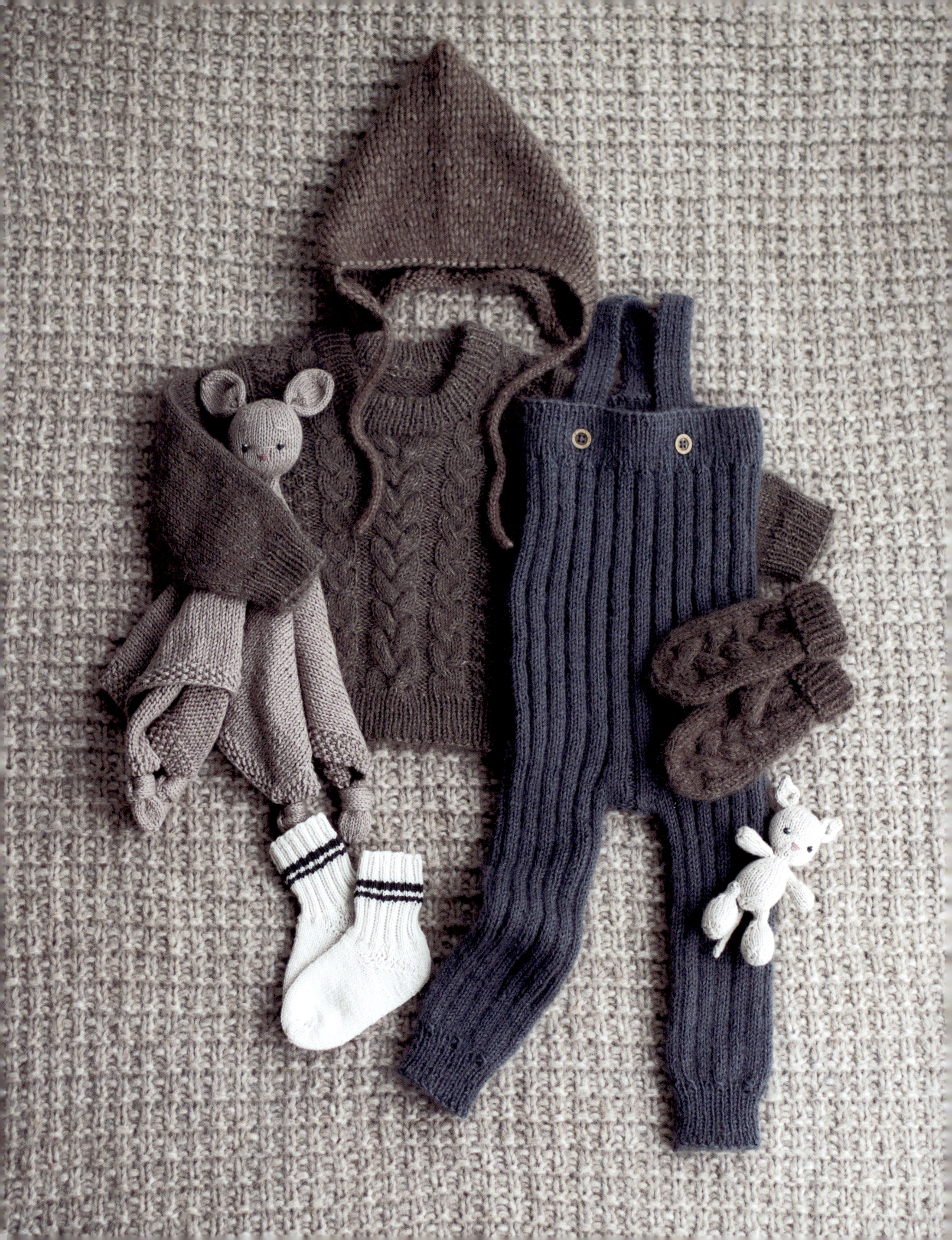

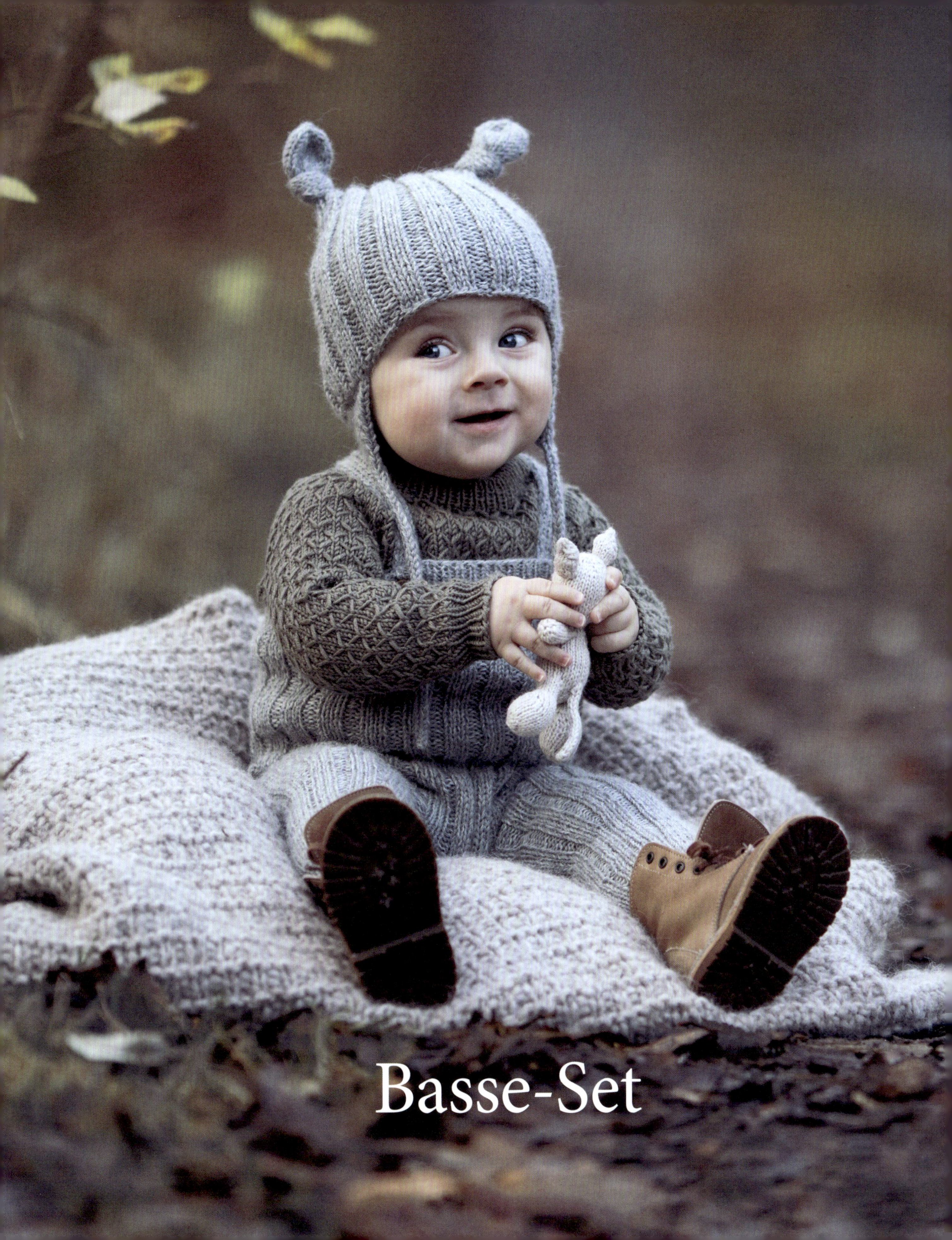

Basse-Set

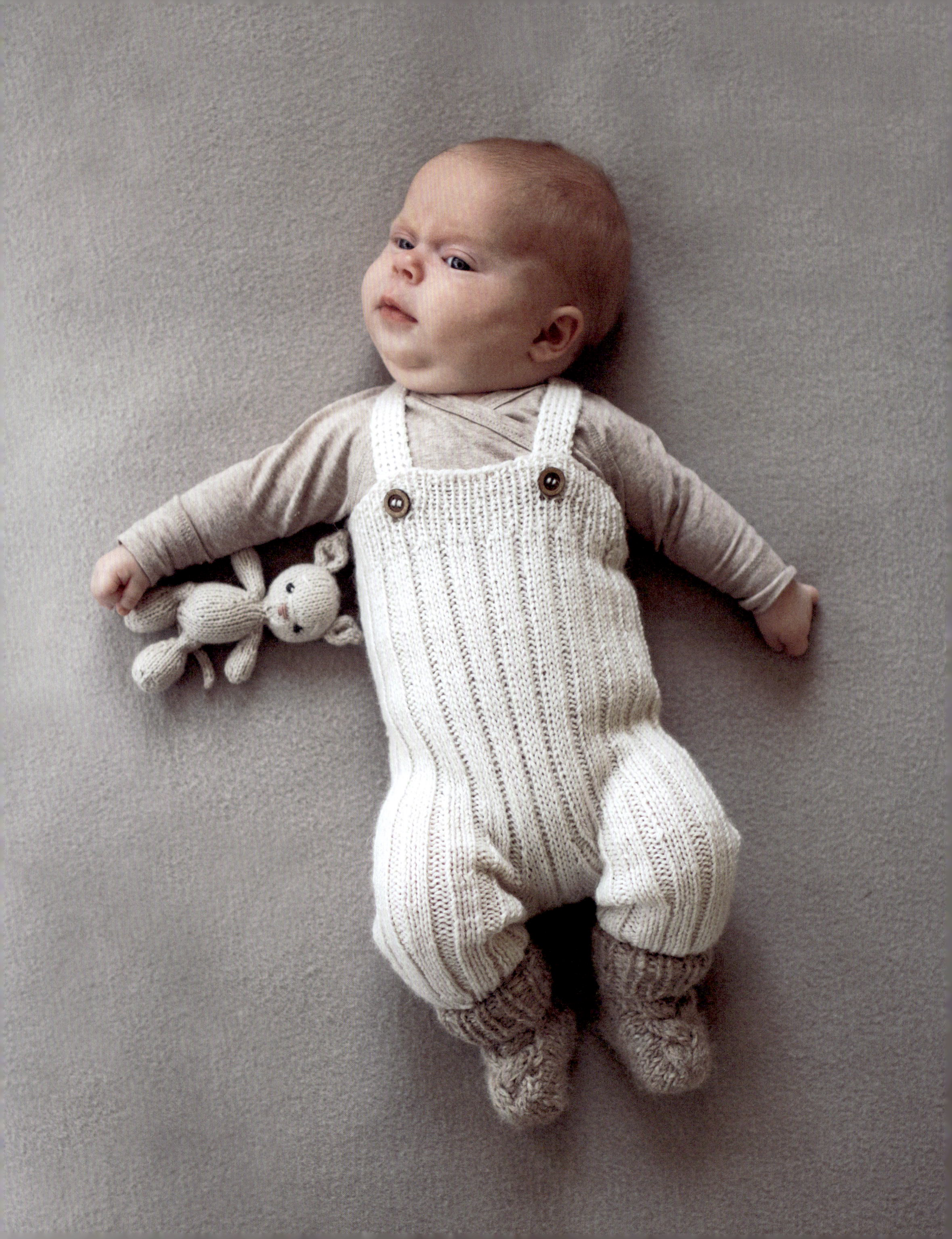

Basse-Hose

Eine tolle Trägerhose, die super sitzt. Die wird sicher ein Lieblingsstück und ist perfekt für die Kita.

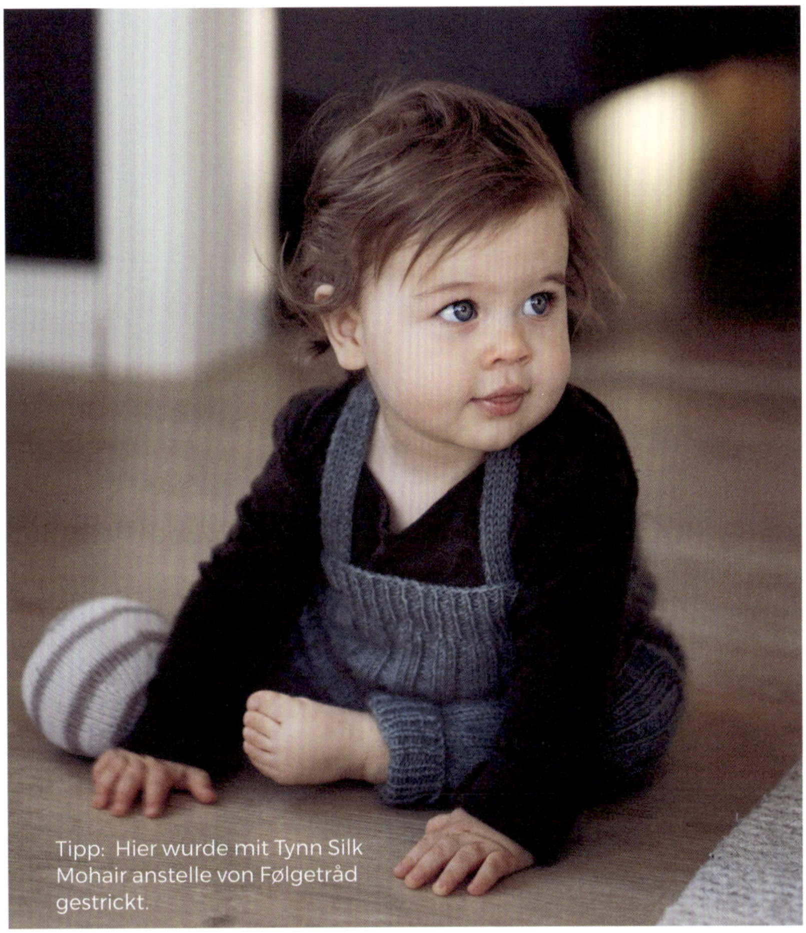

Tipp: Hier wurde mit Tynn Silk Mohair anstelle von Følgetråd gestrickt.

SCHWIERIGKEITSGRAD 2

GRÖSSEN: (Frühchen) 0–1 Mon (3 Mon) 6 Mon (9 Mon) 12 Mon (18 Mon) 24 Mon (36 Mon)
GARN: KlompeLOMPE Tynn Merinoull, Farbe 1013, und Sandnes Garn Alpakka Følgetråd, Farbe 1015
MENGE: KlompeLOMPE Tynn Merinoull: (100) 100 (100) 100 (100) 150 (150) 150 (150) g
Sandnes Garn Alpakka Følgetråd: (50) 50 (50) 50 50) 100 (100) 100 (100) g
NADELN: Rundnadeln Nr. 3 und Nr. 3,5, je 40 cm und 80 cm
MASCHENPROBE: 22 M mit Ndl Nr. 3,5 = 10 cm
Alternativ kann man Sandnes Garn Alpakka Følgetråd durch KlompeLOMPE Tynn Silk Mohair ersetzen. In dem Fall ist mit etwas mehr Verbrauch zu rechnen.

(100) 108 (108) 116 (116) 124 (124) 130 (136) M mit Ndl Nr. 3 anschlagen.

7 Rd Rippenmuster (1 M re, 1 M li im Wechsel) str.

Nächste Rd: (40) 43 (43) 46 (46) 48 (48) 51 (53) M Rippenmuster, 2 M abk, (16) 18 (18) 20 (20) 24 (24) 24 (26) M Rippenmuster, 2 M abk, (40) 43 (43) 46 (46) 48 (48) 51 (53) M Rippenmuster.

In der nächsten Rd über den abgeketteten M 2 M neu anschlagen. Insgesamt 14 Rd im Rippenmuster str.

Zu Ndl Nr. 3,5 wechseln.

In der nächsten Rd wie folgt str und dabei gleichmäßig verteilt (0) 2 (2) 4 (4) 6 (6) 10 (4) M zun = (100) 110 (110) 120 (120) 130 (130) 140 (140) M:

1 M li, 3 M re, *2 M li, 3 M re*, von * bis * bis zur letzten M wdh, 1 M li.

Wenn die Arbeit 10 cm misst, wie folgt das Rückenteil verlängern: 20 M im Muster str, wenden, 40 M im Muster str, wenden, 45 M im Muster str, wenden, 50 M im Muster str, wenden,

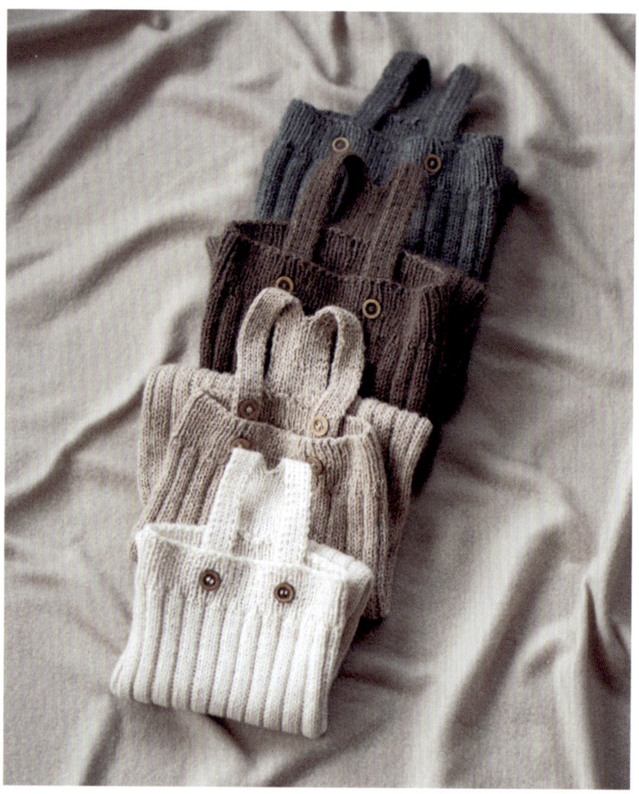

Größe 12 (18) 24 (36) Mon

55 M im Muster str, wenden, 60 M im Muster str, wenden.

Alle Größen

Im eingeteilten Rippenmuster bis Rd-Ende str.

Wenn die Arbeit (16) 18 (22) 23 (26) 28 (29) 32 (36) cm misst, an Vorder- und Rückenteil beidseitig der mittleren 8 M je einen MM setzen.
In der nächsten Rd beidseitig der 8 M 1 M zun (re verschr oder li verschr, je nach Muster).
Insgesamt 4-mal in jeder 3. Rd zun (in den Rippen am Bein zunehmen, nicht in den 8 M).
In der nächsten Rd die 8 M vorn und hinten abk.
Die Beine getrennt weiterstr.
Wenn das Bein (3) 4 (6) 9,5 (9,5) 10 (12) 14 (14) cm misst, in jeder zweiten Li-Rippe 1 M abn, dafür 2 M li zus str.
Weiter die M str, wie sie erscheinen.
Wenn das Bein (7) 9 (11) 13 (14) 17 (19) 21 (23) cm misst, die ersten 2 M re zus str, dann in den anderen Li-Rippen 1 M abn = (40) 44 (44) 48 (48) 52 (52) 56 (56) M.

Weiterstr, bis das Bein (9) 10 (14) 17 (19) 22 (24) 27 (30) cm misst.

Nächste Rd: *1 M re, 1 M li, 1 M re, 1 M li, 3 M re überzogen zus str, 1 M li*, von * bis * wdh bis (0) 4 (4) 0 (0) 4 (4) 0 (0) M vor Rd-Ende, (0) 4 (4) 0 (0) 4 (4) 0 (0) M re.

Zu Ndl Nr. 3 wechseln.

12 Rd Rippenmuster (1 M re, 1 M li im Wechsel) str.

1 Rd Rippenmuster str, dabei gleichzeitig die M abk.

TRÄGER

Mit Ndl Nr. 3 hinten mittig 19 M aufnehmen.

18 R Rippenmuster (1 M re, 1 M li im Wechsel) str.
Die mittlere M abk und beide Träger getrennt str, bis sie (18) 18 (20) 22 (24) 24 (26) 26 (26) cm ab Rückenteil messen. Die M abk. An jedes Trägerende 1 Knopf nähen. Die Naht zwischen den Beinen schließen. Alle Fäden vernähen und das Strickstück unter einem feuchten Handtuch trocknen lassen.

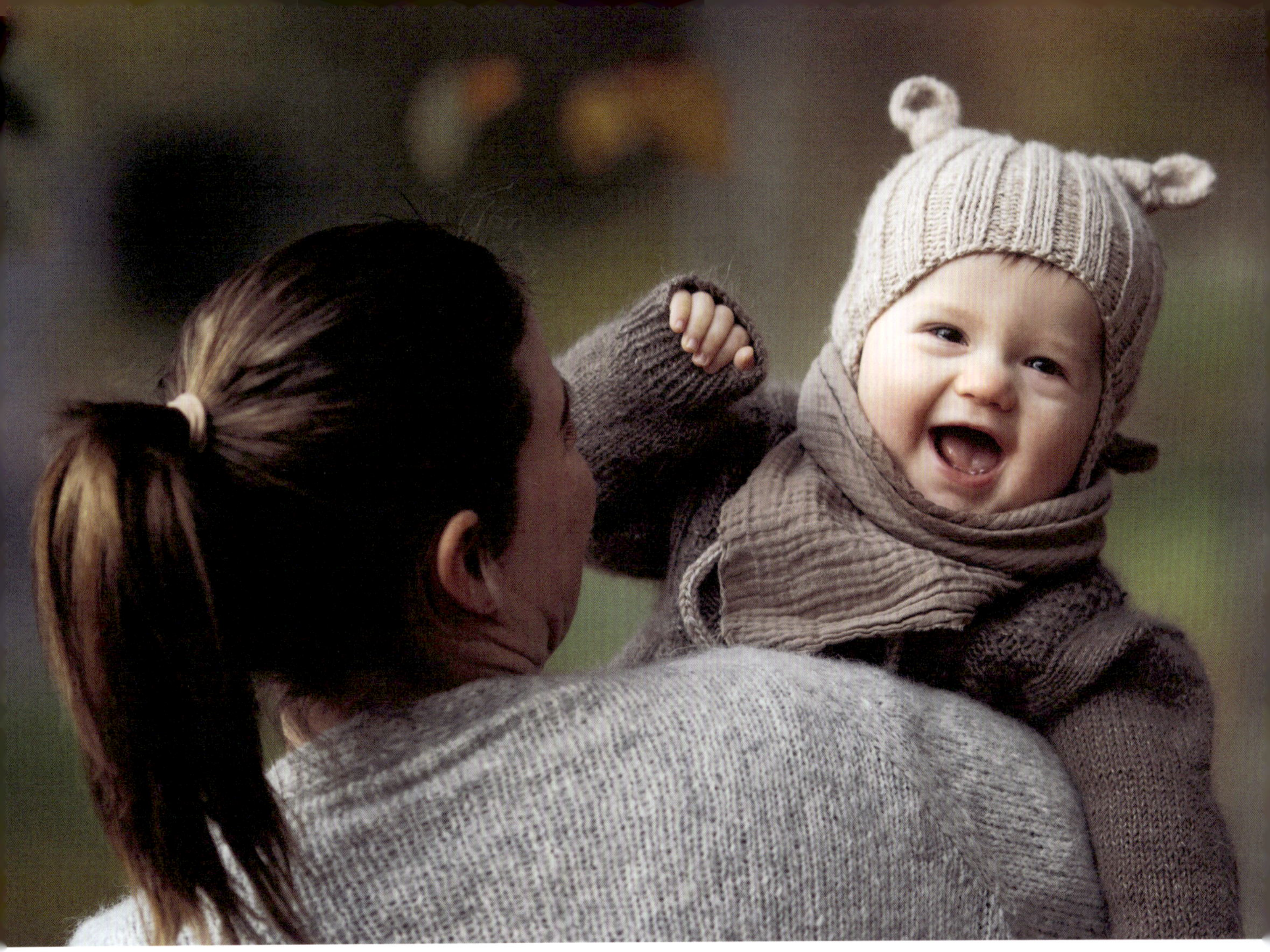

Basse-Mütze

Gute Passform, Ohrenklappen zum Schnüren und süße Knoten machen die Mütze ideal für die Minis.

SCHWIERIGKEITSGRAD 1

GRÖSSEN: (0–1 Mon) 1–3 Mon (4–9 Mon) 12–18 Mon (2–4 Jahre)
GARN: KlompeLOMPE Merinoull, Farbe 2650, und Sandnes Garn Alpakka Følgetråd, Farbe 2321

MENGE: KlompeLOMPE Merinoull: (50) 50 (50) 50 (100) g, Sandnes Garn Alpakka Følgetråd: 50 g für alle Größen
NADELN: Rundnadel Nr. 4, 40 cm und 80 cm
MASCHENPROBE 20 M mit Ndl Nr. 4 = 10 cm

(65) 70 (75) 80 (85) M mit Ndl Nr. 4 anschlagen.

(10) 11,5 (13) 14 (15) cm im Rippenmuster (3 M re, 2 M li im Wechsel) str.

Nächste Rd: *3 M re, 2 M li, 1 M re, 2 M re zus str, 2 M li*, von * bis * wdh, bis (5) 0 (5) 0 (5) M vor Rd-Ende, (3 M re, 2 M li), 0 M, (3 M re, 2 M li), 0 M, (3 M re, 2 M li).

3 Rd wie folgt str: *3 M re, 2 M li, 2 M re, 2 M li*, von * bis * wdh, bis (5) 0 (5) 0 (5) M vor Rd-Ende, (3 M re, 2 M li), 0 M, (3 M re, 2 M li), 0 M, (3 M re, 2 M li).

Nächste Rd: *1 M re, 2 M re zus str, 2 M li, 2 M re, 2 M li*, von * bis * wdh bis (5) 0 (5) 0 (5) M vor Rd-Ende. (1 M re, 2 M re zus str, 2 M li), 0 M, (1 M re, 2 M re zus str, 2 M li), 0 M, (1 M re, 2 M re zus str, 2 M li).

3 Rd Rippenmuster (2 M re, 2 M li im Wechsel) str.

Nächste Rd: Mustergemäß (10) 11 (12) 13 (14) M abk, 8 M str, (18) 20 (22) 24 (26) M abk, 8 M str, (8) 9 (10) 11 (12) M abk.

KNOTEN

5 Rd re M über die 8 M str.

Nächste Rd: *2 M re, 1 M zun, 2 M re*, von * bis * wdh. Dann 12 Rd re M str.

Nächste Rd: *2 M re, 1 M zun, 1 M re, 1 M zun, 2 M re*, von * bis * wdh.

1 Rd re M str.

Nächste Rd: *3 M re, 1 M zun, 1 M re, 1 M zun, 3 M re*, von * bis * wdh.

7 Rd re M str.

Nächste Rd: *2 M re zus str*, von * bis * bis Rd-Ende wdh.

Den Faden durch die M fädeln und zus ziehen. Die andere Seite genauso str.

OHRENKLAPPEN

Mit Ndl Nr. 3,5 str. Zwischen den Klappen liegen in der hinteren Mitte (8) 10 (12) 12 (14) M.

(15) 17 (17) 19 (19) M auf der rechten Seite aufnehmen.

1 R li M str.

Nächste R: 1 M re, 2 M re zus str, re M, bis zu den letzten 3 M str, 2 M re überzogen zus str, 1 M re.

Diese 2 R wdh, bis 5 M übrig sind.

Nächste R (Hin-R): 1 M re, 3 M re überzogen zus str, 1 M re.

Über die restlichen 3 M einen I-Cord str (siehe Video auf Klompelompe.no).

Nach (18) 20 (20) 22 (22) cm den Faden durch die M fädeln und zus ziehen.

Alle Fäden vernähen, die Mütze oben zus nähen und beide Spitzen an der Mütze verknoten.

Basse-Schal

Ein schnell gestrickter doppelter Schal.

SCHWIERIGKEITSGRAD 1

GRÖSSEN: (0–3 Mon) 6–12 Mon (1–3 Jahre)
GARN: KlompeLOMPE Tynn Merinoull, Farbe 2650, und Sandnes Garn Alpakka Følgetråd, Farbe 2321

MENGE: KlompeLOMPE Tynn Merinoull: 50 g für alle Größen, Sandnes Garn Alpakka Følgetråd: 50 g für alle Größen
NADELN: Rundnadel Nr. 3,5, 80 cm
MASCHENPROBE: 22 M mit Ndl Nr. 3,5 = 10 cm

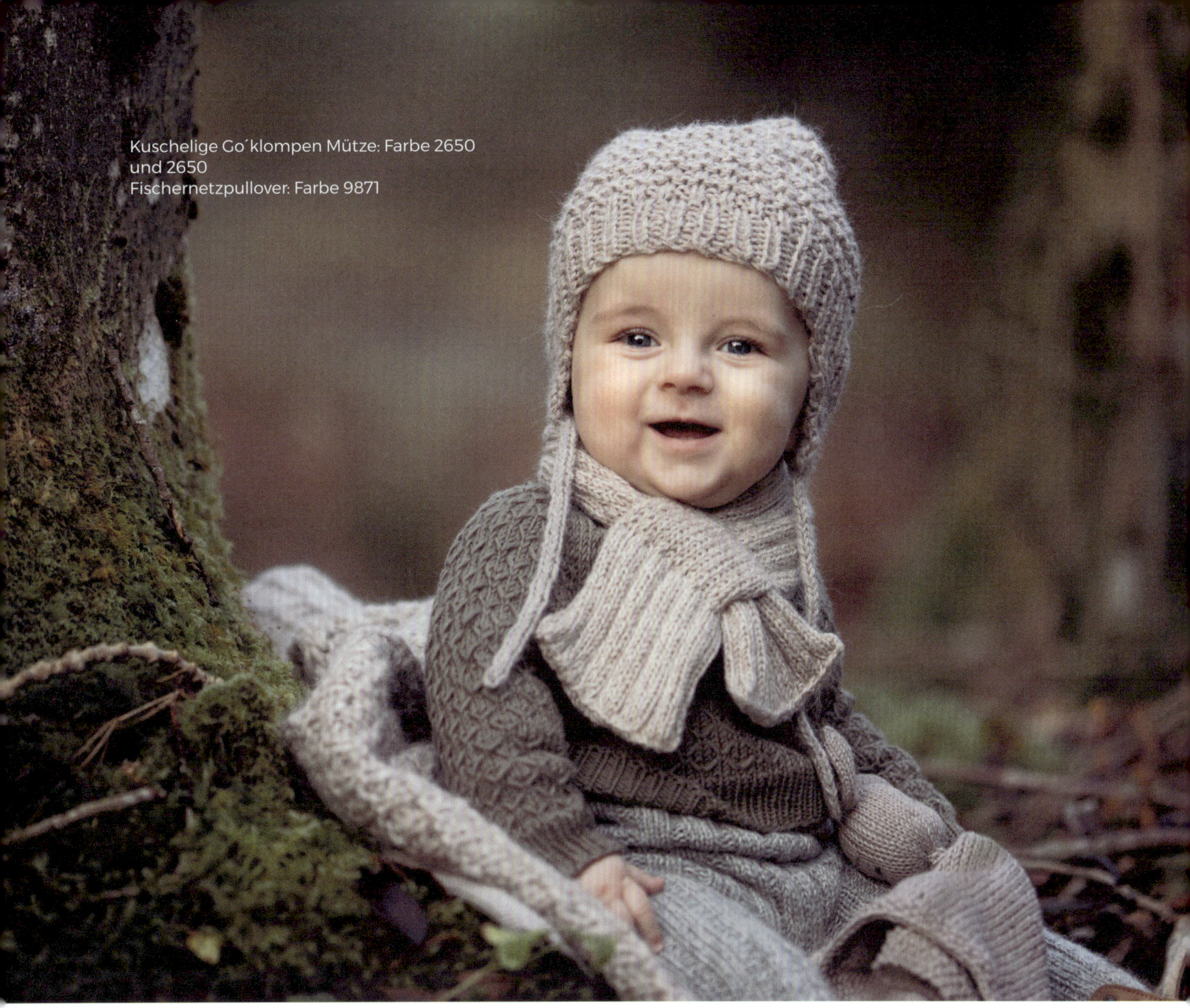

Kuschelige Go´klompen Mütze: Farbe 2650
und 2650
Fischernetzpullover: Farbe 9871

Der Schal liegt doppelt und wird in Runden mit Magic Loop gestrickt.

(30) 50 (60) M mit Ndl Nr. 3,5 mit 1 Faden jeder Qualität anschlagen.

Im Rippenmuster (3 M re, 2 M li) str, bis die Arbeit (4) 7 (9) cm misst.

(3) 4 (5) cm einfaches Rippenmuster (1 M re, 1 M li im Wechsel) str.

(22) 26 (30) cm Rippenmuster (3 M re, 2 M li) str.

Die ersten (15) 25 (30) M str und die restlichen M stilllegen.

(3) 4 (5) cm einfaches Rippenmuster (1 M re, 1 M li) str. Die M stilllegen.

Über die stillgelegten M (3) 4 (5) cm einfaches Rippenmuster (1 M re, 1 M li) str.

Ab jetzt wieder in Rd str.

(4) 7 (9) cm Rippenmuster (3 M re, 2 M li) str.

Die M abk und an beiden Enden zus nähen.
Alle Fäden vernähen.

Herbstpulli

Zöpfe stricken macht Spaß.
Man will immer nur noch einen stricken, und noch einen ...

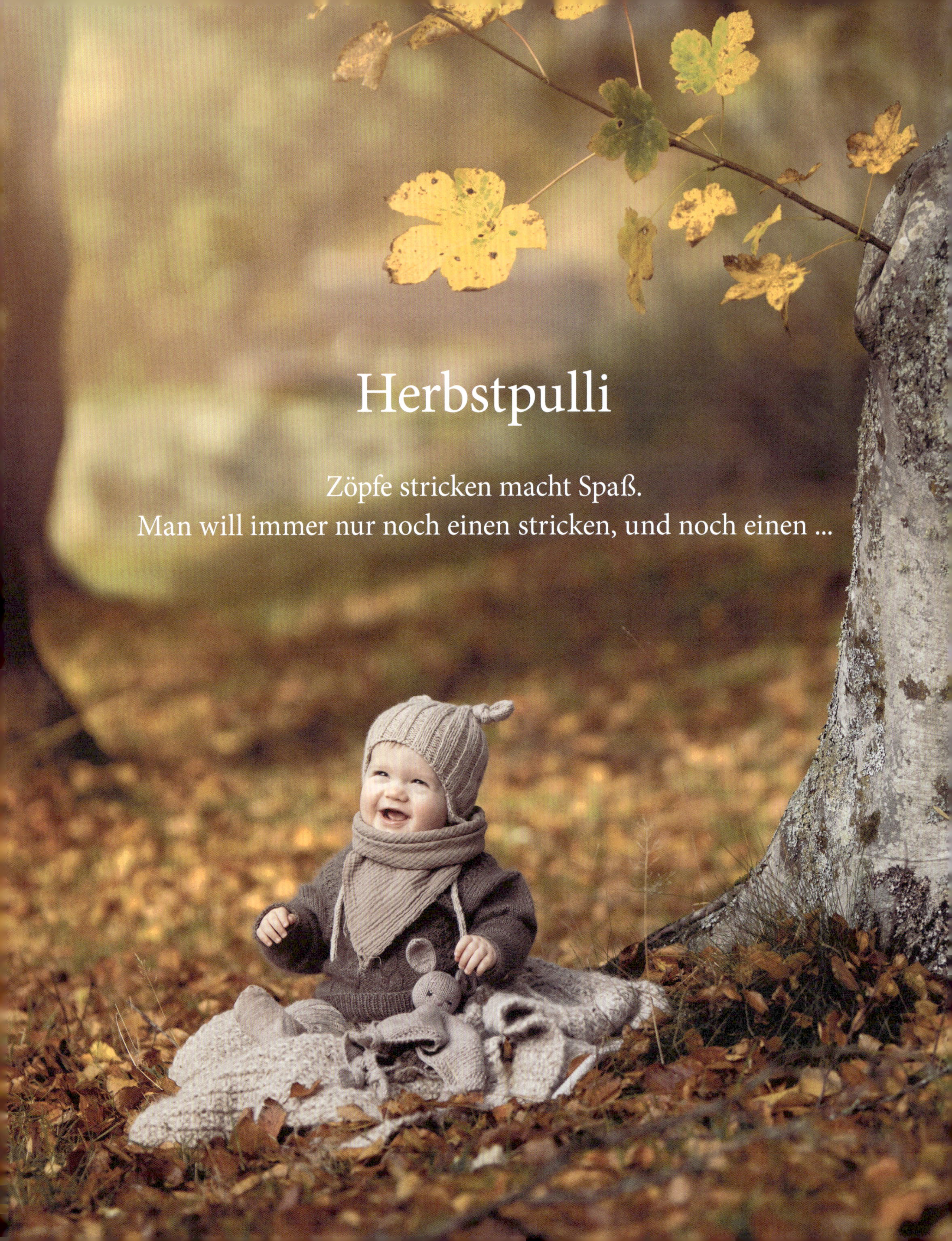

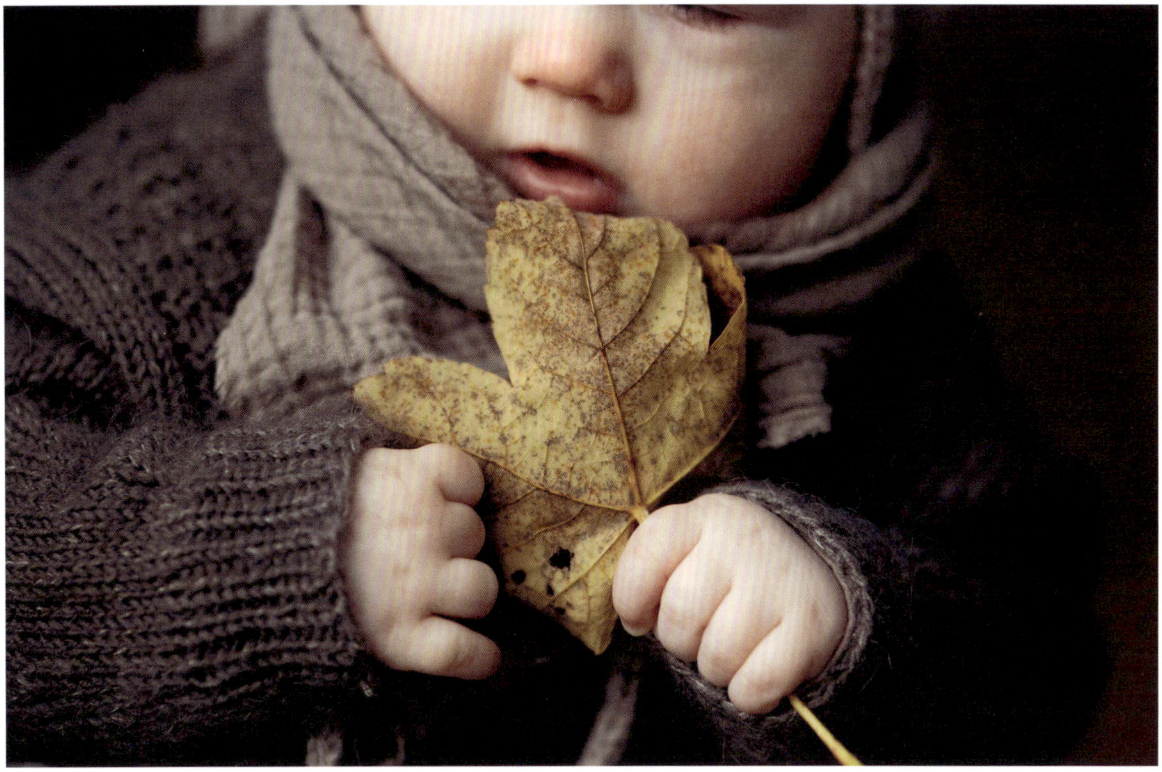

SCHWIERIGKEITSGRAD 3

GRÖSSEN: (3) 6 (9) Mon 1 (2) 3 Jahre
GARN: KlompeLOMPE Tynn Merinoull, Farbe 2652, und Sandnes Garn Tynn Silk Mohair, Farbe 3161
MENGE: KlompeLOMPE Tynn Merinoull: (100) 100 (150) 150 (150) 150 g, Sandnes Garn Tynn Silk Mohair: (50) 50 (50) 50 (50) 75 g
NADELN: Rundnadeln Nr. 3 und Nr. 3,5, je 40 cm und 60 cm
MASCHENPROBE: 21 M mit Ndl Nr. 3,5 = 10 cm
MASSE Oberweite: ca. (49,5) 55 (61) 63 (70,5) 74 cm
Gesamtlänge: ca. (25) 30 (33) 35 (36) 39 cm

In der Rückenmitte beginnen und in Reihen str. (48) 54 (60) 64 (70) 74 M mit Ndl Nr.3,5 mit 1 Faden jeder Qualität anschlagen.

In R glatt rechts str, bis die Arbeit (10,5) 11,5 (13) 13 (14) 15 cm misst.

Nächste R (Hin-R): (17) 19 (22) 24 (27) 29 M re, (14) 16 (16) 16 (16) 16 M abk, (17) 19 (22) 24 (27) 29 M re.

Jetzt verkürzte R str (siehe Video German Short Rows auf Klompelompe.no): An der linken Schulter beginnen (Rück-R): Bis R-Ende li M str.
Nächste R: 2 M re zus str, re M bis R-Ende str.
1 R li M str.
Nächste R: 2 M re zus str, re M bis zu den letzten 4 M str, wenden, li M bis R-Ende str.
Nächste R: Re M bis 4 M vor der letzten Wende-M str, wenden, li M bis R-Ende str.

Größe 9 Mon, 1, 2 und 3 Jahre
Nächste R: Re M bis 4 M vor der letzten Wende-M str, wenden, li M bis R-Ende str.

Größe 2 und 3 Jahre
Nächste R: Re M bis 4 M vor der letzten Wende-M str, wenden, li M bis R-Ende str.

Alle Größen
Innen am Hals einen MM setzen (Schulter-MM). Über die äußeren (2) 4 (7) 9 (12) 14 M glatt rechts und über die restlichen M im Muster laut Strickschrift str.

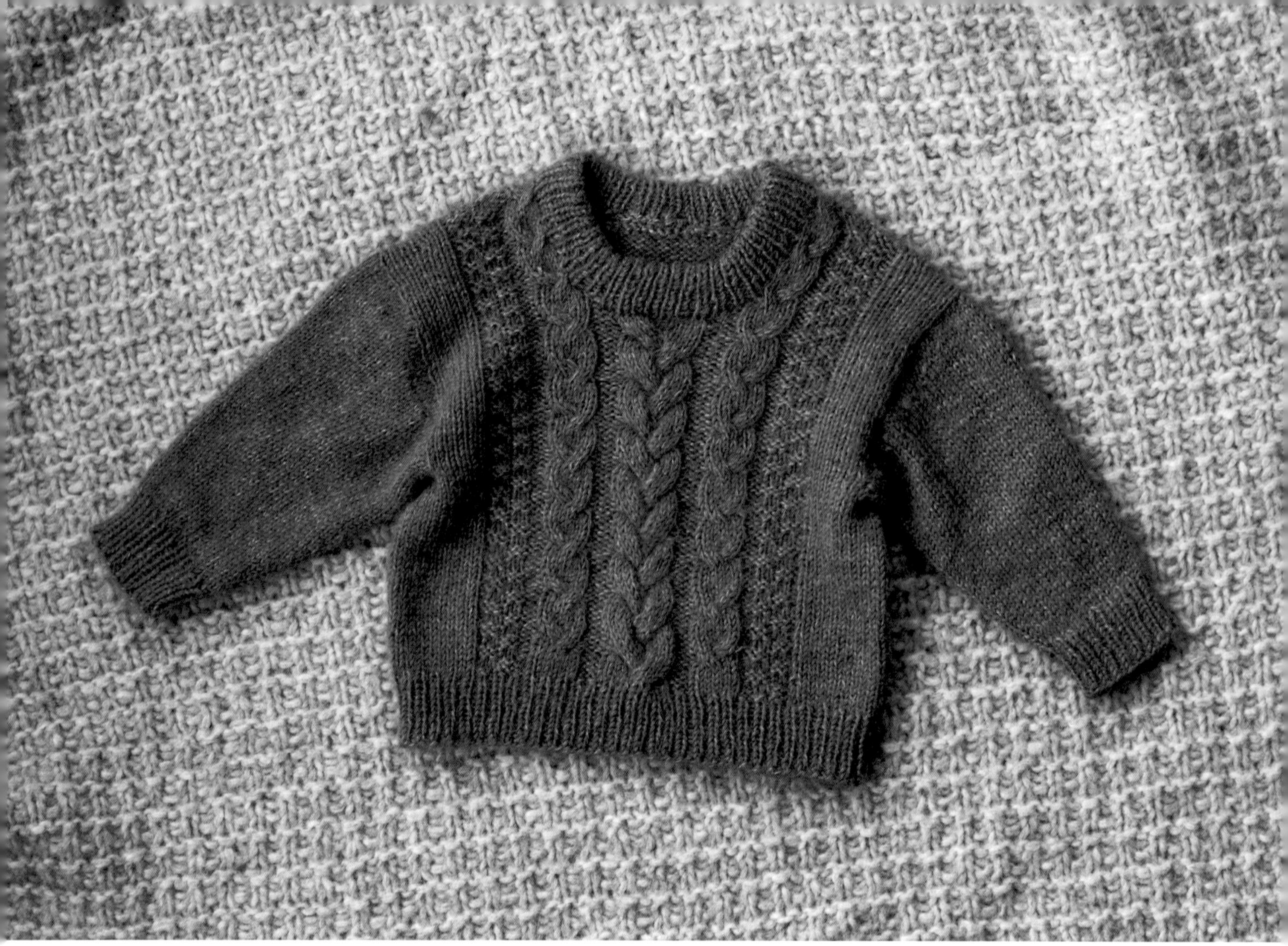

2 R str.

Nächste R (Hin-R): Im Muster und glatt rechts bis zu den letzten 4 M str, wenden, li M und im Muster bis R-Ende str.

Nächste R: Bis 4 M vor der letzten Wende-M str, wenden, bis R-Ende str.

Nächste R: Bis 4 M vor der letzten Wende-M str, wenden, bis R-Ende str.

Weiter glatt rechts und im Muster str, bis die Arbeit (7) 8 (8) 8 (9) 10 cm ab Schulter-MM misst.
Am Ende der Rück-R 1 M zun, wenden und 1 R im Muster und glatt rechts str. Von * bis * wdh.

Die M stilllegen und die rechte Schulter str.

RECHTE SCHULTER

1 R li M str.

Re M bis zu den letzten 2 M str, 2 M re überzogen zus str.

Li M bis zu den letzten 4 M str, wenden, re M bis zu den letzten 2 M str, 2 M re überzogen zus str.

Größe 9 Mon, 1, 2 und 3 Jahre

Li M bis 4 M vor der letzten Wende-M str, wenden, re M bis R-Ende str.

Größe 2 und 3 Jahre

Li M bis 4 M vor derm letzten Wende-M str, wenden, re M bis R-Ende str.

Alle Größen

1 R li M str.

Innen am Hals einen MM setzen (Schulter-MM).

Über die äußeren (2) 4 (7) 9 (12) 14 M an der Schulter glatt rechts und über die restlichen M im Muster str.

3 R str.

Nächste R (Rück-R): Im Muster und glatt rechts bis zu den letzten 4 M str, wenden, bis R-Ende str.

Nächste R: Im Muster und glatt rechts bis 4 M vor der letzten Wende-M str, wenden, bis R-Ende str.

Nächste R: Im Muster und glatt rechts bis 4 M vor der letzten Wende-M str, wenden, bis R-Ende str.

Im Muster und glatt rechts str, bis die Arbeit (7) 8 (8) 8 (9) 10 cm ab dem Schulter-MM misst.

1 R glatt rechts und im Muster str und am R-Ende (am Hals) 1 M anschlagen.

1 R str.

1 R glatt rechts und im Muster str und am R-Ende (am Hals) 1 M anschlagen.

Den Faden abschneiden.

Auf der li Seite, also mit einer Rück-R, beginnen. Im eingeteilten Muster bis R-Ende str, (14) 16 (16) 16 (16) 16 M anschlagen, über die stillgelegten M str. Es kann sein, dass man hier das Muster nicht vom Beginn der Strickschrift an fortsetzen kann, man macht dort weiter, wo man sich im Muster befindet.

Weiter glatt rechts und im Muster str, bis Vorder- und Rückenteil gleich lang sind (die Arbeit von den Schulter-MM aus messen).

Am Ende einer Hin-R 4 M anschlagen, aus jeder M der Anschlagkante am Rückenteil 1 M aufnehmen und am Ende 4 M anschlagen. Ab jetzt in Rd str = (104) 116 (128) 136 (148) 156 M.

Weiter glatt rechts und im Muster str, bis die Arbeit (21) 26 (29) 31 (32) 35 cm ab Schulter-MM misst.

Zu Ndl Nr. 3 wechseln. 12 Rd im Rippenmuster (1 M re, 1 M li im Wechsel) str.

In der letzten Rd die M abk.

ÄRMEL

In der Mitte unter dem Arm beginnen. (58) 64 (70) 70 (74) 78 M aufnehmen (ca. 1 M aus jeder M, dabei jede 4. M überspringen).

1 Rd re M str. 1 MM an der Schulter setzen.

Nun wie folgt str: Re M bis 7 M nach dem MM, 2 M re zus str, 1 M re, wenden, li M bis 7 M nach dem MM, 2 M li zus str, 1 M li, wenden, re M bis 10 M nach dem MM 2 M re zus str, 1 M re, wenden, li M bis 10 M nach dem MM, 2 M li zus str, 1 M li, wenden, re M bis 15 M nach dem MM, 2 M re zus str, 1 M re, wenden, li M bis 15 M nach dem MM, 2 M li zus str, 1 M li, wenden, re M bis 20 M nach dem MM, 2 M re zus str, 1 M re, wenden, li M bis 20 M nach dem MM, 2 M li zus str, 1 M li, wenden.

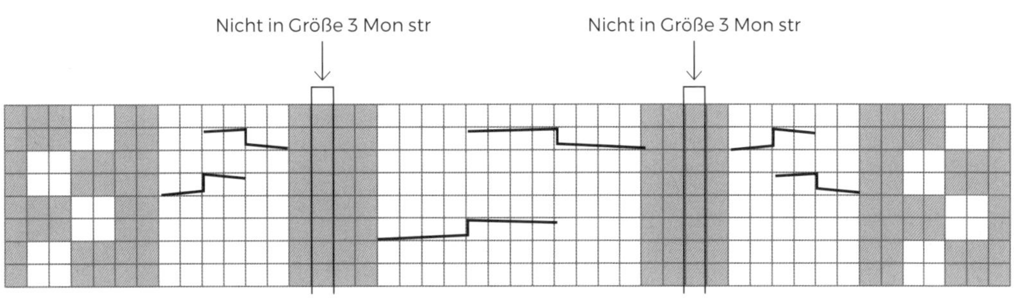

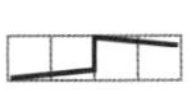 = 2 M auf eine Hilfsndl hinter die Arbeit legen, 2 M re, die 2 M der Hilfsndl re str

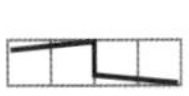 = 2 M auf eine Hilfsndl vor die Arbeit legen, 2 M re, die 2 M der Hilfsndl re str

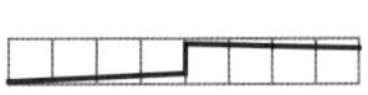 = 4 M auf einer Hilfsndl hinter die Arbeit legen, 4 M re, die 4 M der Hilfsndl re str

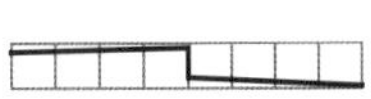 = 4 M auf einer Hilfsndl vor die Arbeit legen, 4 M re, die 4 M der Hilfsndl re str

 = in Hin-R 1 M re, in Rück-R 1 M li

 = in Hin-R 1 M li, in Rück-R 1 M re

Größe 9 Mon, 1, 2 und 3 Jahre
Re M bis 25 M nach dem MM, 2 M re zus str, wenden, li M bis 25 M nach dem MM, 2 M li zus str, 1 M li, wenden.

Größe 2 und 3 Jahre
Re M bis 30 M nach dem MM, 2 M re zus str, wenden, li M bis 30 M nach dem MM, 2 M li zus str, 1 M li, wenden.

Alle Größen
Re M bis Rd-Ende str.

SCHULTERABNAHMEN
Re M bis 7 M vor dem MM 2 M re zus str, re M bis 5 M nach dem MM, 2 M re zus str, re M bis Rd-Ende str.

Glatt rechts str, bis der Ärmel (12) 14 (16) 20 (22) 24 cm misst, dabei gleichzeitig alle 2,5 cm wie folgt unter dem Arm abn: 1 M re, 2 M re zus str, re M bis zu den letzten 3 M str, 2 M re überzogen zus str, 1 M re. Die Abn insgesamt (4) 5 (6) 6 (6) 7-mal arb.

Auch die Abn an der Schulter (von * bis *) alle 4 cm noch (2) 3 (3) 3 (3) 4-mal wdh.

1 Rd re M str und abn auf (34) 34 (36) 36 (38) 38 M.

Zu Ndl Nr. 3 wechseln und 12 Rd im Rippenmuster (1 M re, 1 M li im Wechsel) str. In der letzten Rd die M abk.

HALSAUSSCHNITT
Mit Ndl Nr. 3 in der hinteren Mitte beginnen. Aus jeder M am Rückenteil, am Vorderteil und wieder am Rückenteil 1 M aufnehmen, dabei über den Schultern jede 4. M überspringen = (72) 80 (80) 80 (84) 88 M. Falls nötig, kann die M-Zahl in der 1. Rd reguliert werden.

(16) 18 (18) 18 (20) 22 Rd im Rippenmuster (1 M re, 1 M li im Wechsel) str. In der letzten Rd die M abk. Den Bund nach innen umfalten und locker annähen. Alle Fäden vernähen. Den Pulli unter einem feuchten Handtuch trocknen lassen.

Herbstpantoffeln

Niedliche Pantoffeln mit Zopfmuster und guter Passform.

SCHWIERIGKEITSGRAD 2

GRÖSSEN: (0–2 Mon) 3–6 Mon (9–12 Mon) 18–24 Mon (3 Jahre)
GARN: KlompeLOMPE Tynn Merinoull, Farbe 2650, und Sandnes Garn KOS, Farbe 2611
MENGE: 50 g oder ein Wollrest jeder Qualität
NADELN: Rundnadeln Nr. 4 und 5, je 80 cm für Magic Loop
MASCHENPROBE: 16 M mit Ndl Nr. 5 = 10 cm

(20) 24 (24) 28 (32) M mit Ndl Nr. 5 anschlagen. 1 Rd im Rippenmuster (1 M re, 1 M li im Wechsel) str.

Zu Ndl Nr. 4 wechseln. (21) 21 (23) 23 (25) Rd im Rippenmuster str. Zu Ndl Nr. 5 wechseln.

Den Faden abschneiden. Die ersten und letzten (5) 7 (7) 9 (10) M stilllegen und über die restl (10) 10 (10) 10 (12) M str. In der 1. R (1) 1 (1) 1 (2) M zun = (11) 11 (11) 11 (14) M.

1. R: 1 M li, (9) 9 (9) 9 (12) M re, 1 M li.

Laut Strickschrift str. Die Strickschrift insgesamt (1,5) 2 (2,5) 3 (3,5)-mal wdh.

Nach Ende der Strickschrift die nächste R (Rück-R) wie folgt str:
1 M re, 2 M li zus str, li M bis zu den letzten 3 M str, 2 M li verschr zus str, 1 M re.

Nächste R: 1 M li, 2 M re überzogen zus str, re M bis zu den letzten 3 M str, 2 M re zus str, 1 M li.
Die M stilllegen. Den Faden abschneiden und in der hinteren Mitte neu beginnen.

(5) 7 (7) 9 (10) M re, (5) 7 (9) 11 (14) M seitlich entlang des Zopfmusters aufnehmen, die (7) 7 (7) 7 (10) stillgelegte M re str, (5) 7 (9) 11 (14) M auf der anderen Seite des Zopfmusters aufnehmen, (5) 7 (7) 9 (10) M re = (27) 35 (39) 47 (58) M.
2 Rd re M str.

Verkürzte R str (siehe Video German Short Rows auf Klompelompe.no).
Nächste Rd: (8) 10 (10) 12 (12) M re, wenden, (16) 20 (20) 24 (24) M li, wenden, re M bis Rd-Ende str.

(5) 5 (5) 5 (7) Rd re M str.
Nächste Rd: 1 M re, 2 M re zus str, 1 M re, 2 M re zus str, (2) 6 (8) 12 (16) M re, 2 M re zus str, 2 M re zus str, (3) 3 (3) 3 (6) M re, 2 M re verschr zus str, 2 M re verschr zus str, (2) 6 (8) 12 (16) M re, 2 M re verschr zus str, 1 M re, 2 M re verschr zus str, 1 M re.

Nächste Rd: 1 M re, 2 M re zus str, (2) 6 (8) 12 (16) M re, 2 M re zus str, 2 M re zus str, (1) 1 (1) 1 (4) M re, 2 M re verschr zus str, 2 M re verschr zus str, (2) 6 (8) 12 (16) M re, 2 M re verschr zus str, 1 M re.

Nächste Rd: Wie folgt str, dabei gleichzeitig abk:
1 M re, 2 M re zus str, (0) 4 (6) 10 (14) M re, 2 M re zus str, (3) 3 (3) 3 (6) M re, 2 M re verschr zus str, (0) 4 (6) 10 (14) M re, 2 M re verschr zus str, 1 M re.

Die Pantoffeln unten zus nähen und alle Fäden vernähen.

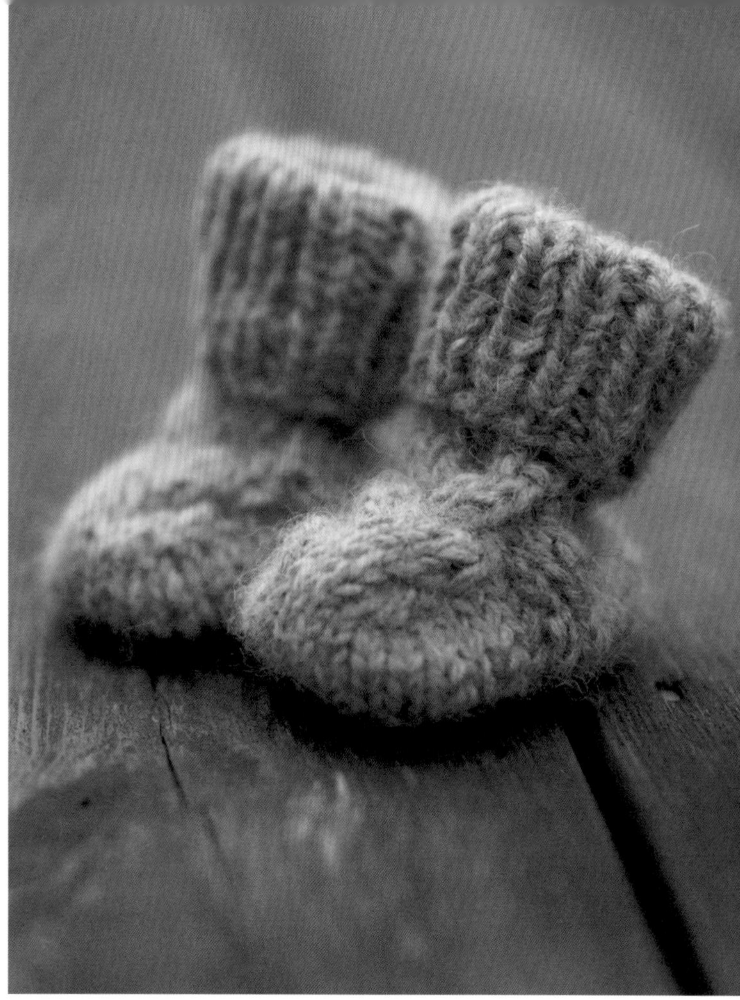

Größe 0-24 Mon
Rechter Pantoffel

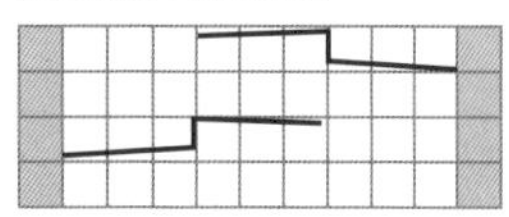

Größe 3 Jahre
Rechter Pantoffel

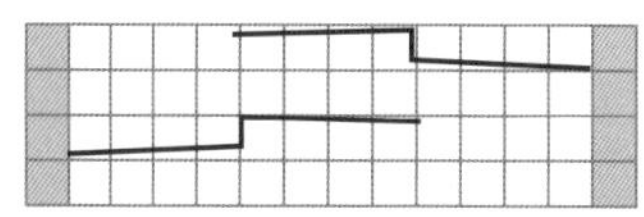

Linker Pantoffel

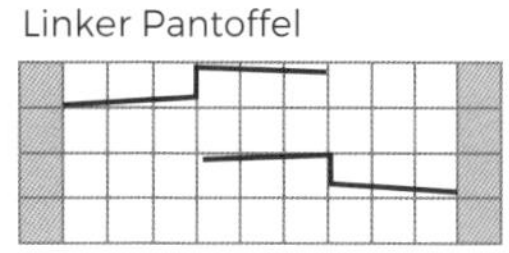

Linker Pantoffel

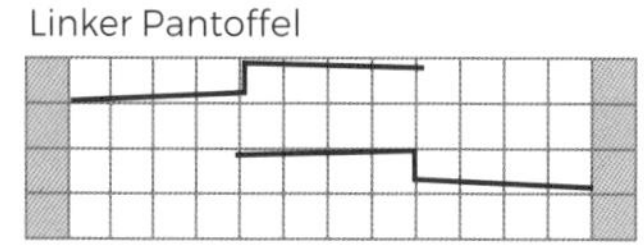

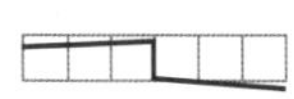 = 3 M auf eine Hilfsndl vor die Arbeit legen, 3 M re, die 3 M der Hilfsndl re str.

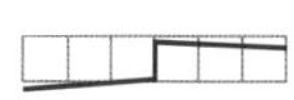 = 3 M auf eine Hilfsndl hinter die Arbeit legen, 3 M re, die 3 M der Hilfsndl re. str

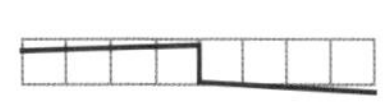 = 4 M auf eine Hilfsndl vor die Arbeit legen, 4 M re, die 4 M der Hilfsndl re str.

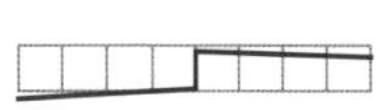 = 4 M auf eine Hilfsndl hinter die Arbeit legen, 4 M re, die 4 M der Hilfsndl re str

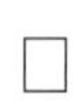 = in Hin-R, 1 M re, in Rück-R 1 M li

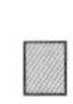 = in Hin-R 1 M li, in Rück-R 1 M re

Herbstfäustlinge

Weiche und warme Fäustlinge mit Zopfmuster.

SCHWIERIGKEITSGRAD 2

GRÖSSEN: (0–1 Mon) 3 Mon (6 Mon) 1–2 Jahre (3–4 Jahre)
GARN: KlompeLOMPE Tynn Merinoull, Farbe 2652, und Sandnes Garn KOS, Farbe 3161
MENGE: 50 g von jeder Qualität
NADELN: Rundnadeln Nr. 4 und 5, je 80 cm für Magic Loop
MASCHENPROBE: 16 M mit Ndl Nr. 5 = 10 cm

In Runden mit Magic Loop str (siehe Video auf Klompelompe.no). (20) 20 (24) 24 (28) M mit Ndl Nr. 5 anschlagen.

Zu Ndl Nr. 4 wechseln. (6) 7 (8) 8 (10) cm im Rippenmuster (1 M re, 1 M li im Wechsel) str.

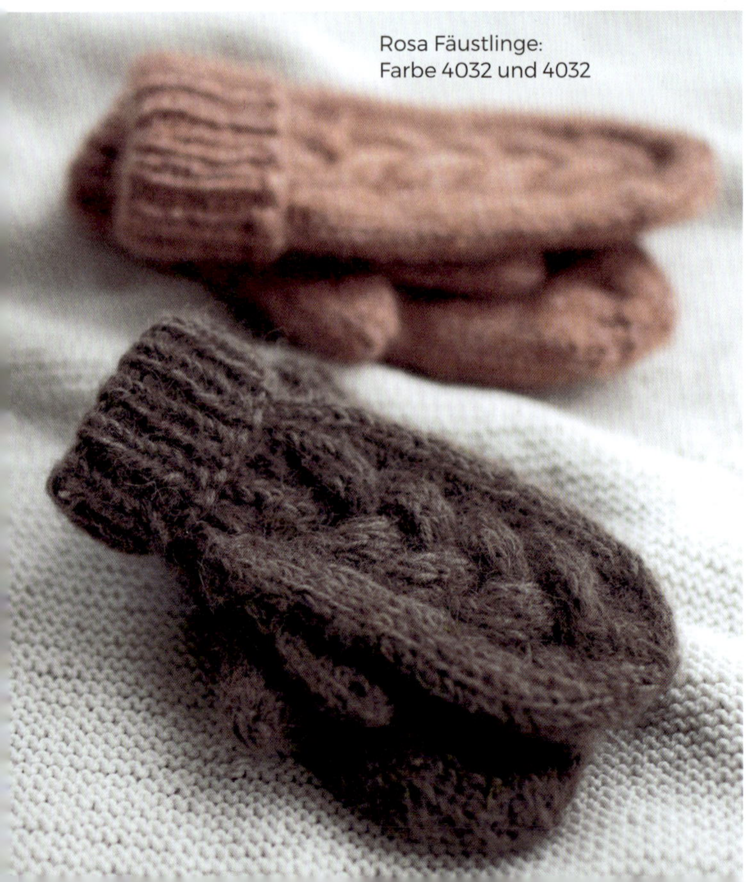

Rosa Fäustlinge:
Farbe 4032 und 4032

Die Arbeit mit MM oder Magic Loop in 2 Hälften aufteilen.

Zu Ndl Nr. 5 wechseln. 1 Rd re M str, dabei gleichmäßig verteilt (3) 5 (5) 5 (5) M am Handrücken-Teil zun.

Wie folgt weiterstr (mit dem Handrücken beginnen): (1) 2 (3) 3 (4) M re, Muster laut Strickschrift, bis Rd-Ende re M str.

DAUMENÖFFNUNG

1–2 (3–4) Jahre

Nach 1,5 (2) cm glatt rechts und im Muster an der Innenseite einen Faden in Kontrastfarbe für den Daumen einstricken.

LINKER FÄUSTLING

Den Handrücken str, re M bis zu den letzten 5 (6) M str, 4 (5) M mit dem Faden in Kontrastfarbe re str, die 4 (5) M wieder auf die li Ndl heben, re M bis Rd-Ende str.

RECHTER FÄUSTLING

Den Handrücken str, 1 M re, 4 (5) M mit dem Faden in Kontrastfarbe re str, die 4 (5) M wieder auf die li Ndl heben, re M bis Rd-Ende str.

Alle Größen

Laut Strickschrift und glatt rechts str, bis die Arbeit (12) 14 (16) 18 (21) cm misst.

1 Rd re M str, dabei am Handrücken (3) 5 (5) 5 (5) M abn.

ABNAHMEN

Nächste Rd: *2 M re, 2 M re zus str*, von * bis * bis Rd-Ende wdh.

1 Rd re M str.

Nächste Rd: *1 M re, 2 M re zus str*, von * bis * bis Rd-Ende wdh. 2 Rd re M str.

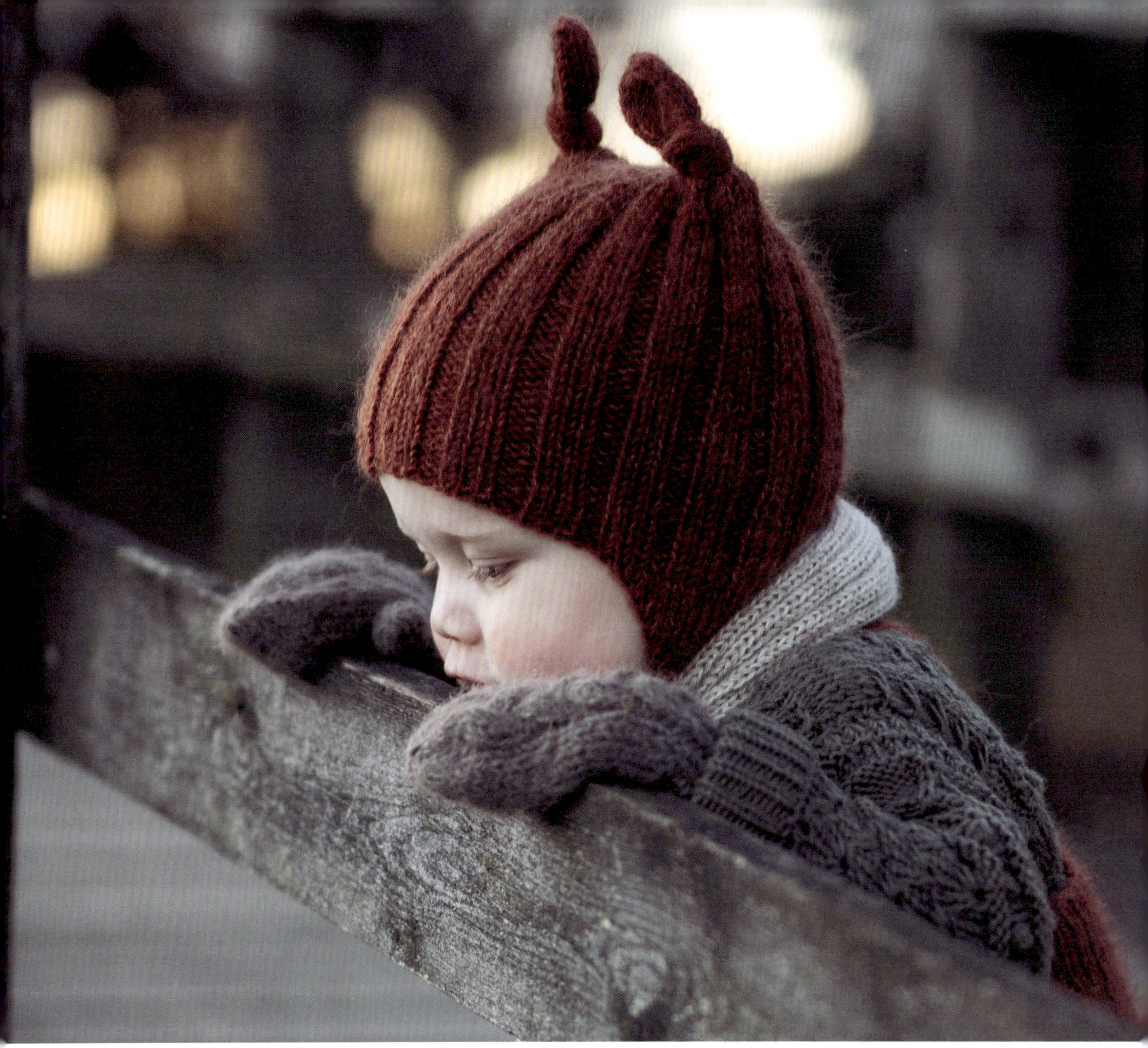

Nächste Rd: *2 M re zus str*, von * bis * bis Rd-Ende wdh. Den Faden durch die M fädeln und zus ziehen.

DAUMEN

Die je 4 (5) M über und unter dem Kontrastfaden aufnehmen. Den Kontrastfaden entfernen. 1 Rd re M str, dabei an jeder Seite 1 M aufnehmen. In Rd glatt rechts str bis der Daumen 3,5 (4,5) cm misst.

Nächste Rd: *2 M re zus str*, von * bis * bis Rd-Ende wdh. Den Faden durch die M ziehen. Alle Fäden vernähen.

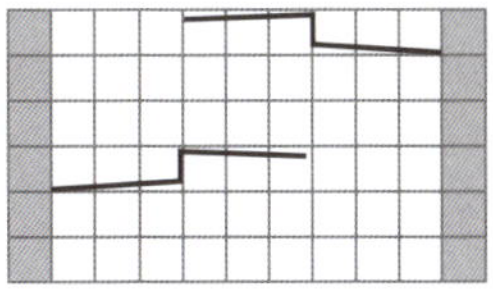

□ = 1 M rechts

■ = 1 M links

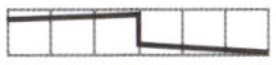 = 3 M auf eine Hilfsndl vor die Arbeit legen, 3 M re, die 3 M der Hilfsndl re str.

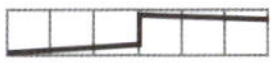 = 3 M auf eine Hilfsndl hinter die Arbeit legen, 3 M re, die 3 M der Hilfsndl re str.

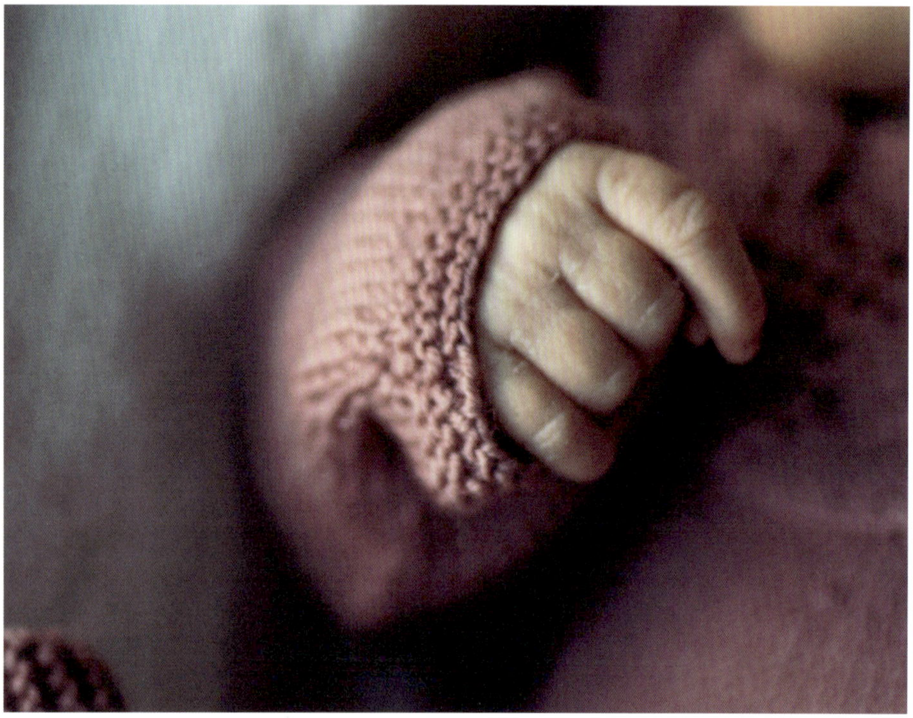

Ingebjørgs Rippendecke

Was gibt es Kuscheligeres, als ein kleines Baby in eine Rippendecke zu packen.

SCHWIERIGKEITSGRAD 1

GRÖSSE: ca. 72 x 72 cm
GARN: KlompeLOMPE Tynn Merinoull, Farbe 2652
MENGE: 300 g
NADELN: Rundnadel Nr. 4, 80 cm
MASCHENPROBE: 23 M mit Ndl Nr. 4 = 10 cm

Die Decke wird in Reihen gestrickt und an einer Spitze begonnen.

3 M mit Ndl Nr. 4 anschlagen und 1 R re M str.

Für die Zun [1 M re und 1 M re verschr] in die selbe M str.

Nächste R: 1 M re, 1 M zun, re M bis R-Ende str.

Diese R (mit der Zun am Anfang) in jeder R wdh, bis die Arbeit ca. 51 cm ab dem Anschlag oder die gewünschte Größe misst (darauf achten, dass für die restliche Decke noch mindestens einmal genauso viel Wolle übrig ist) = 237 M.

1 R re M str.

Nächste R: 1 M re, 2 M re zus str, re M bis R-Ende str.

Diese R (mit der Abn am Anfang) in jeder R wdh, bis wieder nur noch 3 M übrig sind. 1 R re M str, dabei die M gleichzeitig abk.

Alle Fäden vernähen.

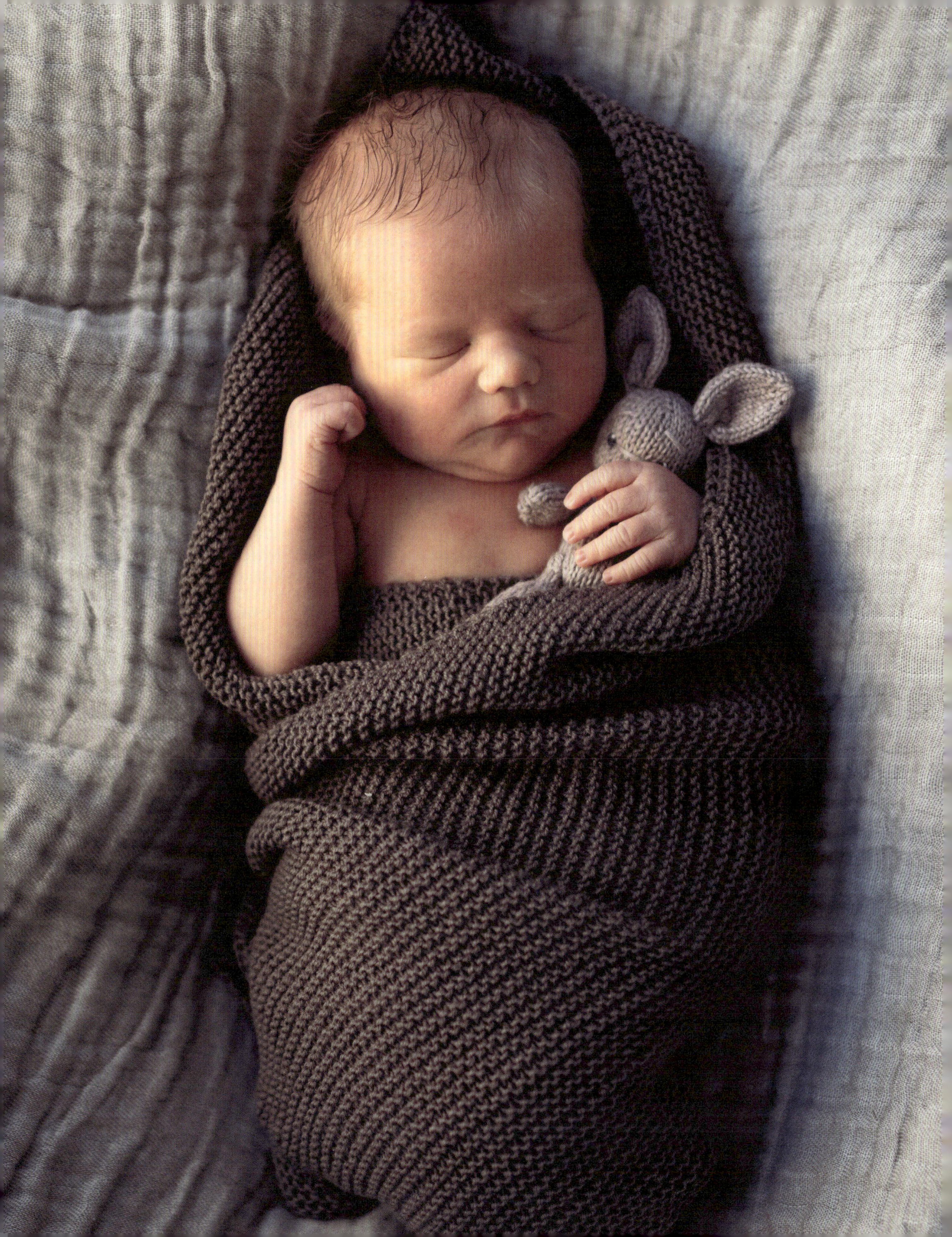

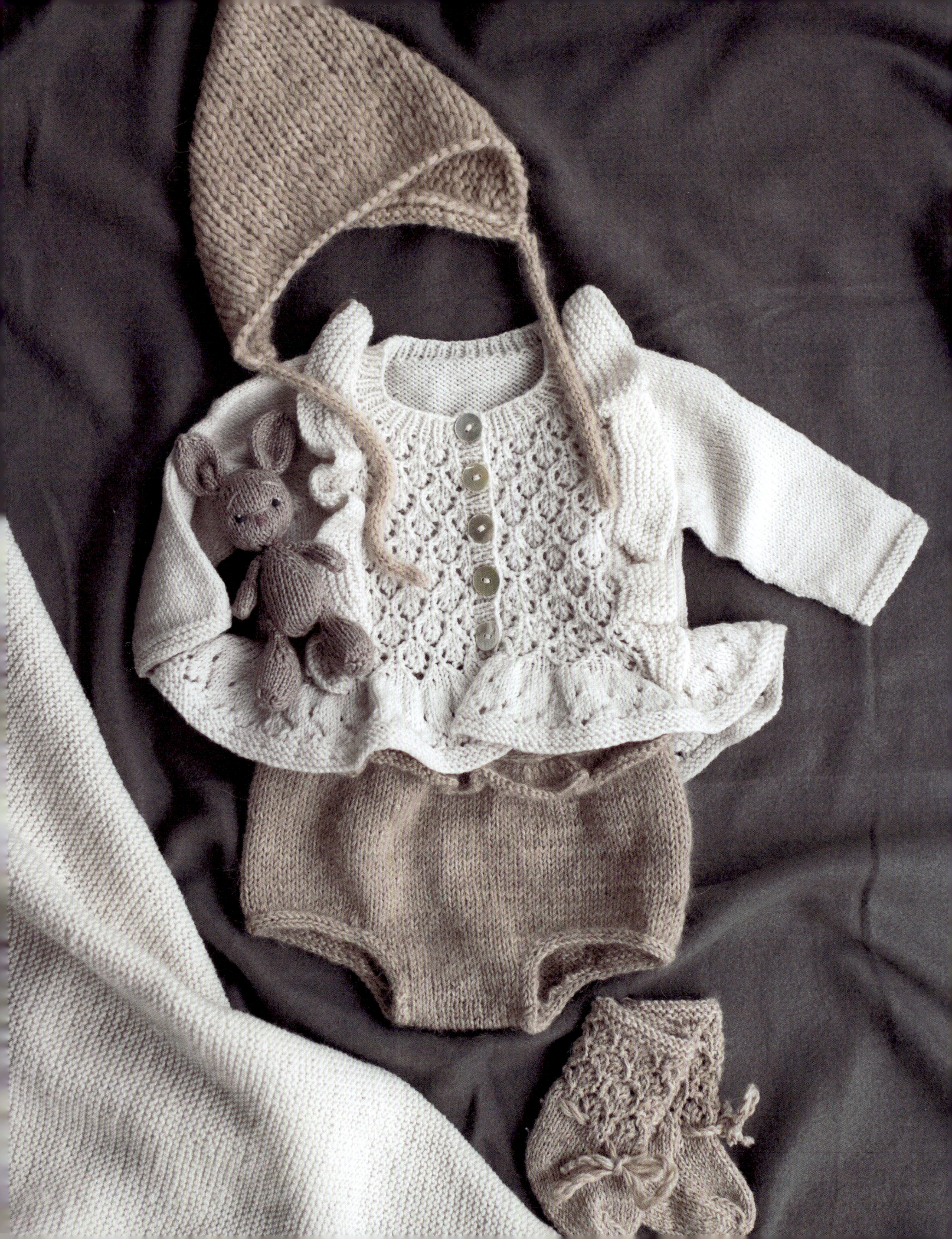

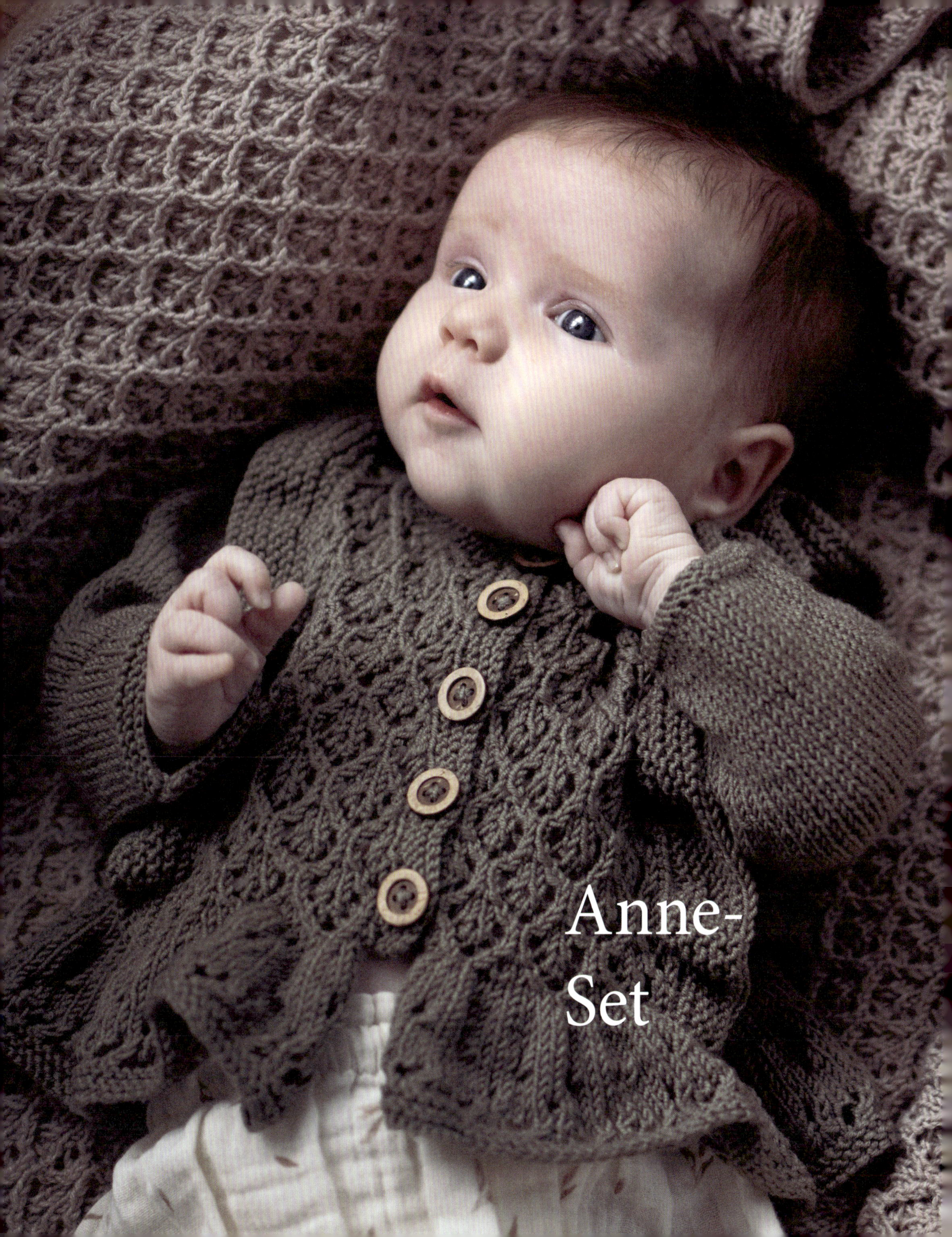

Anne-Set

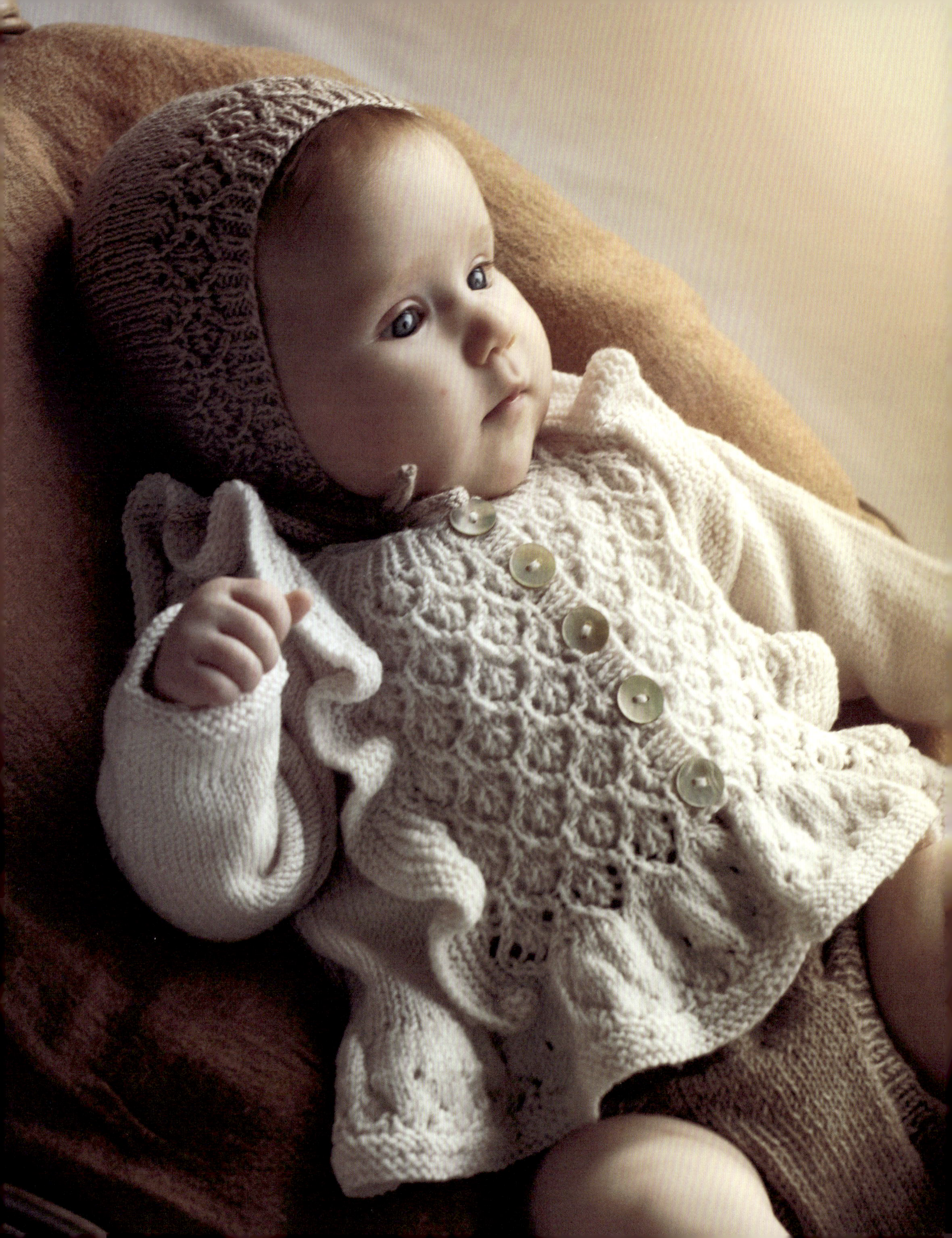

Anne-Volantjacke

Eine süße Jacke mit Volants und Schößchen.

SCHWIERIGKEITSGRAD 3

GRÖSSEN: (0–2 Mon) 3 Mon (6–9 Mon) 1 Jahr (2 Jahre) 4 Jahre
GARN: KlompeLOMPE Tynn Merinoull, Farbe 1013
MENGE: (100) 150 (200) 200 (200) 250 g
NADELN: Rundnadeln Nr. 2,5 und Nr. 3, je 40 cm und 80 cm
MASCHENPROBE: 27 M mit Ndl Nr. 3 = 10 cm
MASSE: Gesamtlänge: ca. (22) 24 (31) 33 (34) 36 cm
Oberweite: ca. (45) 49 (53) 57,5 (59,5) 64 cm

Die Jacke in Reihen von unten nach oben str.

(241) 266 (286) 311 (321) 346 M mit Ndl Nr. 2,5 anschlagen.

2 Kraus-Rippen str (1 Kraus-Rippe = 2 R re M). Zu Ndl Nr. 3 wechseln. 1 R re M str.

Nächste R: 3 M li, *2 M li, 1 U, 2 M li zus str, 1 M li *, von * bis * bis zu den letzten 3 M wdh, 3 M li.

Nächste R: 3 M re, *2 M re zus str, 1 U, 1 M re, 1 U, 2 M re überzogen zus str*, von * bis * bis zu den letzten 3 M wdh, 3 M re.

1 R li M str.

Nächste R: 1 M re, *2 M re zus str, 1 U, 3 M re*, von * bis * bis zu den letzten 5 M wdh, 2 M re zus str, 1 U, 3 M re.

1 R li M, 1 R re M, 1 R li M str.

Nächste R: 1 M re, * 3 M re, 2 M re zus str, 1 U*, von * bis * bis zu den letzten 5 M wdh, 5 M re.

(5) 5 (5) 7 (7) 9 R glatt rechts str.

Zu Ndl Nr. 2,5 wechseln.

Nächste R: (1) 0 (0) 1 (1) 0 M re, *2 M re zus str*, von * bis * bis R-Ende wdh = (121) 133 (143) 156 (161) 173 M.

Zu Ndl Nr. 3 wechseln.
1 R li M str und wie folgt MM setzen: (19) 19 (19) 25 (25) 25 M li, MM setzen, (83) 95 (105) 106 (111) 123 M li, MM setzen, (19) 19 (19) 25 (25) 25 M li.

Die äußere M an jeder Seite ist eine Randmasche und wird in der Hin-R re und in der Rück-R li gestrickt, die restlichen M an den Seiten werden laut Strickschrift und die M dazwischen glatt rechts gestrickt.

Weiterstr, bis die Arbeit (13) 15 (18) 20 (22) 24 cm misst.

In der nächsten R (Hin-R) die Arbeit wie folgt für die Ärmel aufteilen:

Die Mustermaschen str, (4) 6 (7) 4 (5) 8 M re, (15) 16 (19) 20 (20) 21 M abk, (45) 51 (53) 58 (61) 65 M re, (15) 16 (19) 20 (20) 21 M abk, (4) 6 (7) 4 (5) 8 M re, bis R-Ende im Muster str.

LINKES VORDERTEIL

Die 1. R ist eine Rück-R.

1 R li M str.

Nächste R: 1 M re, 2 M re zus str, bis R-Ende str.

Diese 2 R insgesamt (3) 4 (4) 3 (4) 4-mal arb = (20) 21 (22) 26 (26) 29 M.

In R str, bis die Arbeit (7) 7 (8) 8 (9) 9 cm ab der Teilung für den Ärmel misst.

In der nächsten R (Rück-R) die ersten (11) 11 (12) 14 (14) 15 M str und stilllegen. Die restlichen (9) 10 (10) 12 (12) 14 M bis zur Schulter getrennt str.

(9) 10 (10) 12 (12) 14 M str.

Nächste R: Glatt rechts und im Muster bis zu den letzten 4 M str, 1 M re, 2 M re zus str, 1 M re.

In der nächsten R alle M li str.

Diese 2 R insgesamt (3) 3 (4) 4 (4) 4-mal arb. (2) 2 (2) 2 (3) 3 cm im Muster str (die äußere M an jeder Seite glatt rechts str).

Nächste R (Hin-R): 1 R re M str, dabei die M gleichzeitig abk.

RECHTES VORDERTEIL

Die 1. R ist eine Rück-R. 1 R li M str.

Nächste R: Bis zu den letzten 3 M str, 2 M re überzogen zus str, 1 M re.

Diese 2 R insgesamt (3) 4 (4) 3 (4) 4-mal arb = (20) 21 (22) 26 (26) 29 M.

Weiterstr, bis die Arbeit (7) 7 (8) 8 (9) 9 cm ab der Teilung für den Ärmel misst.

In der nächsten R (Rück-R) die letzten (11) 11 (12) 14 (14) 15 M str und stilllegen.

Den Faden abschneiden und die restlichen (9) 10 (10) 12 (12) 14 M bis zur Schulter getrennt str.
Nächste R: 1 M re, 2 M re zus str, 1 M re, glatt rechts und im Muster bis R-Ende str.

In der nächsten R alle M li str.
Diese 2 R insgesamt (3) 3 (4) 4 (4) 4-mal arb. (2) 2 (2) 2 (3) 3 cm im Muster (die äußere M an jeder Seite glatt rechts str).

In der nächsten R (Hin-R): 1 R re M str, dabei die M gleichzeitig abk.

RÜCKENTEIL

Die 1. R ist eine Rück-R. 1 R li M str.

Nächste R: 1 M re, 2 M re zus str, re M bis zu den letzten 3 M str, 2 M überzogen zus str, 1 M re.

Diese 2 R insgesamt (3) 4 (4) 4 (4) 4-mal arb = (39) 43 (45) 50 (53) 57 M.

Glatt rechts ohne Abn str, bis die Arbeit (9) 9 (10) 10 (11) 11 cm ab der Ärmelteilung misst.

In der nächsten Rück-R die ersten (30) 33 (35) 38 (41) 43 M li str und stilllegen und über die letzten (9) 10 (10) 12 (12) 14 M für die re Schulter str.

Nächste R: Re M bis zu den letzten 3 M str, 2 M re zus str, 1 M re.
In der nächsten R alle M li str.

Diese 2 R insgesamt (3) 3 (4) 4 (4) 4-mal arb.

In der nächsten R (Hin-R) alle M abk.
Die letzten (9) 10 (10) 12 (12) 14 M der stillgelegten M für die linke Schulter str (in der Hin-R) und die restlichen weiter ruhen lassen.

1 M re, 2 M re zus str, re M bis R-Ende str.
Nächste R: Alle M li str.

Diese 2 R insgesamt (3) 3 (4) 4 (4) 4-mal arb.
In der nächsten R (Hin-R) alle M abk.

Die Schultern zusammennähen.

HALSBÜNDCHEN

Mit Ndl Nr. 2,5 die (11) 11 (12) 14 (14) 15 stillgelegten M re str, (14) 16 (22) 22 (22) 22 M an der Schulter aufnehmen, (21) 23 (25) 26 (29) 29 stillgelegte M re str, (14) 16 (22) 22 (22) 22 M an der Schulter aufnehmen, (11) 11 (12) 14 (14) 15 stillgelegte M re str = (71) 77 (93) 98 (101) 103 M.

(6) 6 (8) 8 (8) 8 R im Rippenmuster (1 M re, 1 M li im Wechsel) str, in der letzten R die M abk.

KNOPFLEISTE

Mit Ndl Nr. 2,5 entlang der gesamten Jacke, außer am Volant, aus jeder M 1 M aufnehmen, dabei jede 4. M überspringen.

5 R im Rippenmuster str (1 M re, 1 M li im Wechsel) und in der letzten R die M abk.

An der re Seite in der 2. R wie folgt Knopflöcher einstr: 2 M re zus str, 1 U.

Insgesamt (5) 5 (6) 6 (7) Knopflöcher gleichmäßig verteilt str.

ÄRMEL

Mit Ndl Nr. 3 in der Mitte unter dem Arm beginnen. (65) 65 (85) 85 (89) 89 M aufnehmen.

1 Rd re M str.

Verkürzten R str (siehe Video German Short Rows auf Klompelompe.no).

Wie folgt in R str:

0–2 Mon und 3 Mon:

50 M re, wenden, 35 M li, wenden, 36 M re, wenden, 37 M li, wenden, 38 M re, wenden, 39 M li, wenden, 40 M re, wenden, 41 M li, wenden, 42 M re, 2 M re zus str, wenden, 44 M li, 2 M li zus str, wenden, 46 M re, 2 M re zus str, wenden, 48 M li, 2 M li zus str, wenden, 50 M re, 2 M re zus str, wenden, 52 M li, 2 M li zus str, wenden, 54 M re, 2 M re zus str, wenden, 56 M li, 2 M li zus str, wenden, re M bis Rd-Ende str.

Nun ist der Rd-Anfang erreicht = 57 M.

Weiter verkürzte R str:

Re M bis zu den letzten 4 M, wenden, li M bis zu den letzten 4 M, wenden, re M bis 2 M vor der letzten Wende-M, auf jeder Seite 3-mal arb. Re M bis Rd-Ende str.

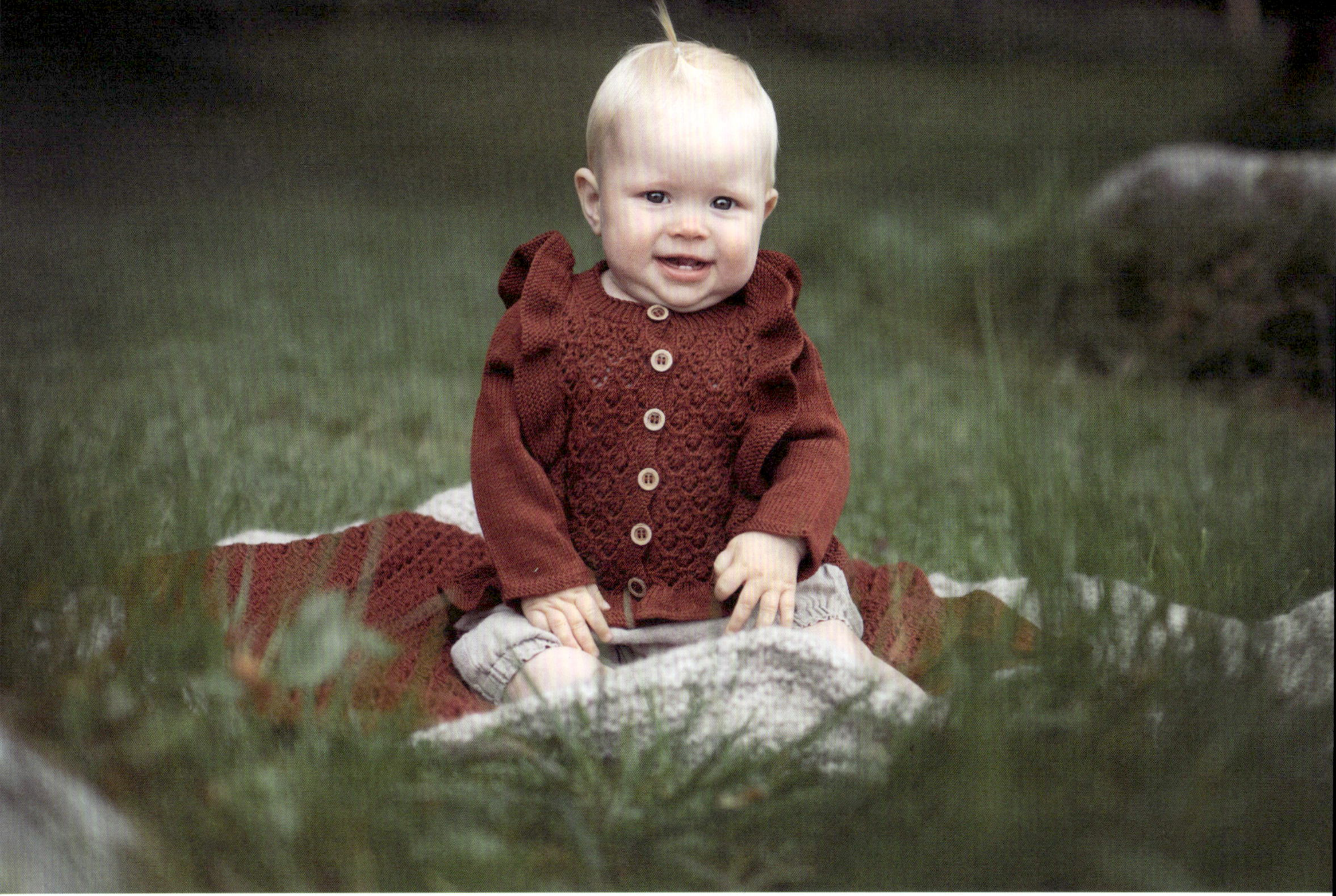

6–9 Mon und 1 Jahr

67 M re, wenden, 51 M li, wenden, 52 M re, wenden, 53 M li, wenden, 54 M re, wenden, 55 M li, wenden, 56 M re, wenden, 57 M li, wenden, 58 M re, 2 M re zus str, wenden, 60 M li, 2 M li zus str, wenden, 62 M re, 2 M re zus str, wenden, 64 M li, 2 M li zus str, wenden, 66 M re, 2 M re zus str, wenden, 68 M li, 2 M li zus str, wenden, 70 M re, 2 M re zus str, wenden, 72 M li, 2 M li zus str, wenden, 75 M re.

Nun ist der Rd-Anfang erreicht = 77 M.

Weiter verkürzte R str:

Re M bis zu den letzten 6 M, wenden, li M bis zu den letzten 6 M, wenden, re M bis 2 M vor der letzten Wende-M, auf jeder Seite 3-mal arb. Re M bis Rd-Ende str.

2 und 4 Jahre

71 M re, wenden, 55 M li, wenden, 56 M re, wenden, 57 M li, wenden, 58 M re, wenden, 59 M li, wenden, 60 M re, wenden, 61 M li, wenden, 62 M re, 2 M re zus str, wenden, 64 M li, 2 M li zus str, wenden, 66 M re, 2 M re zus str, wenden, 68 M li, 2 M li zus str, wenden, 70 M re, 2 M re zus str, wenden, 72 M li, 2 M li zus str, wenden, 74 M re, 2 M re zus str, wenden, 76 M li, 2 M li zus str, wenden, 79 M re.

Nun ist der Rd-Anfang erreicht = 81 M.

Weiter verkürzte R str:

Re M bis zu den letzten 6 M, wenden, li M bis zu den letzten 6 M, wenden, re M bis 2 M vor der letzten Wende-M. An jeder Seite 3-mal arb. Re M bis Rd-Ende str.

Alle Größen (ab jetzt in Rd str)

3 Rd re M str.

Nächste Rd: (15) 18 (14) 14 (16) 16 M re, *2 M re zus str, 1 M re*, von * bis * insgesamt (9) 7 (16) 16 (16) 16-mal arb, (15) 18 (15) 15 (17) 17 M re = (48) 50 (61) 61 (65) 65 M.

Glatt rechts str, bis der Ärmel (12) 14 (17) 19 (24) 27 cm misst, dabei nach 1,5 cm wie folgt abn: 1 M re, 2 M re zus str, bis zu den letzten 3 M str, 2 M überzogen zus str, 1 M re. Alle (2) 2 (2) 2 (3) 3 cm so abn, bis noch (36) 38 (45) 45 (49) 49 M übrig sind. 1 Rd re M, dabei (0) 0 (1) 1 (1) 1 M abn.

Zu Ndl Nr. 2,5 wechseln. 2,5 Kraus-Rippen (1 Kraus-Rippe = 1 Rd li M, 1 Rd re M) str. In der letzten Rd die M abk.
Den zweiten Ärmel genauso str.

VOLANTS
Mit Ndl Nr. 3 arb. Achtung: Nach dem Wenden die erste M abh und den Faden etwas anziehen.

Aus einem M-Streifen von ganz unten neben dem Muster vorn bis ganz unten im glatt rechten Bereich hinten M aufnehmen. Beim li Volant mit der M-Aufnahme auf der Vorderseite beginnen, beim re Volant auf der Rückseite. Die M aus der letzten M des Musters aufnehmen (siehe Foto). Aus jeder M der Rückseite 1 M aufnehmen (siehe Foto).

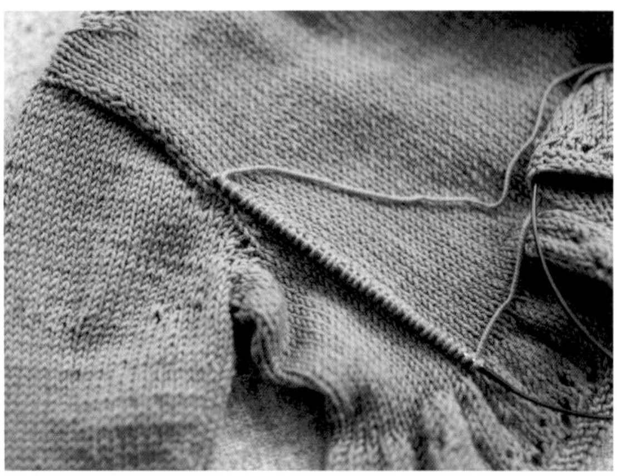

2 R re M str.
16 M re, 1 M zun, re M str und nach jeder 6. M 1 M zun (re verschr aus dem Querfaden herausstr) bis zu den letzten 16 M, re M bis R-Ende str. 3 R re M str.

Größe 0–2 Mon und 3 Mon
10 M re, 1 M zun, re M str und nach jeder 7. M 1 M zun bis zu den letzten 6 M, wenden, re M bis zu den letzten 6 M, wenden, re M bis 8 M vor der letzten Wende-M, wenden, re M bis 8 M vor der letzten Wende-M, wenden, re M bis R-Ende str.
1 R re M str.
1 R re M str, dabei gleichzeitig die M abk.

Größe (6–9 Mon) 1 Jahr (2) 4 Jahre
10 M re, 1 M zun, re M str und nach jeder 7. M 1 M zun bis zu den letzten 10 M, re M bis R-Ende str.
1 R re M. str
Re M bis zu den letzten 8 M str, wenden, re M bis zu den letzten 8 M str, wenden.
Re M bis 5 M vor der letzten Wende-M str, wenden.
Re M bis 5 M vor der letzten Wende-M str, wenden.
Re M bis 5 M vor der letzten Wende-M, str wenden.
Re M bis 5 M vor der letzten Wende-M, str wenden.
Re M bs R-Ende str.
1 R re M str.
1 R re M str, dabei gleichzeitig die M abk.

Alle Größen
Die Volantenden an der Jacke festnähen. Alle Fäden vernähen, die Knöpfe annähen. Jacke unter einem feuchten Handtuch trocknen lassen.

Anne-Volantjacke

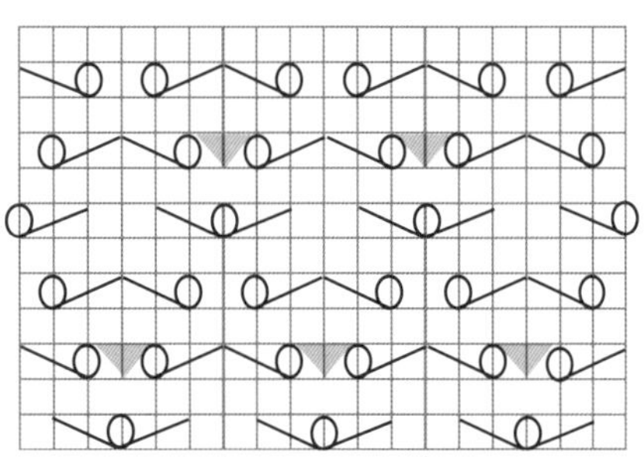

Rapport

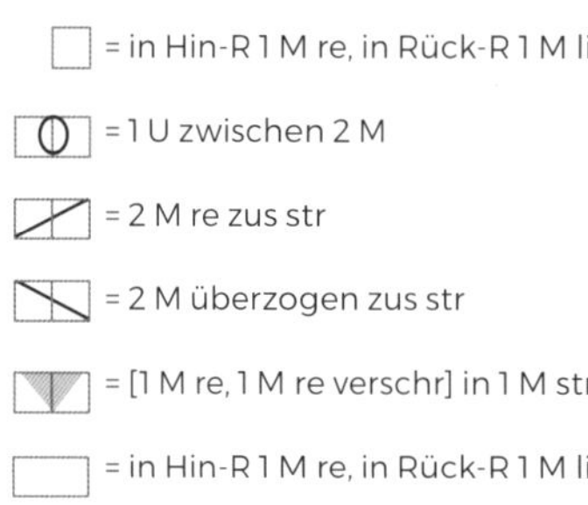

Erstlingsmütze

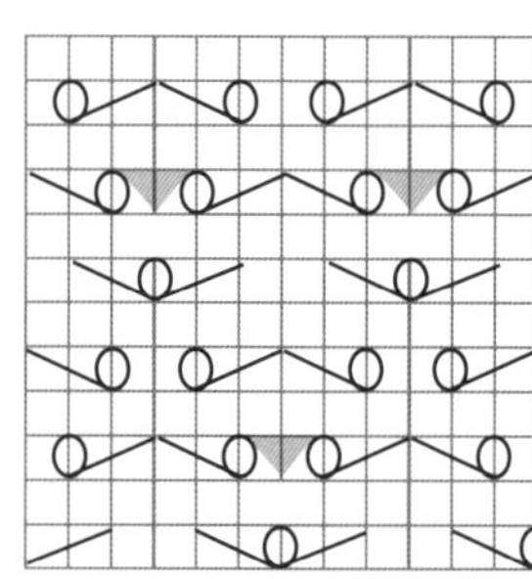

Rapport

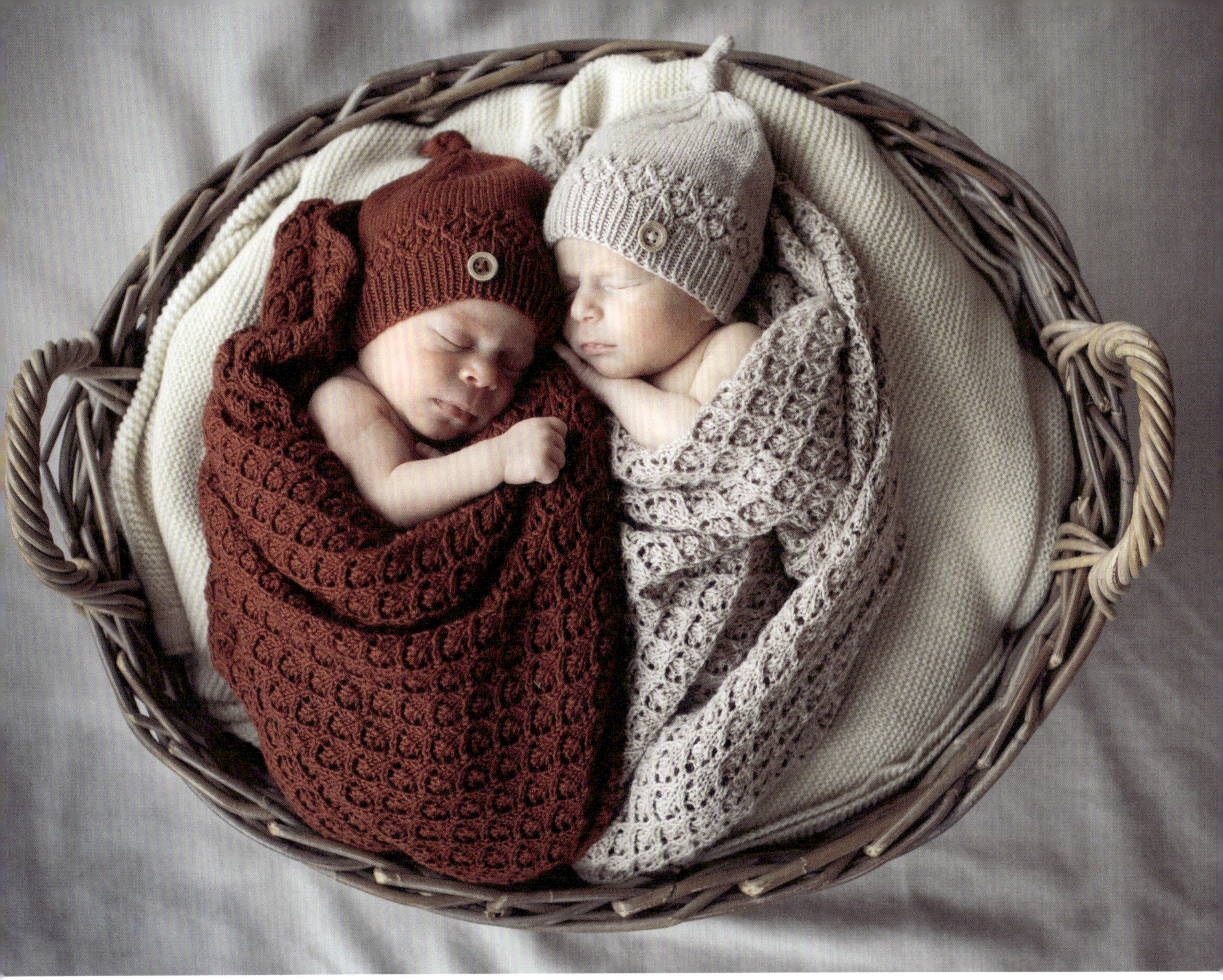

Erstlingsmütze

Eine einfache Mütze mit hübschem Strukturmuster. Ideal, um sie in die Krankenhaustasche zu packen.

SCHWIERIGKEITSGRAD 2

GRÖSSEN: (Frühchen) 0–1 Mon (1–3 Mon) 3–6 Mon (9–12 Mon) 1–2 Jahre
GARN: KlompeLOMPE Tynn Merinoull, Farbe 3355 oder 2650

MENGE: 50 g für alle Größen
NADELN: Rundnadeln Nr. 2,5 und Nr. 3, je 40 cm und 80 cm
MASCHENPROBE: 27 M mit Ndl Nr. 3 = 10 cm

(72) 78 (90) 96 (102) 108 M mit Ndl Nr. 2,5 anschlagen.
3 cm Rippenmuster (1 M re, 1 M li im Wechsel) str.
Zu Ndl Nr. 3 wechseln und 1 Rd re M str.
Das Muster laut Strickschrift auf S. 54 str.

Glatt rechts str, bis die Arbeit (9) 10 (11) 12 (13) 14 cm misst.
1 Rd re M str und abn auf (72) 72 (88) 96 (96) 104 M.
Nächste Rd: *6 M re, 2 M re zus str*, von * bis * bis Rd-Ende wdh.
3 Rd re M str.
Nächste Rd: *5 M re, 2 M re zus str*, von * bis * bis Rd-Ende wdh.
3 Rd re M str.
Nächste Rd: *4 M re, 2 M re zus str*, von * bis * bis Rd-Ende wdh.
3 Rd re M str.
Nächste Rd: *2 M re, 2 M re zus str*, von * bis * bis zu den letzten (1) 1 (3) 0 (0) 1 M wdh, (1) 1 (3) 0 (0) 1 M re.
2 Rd re M str.
Nächste Rd: *1 M re, 2 M re zus str*, von * bis * bis zu den letzten (1) 1 (0) 0 (0) 1 M wdh, (1) 1 (0) 0 (0) 1 M re.
1 Rd re M str.
Nächste Rd: *2 M re zus str*, von * bis * bis zu den letzten (1) 1 (0) 0 (0) 1 M wdh, (1) 1 (0) 0 (0) 1 M re.
1 Rd re M str.
Nächste Rd: *1 M re, 2 M re zus*, von * bis * bis zu den letzten (0) 0 (2) 0 (0) 2 M wdh, (0) 0 (2) 0 (0) 2 M re.
10 cm glatt re str.
Den Faden abschneiden, durch die M fädeln und zus ziehen. Fäden vernähen und die Mütze unter einem feuchten Handtuch trocknen lassen.

Anne-Decke

SCHWIERIGKEITSGRAD 2

GRÖSSE: ca. 70 x 82 cm
GARN: KlompeLOMPE Tynn Merinoull, Farbe 3355 oder 2650
MENGE: 350 g
NADELN: Rundnadel Nr. 3, 80 cm
MASCHENPROBE: 27 M mit Ndl Nr. 3 = 10 cm

188 M mit Ndl Nr. 3 anschlagen.
Die gesamte Decke laut Strickschrift str.

Str, bis die Arbeit ca. 80 cm misst und gerade eine letzte R der Strickschrift gestrickt wurde.
In der letzten R die M wie folgt abk:

Um die gesamte Decke eine I-Cord-Kante str (siehe Video auf Klompelompe.no): 3 M anschlagen und auf die li Ndl heben.
2 M re, die nächsten 2 M re verschr zus str. Die 3 M von der re auf die li Ndl heben, von * bis * wdh, bis noch 3 M übrig sind. Nun aus den Kanten der Decke M aufnehmen (an den Seiten 1 M aus jeder M, dabei jede 4. M überspringen, und aus der Anschlagkante 1 M aus jeder M) und zwar rund um die gesamte Decke (eine Seite nach der anderen). Wie beschrieben weiterarb und mit den 3 M beginnen, die zuletzt auf der Ndl lagen. Auf diese Weise um die gesamte Decke str, und die letzten 3 M normal abk. Anfang und Ende des I-Cords zus nähen. Fäden vernähen und die Decke unter einem feuchtes Handtuch trocknen lassen.

Anne-Mütze und Anne-Decke

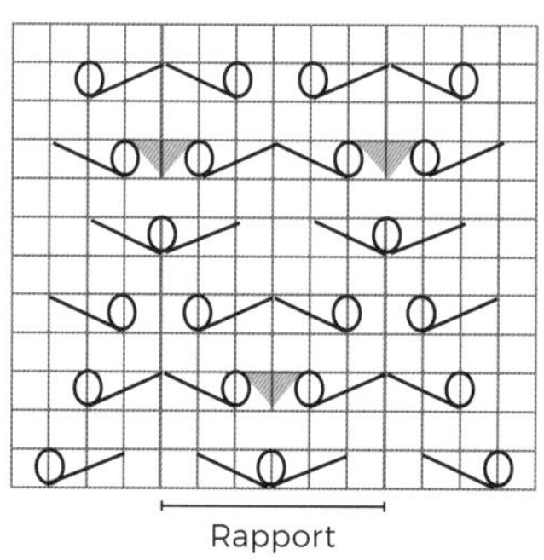

- = in Hin-R 1 M re, in Rück-R 1 M li
- = 1 U zwischen 2 M
- = 2 M re zus str
- = 2 M überzogen zus str
- = [1 M re, 1 M re verschr] in 1 M str
- = in Hin-R 1 M re, in Rück-R 1 M li

Anne-Mütze

Einfache zarte Mütze mit dem Anne-Spitzenmuster.

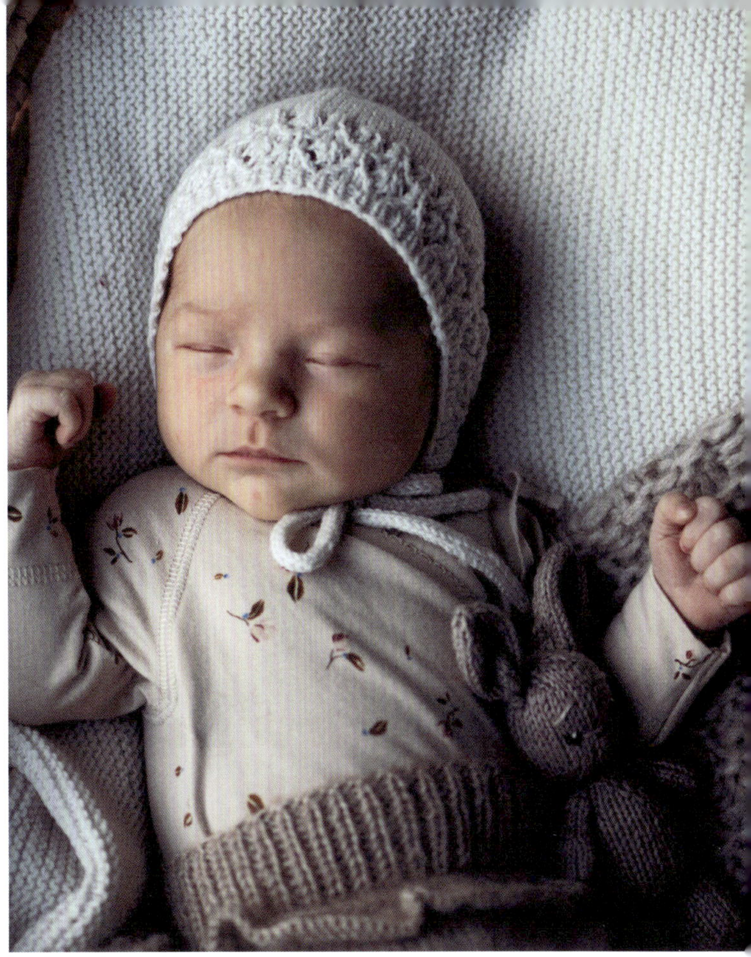

SCHWIERIGKEITSGRAD 2

GRÖSSEN: (Frühchen) 0–3 Mon (3–6 Mon) 6–12 Mon (1–2 Jahre)
GARN: KlompeLOMPE Tynn Merinoull, Farbe 1013
MENGE: 50 g für alle Größen
NADELN: Rundnadeln Nr. 2,5 und Nr. 3, je 40 cm, Nadelspiele Nr. 2,5 und Nr. 3, evtl. Rundnadeln 80 cm für Magic Loop
MASCHENPROBE: 27 M mit Ndl Nr. 3 = 10 cm

Auf einer Rundnadel in Reihen str.
(77) 83 (91) 95 (103) M mit Ndl Nr. 2,5 anschlagen.
4 R im Rippenmuster (1 M re, 1 M li im Wechsel) str.

Zu Ndl Nr. 3 wechseln. 1 Rück-R li M str und dabei zun auf (80) 86 (92) 98 (104) M.

Laut Strickschrift str.

Dann glatt rechts str, bis die Arbeit (8) 10 (11) 12 (13) cm misst.

Ab jetzt in Rd str und in der 1. Rd gleichmäßig verteilt (8) 6 (2) 8 (4) M abn.

3 Rd re M str.

Nicht in Größe Frühchen

Nächste Rd: *8 M re, 2 M re zus str*, bis Rd-Ende wdh.

2 Rd re M str.

Alle Größen

Nächste Rd: *7 M re, 2 M re zus str*, bis Rd-Ende wdh. 2 Rd re M str.
Nächste Rd: *6 M re, 2 M re zus str*, von * bis * bis Rd-Ende wdh. 1 Rd re M str.
Nächste Rd: *5 M re, 2 M re zus str*, von * bis * bis Rd-Ende wdh. 1 Rd re M str.
Nächste Rd: *4 M re, 2 M re zus str*, von * bis * bis Rd-Ende wdh. 1 Rd re M str.
Nächste Rd: *3 M re, 2 M re zus str*, von * bis * bis Rd-Ende wdh. 1 Rd re M str.
Nächste Rd: *2 M re, 2 M re zus str*, von * bis * bis Rd-Ende wdh. 1 Rd re M str.
Nächste Rd: *1 M re, 2 M re zus str*, von * bis * bis Rd-Ende wdh.
Nächste Rd: *2 M re zus str*, von * bis * bis Rd-Ende wdh.
Den Faden durch die M fädeln und zus ziehen.

HALSAUSSCHNITT

Mit Ndl Nr. 2,5 aus jeder M 1 M aufnehmen, dabei jede 3. M überspringen. Die M stilllegen.

4 M mit Ndl Nr. 2,5 anschlagen und 20 cm I-Cord str.

Dann die aufgenommenen M mit I-Cord abk, bis noch 4 M übrig sind (siehe Video auf Klompelompe.no). Weitere 20 cm I-Cord str.
Alle Fäden vernähen.

Anne-Babysocken

Feine und knuffige Babysocken mit einem zarten Spitzenmuster. Durch die Schnur sitzen sie gut am Fuß.

SCHWIERIGKEITSGRAD 2

GRÖSSEN: (0–1 Mon) 3 Mon (6 Mon) 9–12 Mon (18–24 Mon) 2–3 Jahre
GARN: KlompeLOMPE Tynn Merinoull, Farbe 2650 und Sandnes Garn Følgetråd, Farbe 2321
MENGE: 50 g jeder Qualität für alle Größen
NADELN: Rundnadel Nr. 3,5, 80 cm
MASCHENPROBE: 22 M mit Ndl Nr. 3,5 = 10 cm

Von oben nach unten str.

Wir empfehlen, mit Magic Loop zu str (siehe Video auf Klompelompe.no). Nach Wunsch kann man auch beide Socken gleichzeitig str.

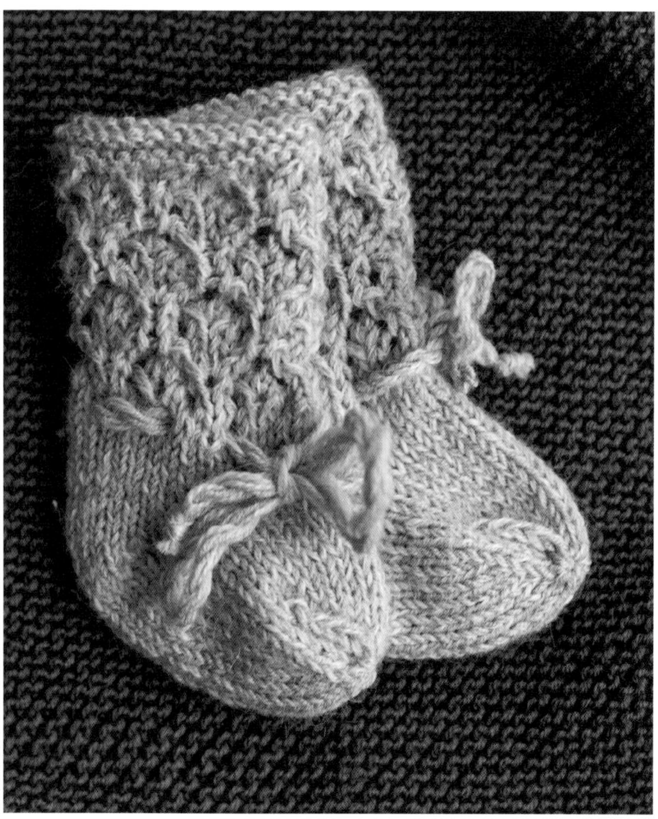

(30) 30 (36) 36 (42) 48 M mit Ndl Nr. 3,5 doppelfädig mit 1 Faden jeder Qualität anschlagen.

2 Rippen (1 Rippe = 1 Rd M li, 1 Rd re) str.

Laut Strickschrift str. Wenn die Strickschrift (2) 2 (2) 3 (3) 4-mal gestrickt wurde, wie folgt 1 Loch-Rd str:

(3) 3 (2) 2 (1) 0 M re, *2 M re, 1 U, 2 M re zus str*, von * bis * bis zu den letzten (3) 3 (2) 2 (1) 0 M wdh, (3) 3 (2) 2 (1) 0 M re.

2 Rd re M str.

1 Rd re M str, dabei verteilt (0) 0 (2) 2 (4) 6 M abn.

FERSE

Verkürzte R str, siehe Video German Short Rows auf Klompelompe.no):

(9) 11 (12) 14 (15) 16 M re, wenden, (18) 22 (24) 28 (30) 32 M li, wenden, re M bis 1 M vor der letzten Wende-M, wenden, li M bis 1 M vor der letzten Wende-M. Verkürzte R str, bis an jeder Seite (6) 7 (8) 10 (11) 12-mal gewendet wurde.

1 Rd re M str.

(7) 8 (8) 9 (9) 10 M re, wenden, (14) 16 16 (18) 18 (20) M li, wenden, re M bis 1 M vor der letzten Wende-M, wenden, li M bis 1 M vor der letzten Wende-M. Verkürzte R str, bis an jeder Seite (4) 5 (5) 6 (7) 7-mal gewendet wurde.

(3) 3,5 (4) 5 (6) 8 cm glatt rechts str.

Jetzt wie folgt abn:

Größe 2–3 Jahre

8 M re, 2 M re zus str, 1 M re, 2 M re verschr zus str, 8 M re, von * bis * wdh.

1 Rd re M str.

Größe 18–24 Mon und 2–3 Jahre

7 M re, 2 M re zus str, 1 M re, 2 M re verschr zus str, 7 M re, von * bis * wdh.

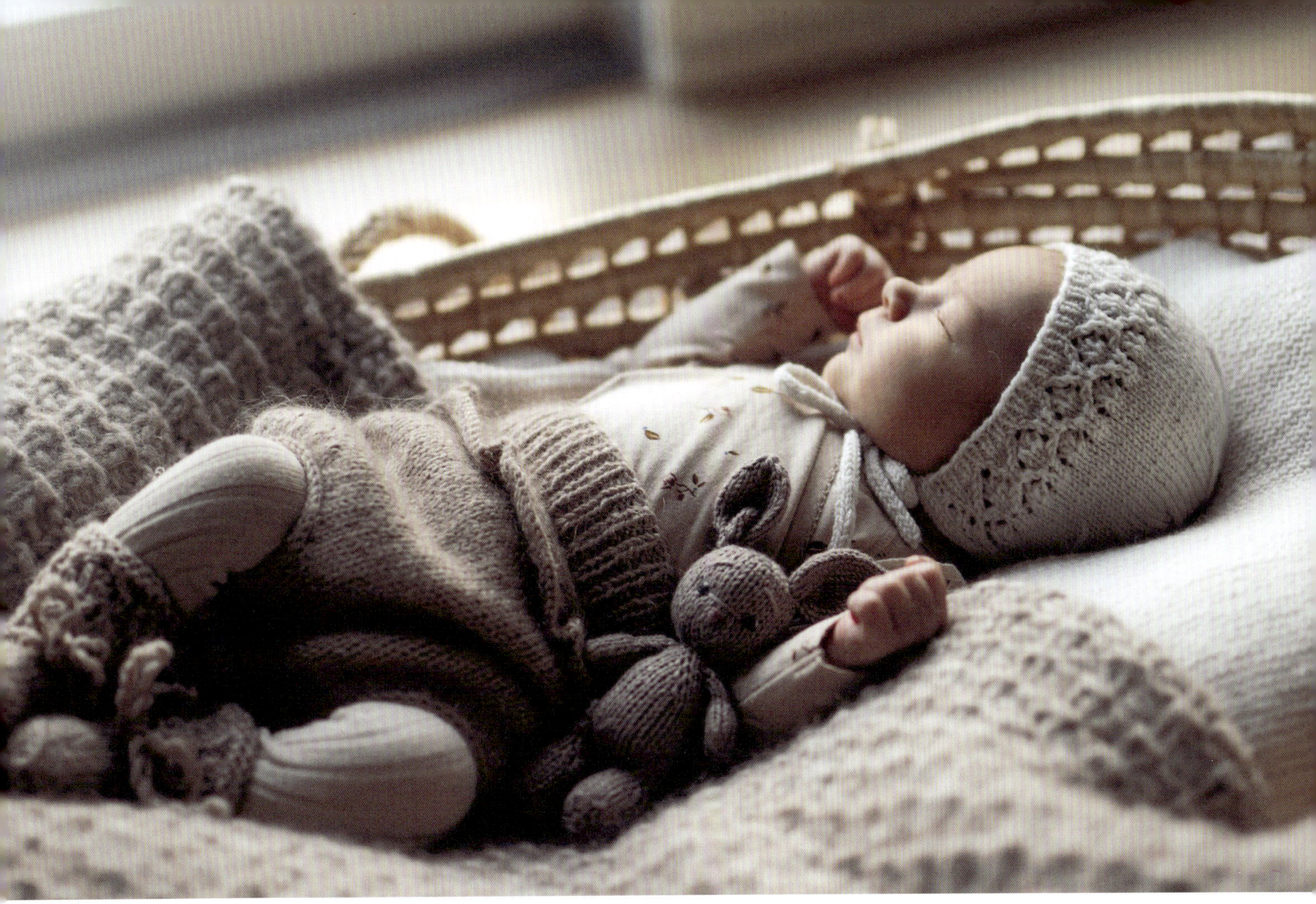

Größe (6 Mon) 9–12 Mon (18–24 Mon) 2–3 Jahre
6 M re, 2 M re zus str, 1 M re, 2 M re verschr zus str, 6 M re, von * bis * wdh.

Alle Größen
5 M re, 2 M re zus str, 1 M re, 2 M re verschr zus str, 5 M re, von * bis * wdh. 1 Rd re M str.

4 M re, 2 M re zus str, 1 M re, 2 M re verschr zus str, 4 M re, von * bis * wdh.

3 M re, 2 M re zus str, 1 M re, 2 M re verschr zus str, 3 M re, von * bis * wdh.

2 M re, 2 M re zus str, 1 M re, 2 M re verschr zus str, 2 M re, von * bis * wdh.

1 M re, 2 M re zus str, 1 M re, 2 M re verschr zus str, 1 M re, von * bis * wdh.

Den Faden durch die M fädeln und zus ziehen.

Alle Fäden vernähen. 2 Schnüre drehen und in die Loch-Rd einziehen.

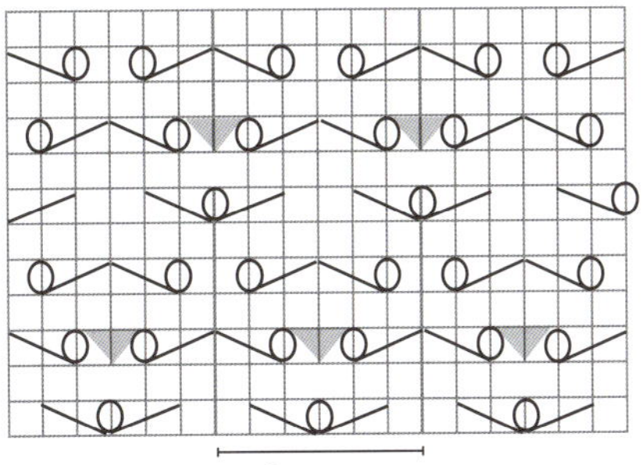

= in Hin-R 1 M re, in Rück-R 1 M li

= 1 U zwischen 2 M

= 2 M re zus str

= 2 M re überzogen zus str

= [1 M re, 1 M re verschr] in 1 M str

= in Hin-R 1 M re, in Rück-R 1 M li

Oline-Strampler

Ein goldiger Strampler aus dünner Wolle mit feinen Details und Bindebändern an der Schulter.

SCHWIERIGKEITSGRAD 2

GRÖSSEN: (Frühchen) 0–1 (2–3) 6 –9 (12) 18 Mon
GARN: KlompeLOMPE Tynn Merinoull, Farbe 4344
MENGE: (100) 100 (100) 100 (150) 150 g
NADELN: Rundnadeln Nr. 2,5 und Nr. 3, je 40 cm und 80 cm
MASCHENPROBE: 27 M mit Ndl Nr. 3 = 10 cm
MASSE: Oberweite: ca. (36) 38 (39) 41 (44) 47 cm
Gesamtlänge: ca. (30) 33 (37) 40 (44) 49 cm

Mit den Trägern am Rückenteil beginnen.

4 M mit Ndl Nr. 2,5 anschlagen. (11) 11 (11,5) 12 (13) 14 cm I-Cord str (siehe Video auf Klompelompe.no).

(34) 34 (36) 38 (42) 46 M aus den M entlang des I-Cords aufnehmen.

In R glatt rechts str.

In der Mitte messen.

Str, bis die Arbeit (6) 6,5 (7) 8 (9) 10 cm misst.

Nächste R: 2 M re, 1 M zun, re M bis zu den letzten 2 M des Rückenteils, 1 M zun, 2 M re.

1 R li M str.

Die Zunahme-R wdh.

Nächste R: 2 M li, 1 li M zun, li M bis zu den letzten 2 M, 1 li M zun, 2 M li = (40) 40 (42) 44 (48) 52 M.

VORDERTEIL

4 M mit Ndl Nr. 2,5 anschlagen. (13,5) 13,5 (14) 14,5 (15,5) 16,5 cm I-Cord str.

(40) 40 (42) 46 (48) 52 M aus den M entlang des I-Cords aufnehmen.

In R glatt rechts str, bis die Arbeit (3,5) 4 (5) 6 (7) 8 cm misst (in der Mitte gemessen).

Nächste R: 2 M re, 1 M zun, re M bis zu den letzten 2 M des Vorderteils, 1 M zun, 2 M re.

1 R li M str.

Die Zun-R wiederholen.

Nächste R: 2 M li, 1 li M zun, li M bis zu den letzten 2 M, 1 li M zun, 2 M li = (46) 46 (48) 52 (54) 58 M.

Über beide Teile zus weiterstr:

Die Vorderteil-M str, (6) 8 (8) 8 (9) 9 M anschlagen, die (40) 40 (42) 44 (48) 52 Rückenteil-M str, (6) 8 (8) 8 (9) 9 M anschlagen = (98) 102 (106) 112 (120) 128 M. Den Faden abschneiden, die Rd beginnt ab jetzt in der hinteren Mitte.

2 Rd re M str.

Zu Ndl Nr. 3 wechseln.

Nächste Rd: *3 M re, 1 M zun*, von * bis * bis zu den letzten (2) 0 (4) 4 (0) 2 M wdh, (2) 0 (4) 4 (0) 2 M re = (130) 136 (140) 148 (160) 170 M.

Ab jetzt wird ab den unter dem Arm angeschlagenen M gemessen.

In Rd glatt rechts str, bis die Arbeit (14) 15 (16) 17 (19) 23 cm misst (gemessen ab der Achsel).

Den Faden abschneiden, die Rd beginnt ab jetzt in der hinteren Mitte.

Das Rückenteil mit verkürzten R verlängern (siehe Video German Short Rows auf Klompelompe.no): (20) 20 (21) 23 (26) 29 M re, wenden, (39) 40 (42) 45 (52) 57 M li, wenden, (35) 36 (38) 41 (48) 53 M re, wenden, (31) 32 (34) 37 (44) 49 M li, wenden, re M bis Rd-Ende str.

2 Rd re M str.

Wie folgt für die Beine teilen:
(14) 14 (15) 15 (17) 17 M re, die nächsten (40) 43 (43) 47 (49) 54 M re str und stilllegen, (23) 23 (25) 25 (29)

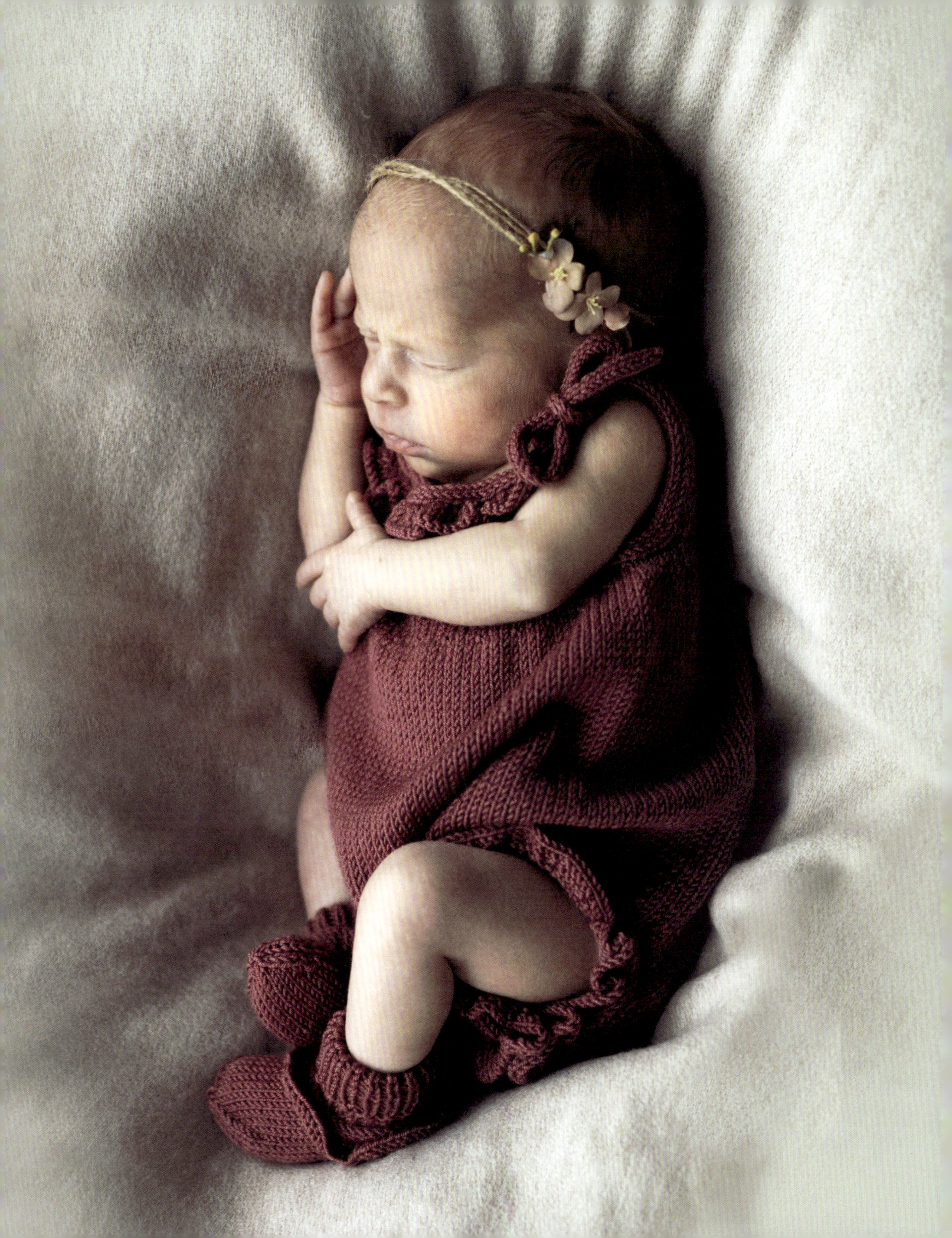

29 M re (Vorderteil), (40) 43 (43) 47 (49) 54 M re str und stillegen, (13) 13 (14) 14 (16) 16 M re (Rückenteil). Den Faden abschneiden. Zuerst das Vorderteil weiterstr.

VORDERTEIL

Die 1. R ist eine Hin-R. 1 M re, 2 M re zus str, re M bis zu den letzten 3 M, 2 M re überzogen zus str, 1 M re.

1 R li M str.

Diese 2 R wdh, bis noch 13 M übrig sind. (8) 12 (12) 12 (14) 14 R glatt rechts str und in der letzten R die M abk.

Die letzten 4 R umfalten und annähen.

RÜCKENTEIL

Wie das Vorderteil str und bis auf 13 M abn.

(8) 12 (12) 12 (14) 14 R glatt rechts str und in der letzten R die M abk.

Die letzten 4 R umfalten und annähen.

Mit Ndl Nr. 2,5 am Rückenteil M aufnehmen bis zu den stillgelegten M, *1 M re, 2 M re zus str*, von * bis * über alle stillgelegten M wdh, aus dem Vorderteil M aufnehmen. Den Faden abschneiden und auf der re Seite beginnen.

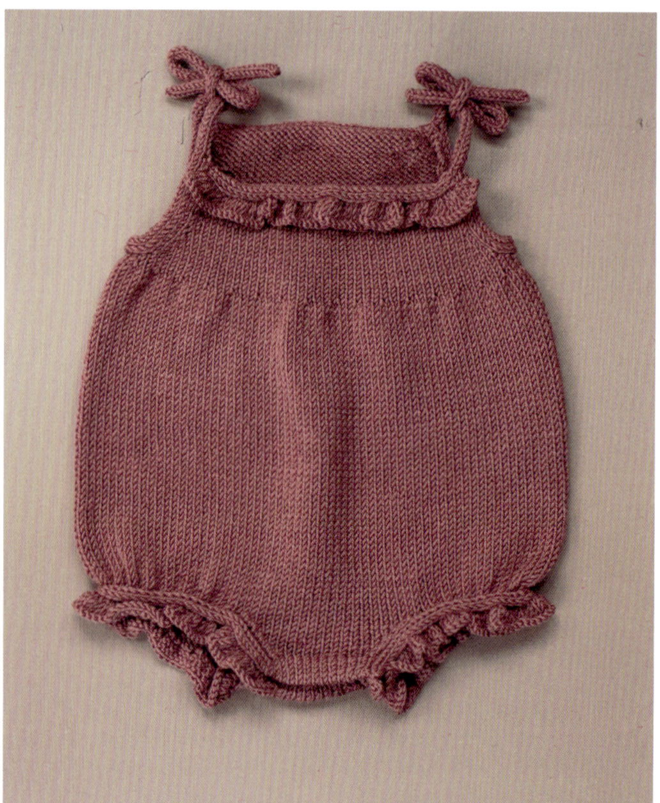

Die M mit I-Cord abk.

Am anderen Bein genauso arb.

Die Druckknöpfe innen am Vorderteil und außen am Rückenteil annähen.

Oben am Rand der Passe, unter dem Arm und am Rand des Rückenteils entlang M aufnehmen. Die Arbeit beiseitelegen.

4 M mit Ndl Nr. 2,5 anschlagen. (10) 10 (13) 16 (16) 16 cm I-Cord str, die stillgelegten M str und dabei gleichzeitig mit I-Cord abk. Wenn noch 4 M übrig sind, (10) 10 (13) 16 (16) 16 cm I-Cord str. An der anderen Seite genauso str.

VOLANTS

Unter den I-Cords an der Passe und entlang der Beinöffnungen Volants anstr:

Mit Ndl Nr. 3 arb.

Jeweils die hinteren M aus dem I-Cord der Beinöffnung aufnehmen.

1 R li M str.

Nächste R: *1 M re, 1 M zun*, von * bis * bis R-Ende wdh.

3 M re glatt rechts str. 1 Hin-R li M str, dabei gleichzeitig die M abk.

VOLANT OBEN AN DER PASSE

Mit Ndl Nr. 3 arb.

Dieselben M wie zu Beginn aus dem I-Cord aufnehmen (siehe Foto).

Auf der re Seite beginnen. 1 R re verschr M str.

1 R li M str.

Nächste R: *2 M re, 1 M zun*, von * bis * bis zu den letzten 2 M wdh, 2 M re.

1 R li. M str

1 R re M str

In der nächsten R (Rück-R): 1 R re M str, dabei gleichzeitig die M abk.

Alle Fäden vernähen und den Strampler unter einem feuchten Handtuch trocknen lassen.

Stripelars Sommeranzug

Ein süßer Sommerstrampler aus einem Mischgarn mit coolen Streifen.

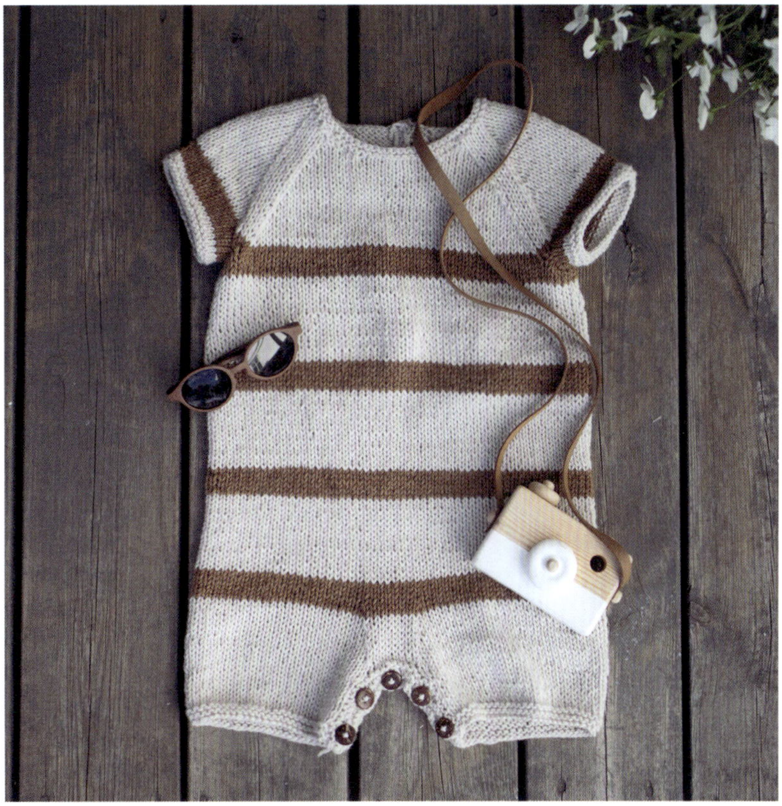

SCHWIERIGKEITSGRAD 2

GRÖSSEN: (3 Mon) 6–9 Mon (1 Jahr) 2 Jahre (3 Jahre) 4 Jahre
GARN: Sandnes Garn DUO Farbe A: 1015, Farbe B: 2564
MENGE: Farbe A: (100) 100 (150) 150 (200) 200 g Farbe B: 50 g für alle Größen
NADELN: Rundnadeln Nr. 3 und Nr. 3,5, je 40 cm und 60 cm
MASCHENPROBE: 22 M mit Ndl Nr. 3,5 = 10 cm
MASSE: Oberweite: ca. (38) 44 (49) 54,5 (54,5) 58 cm Gesamtlänge: ca. (39) 43 (49) 50 (57) 63 cm

Der Anzug wird von unten gestrickt, man beginnt mit den Beinen.

(42) 48 (54) 60 (60) 64 M mit Ndl Nr. 3 mit Farbe A anschlagen. 2 Kraus-Rippen (1 Kraus-Rippe = 2 R re M) in R str. Zu Ndl Nr. 3,5 wechseln. Glatt rechts str, bis die Arbeit (1,5) 2,5 (4,5) 5,5 (6,5) 7,5 cm misst.

Nächste R (Hin-R): (19) 22 (25) 28 (28) 30 M re, 1 M zun, 4 M re, 1 M zun, (19) 22 (25) 28 (28) 30 M re.

1 R li M str.

Nächste R (Hin-R): 1 M re, 1 M zun, re M bis zur letzten M str, 1 M zun, 1 M re.

1 R li M str. Das Teil beiseitelegen und das 2. Bein genauso str.

3 M anschlagen, die M des einen Beins str, 6 M anschlagen, die M des anderen Beins str, 3 M anschlagen. Ab jetzt in Runden str. Die Rd beginnt in der hinteren Mitte. Beidseitig der 6 M in der vorderen und hinteren Mitte MM setzen = (104) 116 (128) 140 (140) 148 M.

1 Rd re M str.

Nächste Rd: 3 M re, *2 M re überzogen zus str, re M bis 2 M vor dem nächsten MM str, 2 M re zus str*, 6 M re, von * bis* wdh, 3 M re.

In jeder 3. R insgesamt 4-mal so abn = (88) 100 (112) 124 (124) 132 M, dabei nach insgesamt 3 Abn-R zu Farbe B wechseln.

Mit Streifen weiterstr.

STREIFEN

6 Rd in Farbe B, (15) 18 (21) 23 (19) 21 Rd in Farbe A.

Tipp für einen Farbwechsel ohne Stufe: Farbe wechseln, 1 Rd str. In der nächsten Rd die 1. M abh.

Wenn nach dem 1. Streifen 2 Rd mit Farbe A gestrickt sind, das Rückenteil wie folgt verlängern (verkürzte R, siehe Video German Short Rows auf Klompelompe.no): (22) 25 (28) 31 (31) 33 M re, wenden, (44) 50 (56) 62 (62) 66 M li, wenden, (22) 25 (28) 31 (31) 33 M re.

Nach 2 Rd mit Farbe A nach dem nächsten Streifen die verkürzten R wdh.

Wenn nach dem (3.) 3. (3.) 3. (4.) 4. Streifen 3 Rd mit Farbe A gestrickt sind, die nächste Rd wie folgt str:

(18) 21 (24) 27 (27) 29 M re, 2 M re zus str, 4 M re, 2 M re zus str, (36) 42 (48) 54 (54) 58 M re, 2 M re zus str, 4 M re, 2 M re zus str, (18) 21 (24) 27 (27) 29 M re.

Größe (3 Mon) 6-9 Mon (1 Jahr) 2 Jahre

3 Rd str.

Nächste Rd: (17) 20 (23) 26 (-) - M re, 2 M re zus str, 4 M re, 2 M re zus str, (34) 40 (46) 52 (-) - M re, 2 M re zus str, 4 M re, 2 M re zus str, (17) 20 (23) 26 (-) – M re.

Alle Größen = (80) 92 (104) 116 (120) 128 M.
Weiter Streifen str, bis die Arbeit ca. (25) 28 (31) 33 (37) 41 cm in der Mitte des Vorderteils (im Schritt) misst. Es wurden 4 Rd mit Farbe B im (4.) 4. (4.) 4. (5.) 5. Streifen gestrickt.

Nächste Rd (mit Farbe B): (17) 20 (23) 26 (27) 29 M re, 6 M abk, (34) 40 (46) 52 (54) 58 M re, 6 M abk, (17) 20 (23) 26 (27) 29 M re.

Das Teil beiseitelegen und die Ärmel str.

ÄRMEL

Mit einem Nadelspiel oder mit Magic Loop (siehe Video auf Klompelompe.no) in Rd str.

(34) 38 (42) 46 (46) 48 M mit Ndl Nr. 3 mit Farbe A anschlagen.

2 Kraus-Rippen str. Zu Ndl Nr. 3,5 wechseln.

(1) 2 (3) 4 (5) 5 Rd re M str. Zu Farbe B wechseln. 4 Rd re M str.

Nächste Rd: 3 M abk, (28) 32 (36) 40 (40) 42 M re, 3 M abk.

Das Teil beiseitelegen und den zweiten Ärmel genauso str.

Die Ärmel und den Körper auf 1 Ndl nehmen = (124) 144 (164) 184 (188) 200 M. An jeder Verbindungsstelle 1 MM setzen.

1 Rd re M str. Zu Farbe A wechseln und 1 Rd re M str. Mit Farbe A bis zum Ende der Arbeit str.

In der nächsten Rd wie folgt Raglan-Abn str: *Bis 3 M vor dem Raglan-MM str, 2 M re zus str, 2 M re, 2 M re überzogen zus str*, von * bis * insgesamt 4-mal arb, bis Rd-Ende re M str.

Die Raglan-Abn in jeder 2. Rd insgesamt (5) 7 (9) 11 (11) 12-mal arb = (84) 88 (92) 96 (100) 104 M.

Nächste Rd (ohne Abn): Re M str, dabei die mittleren (6) 8 (10) 12 (12) 14 M am Vorderteil stilllegen. Jetzt werden für den Schlitz im Nacken die li und re Schulter separat weitergestrickt.

LINKE SCHULTER

*Re M mit Raglan-Abn bis 2 M vor die stillgelegten M str, 2 M re überzogen zus str.

1 R li M bis zur Mitte des Rückenteils str*.

Von * bis * insgesamt 3-mal arb.

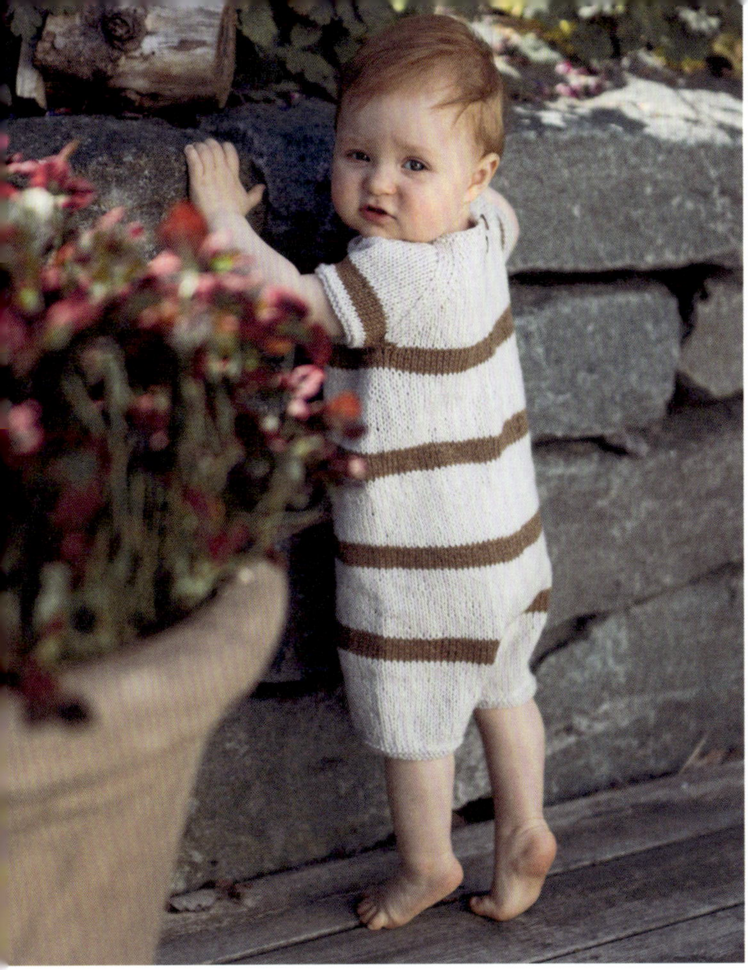

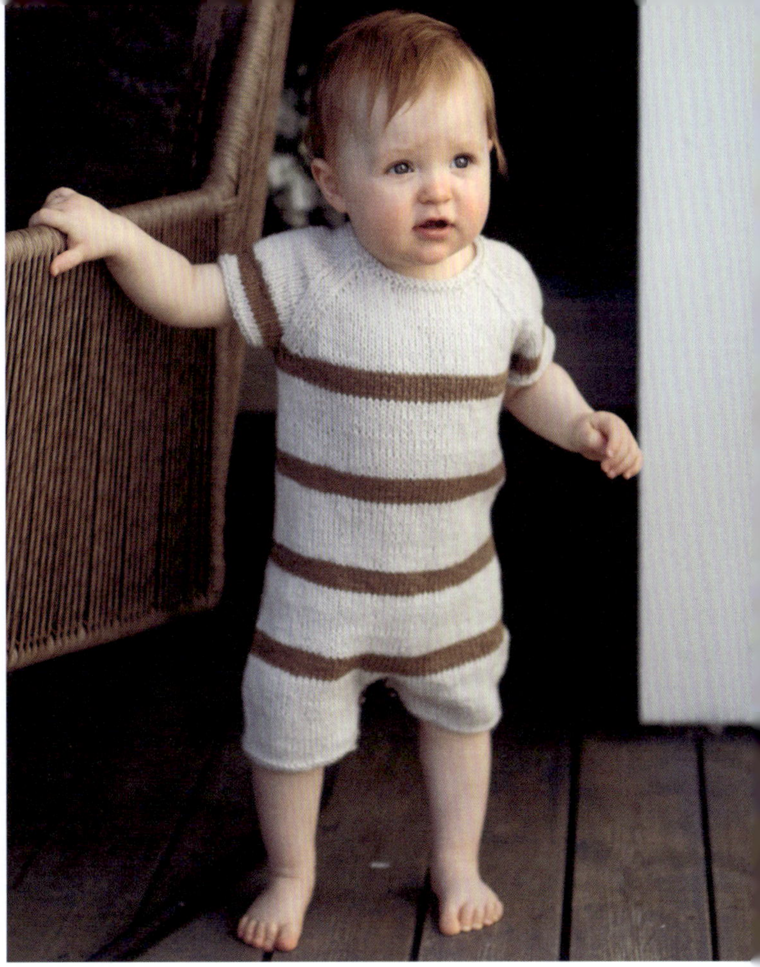

Nächste R: Re M mit Raglan-Abn bis zu den letzten 3 M str, 2 M nacheinander re abh, 1 M re, die abgehobenen M überziehen.

5 M bis zu den stillgelegten M aufnehmen, die stillgelegten M re str. Diese M ruhen lassen und die re Schulter weiterstr.

Mit einer Hin-R beginnen und ab jetzt in R str.

RECHTE SCHULTER

*2 M re zus str, bis R-Ende in der Mitte des Rückenteils re M mit Raglan-Abn str.

1 R li M str*.

Von * bis * insgesamt 3-mal arb.

Nächste R: 3 M re zus str, re M mit Raglan-Abn bis R-Ende str. Den Faden abschneiden.

5 M von den stillgelegten M bis zur re Schulter aufnehmen. Den Faden abschneiden.

Zu Ndl Nr. 3 wechseln und in der hinteren Mitte mit der re Schulter beginnen.
2 Kraus-Rippen str und in der letzten R die M abk.

KNOPFLEISTE IM NACKEN

Mit Ndl Nr. 3 M für die Knopfleiste aufnehmen.
2 Kraus-Rippen str und in der letzten R die M abk.

An der linken Seite in der 1. R 1 Knopfloch wie folgt str, 2 M re zus str, 1 U.

KNOPFLEISTE IM SCHRITT

Am Rückenteil mit Ndl Nr. 3 aus jeder M 1 M aufnehmen, dabei jede 4. M überspringen. 5 R re M (3 Kraus-Rippen) str und in der letzten R die M abk.

Am Vorderteil genauso eine Knopfleiste str, aber hier in der 2. R gleichmäßig verteilt wie folgt 5 Knopflöcher einstr: 2 M re zus str, 1 U.

Alle Fäden vernähen, die Knöpfe annähen und den Anzug unter einem feuchten Handtuch trocknen lassen.

Johanna-Strampler

Ein niedlicher und sommerlicher Strampler mit zartem Spitzenmuster und goldigen Volants.

SCHWIERIGKEITSGRAD 2

GRÖSSEN: (3 Mon) 6 Mon (9–12 Mon) 2 Jahre
GARN: Sandnes Garn Mandarin Naturell, Farbe 1012
MENGE: (150) 150 (150) 200 g
NADELN: Rundnadeln Nr. 3 und Nr. 4, je 60 cm oder 80 cm
MASCHENPROBE: 19 M mit Ndl Nr. 4 = 10 cm
MASSE: Gesamtlänge: ca. (37) 39 (43) 47 cm
Oberweite: (55,5) 58 (70) 70 cm

Mit den Trägern beginnen.

4 M mit Ndl Nr. 4 anschlagen und (32) 34 (36) 38 cm I-Cord (siehe Video auf Klompelompe.no) str.

Den Faden durch die M fädeln und zus ziehen.

Jetzt für das Vorderteil aus der Mitte des I-Cords M aufnehmen. (26) 26 (32) 32 M mit Ndl Nr. 4 aufnehmen

1 R li M str.

Die äußeren 3 M an beiden Seiten werden immer kraus rechts gestrickt (in jeder R re M) und die mittleren (20) 20 (26) 26 M im Muster laut Strickschrift.

Beidseitig des Musters 1 MM setzen. In jeder Hin-R wie folgt zun: 4 M re, 1 M re verschr aus dem Querfaden zun, glatt rechts und im Muster bis zu den letzten 4 M str, 1 M re verschr aus dem Querfaden zun, 4 M re.

Die Zunahme in jeder 2. R insgesamt (12) 12 (15) 15-mal arb = (50) 50 (62) 62 M.

1 Rück-R mustergemäß str.

Die M stilllegen und die Rückenteile str.

(14) 14 (16) 16 M mit Ndl Nr. 4 aus einem Ende des I-Cords aufnehmen (= re Rückenteil). 1 R li M str.

Die äußeren 3 M an beiden Seiten (Seiten-M und Knopfleiste) kraus rechts (in jeder R re M) und die restlichen M glatt rechts str.

Wie folgt in jeder Hin-R am Armloch zun:

Re M bis zu den letzten 4 M str, 1 M zun, 4 M re.

Die Zun insgesamt (12) 12 (15) 15)-mal arb.

1 Rück-R str.

Die M stilllegen und das li Rückenteil str.

(14) 14 (16) 16 M aus dem anderen Ende des I-Cords aufnehmen.

1 R li M str.

Die äußeren 3 M an beiden Seiten (Seiten-M und Knopfleiste) kraus rechts (in jeder R re M) und die restlichen M glatt rechts str.

Wie folgt in jeder Hin-R am Armloch zun:

4 M re, 1 M zun, re M bis R-Ende str.

Die Zun insgesamt (12) 12 (15) 15-mal arb.

1 Rück-R str. Den Faden abschneiden. Alle Teile auf eine Ndl nehmen.

In der hinteren Mitte beginnen. Ab hier in Rd str.

Die M des re Rückenteils str, (2) 4 (5) 5 M anschlagen, die M des Vorderteils str (glatt rechts und im Muster), (2) 4 (5) 5 M anschlagen, die M des li Rückenteils str = (106) 110 (134) 134 M.

Weiter glatt rechts und im Muster str, außer über die M am und unter dem Arm, die weiterhin kraus rechts gestrickt werden.

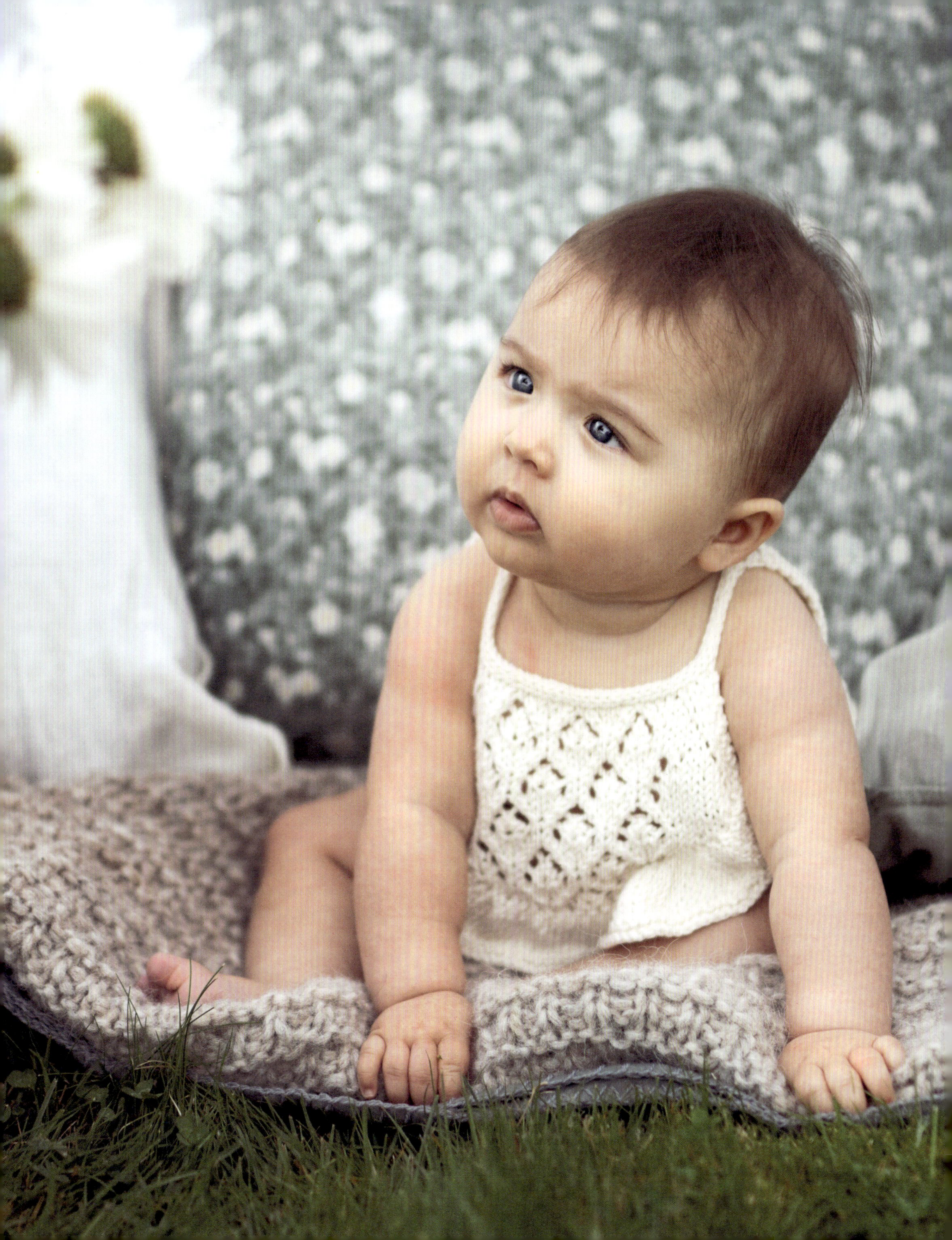

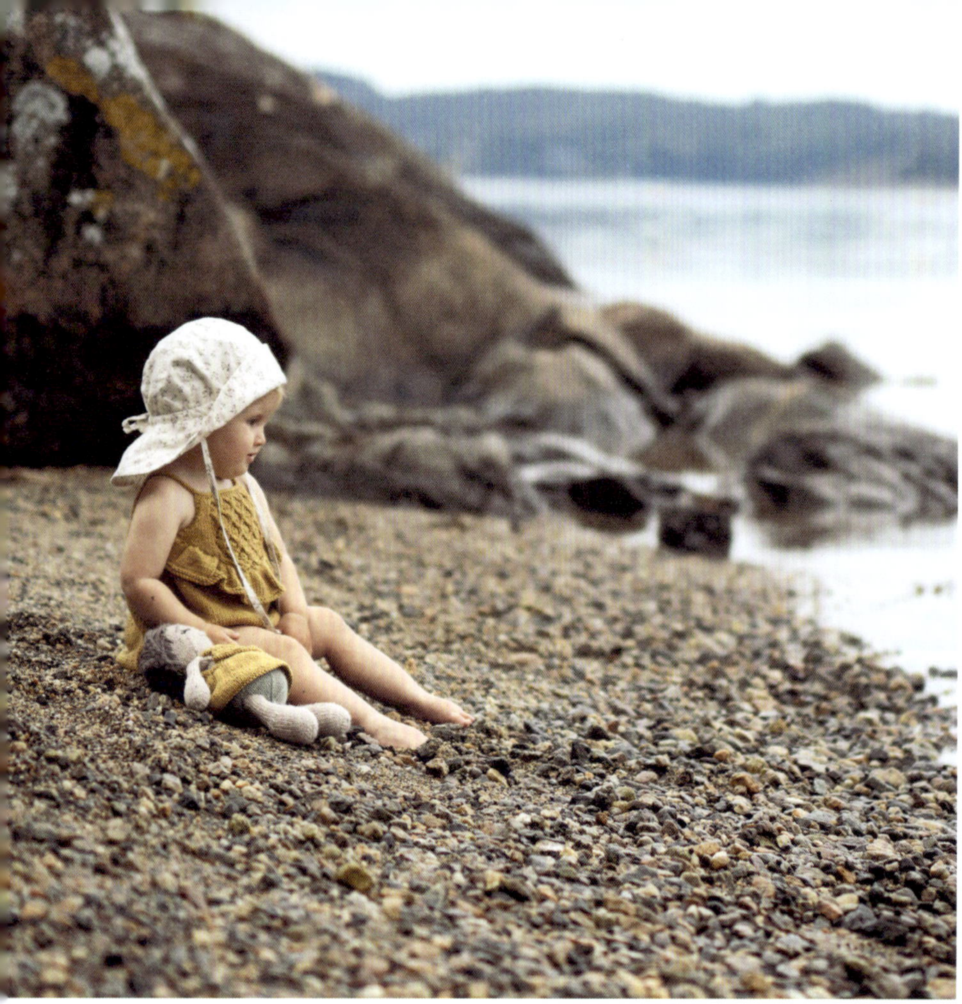

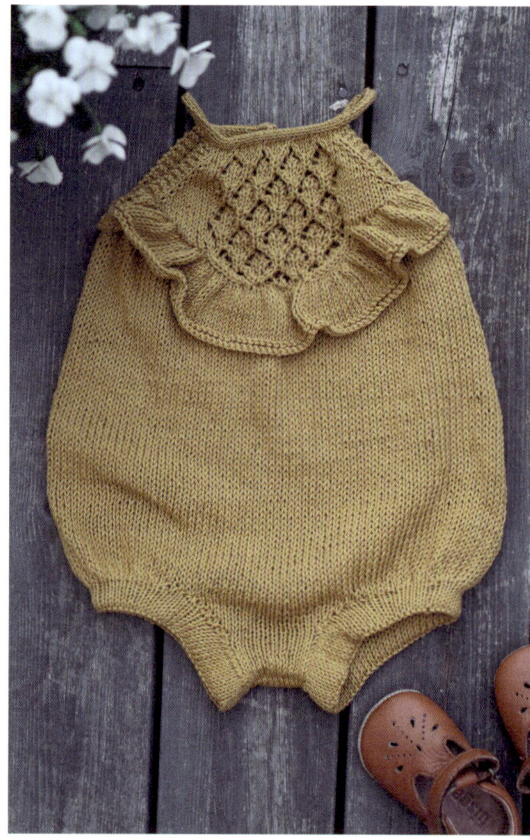

Wdh, bis insgesamt 3 Rippen unter dem Arm gestrickt sind.

Nun über alle M außer den Muster-M glatt rechts str, bis das Ende der Strickschrift erreicht ist.

Nächste Rd:

1 Rd re M str, dabei gleichmäßig verteilt (32) 36 (24) 32 M zun = (138) 146 (158) 166 M.

Ab jetzt wird ab dem Armauschnitt nach unten gemessen.

Glatt rechts str, bis die Arbeit (32) 34 (38) 42 cm misst. Wie folgt das Rückenteil verlängern:

Verkürzte R str (siehe Video German Short Roes auf Klompelompe.no).

10 M re, wenden, 20 M li, wenden, 25 M re, wenden, 30 M li, wenden, 35 M re, wenden, 40 M li, wenden, 20 M re (man ist wieder am Rd-Anfang).

2 Rd re M str.

Den Faden abschneiden und die letzten (10) 10 (14) 16 M auf die li Ndl heben. Die nächsten (20) 20 (28) 32 M (Rückenteil) wie folgt in R str (die restlichen M stilllegen):

2 R glatt rechts str.

In der nächsten R wie folgt abn: 2 M re zus str, re M bis zu den letzten 2 M, 2 M überzogen zus str.

In der Rück-R alle M li str.

In jeder 2. R (Hin-R) so abn, bis (8) 8 (12) 14 M übrig sind. 6 R glatt rechts str, dabei in der letzten R die M abk.

Die je (51) 55 (53) 53 M beidseits der Rückenteil-M jeweils auf einer Hilfsndl stilllegen und separat über die (16) 16 (24) 28 M des Vorderteils str.

Wie beim Rückenteil auf (8) 8 (12) 14 M abn, und 10 R glatt rechts str. In der letzten R die M abk.

Rücken- und Vorderteil im Schritt im Maschenstich zus nähen.

BEINKANTEN

Zu Ndl Nr. 3 wechseln. Vom Rd-Anfang im Schritt aus M aufnehmen. (16) 16 (18) 18 M aufnehmen, die stillgelegten M re str und (16) 16 (18) 18 M bis zum Ende aufnehmen = (83) 87 (89) 89 M.

Nächste Rd: (17) 17 (19) 19 M re, *2 M re zus str*, von * bis * (25) 27 (26) 26-mal arb, (16) 16 (18) 18 M re.

(5) 5 (7) 7 Rd re M, 1 Rd li M, (6) 6 (8) 8 Rd re M str. In der letzten Rd die M abk.

Die Kanten nach innen umfalten und annähen.

VOLANT

Mit Ndl Nr. 3 die li M ganz unten im Musterbereich auf eine Ndl heben, dann die M aus dem schrägen Rand des Musterbereichs und dann schräg nach oben bis zur (6.) 6. (10.) 10. Rippe aufnehmen. Auch aus den 3 kraus rechten M an beiden Seiten M aufnehmen. Mit einer Hin-R beginnen.

Die äußeren 3 M an beiden Seiten kraus rechts str.

1 R re M, 1 R li M str.

Nächste R: Die 3 kraus rechten M str, *1 M re, 1 M re verschr aus dem Querfaden zun*, von * bis * bis zu den letzten 3 M wdh, 3 M kraus rechts.

(8) 10 (10) 10 R glatt rechts str. 3 R re M str und in der letzten die M R abk.

Die Enden des Volants annähen.

An einer Seite der Öffnung im Nacken eine Schlaufe aus 4 Lm häkeln. Auf der anderen Seite einen Knopf annähen.

Alle Fäden vernähen und den Strampler vorsichtig dämpfen.

Größe 3 Mon und 6 Mon

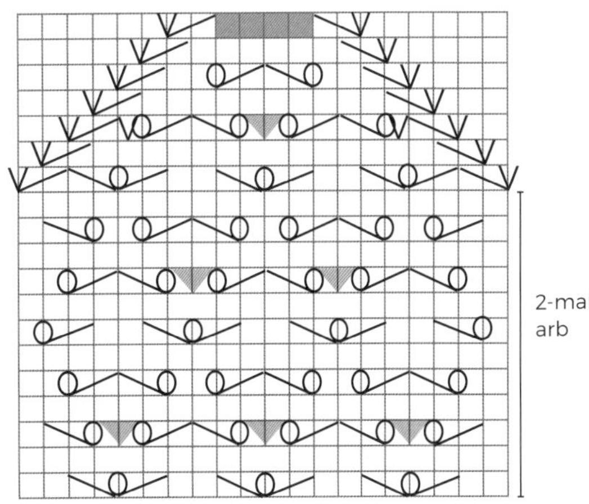

Größe 9–12 Mon und 2 Jahre

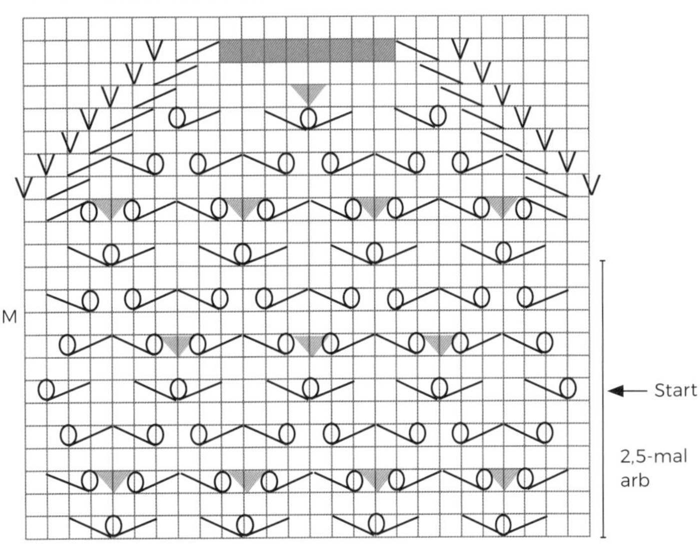

= in Hin-R 1 M re, in Rück-R 1 M li

= 1 U zwischen 2 M

= in Hin-R 2 M re zus str, in Rück-R 2 M li verschr zus str

= in Hin-R 2 M re überzogen zus str, in Rück-R 2 M li zus str

= [1 M re, 1 M re verschr] in 1 M str

= in Hin-R 1 M re verschr, in Rück-R 1 M li verschr aus dem Querfaden zun

= in Hin-R 1 M li, in Rück-R 1 M re

= 1 M re verschr aus dem Querfaden zun

Gromgutt-Set

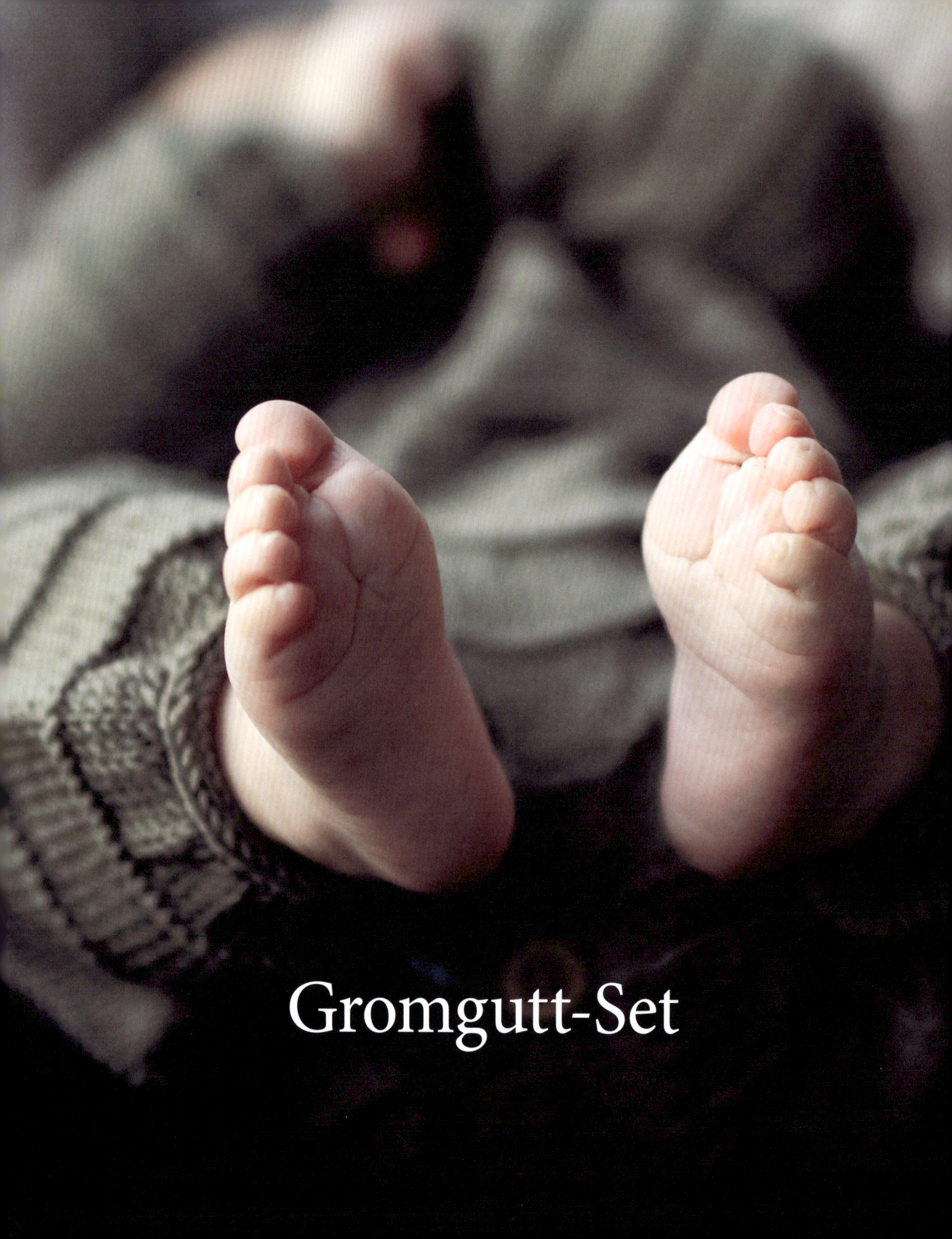

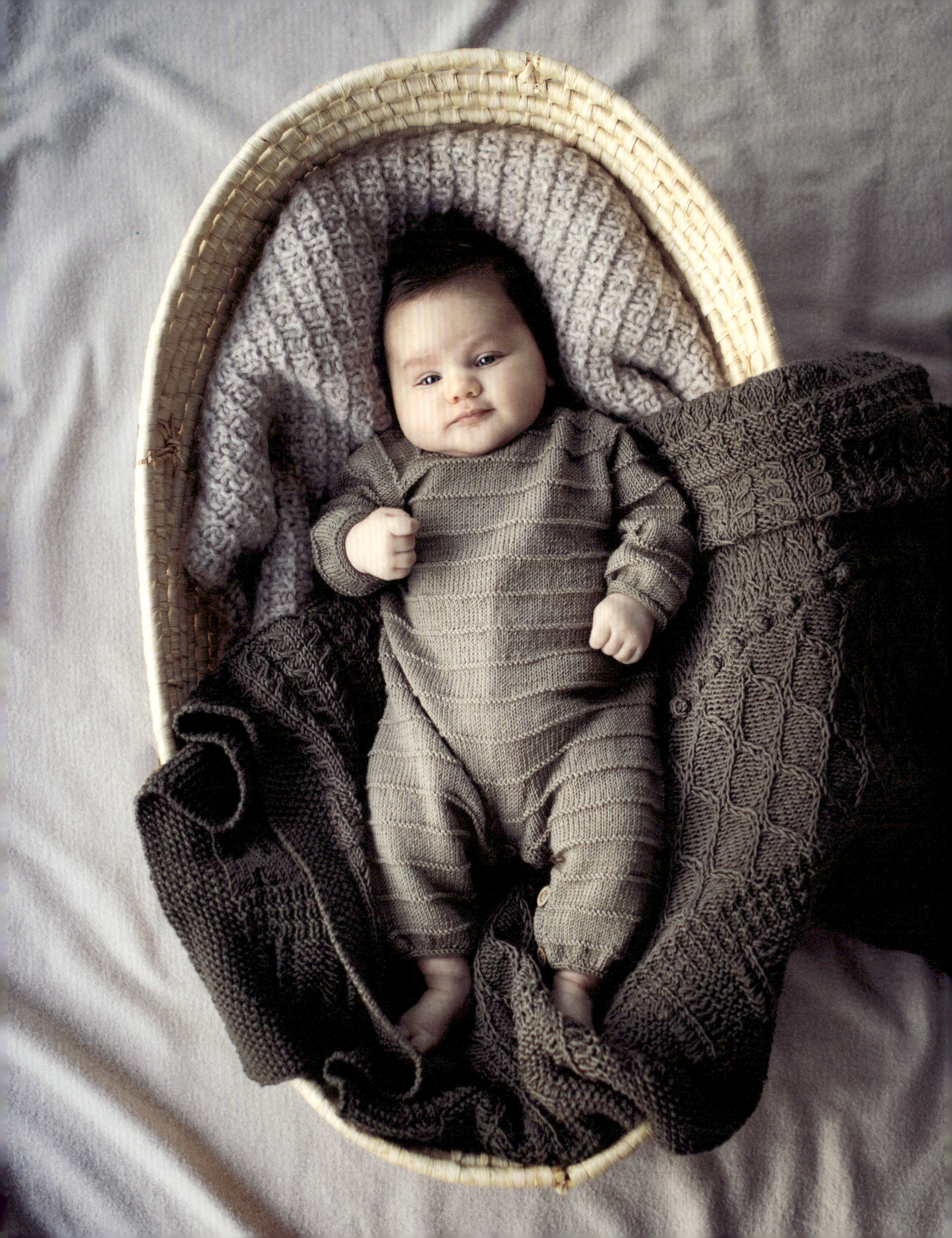

Gromgutt-Jacke

Wir mögen klassische, einfache Kleidungsstücke, die lange halten, zu Mädchen wie Jungen passen und deswegen in der Familie weitergegeben werden können.

SCHWIERIGKEITSGRAD 2

GRÖSSEN: (Frühchen) 0–1 Mon (3 Mon) 6–9 Mon (1 Jahr) 2 Jahre (3 Jahre)
GARN: KlompeLOMPE Tynn Merinoull, Farbe 1013, und Sandnes Garn Alpakka Følgetråd, Farbe 1015
MENGE: KlompeLOMPE Tynn Merinoull: (100) 100 (100) 100 (150) 150 (200) g
Sandnes Garn Alpakka Følgetråd: (50) 50 (50) 50 (50) 100 (100) g
NADELN: Rundnadeln Nr. 2,5 und Nr. 3, je 40 cm und 80 cm
MASCHENPROBE: 24 M doppelfädig mit Ndl Nr. 3 = 10 cm
MASSE: Oberweite: ca. (45) 47,5 (49) 55 (61) 64 (69) cm
Gesamtlänge: ca. (21,5) 22,5 (24) 27 (30) 33 (36) cm

Die Jacke von oben in Reihen str.

(69) 71 (71) 77 (83) 83 (87) M doppelfädig mit 1 Faden jeder Qualität mit Ndl Nr. 2,5 anschlagen. 8 R im Rippenmuster (1 M re, 1 M li im Wechsel) str, dabei in der 4. R (Rück-R) wie folgt 1 Knopfloch einstr: Bis zu den letzten 5 M im Rippenmuster str, 2 M abk, 3 M im Rippenmuster str. In der nächsten R 2 neue M über den abgeketteten anschlagen.

Zu Ndl Nr. 3 wechseln.

Die äußeren 5 M an jeder Seite kraus rechts (in jeder R re M) und die restlichen M glatt rechts str.

1. R: (14) 15 (15) 16 (17) 17 (18) M re, 1 M zun, 1 M re (Raglan-M), 1 M zun, 7 M re, 1 M zun, 1 M re (Raglan-M), 1 M zun, (23) 23 (23) 27 (31) 31 (33) M re, 1 M zun, 1 M re (Raglan-M), 1 M zun, 7 M re, 1 M zun, 1 M re (Raglan-M), 1 M zun, (14) 15 (15) 16 (17) 17 (18) M re.

Verkürzte R str (siehe Videao German Short Rows auf Klompelompe.no).

Nächste R: 5 M re, li M bis zu den letzten 14 M str, wenden, re M mit Raglan-Zun bis zu den letzten 14 M str, wenden, li M bis zu den letzten 12 M str, wenden, re M mit Raglan-Zun bis zu den letzten 12 M str, wenden, li M bis zu den letzten 10 M str, wenden, re M mit Raglan-Zun bis zu den letzten 10 M str, wenden, li M bis zu den letzten 5 M str, 5 M re.

Weiter in jeder Hin-R die Raglan-Zun str.

1 R re M str.

STRUKTURSTREIFEN
1 Rück-R re M (bzw. 1 Rd li M beim Ärmel) str.
7 R (bzw. Rd beim Ärmel) glatt rechts str.

Dieses Muster über die gesamte Arbeit str.

KNOPFLOCH
Nach je (3,5) 3 (3) 3 (3,5) 3,5 (3,5) cm in einer Hin-R ein Knopfloch str: 2 M re, 2 M abk, bis R-Ende re M str. In der nächsten R 2 neue M über den abgeketteten anschlagen. Insgesamt (6) 7 (7) 8 (8) 9 (10) Knopflöcher str.

Nach insgesamt (13) 14 (15) 17 (19) 21 (23) Raglan-Zun 3 R ohne Zun str = (173) 183 (191) 213 (235) 251 (271) M.
Nächste R: Bis zur Raglan-M str, die Raglan-M, die Ärmel-M und die nächste Raglan-M zus stilllegen, 5 M anschlagen, bis zur Raglan-M str, die Raglan-

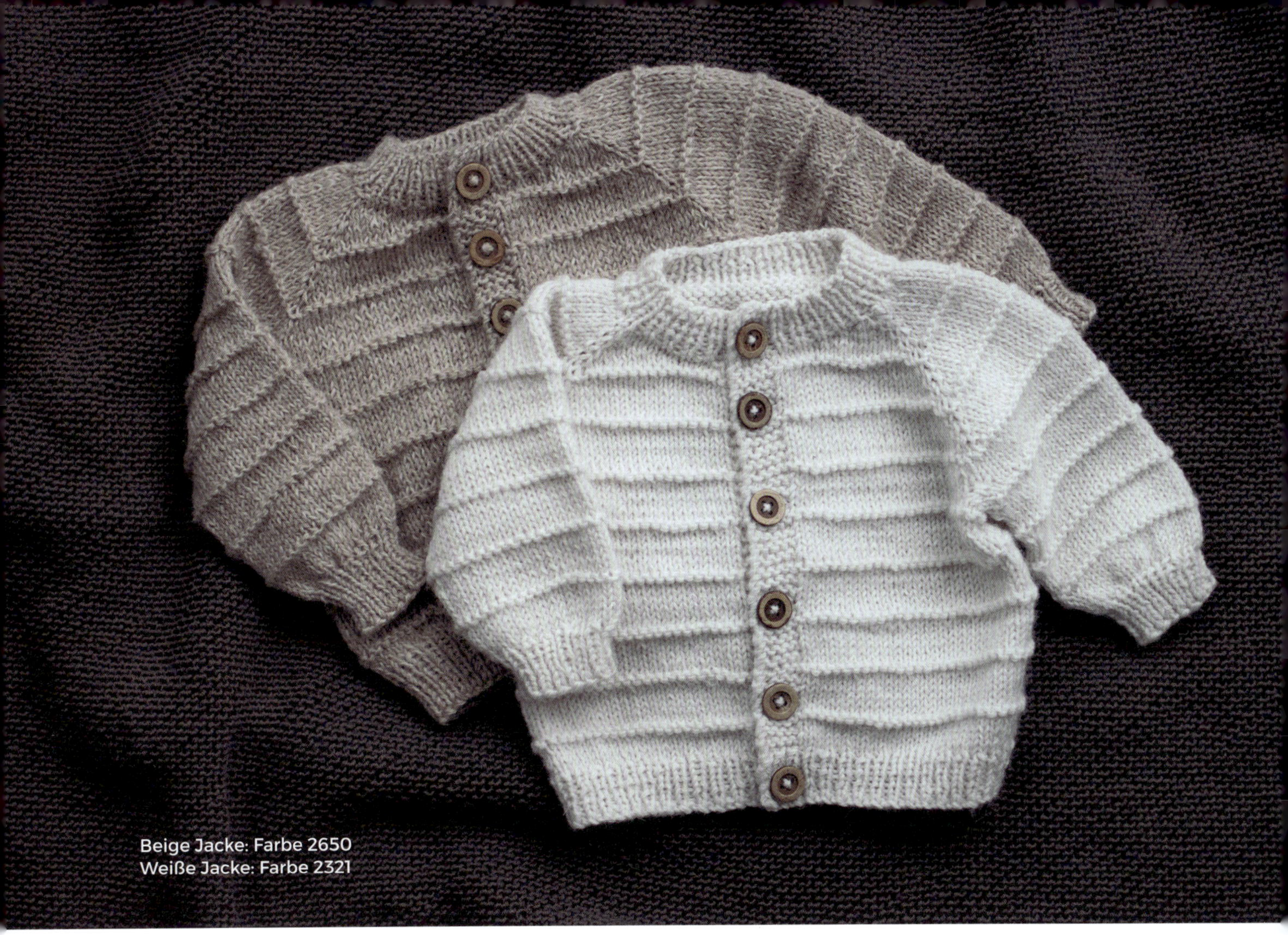

Beige Jacke: Farbe 2650
Weiße Jacke: Farbe 2321

M, die Ärmel-M und die nächste Raglan-M zus stilllegen, 5 M anschlagen, bis R-Ende str = (113) 119 (123) 137 (151) 159 (171) M.

Weiter Strukturstreifen str, bis die Arbeit (19) 20 (21) 24 (27) 30 (33) cm ab der Schulter misst. Zu Ndl Nr. 2,5 wechseln und (8) 8 (10) 10 (10) 10 (10) R im Rippenmuster (1 M re, 1 M li im Wechsel) über alle M str. In der letzten R die M abk. Darauf achten, das letzte Knopfloch mittig im Rippenmuster zu str.

ÄRMEL

In der Mitte der 5 unter dem Arm angeschlagenen M beginnen, 3 M aufnehmen, 1 M aus dem Übergang aufnehmen, die stillgelegten (35) 37 (39) 43 (47) 51 (55) M str, 1 M aus dem Übergang aufnehmen und 2 M bis Rd-Ende aufnehmen = (42) 44 (46) 50 (54) 58 (62) M.

Strukturstreifen str, bis der Ärmel (9) 12 (14) 17 (20) 24 (27) cm misst. Dabei nach 2 cm wie folgt in einer Rd re M abn: 1 M re, 2 M re zus str, re M bis zu den letzten 3 M str, 2 M re zus str, 1 M re. Alle 2 cm insgesamt (4) 5 (6) 7 (8) 9 (10)-mal abn.

1 Rd re M str und gleichmäßig verteilt abn auf (28) 28 (30) 32 (34) 36 (36) M. Zu Ndl Nr. 2,5 wechseln, (7) 7 (9) 9 (9) 9 (9) Rd im Rippenmuster (1 M re, 1 M li im Wechsel) str, zu Ndl Nr. 3 wechseln, 1 Rd im Rippenmuster str, dabei alle M abk.

Alle Fäden vernähen und die Knöpfe annähen.

Dünne Gromgutt-Hose

Ein alter Liebling in einer neuen, dünneren Variante.

SCHWIERIGKEITSGRAD 2

GRÖSSEN: 0–1 (3) 6 (9) 12 (18) Mon
GARN: KlompeLOMPE Tynn Merinoull, Farbe 2652, Farbe 2650 oder Farbe 9871
MENGE: 100 (100) 100 (150) 150 (200) g
NADELN: Rundnadeln Nr. 2,5 und Nr. 3, je 40 cm und 80 cm
MASCHENPROBE: 27 M mit Ndl Nr. 3 = 10 cm
MASSE: Oberweite: ca. 48 (48) 53 (53) 56 (56) cm
Gesamtlänge (ohne Träger): ca. 31 (35) 37 (42) 46 (50) cm

130 (130) 142 (142) 152 (152) M mit Ndl Nr. 2,5 anschlagen.

19 M Rd im Rippenmuster (1 M re, 1 M li im Wechsel) str.

In der 8. Rd wie folgt 2 Knopflöcher einstr:

52 (52) 57 (57) 60 (60) M Rippenmuster, 2 M re zus str, 1 U, 22 (22) 24 (24) 28 (28) M Rippenmuster, 1 U, 2 M überzogen zus str, 52 (52) 57 (57) 60 (60) M Rippenmuster.

Zu Ndl Nr. 3 wechseln und 1 Rd re M str.

Das Rückenteil der Hose wie folgt mit verkürzten R verlängern (siehe Video German Short Rows auf Klompelompe.no): 10 M re, wenden, 20 M li, wenden, 25 M re, wenden, 30 M li, wenden, 35 M re, wenden, 40 M li, wenden, re M bis Rd-Ende str.

Weiter im folgenden Muster str: 7 Rd re M, 1 Rd li M.

Tipp für einen sauberen Übergang zwischen den Streifen: Die 1. M in der 1. Rd re M (nach der Rd li M) nicht str, sondern abh.

Wenn die Arbeit 18 (22) 23 (26) 28 (29) cm misst, beidseitig der mittleren 8 M von Vorder- und Rückenteil 1 MM setzen.

In jeder 2. Rd beidseitig der 8 M 1 M re verschr aus dem Querfaden zun = 4 M zugenommen.

Nachdem 4-mal zugenommen wurde, (in der nächsten Rd) die 8 M vorn und hinten abk.

Jedes Bein getrennt beenden = 65 (65) 71 (71) 76 (76) M. Im Muster str, bis das Bein 10 (11) 12 (14) 16 (19) cm misst, dabei nach ca. 1 cm wie folgt abn: 1 M re, 2 M re zus str, bis zu den letzten 3 M str, 2 M überzogen zus str, 1 M re.

Alle 2 cm abn, bis noch 55 (55) 59 (59) 64 (64) M übrig sind.

1 Rd re M str, dabei gleichmäßig verteilt auf 40 (40) 42 (42) 44 (44) M abn. Zu Ndl Nr. 2,5 wechseln.

20 Rd im Rippenmuster (1 M re, 1 M li im Wechsel) str und in der letzten Rd die M abk.

TRÄGER

Mit Ndl Nr. 2,5 in der hinteren Mitte 19 M aufnehmen und 12 R im Rippenmuster (1 M re, 1 M li im Wechsel) str. In der nächsten R die mittlere M abk. Dann jeden Träger getrennt weiterstr, bis er 18 (18) 20 (22) 22 (24) cm ab der M-Aufnahme misst.

An jeden Träger einen Knopf nähen und alle Fäden vernähen und die Hose unter einem feuchten Handtuch trocknen lassen oder vorsichtig dämpfen.

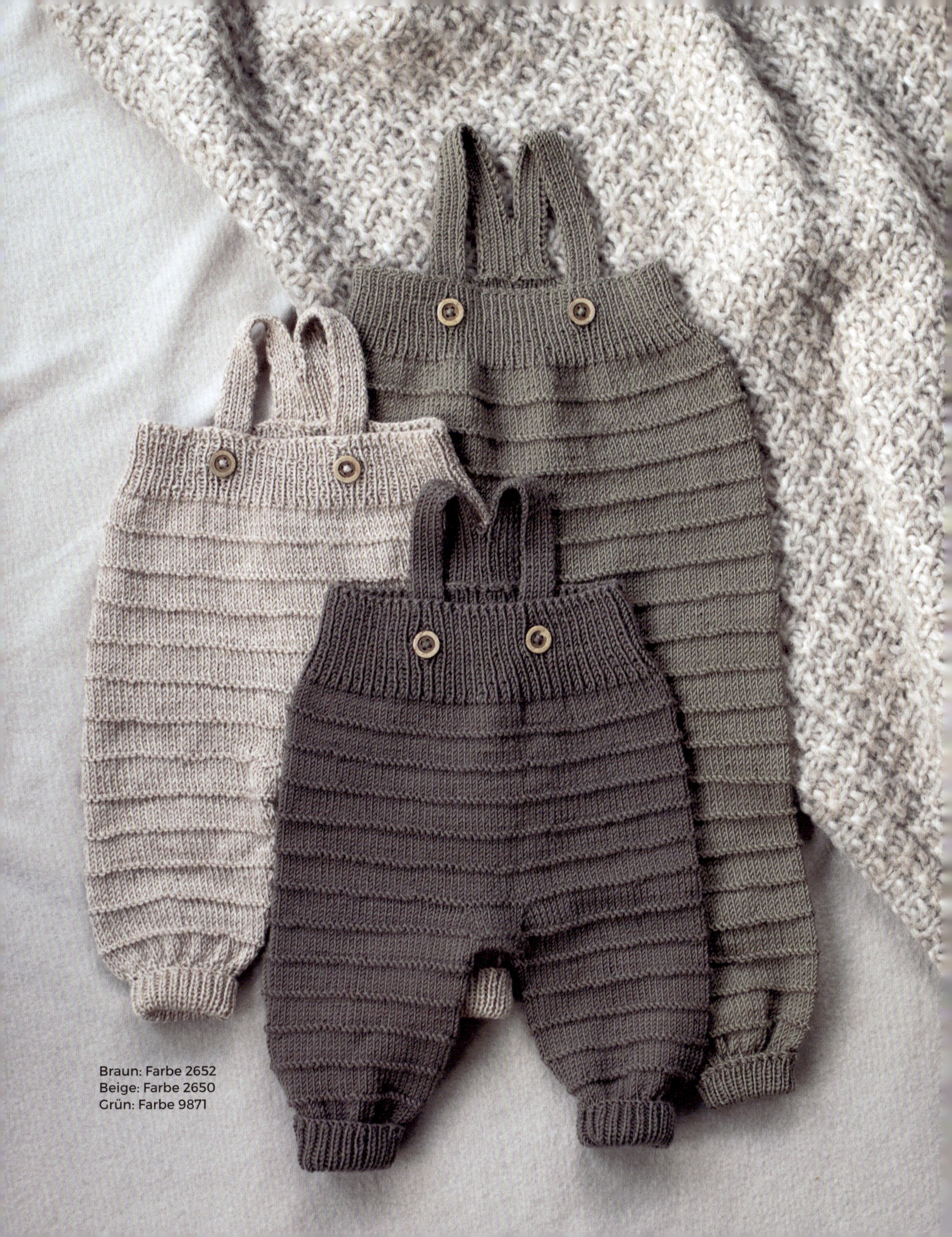
Braun: Farbe 2652
Beige: Farbe 2650
Grün: Farbe 9871

Dünne Gromgutt-Mütze

Ein dünnere Mütze, die perfekt zur Gromgutt-Hose passt.

SCHWIERIGKEITSGRAD 2

GRÖSSEN: (Frühchen) 0–1 Mon (1–3 Mon) 3–6 Mon (9–12 Mon) 1–2 Jahre
GARN: KlompeLOMPE Tynn Merinoull, Farbe 2650
MENGE: 50 g für alle Größen
NADELN: Rundnadeln Nr. 2,5 und Nr. 3, je 40 cm und 80 cm
MASCHENPROBE: 27 M mit Ndl Nr. 3 = 10 cm

(72) 78 (90) 96 (102) 108 M mit Ndl Nr. 2,5 anschlagen und 3 cm Rippenmuster (1 M re, 1 M li im Wechsel) str.

Zu Ndl Nr. 3 wechseln.

Weiter im Muster str: 7 Rd re M, 1 Rd li M.

Tipp für einen sauberen Übergang zwischen den Streifen: Die 1. M in der 1. Rd re M (nach der Rd li M) nicht str, sondern abh.

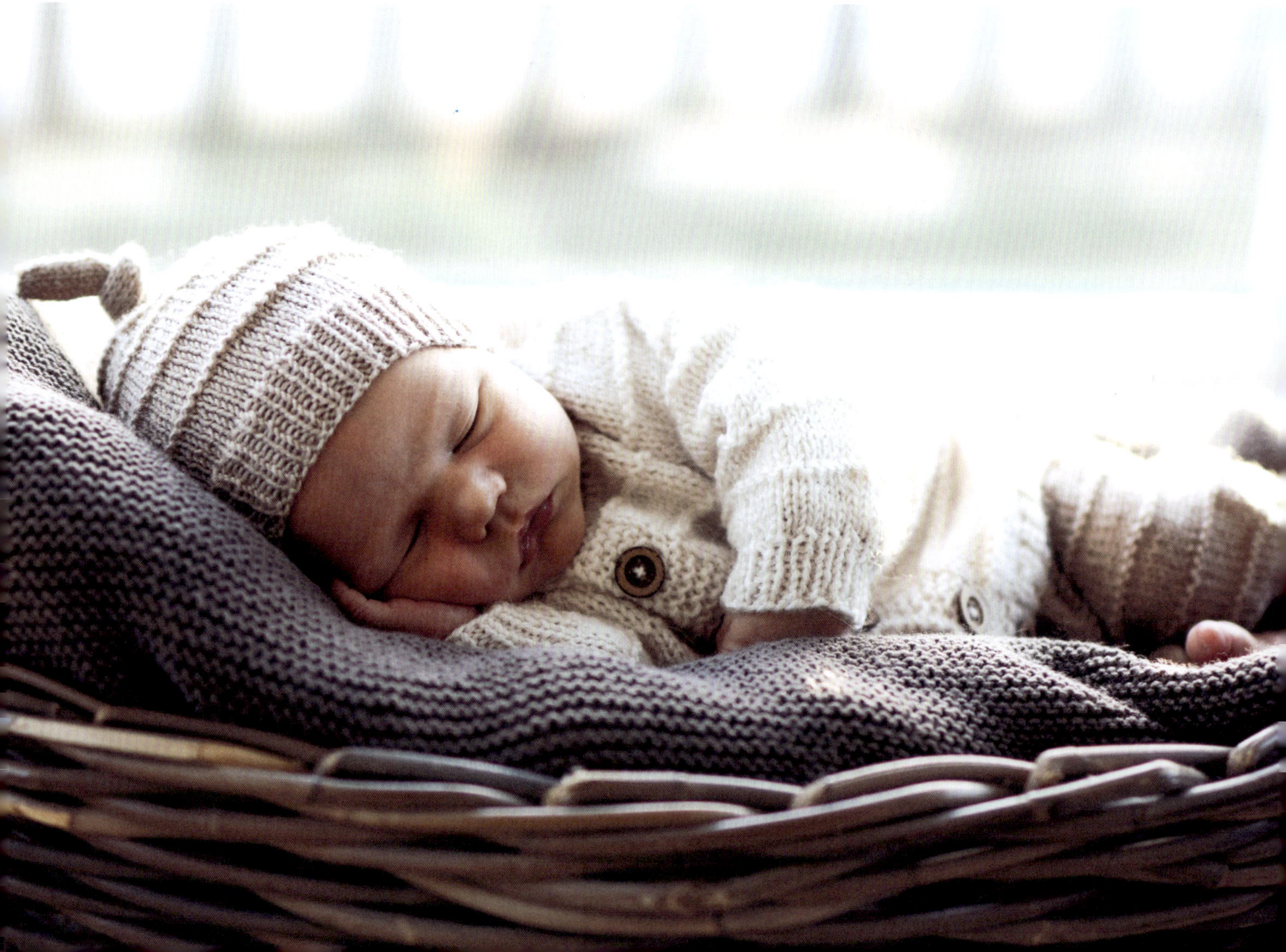

Weiterstr, bis die Arbeit (9) 10 (11) 12 (13) 14 cm misst. 1 Rd re M str und dabei gleichmäßig verteilt abn auf (72) 72 (88) 96 (96) 104 M.

Nächste Rd: *6 M re, 2 M re zus str*, von * bis * bis Rd-Ende wdh.

3 Rd re M str.

Nächste Rd: *5 M re, 2 M re zus str*, von * bis * bis Rd-Ende wdh.

3 Rd re M str.

Nächste Rd: *4 M re, 2 M re zus str*, von * bis * bis Rd-Ende wdh.

3 Rd re M str.

Nächste Rd: *2 M re, 2 M re zus str*, von * bis * wdh, mit (0) 0 (3) 0 (0) 1 M re enden.

2 Rd re M str.

Nächste Rd: *1 M re, 2 M re zus str*, von * bis * wdh, mit (0) 0 (0) 0 (0) 1 M re enden.

1 Rd re M str.

Nächste Rd: *2 M re zus str*, von * bis * wdh, mit (0) 0 (0) 0 (0) 1 M re enden.

1 Rd re M str.

Nächste Rd: *1 M re, 2 M re zus str*, von * bis * wdh, mit (0) 0 (2) 0 (0) 2 M re enden.

10 cm glatt rechts str.

Den Faden abschneiden, durch die M fädeln und zus ziehen.

Alle Fäden vernähen und die Mütze unter einem feuchten Handtuch trocknen lassen.

Gromgutt-Strampler

Ein einfacher Strampler mit den typischen Querrippen der Gromgutt-Serie.

SCHWIERIGKEITSGRAD 2

GRÖSSEN: Frühchen (0–1 Mon) 1–3 Mon (6 Mon) 9 Mon (12 Mon) 18 Mon (2 Jahre)
GARN: KlompeLOMPE Tynn Merinoull, Farbe 9871
MENGE: 150 (150) 200 (200) 250 (250) 300 (300) g
NADELN: Rundnadeln Nr. 2,5 und Nr. 3, je 40 cm und 80 cm
MASCHENPROBE: 27 M mit Ndl Nr. 3 = 10 cm
MASSE: Oberweite: ca. 42,5 (47) 50 (54,5) 59 (61,5) 66,5 (69) cm, Gesamtlänge: ca. 39 (43) 49 (56) 59 (62) 67 (72) cm

Oben am Hals mit einer I-Cord-Kante (siehe Video auf Klompelompe.no) beginnen.

4 M mit Ndl Nr. 2,5 anschlagen und einen 23 (24) 24,5 (25,5) 26,5 (27,5) 29 (30) cm langen I-Cord str.

71 (74) 76 (79) 83 (86) 92 (95) M mit Ndl Nr. 3 entlang des I-Cords aufnehmen. 1 R re M und 1 R li M str.

Nächste R: 12 (13) 13 (14) 15 (16) 17 (18) M re, 1 M zun, 1 M re (Raglan-M), 1 M zun, 9 M re (Ärmel-M), 1 M zun, 1 M re (Raglan-M), 1 M zun, 25 (26) 28 (29) 31 (32) 36 (37) M re, 1 M zun, 1 M re (Raglan-M), 1 M zun, 9 M re (Ärmel-M), 1 M zun, 1 M re (Raglan-M), 1 M zun, 12 (13) 13 (14) 15 (16) 17 (18) M re.

1 R li M str.

Den Nacken mit verkürzten R länger str (siehe Video German Short Rows auf Klompelompe.no): Re M mit Raglan-Zun bis 6 M ins Vorderteil str, wenden, li M bis R-Ende str.

Re M mit Raglan-Zun bis 9 M ins Vorderteil str, wenden, li M bis R-Ende str.

1 R re M mit Raglan-Zun str.

Li M bis 6 M ins Vorderteil str, wenden, re M mit Raglan-Zun bis R-Ende str

Li M bis 9 M ins Vorderteil str, wenden, re M mit Raglan-Zun bis R-Ende str.

1 R li M str.

Tipp für einen sauberen Übergang zwischen den Streifen: Die 1. M in der 1. Rd re M (nach der Rd li M) nicht str, sondern abh.

In 2,5 cm Höhe 1 Hin-R li M str. Bis zum Ende der Arbeit alle 2,5 cm 1 Hin-R (bzw 1 Rd) li M str.

Weiter in jeder Hin-R insgesamt 8 (8) 9 (9) 10 (10) 11 (11)-mal zun. Ab jetzt in Runden str.

Weiter in jeder 2. Rd zun, bis insgesamt 13 (15) 17 (19) 21 (22) 24 (25)-mal zugenommen wurde = 175 (194) 212 (231) 251 (262) 284 (295) M.

1 Rd re M str.

Nächste Rd: Bis nach der Raglan-M str, die Ärmel-M stilllegen, 5 M anschlagen, bis nach der Raglan-M str, die Ärmel-M stilllegen, 5 M anschlagen, bis Rd-Ende str = 115 (126) 136 (147) 159 (166) 180 (187) M.

Im Muster weiterstr.

Nach 3 cm an beiden Seiten beidseitig der 5 M je 1 M zun.

Nach je 3 (3) 3 (4) 4 (5) 5 (5) cm insgesamt 3 (3) 3 (3) 4 (4) 4 (5)-mal zun = 127 (138) 148 (159) 175 (182) 196 (207) M.

In der hinteren Mitte messen. Weiterstr, bis die Arbeit 25 (27) 30 (34) 35,5 (37) 40 (42) cm misst.

In der nächsten Rd 1 (0) 0 (1) 1 (0) 0 (1) M abn. Das Rückenteil mit verkürzten R verlängern (siehe Video German Short Rows auf Klompelompe.no): 20 M re, wenden, 40 M li, wenden, 43 M re, wenden, 46 M li, wenden, 49 M re, wenden, 52 M li, wenden.

Größe 9 Mon (12 Mon) 18 Mon (2 Jahre)
55 M re, wenden, 58 M li, wenden.

Größe 18 Mon (2 Jahre)
61 M re, wenden, 64 M li, wenden.

Alle Größen
Re M bis Rd-Ende str.

Beidseitig der je 8 mittleren M von Vorder- und Rückenteil 1 MM setzen. In der nächsten Rd vor und nach den 8 M vorn und hinten 1 M re verschr aus dem Querfaden zun.

Die Zun in jeder 3. Rd insgesamt 5-mal arb.

In der nächsten Rd die 8 M vorn und hinten abk, die Beine werden getrennt und in R beendet = 65 (71) 76 (81) 89 (93) 100 (105) M pro Bein.

1 R li M str.

Nächste R: 1 M re, 2 M re zus str, bis zu den letzten 3 M str, 2 M re überzogen zus str, 1 M re.

In jeder 4. R insgesamt 8 (8) 9 (9) 10 (10) 11 (11)-mal abn = 49 (55) 58 (63) 69 (73) 78 (83) M.

Weiter im Muster str, bis das Bein 11 (13) 16 (19) 20,5 (22) 24 (27) cm misst, die nächste R ist eine Rück-R.

1 R li M str, dabei gleichmäßig verteilt auf 32 (34) 36 (36) 38 (38) 40 (40) M abn.
Zu Ndl Nr. 2,5 wechseln und die M mit I-Cord abk.

KNOPFLEISTE
(Achtung: Hier werden zum Aufnehmen die M herausgestrickt und nicht nur aufgenommen):

Mit Ndl Nr. 2,5 aus jeder M 1 M aufnehmen, dabei jede 4. M überspringen. Aus den im Schritt abgeketteten M je 1 M aufnehmen.

4 R kraus rechts str und in der letzten R die M abk. Am Vorderteil in der 2. R gleichmäßig verteilt 7 (7) 7 (9) 9 (9) 11 (11) Knopflöcher einstr, dafür 2 M abk und in der nächsten R 2 M über den abgeketteten M anschlagen.

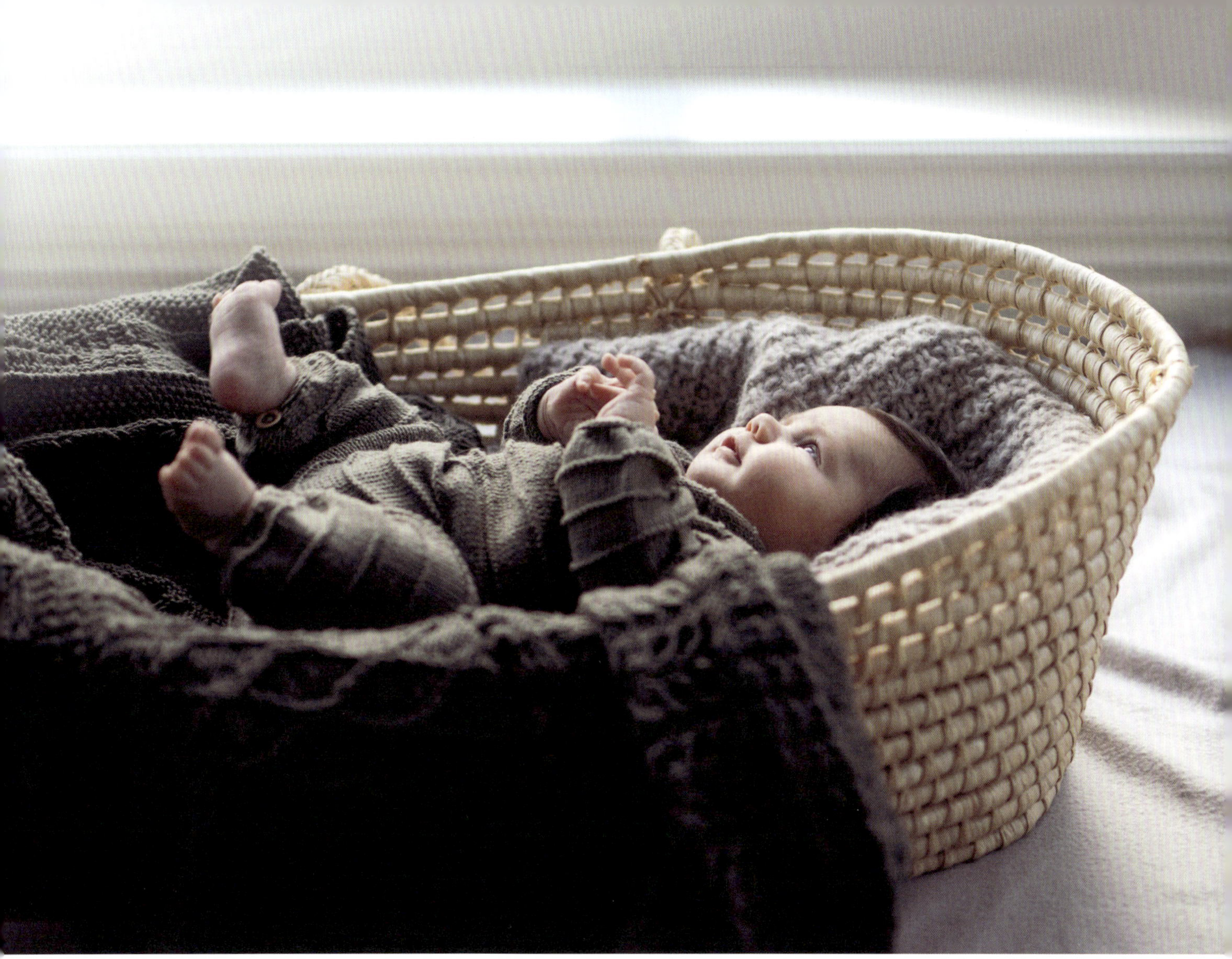

ÄRMEL

Mit Ndl Nr. 3 in der Mitte der 5 M, die unter dem Arm angeschlagen wurden, beginnen. 3 M aufnehmen, 1 M aus dem Übergang aufnehmen, die stillgelegten M re str, 1 M aus dem Übergang aufnehmen, 2 M bis Rd-Ende aufnehmen. An den Ärmeln wie beim restlichen Strampler das Muster str.

In Rd str, bis der Ärmel 10 (12) 14 (16) 17 (18) 20 (23) cm misst.

1 Rd re M str und gleichmäßig verteilt auf 34 (36) 38 (40) 40 (42) 42 (44) M abn.

Zu Ndl Nr. 2,5 wechseln. Die M mit I-Cord abk (siehe Video auf Klompelompe.no).

KNOPFSCHLAUFE IM NACKEN

4 Lm an der einen Seite ganz oben anhäkeln und mit 1 Km befestigen. Achten Sie darauf, dass der Knopf durch die Schlaufe passt, bevor Sie die Schlaufe befestigen. Einen Knopf auf der anderen Seite des Nackenschlitzes annähen.

Die Knöpfe annähen und alle Fäden vernähen.

Gromgutt-Mütze

Eine schlichte Mütze mit den klassischen Rippenstreifen. Sie steht Mädchen wie Jungen gleichermaßen gut.

SCHWIERIGKEITSGRAD 2

GRÖSSEN: (Frühchen) 0–3 Mon (3–6 Mon) 6–12 Mon (1–2 Jahre)
GARN: KlompeLOMPE Tynn Merinoull, Farbe 9871
MENGE: 50 g für alle Größen
NADELN: Rundnadeln Nr. 2,5 und Nr. 3, je 40 cm und 80 cm
MASCHENPROBE: 27 M mit Ndl Nr. 3 = 10 cm

In Reihen auf einer Rundnadel str.
(77) 83 (93) 93 (103) M mit Ndl Nr. 2,5 anschlagen.

4 R im Rippenmuster (1 M re, 1 M li im Wechsel) str.
3 M anschlagen.

Die M mit I-Cord abk (siehe Video auf Klompelompe.no).

Mit Ndl Nr. 3 jede hintere M des I-Cords aufnehmen = (77) 83 (93) 93 (103) M.

Glatt rechts str, bis die Arbeit (8) 10 (11) 12 (13) cm misst, dabei nach 2,5 cm 1 Hin-R li M str.

Alle 2,5 cm so eine R li M str.

Ab jetzt in Rd str und in der 1. Rd gleichmäßig verteilt (5) 3 (3) 3 (3) M abn.

Ab jetzt glatt rechts str. 3 Rd str.

Nicht für Größe Frühchen

Nächste Rd: *8 M re, 2 M re zus str str*, von * bis * bis Rd-Ende wdh.

2 Rd re M str.

Alle Größen

Nächste Rd: *7 M re, 2 M re zus str*, von * bis * bis Rd-Ende wdh.

2 Rd re M str.

Nächste Rd: *6 M re, 2 M re zus str*, von * bis * bis Rd-Ende wdh.

1 Rd re M str.

Nächste Rd: *5 M re, 2 M re zus str*, von * bis * bis Rd-Ende wdh.

1 Rd re M str.

Nächste Rd: *4 M re, 2 M re zus str*, von * bis * bis Rd-Ende wdh.

1 Rd re M str.

Nächste Rd: *3 M re, 2 M re zus str*, von * bis * bis Rd-Ende wdh.

1 Rd re M str.

Nächste Rd: *2 M re, 2 M re zus str*, von * bis * bis Rd-Ende wdh.

1 Rd re M str.

Nächste Rd: *1 M re, 2 M re zus str*, von * bis * bis Rd-Ende wdh.

Nächste Rd: *2 M re zus str*, von * bis * bis Rd-Ende wdh.

Den Faden durch die M fädeln und zus ziehen.

HALSAUSSCHNITT

Mit Ndl Nr. 2,5 aus jeder 2. M 1 M aufnehmen. Das Teil beiseitelegen.

4 M mit Ndl Nr. 2,5 anschlagen und einen 20 cm langen I-Cord str, dann die aufgenommenen M mit I-Cord abk (siehe Video auf Klompelompe.no) bis noch 4 M übrig sind. Mit einem 20 cm langen I-Cord enden.

Alle Fäden vernähen.

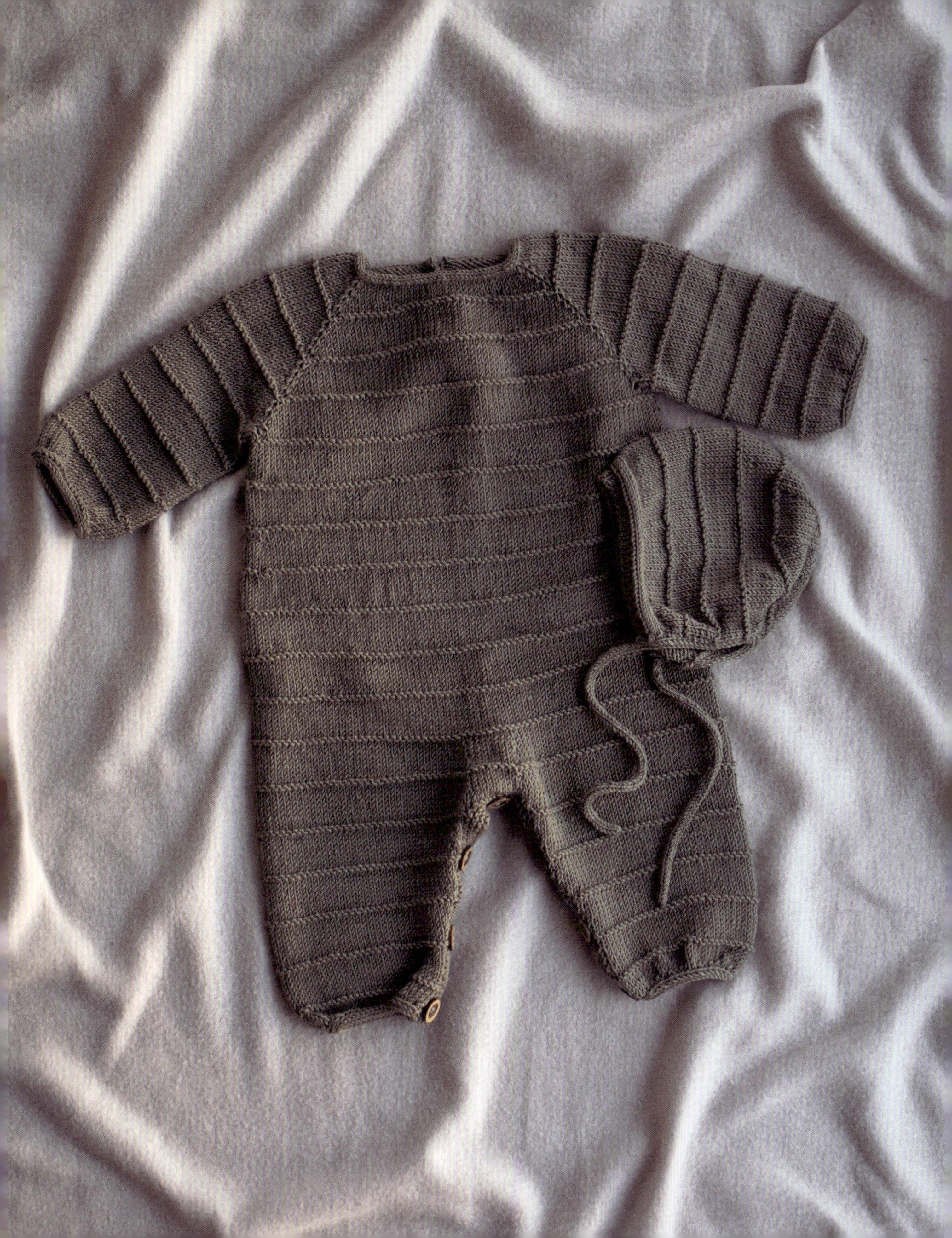

Olav-Jacke

Wir mögen Stricktraditionen, wie eine klassische Jacke. Dieses Mal haben wir uns für einen anderen Schnitt als die traditionelle Rundpasse der Klompelompe-Jacke entschieden.

SCHWIERIGKEITSGRAD 3

GRÖSSEN: (0–1) 3 (6) 12 (18) 24 Mon
GARN: KlompeLOMPE Tynn Merinoull, Farbe A: 3355, Farbe B: 2650
MENGE: Farbe A: (100) 100 (150) 150 (200) 200 g
Farbe B: 50 g für alle Größen
NADELN: Rundnadeln Nr. 2,5 und Nr. 3, je 40 cm und 80 cm für Magic Loop
MASCHENPROBE: 27 M mit Ndl Nr. 3 = 10 cm
MASSE: Oberweite: ca. (51) 54 (57) 63 (65,5) 68,5 cm
Gesamtlänge: ca. (27,5) 28,5 (31) 34 (36,5) 37,5 cm

Die Jacke von unten nach oben und zuerst in Reihen str.

(137) 145 (153) 169 (177) 185 M mit Ndl Nr. 2,5 mit Farbe A anschlagen. (3) 3 (3) 3,5 (3,5) 3,5 cm im Rippenmuster (1 M re, 1 M li im Wechsel) in R str.

Zu Ndl Nr. 3 wechseln.

1 Rd re M str und 9 Steekmaschen anschlagen, diese zählen nicht zur Gesamtmaschenzahl oder zum Muster der Strickschrift. Ab jetzt in Rd glatt rechts str.

Strickschrift A 1-mal str.

Laut Strickschrift B str. Wenn die Arbeit (15) 16 (18) 20 (23) 23 cm misst und die nächste Rd eine ohne Einstrickmuster ist, auf beiden Seiten 8 M für die Armausschnitte abk: (29) 31 (33) 37 (39) 41 M str, 8 M abk, (63) 67 (71) 79 (83) 87 M str, 8 M abk, (29) 31 (33) 37 (39) 41 M str.

In der nächsten Rd auf beiden Seiten über den abgeketteten M 8 M anschlagen = Steekmaschen für die Ärmel. Auf jeder Seite der angeschlagenen M 1 MM setzen.

(0) 0 (2) 4 (4) 6 Rd laut Strickschrift B str, die neu angeschlagenen Steek-M nicht im Muster str.

Strickschrift C str.

In der letzten Rd der Strickschrift die Steek-M in der vorderen Mitte abk und die (10) 10 (11) 11 (12) 12 ersten und (10) 10 (11) 11 (12) 12 letzten M stilllegen.

Nächste R (Rück-R): In R laut Strickschrift D str.

Nächste R: 2 M re zus str, bis zu den letzten 2 M str, 2 M re überzogen zus str.

Insgesamt 3-mal in jeder 4. R abn.

Nächste R (mit Farbe A): (16) 18 (19) 23 (24) 26 M re, die Steekmaschen abk, (16) 18 (19) 23 (24) 26 M re, die nächsten (31) 31 (33) 33 (35) 35 M stilllegen, (16) 18 (19) 23 (24) 26 M re, die Steekmaschen abk, (16) 18 (19) 23 (24) 26 M re.

RECHTES VORDERTEIL

Nächste R (Rück-R): Zu Farbe B wechseln. 1 R li. M str. Zu Farbe A wechseln. Re M bis zu den letzten 2 M, wenden, bis R-Ende li M, wenden, bis 3 M vor der letzten Wende-M re M, wenden, bis R-Ende li M str. Zu Farbe B wechseln. 1 R re M str. 1 R li M str, dabei gleichzeitig die M abk.

RECHTES RÜCKENTEIL

Nächste R (Hin-R): Zu Farbe B wechseln. 1 R re M str. Zu Farbe A wechseln. Li M bis zu den letzten 2 M, wenden, re M bis R-Ende, wenden, li M bis 3 M vor der letzten Wende-M, wenden, re M bis R-Ende str.

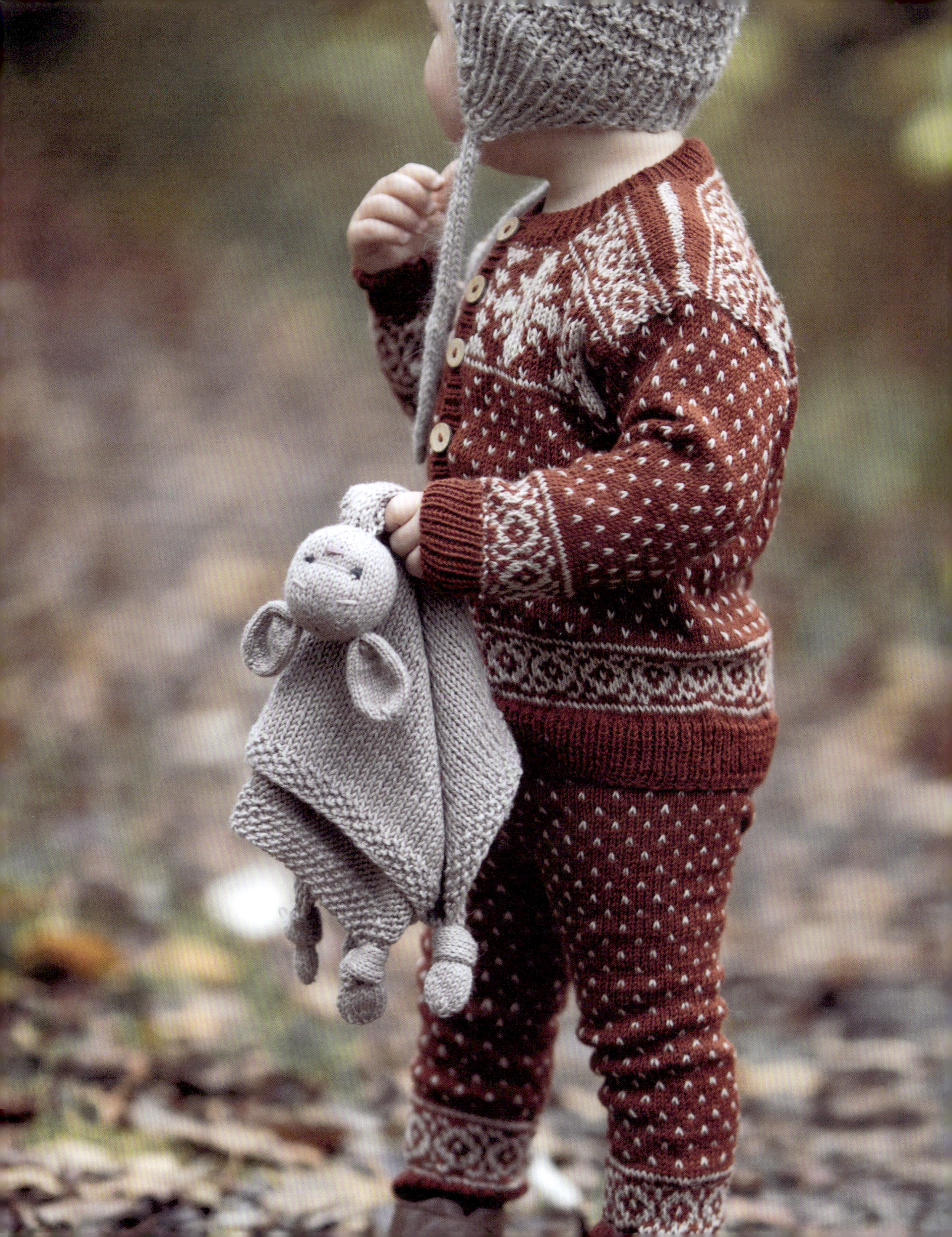

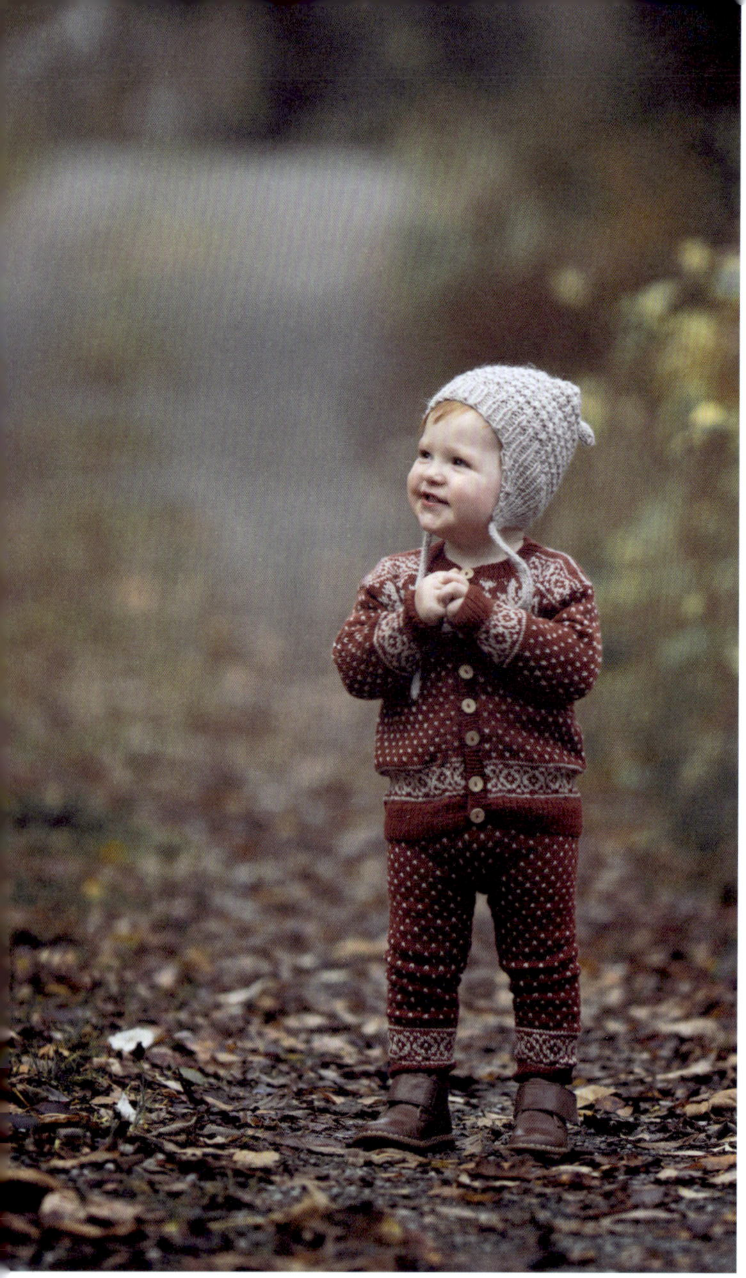

Zu Farbe B wechseln. 1 R li M str. 1 R re M str, dabei gleichzeitig die M abk.

LINKES RÜCKENTEIL

Nächste R (Rück-R): Zu Farbe B wechseln. 1 R li. M str Zu Farbe A wechseln. Re M bis zu den letzten 2 M, wenden, li M bis R-Ende, wenden, re M bis 3 M vor der letzten Wende-M, wenden, li M bis R-Ende str. Zu Farbe B wechseln. 1 R re M str. 1 R li M str, dabei gleichzeitig die M abk.

LINKES VORDERTEIL

Nächste R (Hin-R): Zu Farbe B wechseln. 1 R re M str. Zu Farbe A wechseln. Li M bis zu den letzten 2 M, wenden, re M bis R-Ende, wenden, li M bis 3 M vor der letzten Wende-M, wenden, re M bis R-Ende str.

Zu Farbe B wechseln. 1 R li M str. 1 R re M str dabei gleichzeitig die M abk. Die Schulternähte schließen.

BUND AM HALS

Mit Nadelsärke 2,5 und Farbe A die (10) 10 (11) 11 (12) 12 stillgelegten M re str, aus jeder M 1 M aufnehmen, dabei jede 4. M überspringen, die stillgelegten (31) 31 (33) 33 (35) 35 M re str, aus jeder M 1 M aufnehmen, dabei jede 4. M überspringen, die stillgelegten (10) 10 (11) 11 (12) 12 M re str.

(2) 2 (2,5) 2,5 (3) 3 cm im Rippenmuster (1 M re, 1 M li im Wechsel) str. In der letzten R die M abk.

ARMLOCH

Mit der Maschine 2 Nähte beidseitig der mittleren Steek-M nähen. Steek dazwischen aufschneiden.

ÄRMEL

(64) 64 (66) 68 (68) 70 M mit Ndl Nr. 3 aus dem Armloch aufnehmen. Laut Strickschrift B str. Wenn der Ärmel 1,5 cm misst, wie folgt abn: 1 M re, 2 M re zus str, bis zu den letzten 3 M re M str, 2 M re überzogen zus str, 1 M re.

Alle (1,5) 1,5 (1,5) 1,5 (2) 2 cm insgesamt (8) 9 (10) 12 (10) 10-mal so abn.

Weiterstr, bis der Ärmel (9,5) 10,5 (11,5) 15 (17,5) 19 cm misst. Strickschrift A 1-mal str.

1 Rd re M mit Farbe A, dabei gleichmäßig verteilt auf (38) 38 (38) 40 (42) 48 M abn.

Zu Ndl Nr. 2,5 wechseln und (3) 3 (3) 3,5 (3,5) 3,5 cm im Rippenmuster str. In der letzten Rd die M abk.

AUSARBEITEN

Mit der Maschine 2 Nähte beidseitig der mittleren Steek-M am Vorderteil nähen. Steek dazwischen aufschneiden. Mit Farbe A (Grundfarbe) str. Mit Ndl Nr. 2,5 M für die Knopfleisten aufnehmen, ca. 1 M aus jeder M, dabei jede 4. M überspringen. 8 R im Rippenmuster (1 M re, 1 M li im Wechsel) str. Die

M abk (nicht zu fest). Bei der Jungenjacke die Knopflöcher an der li Seite, bei der Mädchenjacke an der re Seite einarb. (7) 7 (8) 8 (9) 9 Knopflöcher gleichmäßig verteilt str. In der 3. R für die Knopflöcher wie folgt arb: 2 M re zus str, 1 U.

Die Schnittkanten nach innen falten und mit kleinen Stichen annähen. Sollte es schwierig sein, eine saubere Kante zu erzielen, kann man einen Beleg anstr, der über die Schnittkante genäht wird. Dafür M (wie für die Knopfleisten) aufnehmen. Glatt rechts str, bis die Schnittkante bedeckt ist. Die M abk und den Beleg annähen, für eine unsichtbare Naht am besten mit der Grundfarbe.

Alle Fäden vernähen und Knöpfe annähen. Die Jacke unter einem feuchten Handtuch trocknen lassen oder vorsichtig dämpfen.

Strickschrift C

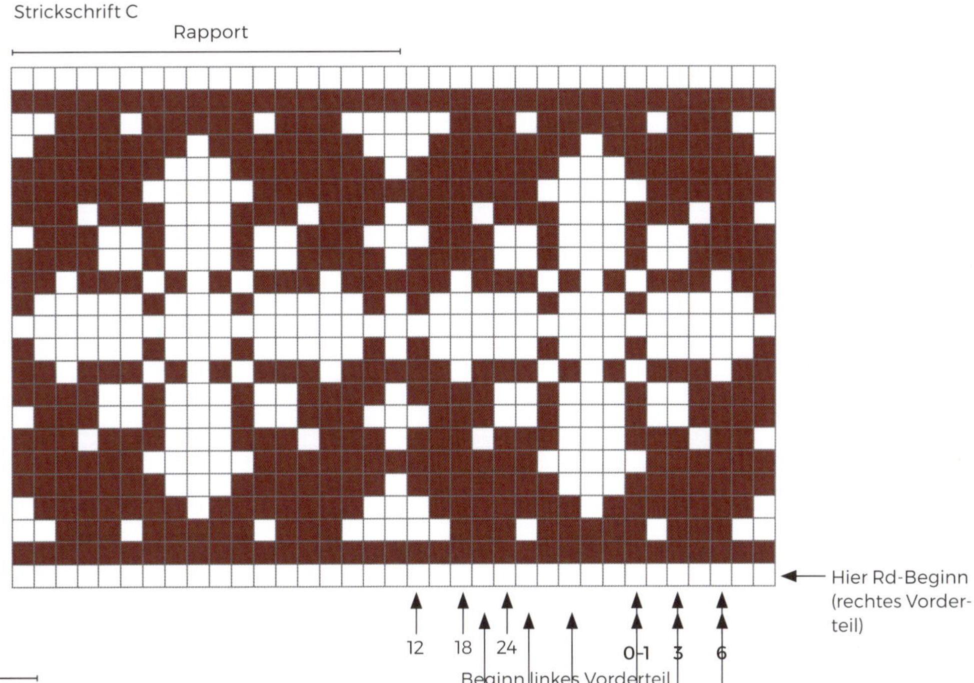

■ = Farbe A
□ = Farbe B

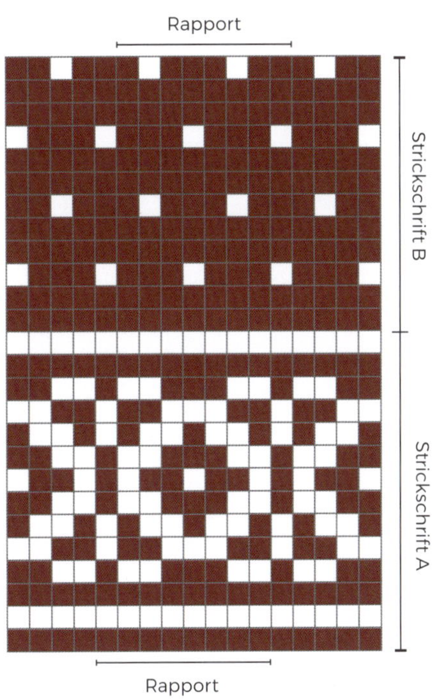

Strickschrift D

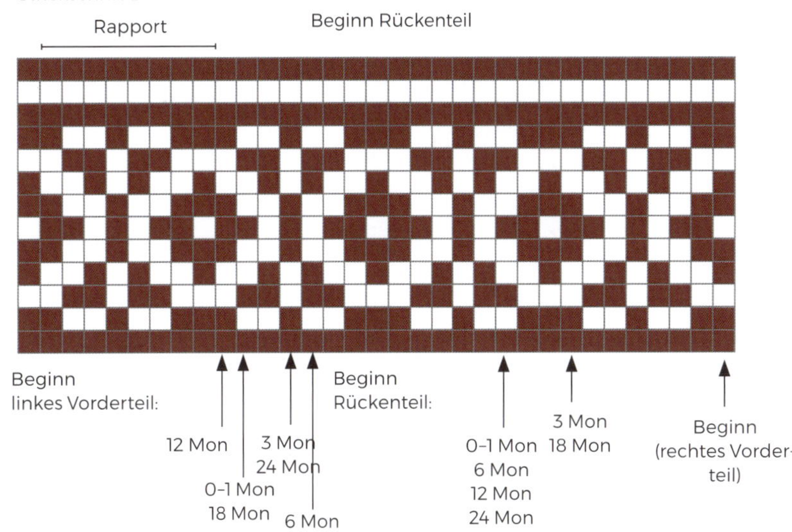

Olav-Hose

Mit der hübschen Hose im selben Muster ist das Set komplett.

SCHWIERIGKEITSGRAD 2

GRÖSSEN: 0–1 (3–6) 9–12 (18–24) Mon
GARN: KlompeLOMPE Tynn Merinoull Farbe A: 3355, Farbe B: 2650
MENGE: Farbe A: 50 (100) 100 (100) g
Farbe B: 50 g für alle Größen
NADELN: Rundnadeln Nr. 2,5 und Nr. 3, je 40 cm und 80 cm
MASCHENPROBE: 27 M mit Ndl Nr. 3 = 10 cm
MASSE: Oberweite: ca. 40 (44,5) 47,5 (50) cm
Gesamtlänge: ca. 24,5 (32,5) 38 (43,5) cm

Oben beginnen, in Runden auf einer Rundndl str.
100 (114) 122 (130) M mit Ndl Nr. 2,5 mit Farbe A anschlagen.
14 Rd Rippenmuster (1 M re, 1 M li im Wechsel) str.

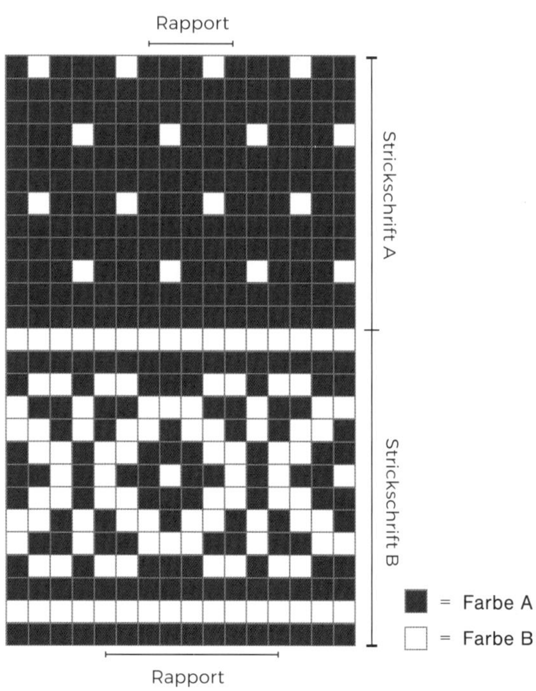

Zu Ndl Nr. 3 wechseln und 1 Rd re M str.
1 Rd re M str und auf 108 (120) 128 (136) M zun.
1 Rd re M str.

Das Rückenteil mit verkürzten R verlängern (siehe Video German Short Rows auf Klompelompe.no): 20 M re, wenden, 40 M li, wenden, 43 M re, wenden, 46 M li, wenden, 49 M re, wenden, 52 M li, wenden.

Größe 9–12 und 18–24 Mon:
55 M re, wenden, 58 M li, wenden, 61 M re, wenden, 64 M li, wenden.

Alle Größen Re M str bis Rd-Ende.

Laut Strickschrift A str, bis die Arbeit in der vorderen Mitte 12 (14) 16 (18) cm misst.
Beidseitig der mittleren 6 M von Vorder- und Rückenteil 1 MM setzen.

Weiter nach Strickschrift A über die M zwischen den MM und die restliche Hose str.

Beidseitig der 6 M vorn und hinten 1 M zun. In jeder 3. Rd insgesamt 5-mal zun (sobald genug M zugenommen sind, die M im Muster str).
In der nächsten Rd die 6 M vorn und hinten abk. Die Beine getrennt beenden = 58 (64) 68 (72) M.

BEIN
Weiter laut Strickschrift A in Rd str, bis das Bein 7,5 (13,5) 16,5 (19,5) cm misst, aber nach 2,5 cm wie folgt abn: 1 M re, 2 M re zus str, bis zu den letzten 3 M str, 2 M re überzogen zus str, 1 M re. Damit wird das Muster nach und nach abgenommen.
Insgesamt 3 (4) 5 (4)-mal alle 2,5 cm abn.
1 Rd mit Farbe A str, dabei gleichmäßig verteilt 4 (0) 2 (0) M abn = 48 (56) 56 (64) M.

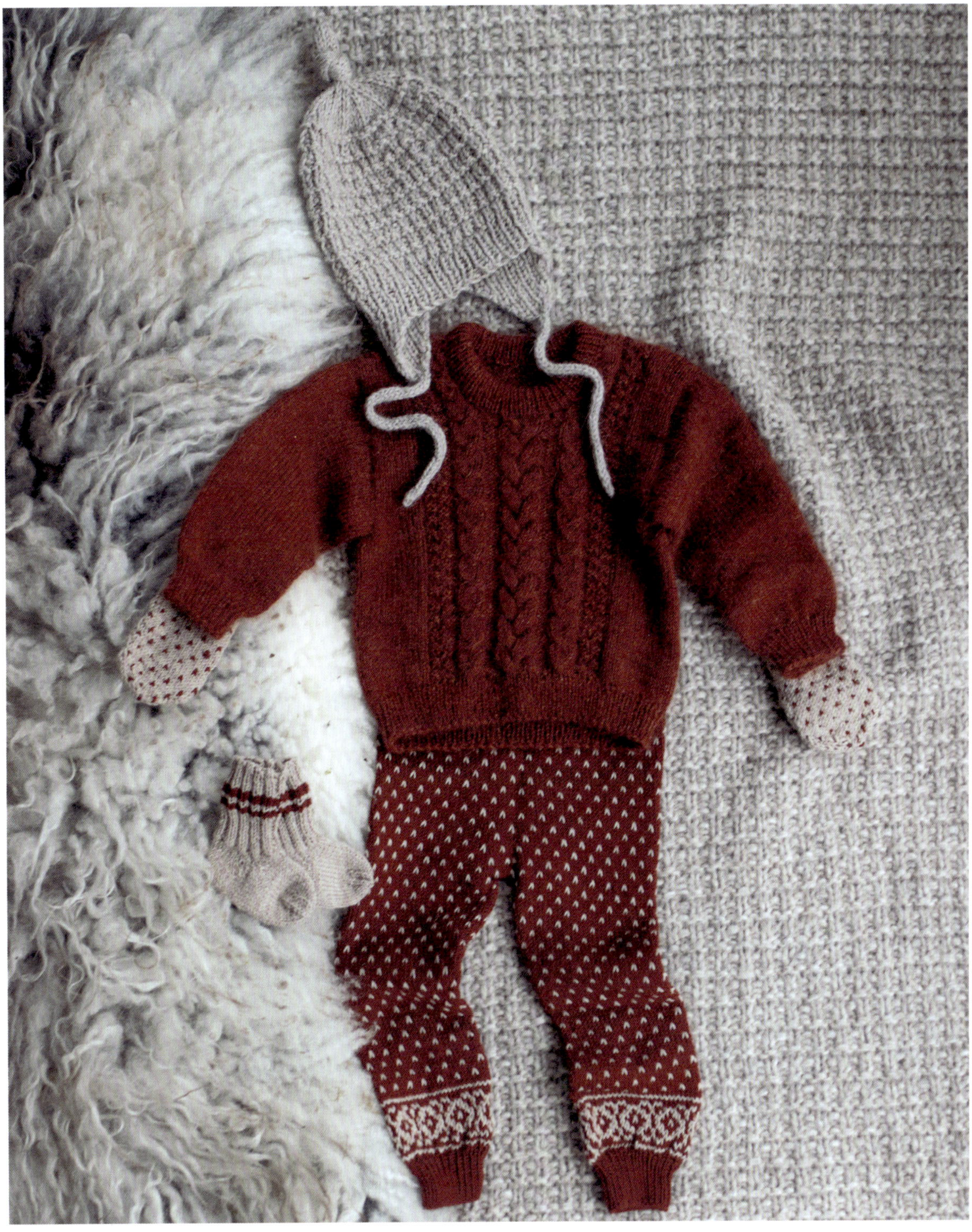

Strickschrift B 1-mal str.

1 Rd re M mit Farbe A str.

1 Rd re M str und gleichmäßig verteilt auf 36 (40) 44 (44) M abn. Zu Ndl Nr. 2,5 wechseln.

3 (3) 3,5 (3,5) cm im Rippenmuster str. In der letzten Rd die abk.

Alle Fäden vernähen und die Hose unter einem feuchten Handtuch trocknen lassen.

Olav-Kinderwagendecke

Doppelseitige Decke mit Negativmuster auf der Rückseite. Dick, gemütlich und dekorativ.

SCHWIERIGKEITSGRAD 3

GRÖSSE: ca. 60 x 70 cm
GARN: KlompeLOMPE Merinoull Farbe A: 3355
Farbe B: 2650
MENGE: Farbe A: 300 g Farbe B: 300 g
NADELN: Rundnadel Nr. 3,5, 80 cm
MASCHENPROBE: 22 M mit Ndl Nr. 3,5 = 10 cm

Die Decke in Runden auf einer Rundnadel str (Vorder- und Rückseite).

290 M mit Ndl Nr. 3,5 mit Farbe A anschlagen.

An den Seiten MM setzen, um die Arbeit in 2 Hälften zu teilen: MM, 145 M (Vorderseite), MM, 145 M (Rückseite). Die Vorder- und die Rückseite mit der M nach dem Rapport abschließen.

Die Vorderseite wird mit Farbe A als Grundfarbe gestrickt, die Rückseite mit Farbe B als Grundfarbe.

Strickschrift A str.

Strickschrift B str.

Strickschrift C str, bis die Arbeit ca. 70 cm misst.

In der letzten Rd die M abk.

Die Decke oben und unten zus nähen und alle Fäden vernähen. Die Decke unter einem feuchten Handtuch trocknen lassen oder vorsichtig dämpfen.

Strickschrift A

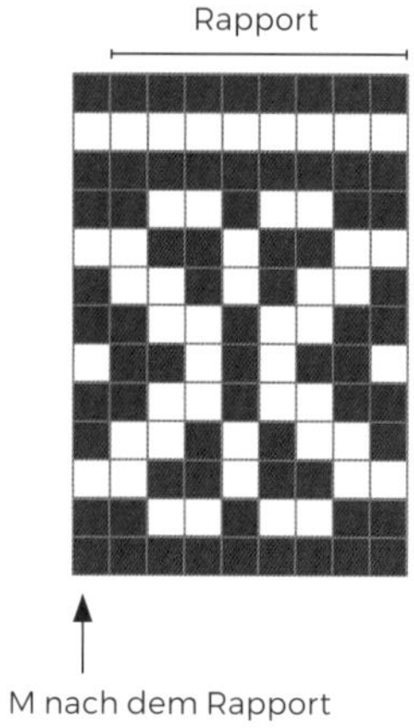

Strickschrift C

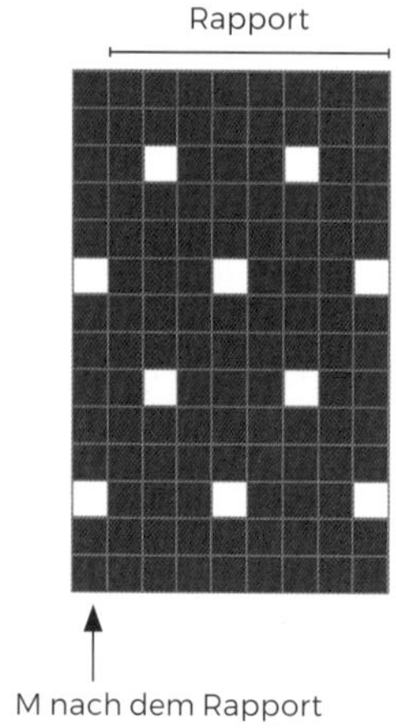

Strickschrift B

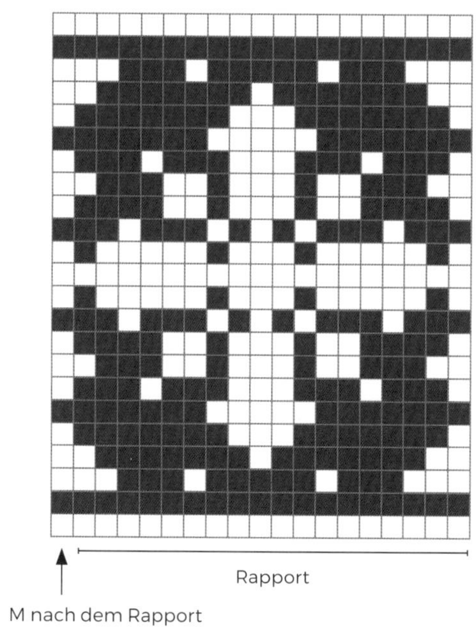

■ = Farbe A
□ = Farbe B

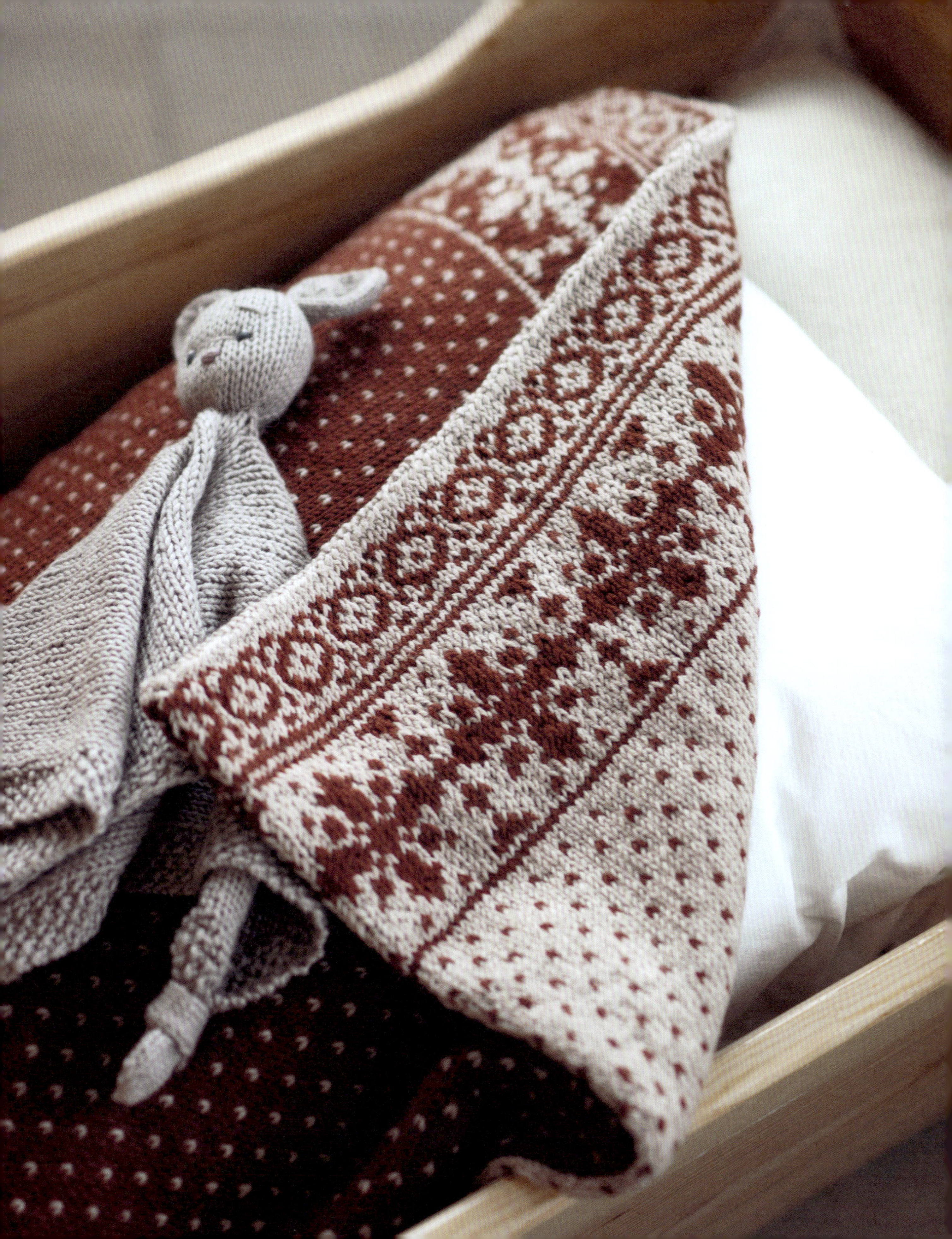

Olav-Fäustlinge

Hübsche Fäustlinge, die gut sitzen und die dasselbe Einstrickmuster schmückt wie die restliche Serie.

SCHWIERIGKEITSGRAD 2

GRÖSSEN: (0–1 Mon) 3 Mon (6 Mon) 1–2 Jahre (3–4 Jahre)
GARN: KlompeLOMPE Tynn Merinoull, Farbe A: 2650, Farbe B: 6061
MENGE: Farbe A: 50 g für alle Größen
Farbe B: ein Wollrest für alle Größen
NADELN: Rundnadeln Nr. 2,5 und Nr. 3, je 80 cm
MASCHENPROBE: 27 M mit Ndl Nr. 3 = 10 cm

In Runden str, die an der Seite beginnen. Die Arbeit mit Magic Loop (siehe Video auf Klompelompe.no) in 2 Hälften aufteilen.

(32) 32 (40) 40 (48) M mit Ndl Nr. 3 mit Farbe A anschlagen.

1 Rd re M str.

Strickschrift A str.

(0) 0 (2) 4 (6) Rd re M str.

Zu Ndl Nr. 2,5 wechseln. (2) 2,5 (3) 3 (3) cm im Rippenmuster (1 M re, 1 M li im Wechsel) str.

Zu Ndl Nr. 3 wechseln.

Laut Strickschrift B str.

Größe 1–2 (3–4) Jahre
Wenn die Arbeit 1,5 (2) cm ab dem Rippenmuster misst, das Daumenloch vorbereiten:

LINKER FÄUSTLING
Die obere Hälfte der M str, bis zu den letzten 7 (8) M str, die nächsten 6 (7) M mit einem Hilfsfaden str, diese 6 (7) M zurück auf die li Ndl heben und bis Rd-Ende str.

RECHTER FÄUSTLING
Die obere Hälfte der M str, 1 M re, die nächsten 6 (7) M mit einem Hilfsfaden str, diese 6 (7) M zurück auf die li Ndl heben und bis Rd-Ende str.

Alle Größen
Wenn die Arbeit (6) 6,5 (8) 10 (11) cm ab dem Rippenmuster misst, wie folgt abn:

1 M re, 2 M re zus str, bis 3 M vor dem MM str, 2 M re überzogen zus str, 1 M re, von * bis * in jeder Rd wdh, bis noch 8 M übrig sind.

Den Faden durch die M fädeln und zus ziehen.

DAUMEN
Die je 6 (7) M über und unter dem Hilfsfaden aufnehmen, dazu noch 1 M an jeder Seite = (14) 16 Daumen-M.
Den Hilfsfaden entfernen und in Rd mit Farbe A glatt rechts str. Wenn der Daumen 3,5 (4,5) cm misst, stets 2 M re zus str bis Rd-Ende.

Den Faden abschneiden, durch die M fädeln und zus ziehen.

Alle Fäden vernähen und die Handschuhe unter einem feuchten Handtuch trocknen lassen.

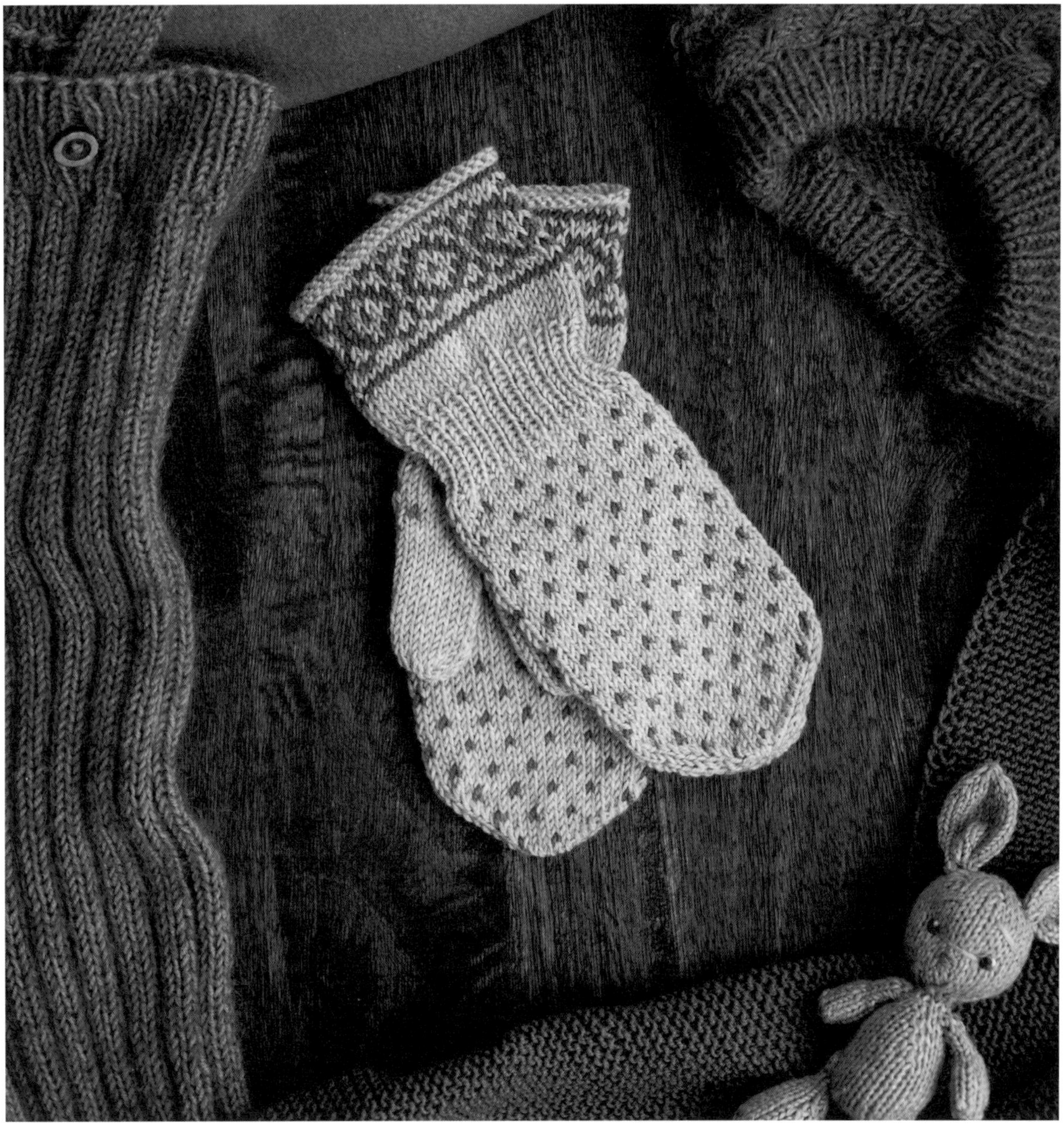

Strickschrift A

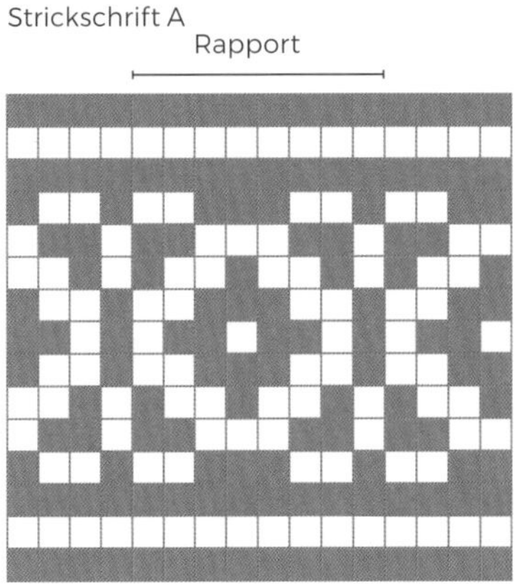

Strickschrift B

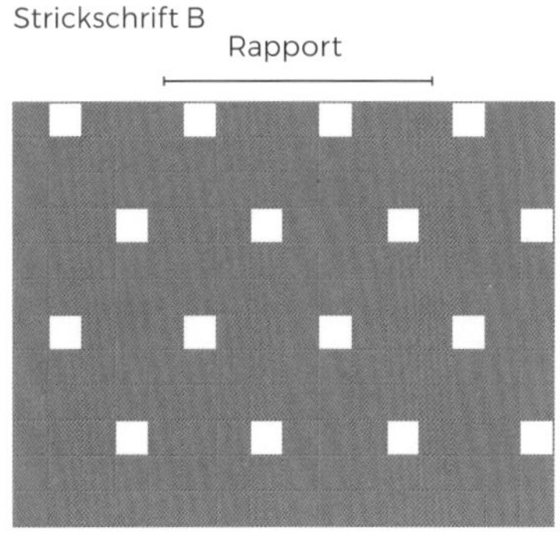

■ = Farbe A

□ = Farbe B

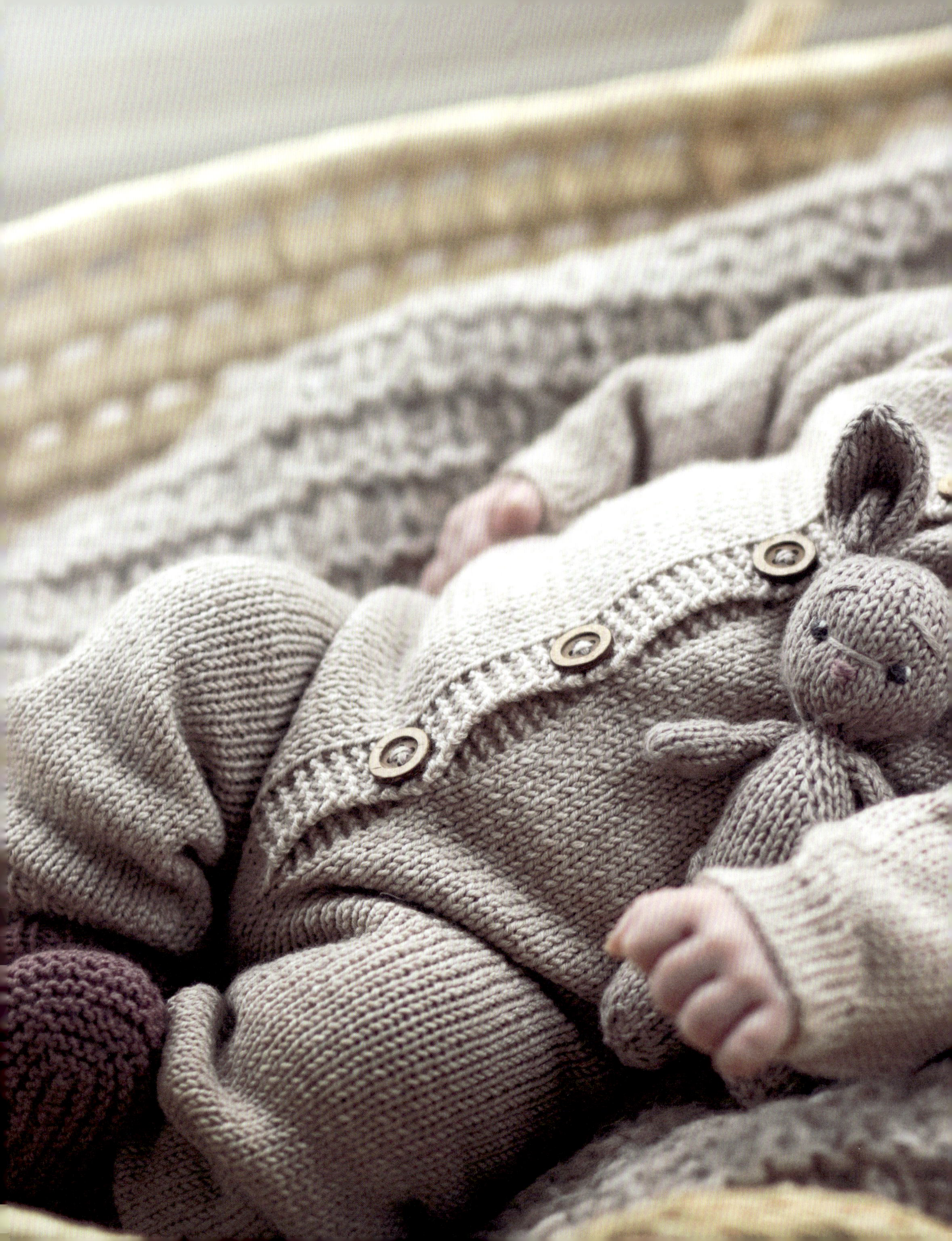

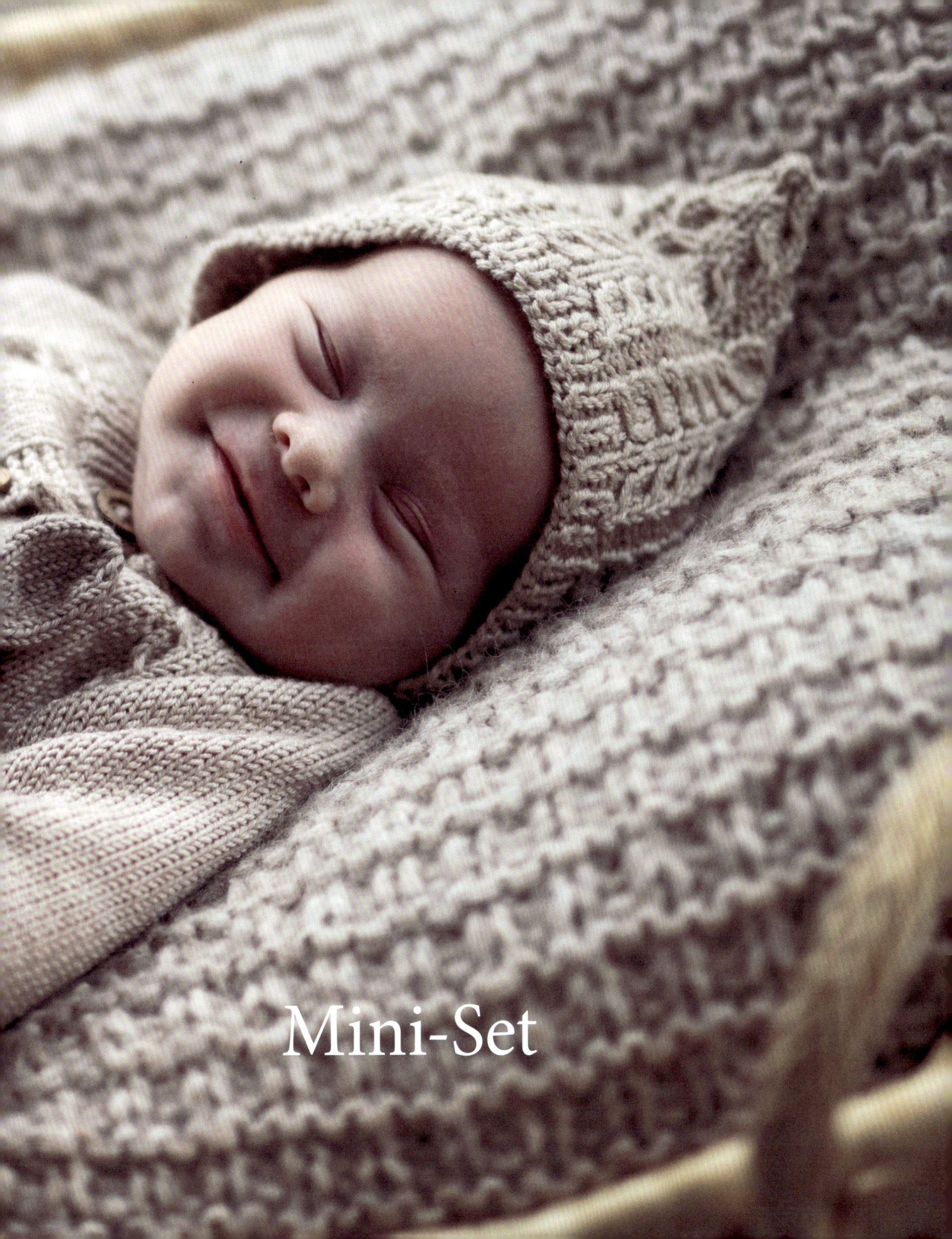
Mini-Set

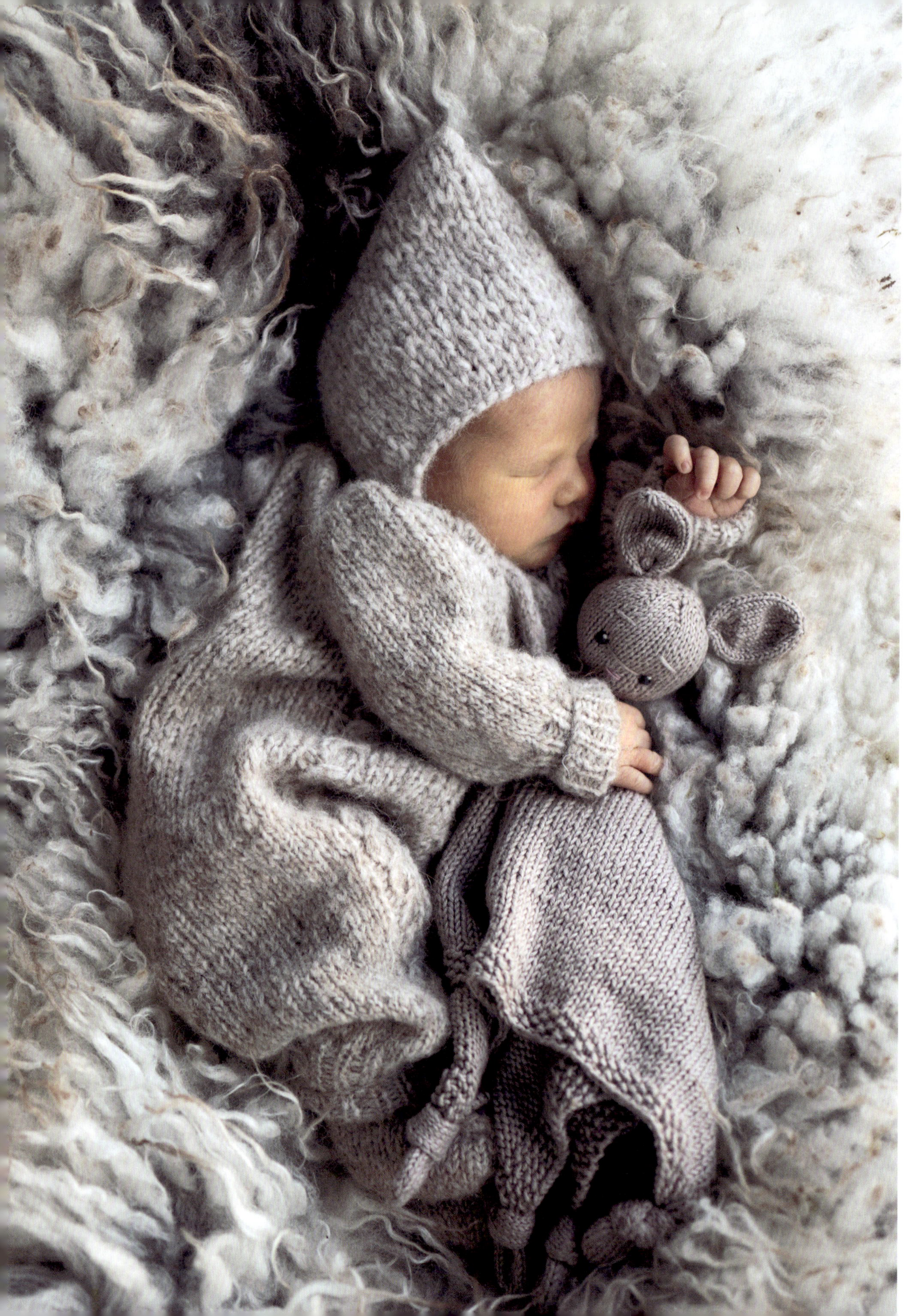

Kuscheliger Mini-Strampler

Als das jüngste unserer Kinder geboren wurde, strickten wir die Mini-Jacke. Wir mögen dieses Muster, und eine dickere Stramplerversion stand schon lange auf unserer Ideenliste.

SCHWIERIGKEITSGRAD 2

GRÖSSEN: (0–1 Mon) 3 Mon (6–9 Mon) 12 Mon (18 Mon) 2 Jahre
GARN: Sandnes Garn KOS, Farbe 2611
MENGE: (150) 150 (200) 200 (250) 250 g
NADELN: Rundnadeln Nr. 3,5 und Nr. 5, je 60 cm und 80 cm
MASCHENPROBE: 16 M mit Ndl Nr. 5 = 10 cm
MASSE: Oberweite: ca. (60) 63 (68) 70 (75) 78 cm
Länge: ca. (46) 52 (60) 66 (71) 76 cm

In Reihen von oben nach unten auf einer Rndl str.

(41) 41 (45) 45 (49) 49 M mit Ndl Nr. 5 anschlagen. Zu Ndl Nr. 3,5 wechseln und (10) 10 (10) 10 (12) 12 R im Rippenmuster (1 M re, 1 M li im Wechsel) str. Zu Ndl Nr. 5 wechseln. 1 R re M str, dabei jede 2. M der Anschlagkante aufnehmen und mit der M auf der li Ndl zus str. Ist das zu schwierig, kann man die Kante auch später umschlagen und annähen. 1 R li M str, dabei gleichmäßig verteilt 8 M zun.

MM setzen ohne zu str: (4) 4 (5) 5 (6) 6 M, MM, 11 M (Muster-M), MM, 1 M, MM, 1 M (Raglan-M hinten), MM, (15) 15 (17) 17 (19) 19 M (Rückenteil), MM, 1 M (Raglan-M hinten), MM, 1 M, MM, 11 M (Muster-M) MM, (4) 4 (5) 5 (6) 6 M.

Über die Muster-M mit dem Muster laut Strickschrift sowie mit den Raglan-Zun beginnen. Für die Zun 1 M re verschr aus dem Querfaden herausstr. Beidseitig der 11 Muster-M und beidseitig der Raglan-M hinten zun = 8 M zugenommen.

Weiter die 11 M zwischen den Raglan-MM vorn im Muster str.

In jeder 2. R (Hin-R) die Raglan-Zun str.

Die restlichen M glatt rechts str (in Hin-R re M, in Rück-R li M).

Wenn zum 2. Mal zugenommen wird, wie folgt verkürzte R im Nacken str: Re M und Muster mit Raglan-Zun bis 1 M vor dem 2. Musterfeld, wenden, li M bis 1 M vor dem anderen Musterfeld, wenden, re M und Muster mit Raglan-Zun bis R-Ende str.

Weiter zun, bis insgesamt (11) 12 (13) 14 (15) 16-mal am Vorderteil zugenommen wurde = (141) 149 (161) 169 (181) 189 M.

Nächste R: Bis inklusive der mittleren Muster-M str, die nächsten Muster-M und die Ärmel-M stilllegen, 5 M unter dem Arm anschlagen, die Raglan-M str, die Rückenteil-M und die nächste Raglan-M re str, die Ärmel-M und die ersten 5 Muster-M stilllegen und 5 M unter dem Arm anschlagen, bis R-Ende str = (93) 97 (105) 109 (117) 121 M.

In derselben Mascheneinteilung weiterstr. Die M, die vorher die mittlere Muster-M war, wird jetzt immer glatt links gestrickt.

Weiterstr, bis die Arbeit (26) 29 (33) 36 (39) 41 cm misst.

3 M anschlagen. Ab jetzt in Rd str.
Das Rückenteil wie folgt verlängern:

Die hintere Mittel-M markieren, sie ist die Mittel-M bei den verkürzten R.
Bis zur hinteren Mitte str.

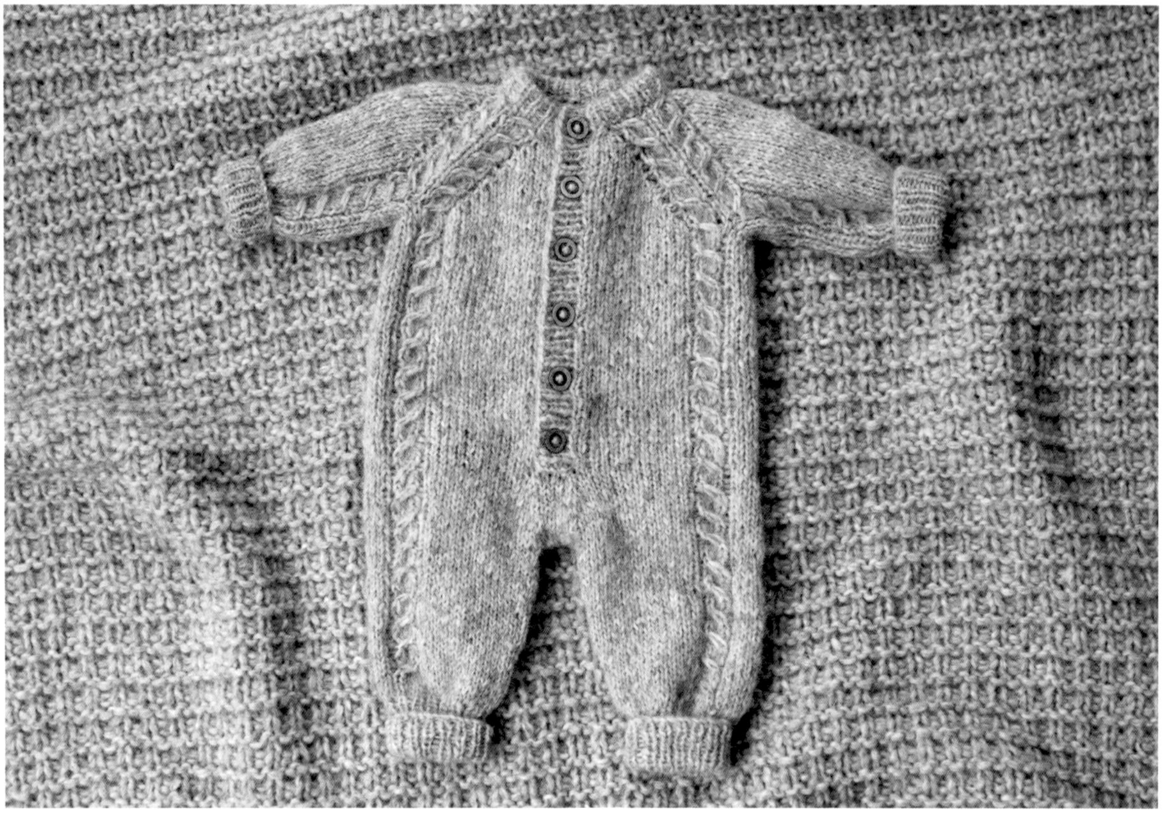

Re M bis 8 M vor dem Musterfeld, wenden, li M bis 8 M vor dem Musterfeld, wenden, re M bis 5 M vor der letzten Wende-M, wenden, li M bis 5 M vor der letzten Wende-M, wenden, re M bis 3 M vor der letzten Wende-M, wenden, li M bis 3 M vor der letzten Wende-M, wenden, bis Rd-Ende str.

Beidseitig der mittleren 5 M von Vorder- und Rückenteil 1 MM setzen.

Weiter 1 M an jeder Seite der 5 M vorn und hinten zun. In jeder 3. Rd insgesamt (4) 4 (4) 5 (5) 6-mal zun.

1 Rd re M str und die 5 M vorn und hinten abk = (51) 53 (57) 61 (65) 69 M pro Bein.

BEIN

An die Verbindungsstelle 1 MM setzen. In Rd glatt rechts und weiter im Muster str wie bisher.

Nach 4 cm wie folgt abn:

1 M re, 2 M re zus str, bis 3 M vor dem MM str, 2 M re überzogen zus str, 1 M re.

Alle 4 cm insgesamt (2) 3 (4) 4 (5) 5-mal abn.

Weiterstr, bis das Bein (12) 15 (19) 21 (23) 25 cm misst. 1 Rd re M str und gleichmäßig verteilt auf (30) 30 (32) 34 (36) 38 M abn.

Zu Ndl Nr. 3,5 wechseln und (20) 20 (24) 24 (26) 26 Rd im Rippenmuster (1 M re, 1 M li im Wechsel) str. In der letzten Rd die M abk.

Das andere Bein genauso str.

ÄRMEL

Ab der Mitte aus den 5 unter dem Arm angeschlagenen M 3 M aufnehmen, 1 M aus dem Übergang aufnehmen, die stillgelegten (29) 31 (33) 35 (37) 39

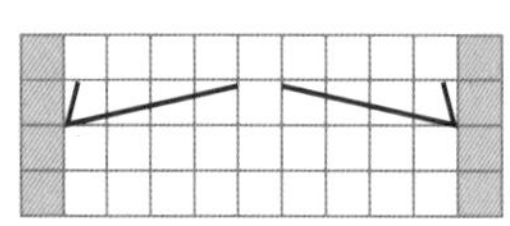

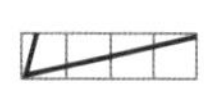 = 3 M auf eine Hilfsndl hinter die Arbeit legen, 1 M re, die 3 M der Hilfsndl re str

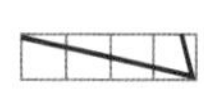 = 1 M auf eine Hilfsndl vor die Arbeit legen, 3 M re, die M von der Hilfsndl re str

 = in Hin-R 1 M re, in Rück-R 1 M li

 = in Hin-R 1 M li, in Rück-R 1 M re

M str (die Muster-M weiter im Muster str), 1 M aus dem Übergang aufnehmen und 2 M bis Rd-Ende aufnehmen.

Die M neben dem Musterfeld zum Körper hin wird im gesamten Ärmel li gestrickt.

Die erste M wird für den Rd-Anfang markiert und im gesamten Ärmel li gestrickt.

Nach 4 cm wie folgt abn: 1 M li, 2 M re zus str, bis zu den letzten 2 M str, 2 M re überzogen zus str.

Insgesamt (2) 3 (4) 4 (5) 5-mal alle 4 cm abn.

Weiterstr, bis der Ärmel (12) 14 (16) 19 (21) 24 cm misst. Wenn die Abn das Musterfeld erreichen, wird auf der anderen Seite des Musterfelds weiter abgenommen.

1 Rd re M str und gleichmäßig verteilt auf (24) 24 (26) 26 (28) 30 M abn.

Zu Ndl Nr. 3,5 wechseln und (20) 20 (24) 24 (26) 26 Rd im Rippenmuster (1 M re, 1 M li im Wechsel) str. In der letzten Rd die M abk.

KNOPFLEISTE

Mit Ndl Nr. 3,5 aus jeder M 1 M aufnehmen, dabei jede 4. M überspringen. Auch aus dem Rippenmuster am Hals M aufnehmen. 6 R im Rippenmuster (1 M re, 1 M li im Wechsel) str und in der letzten R die abk.

In der 2. R an der li Seite (6) 6 (7) 8 (8) 9 Knopflöcher gleichmäßig verteilt einarb, dafür 2 M re zus str, 1 U arb.

Fäden vernähen, die Teile unter den Armen zus nähen und die Knöpfe annähen. Den Strampler unter einem feuchten Handtuch trocknen lassen.

Kuschelzwerg

Weiche, niedliche und supereinfache Mütze.

SCHWIERIGKEITSGRAD 1

GRÖSSEN: Frühchen (1–3 Mon) 3–6 Mon (6–9 Mon) 1–2 Jahre (3–4 Jahre)
GARN: Sandnes Garn KOS, Farbe 2543 oder 2611
MENGE: 50 g für alle Größen
NADELN: Rundnadeln Nr. 4 und Nr. 8, je 40 cm
MASCHENPROBE: 11,5 M mit Ndl Nr. 8 = 10 cm

36 (38) 40 (44) 44 (46) M mit doppeltem Faden mit Ndl Nr. 8 fest anschlagen.

In R glatt rechts str, bis die Arbeit 10 (11) 12 (13) 14 (15) cm misst.

Verkürzte R str (siehe Video German Short Rows auf Klompelompe.no).

Nächste R (Rück-R): Li M bis zu den letzten 4 M str, wenden, re M bis zu den letzten 4 M str, wenden, li M bis 4 M vor der letzten Wende-M str, wenden, re M bis 4 M vor der letzten Wende-M str, wenden.

Größe 6–9 Mon, 1–2 und 3–4 Jahre
Li M bis 4 M vor der letzten Wende-M str, wenden, re M bis 4 M vor der letzten Wende-M str, wenden.

Alle Größen
Li M bis R-Ende str.

Das Teil auf 2 Ndl re auf re legen und immer 1 M von der vorderen Ndl und 1 M von der hinteren Ndl re zus str und gleichzeitig abk.

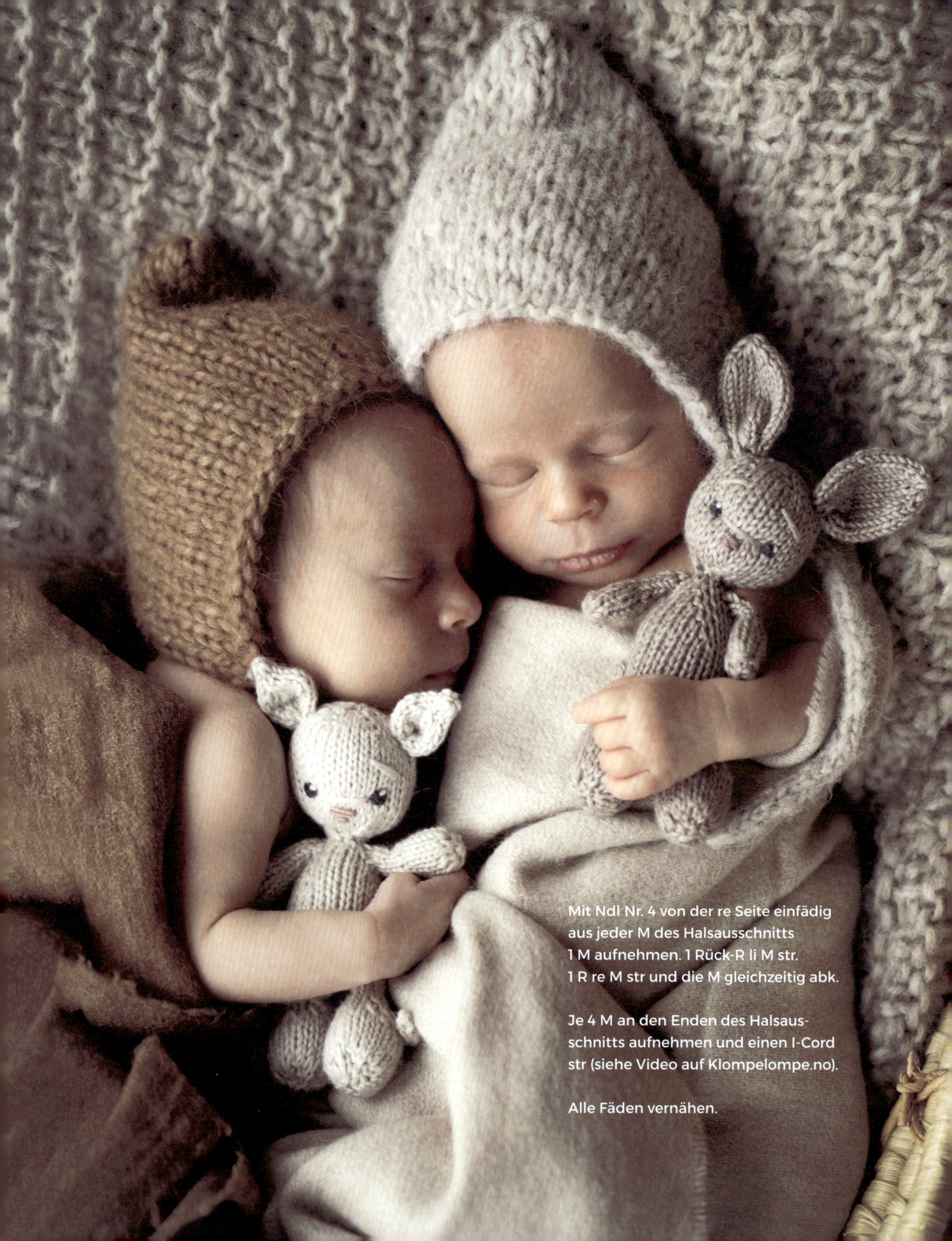

Mit Ndl Nr. 4 von der re Seite einfädig aus jeder M des Halsausschnitts 1 M aufnehmen. 1 Rück-R li M str. 1 R re M str und die M gleichzeitig abk.

Je 4 M an den Enden des Halsausschnitts aufnehmen und einen I-Cord str (siehe Video auf Klompelompe.no).

Alle Fäden vernähen.

Mini-Strampler

Das feine Strukturmuster Mini mögen wir sehr und wollten schon lange einen dünnen Strampler damit stricken. Wir finden, er ist perfekt, um im Kinderwagen zu schlafen.

SCHWIERIGKEITSGRAD 2

GRÖSSEN: (0–1) 3 (6–9) 12 (18) 24 Mon
GARN: KlompeLOMPE Tynn Merinoull, Farbe 2650
MENGE: (150) 150 (200) 200 (250) 300 g
NADELN: Rundnadeln Nr. 2,5 und Nr. 3, je 60 cm und 80 cm
MASCHENPROBE: 27 M mit Ndl Nr. 3 = 10 cm
MASSE: Oberweite: ca. (45) 46,5 (52) 56 (59) 63,5 cm
Länge: ca. (44) 51 (59) 65 (70) 74 cm

Von oben in Reihen auf einer Rundndl str.

(77) 77 (83) 89 (89) 93 M mit Ndl Nr. 2,5 anschlagen. Im Rippenmuster (1 M re, 1 M li im Wechsel) str.

Die 1. R ist eine Rück-R.

In der 5. R wie folgt ein Knopfloch str: 2 M im Rippenmuster, 2 M re zus str, 1 U, bis R-Ende im Rippenmuster str.

Insgesamt 9 R im Rippenmuster str.
Zu Ndl Nr. 3 wechseln.

Mit dem Muster laut Strickschrift und den Raglan-Zun beginnen. Lesen Sie den nächsten Abschnitt durch, bevor Sie weiterstr. Für die Zun 1 M re verschr aus dem Querfaden herausstr (siehe Video auf Klompelompe.no).

Mit dem Muster beginnen (1. R) und wie folgt die Raglan-Zun str:
5 M re (= kraus rechts/Knopfeiste), (5) 5 (7) 8 (8) 8 M re (= li Vorderteil), 1 M zun, 11 M im Muster (= Raglan-M), 1 M zun, (6) 6 (6) 7 (7) 7 M re (= li Ärmel), 1 M zun, 1 M re (= Raglan-M), 1 M zun, (21) 21 (23) 25 (25) 29 M re (= Rückenteil), 1 M zun, 1 M re (= Raglan-M), 1 M zun, (6) 6 (6) 7 (7) 7 M re (= re Ärmel), 1 M zun, 11 M im Muster (= Raglan-M), 1 M zun, (5) 5 (7) 8 (8) 8 M re = (re Vorderteil) 5 M re (= kraus rechts/Knopfleiste) = 8 M zugenommen.
Weiter im Muster über die 11 Muster-M zwischen

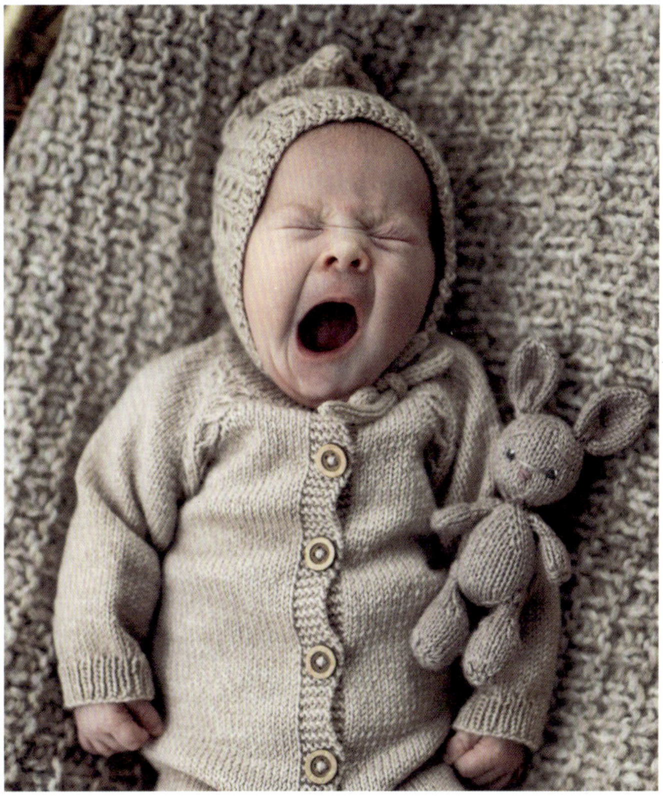

den Raglan-Zun str. In jeder 2. R (Hin-R) Raglan-Zun str.

Die restliche Arbeit wird glatt rechts gestrickt (Hin-R re M, Rück-R li M), außer den M der Knopfleisten, die immer kraus rechts gestrickt werden.

Nach ca. 4,5 cm ab dem vorigen Knopfloch ein weiteres str. Insgesamt (5) 6 (6) 8 (8) 9 Knopflöcher in eine Knopfleiste str: 1 M re, 2 M re zus str, 1 U, 2 M re.
Insgesamt (16) 17 (19) 21 (23) 25-mal zun.

Nächste R (Hin-R):

Bis inklusive der mittleren Muster-M str, die Ärmel-M stilllegen (inklusive der 5 letzten Muster-M), 4 M anschlagen, die Rückenteil-M und die 2 hinteren Raglan-M str, die Ärmel-M stilllegen (inklusive der 5 ersten Muster-M), 4 M anschlagen, bis R-Ende str = (127) 131 (145) 157 (165) 177 M.

Glatt rechts str (die Knopfleisten kraus rechts), bis die Arbeit (27) 30 (34) 37 (40) 42 cm misst.

Die Knopfleiste mit Knopflöchern über die andere legen und je 1 M der vorderen Ndl und 1 M der hinteren Ndl re zus str. Ab jetzt in Runden str.

1 Rd re M str.

Das Rückenteil wie folgt verlängern:

Die hintere Mittel-M markieren, sie ist die Mittel-M bei den verkürzten R. Bis zur hinteren Mitte str.

Größe (0–1) 3 (6–9) Mon
25 M re, wenden, 50 M li, wenden, 55 M re, wenden, 60 M li, wenden, re M bis Rd-Ende str.

Größe 12 (18) 24 Mon
30 M re, wenden, 60 M li, wenden, 65 M re, wenden, 70 M li, wenden, re M bis Rd-Ende str.

Alle Größen
Beidseitig der mittleren 5 M von Vorder- und Rückenteil MM setzen.
Weiter 1 M beidseitig der 5 M vorn und hinten zun.
Insgesamt (4) 4 (4) 5 (5) 6-mal in jeder 4. Rd zun.

1 Rd re M str und die 5 M vorn und hinten abk = (64) 66 (73) 81 (85) 93 M pro Bein.

BEIN

An der Verbindungsstelle 1 MM setzen. In Rd glatt rechts str.

Nach 2 cm wie folgt abn:

1 M re, 2 M re zus str, bis 3 M vor dem MM str, 2 M re überzogen zus str, 1 M re.

Alle 2 cm insgesamt (5) 5 (6) 6 (7) 8-mal abn.
Weiterstr, bis das Bein (12) 15 (19) 21 (23) 25 cm misst.

1 Rd re M str und gleichmäßig verteilt auf (40) 42 (44) 46 (48) 48 M abn.

Zu Ndl Nr. 2,5 wechseln. (3) 4 (4) 5 (5) 5 cm im Rippenmuster (1 M re, 1 M li im Wechsel) str. In der letzten Rd die M abk. Das andere Bein genauso str.

ÄRMEL

Ab der Mitte unter dem Arm 2 M aufnehmen, 1 M aus dem Übergang aufnehmen, die (43) 45 (49) 54 (58) 62 stillgelegten M str, 1 M aus dem Übergang aufnehmen und 2 M bis Rd-Ende aufnehmen.

Am Rd-Anfang 1 MM setzen.

Nach 2 cm 1 M vor und 1 M nach dem MM abn.
Alle 2 cm so abn bis auf (39) 39 (41) 42 (42) 42 M.
Weiterstr, bis der Ärmel (12) 14 (16) 19 (21) 24 cm misst (in den 3 kleinsten Größen: in der letzten R 1 M abn). Zu Ndl Nr. 2,5 wechseln.

(8) 8 (10) 10 (12) 12 Rd im Rippenmuster str und in der letzten Rd die M abk.

Fäden vernähen, die Nähte unter den Ärmeln und im Schritt schließen und die Knöpfe annähen. Den Strampler unter einem feuchten Handtuch trocknen lassen oder dämpfen.

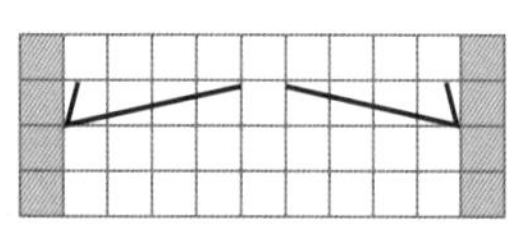

← Start

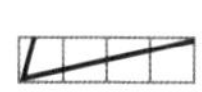 = 3 M auf eine Hilfsndl hinter die Arbeit legen, 1 M re, die 3 M der Hilfsndl re str

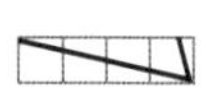 = 1 M auf eine Hilfsndl vor die Arbeit legen, 3 M re, die M der Hilfsndl re str

 = in Hin-R 1 M re, in Rück-R 1 M li

 = in Hin-R 1 M li, in Rück-R 1 M re

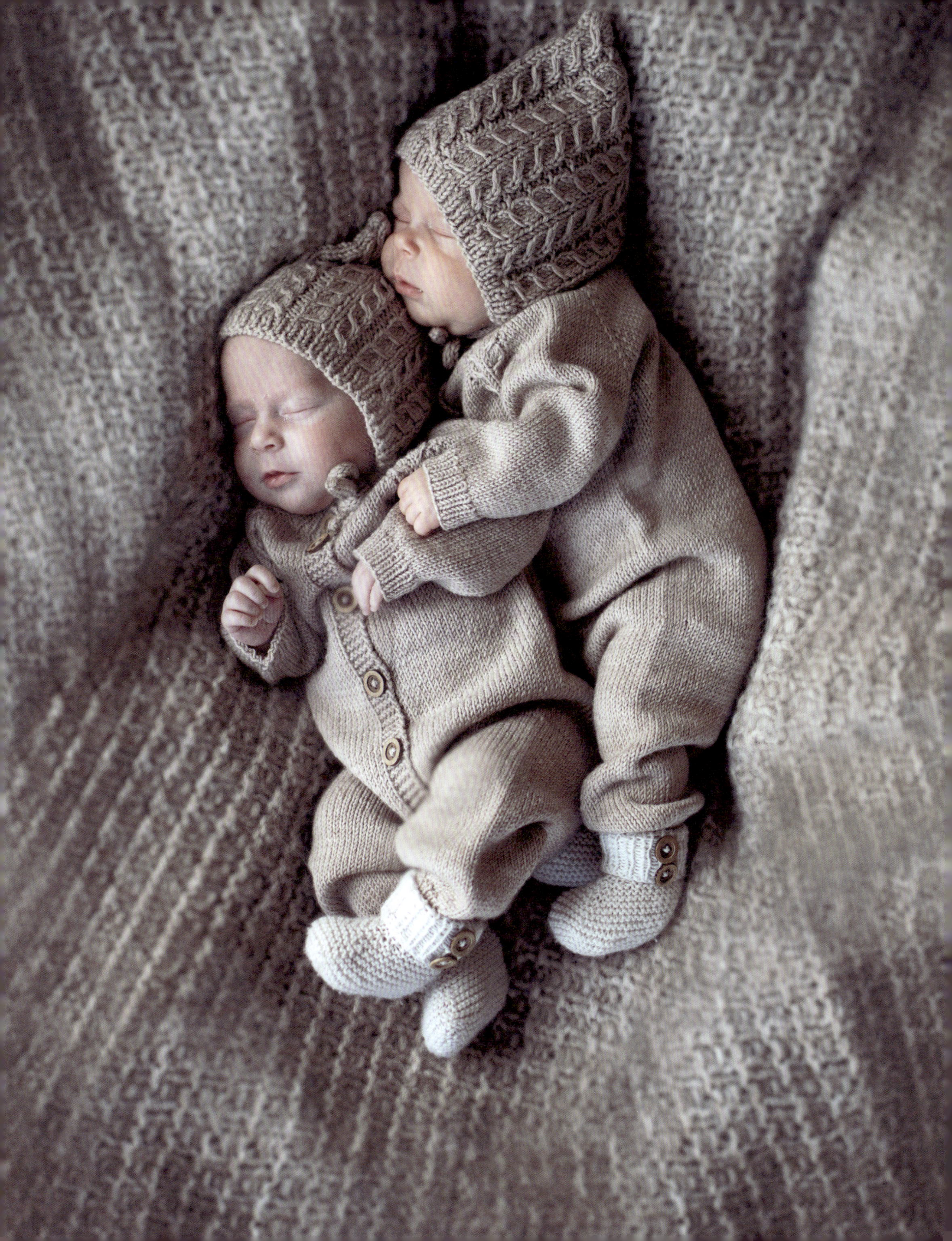

Strukturorama-Babypulli

Dieses Projekt macht viel Spaß, man will gar nicht mehr damit aufhören. Neue Strukturstreifen und tolle Techniken machen schon beim Stricken Freude!

SCHWIERIGKEITSGRAD 2

GRÖSSEN: 3 (6–9) 12 (24) 36 Mon
GARN: KlompeLOMPE Merinoull, Farbe 2650
MENGE: 150 (200) 200 (250) 300 g
NADELN: Rundnadeln Nr. 3 und Nr. 3,5, je 40 cm und 60 cm, evtl. 80 cm für Magic Loop
MASCHENPROBE: 22 M mit Ndl Nr. 3,5 = 10 cm
MASSE: Oberweite: ca. 55 (59) 64 (64) 70 cm
Gesamtlänge: ca. 24 (26) 28 (31) 32 cm

Unten am Vorderteil beginnen und zuerst in Reihen str.

70 (74) 78 (78) 86 M mit Ndl Nr. 3 anschlagen.

8 R im Rippenmuster (2 M re, 2 M li im Wechsel) str. Die M stilllegen und das Rückenteil str.

70 (74) 78 (78) 86 M mit Ndl Nr. 3 anschlagen. 12 R im Rippenmuster (2 M re, 2 M li im Wechsel) str.

Vorder- und Rückenteil auf 1 Ndl nehmen. Zu Ndl Nr. 3,5 wechseln. Ab jetzt in Rd str. 1 Rd re M str und gleichmäßig verteilt auf 121 (130) 140 (140) 154 M abn.

1 Rd re M str. Die Rd beginnt 2 M vor dem seitlichen Schlitz.

Mit Muster A beginnen

1. Rd: *5 (4) 4 (4) 5 M li, 1 M re, 5 M li*, von * bis * bis Rd-Ende wdh.
2. Rd: Re M bis Rd-Ende str.
3. Rd: *5 (4) 4 (4) 5 M li, 1 M re, 5 M li*, von * bis * bis Rd-Ende wdh.
4. Rd: # 2 (1) 1 (1) 2 M re, *die Ndl neben der re M 4 Rd tiefer einstechen (2 Kraus-Rippen tiefer), 1 lange M herausstr und auf die re Ndl legen. 1 M re str und die lange M darüber ziehen*, 5 M re, von * bis * wdh, 2 M re #, von # bis # bis Rd-Ende wdh.

Die 3. und 4. Rd insgesamt 2 (3) 4 (4) 5-mal arb.

2 Rd li M str.
In der kleinsten Größe in der 2. Rd 1 M abn.

Muster B (Kjekkas-Muster) str

1. Rd: *1 M re, 1 M li*, von * bis * bis Rd-Ende wdh.
2. Rd: *1 M re, 1 M li*, von * bis * bis Rd-Ende wdh.
3. Rd: Re M bis Rd-Ende str.
4. Rd: Li M bis Rd-Ende str.

Das Strukturmuster insgesamt 1 (2) 2 (2) 2-mal arb.

1 Rd li M str und gleichmäßig verteilt auf 120 (136) 144 (144) 152 M - (zun) zun (zun) abn.

Muster C (Albert-Muster) str

(Video zu 2 M reverkr und 2 M liverkr (HF und VF) auf Klompelompe.no).

Achtung: Für Größe 3 Mon und 6–9 Mon nur bis inklusive der 10. Rd str.

Erläuterung 2 M reverkr

Variante 1: Die 2. M vor der 1. M re str, dann die 1. M li str.
Variante 2: Die 1. M auf eine Hilfsndl hinter die Arbeit legen, die 2. M re str, dann die M der Hilfsndl li str.

Erläuterung 2 M liverkr

Variante 1: Die 2. M hinter der 1. M li str, dann die 1. M re str.
Variante 2: Die 1. M auf eine Hilfsndl vor die Arbeit legen, die 2. M li, str dann die M der Hilfsndl re str.

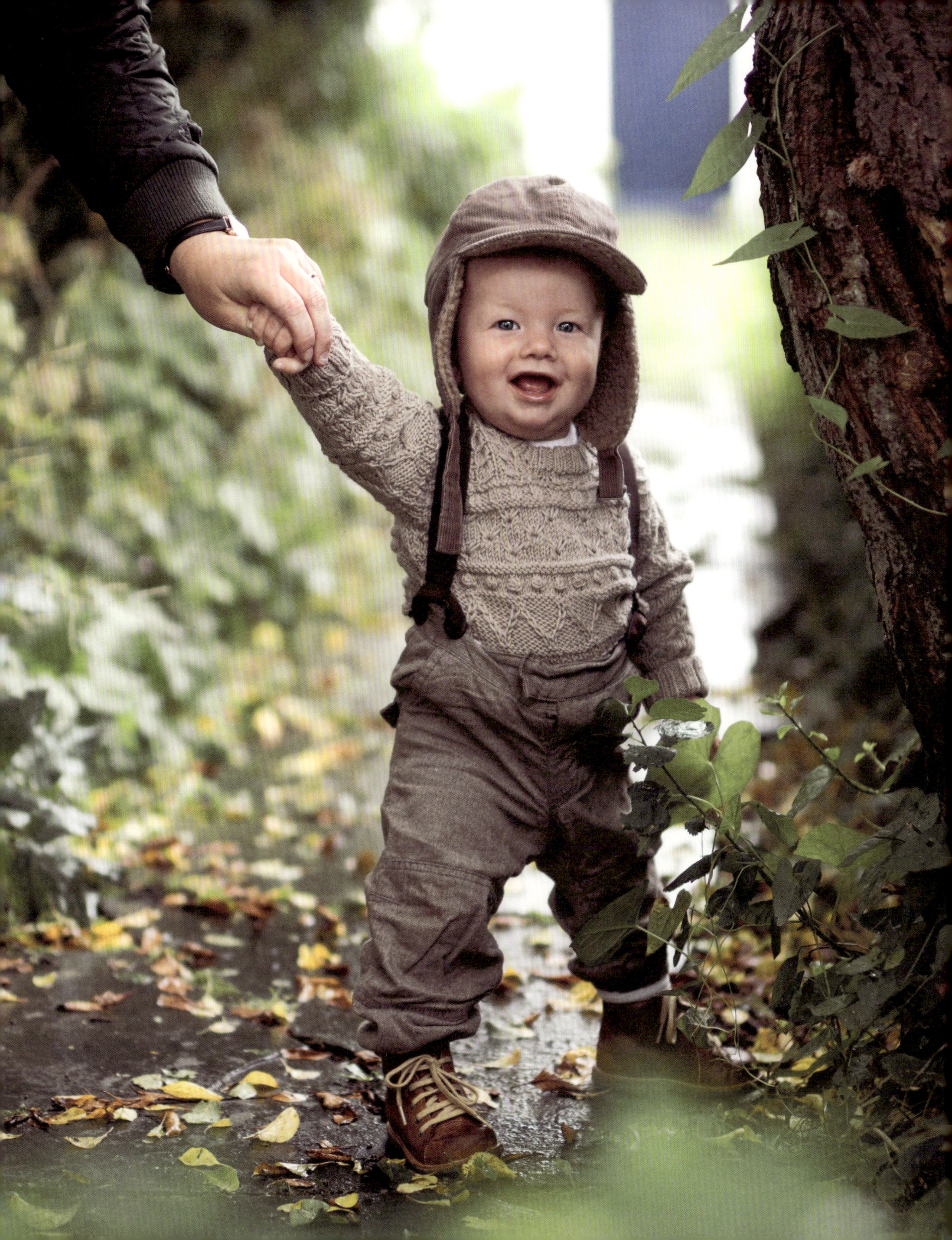

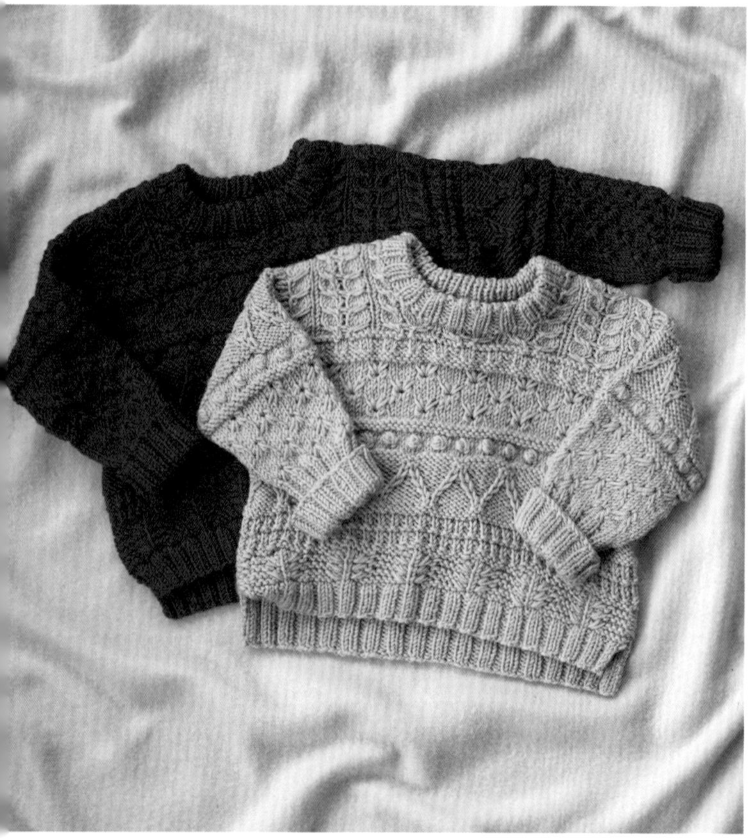

1. Rd: *3 M li, 2 M re, 3 M li*, von * bis * bis Rd-Ende wdh.
2. Rd: *3 M li, 2 M abh, 3 M li*, von * bis * bis Rd-Ende wdh.
3. Rd: *3 M li, 2 M re, 3 M li*, von * bis * bis Rd-Ende wdh.
4. Rd: *3 M li, 2 M abh, 3 M li*, von * bis * bis Rd-Ende wdh.
5. Rd: *2 M li, 2 M reverkr, 2 M liverkr, 2 M li*, von * bis * bis Rd-Ende wdh.
6. Rd: *2 M li, 1 M abh, 2 M li, 1 M abh, 2 M li*, von * bis * bis Rd-Ende wdh.
7. Rd: *1 M li, 2 M reverkr, 2 M li, 2 M liverkr, 1 M li*, von * bis * bis Rd-Ende wdh.
8. Rd: *1 M li, 1 M abh, 4 M li, 1 M abh, 1 M li*, von * bis * bis Rd-Ende wdh.
9. Rd: *2 M reverkr, 4 M li, 2 M liverkr*, von * bis * bis Rd-Ende wdh.
10. Rd: * 1 M abh, 6 M li, 1 M abh*, von * bis * bis Rd-Ende wdh.
11. Rd: *1 M re, 6 M li, 1 M re*, von * bis * bis Rd-Ende wdh.
12. Rd: *1 M abh, 6 M li, 1 M abh*, von * bis * bis Rd-Ende wdh.
13. Rd: *1 M re, 6 M li, 1 M re*, von * bis * bis Rd-Ende wdh.
14. Rd: *1 M abh, 6 M li, 1 M abh*, von * bis * bis Rd-Ende wdh.
15. Rd: *2 M liverkr, 4 M li, 2 M reverkr*, von * bis * bis Rd-Ende wdh.
16. Rd: * 1 M li, 1 M abh, 4 M li, 1 M abh, 1 M li*, von * bis * bis Rd-Ende wdh.
17. Rd: * 1 M li, 2 M liverkr 2 M li, 2 M reverkr, 1 M li*, von * bis * bis Rd-Ende wdh.
18. Rd: * 2 M li, 1 M abh, 2 M li, 1 M abh, 2 M li*, von * bis * bis Rd-Ende wdh.
19. Rd: * 2 M li, 2 M liverkr, 2 M reverkr, 2 M li*, von * bis * bis Rd-Ende wdh.
20. Rd: *3 M li, 2 M abh, 3 M li*, von * bis * bis Rd-Ende wdh.

Muster C insgesamt 0,5 (0,5) 1 (1) 1-mal arb.
2 Rd li M und 2 Rd re M str.

Nächste Rd: *3 M re, 1 Noppe*, von * bis * bis Rd-Ende wdh.

Noppe

(In 1 M str): 1 M re, 1 U, 1 M re, 1 U, 1 M re, die 5 M zurück auf die li Ndl heben, 5 M re, 3 der M zurück auf die li Ndl heben, 3 M re zus str, die letzten 2 M darüberziehen = 1 M.

2 Rd re M, 2 Rd li M und 2 Rd re M str.

Muster D (Lillemor-Muster) str

(siehe Video zu lrM (LR) auf Klompelompe.no)

Erläuterung 1 lange rechte Masche (lrM)

1 M re zwischen den M str, die 2 Rd tiefer als 2 M re zus und 2 M re verschr zus gestrickt wurden, die M hochziehen und auf die re Ndl heben. Die nächste lrM in dieselbe Stelle str.

1. Rd: *4 M re, 2 M re zus str, 2 M re verschr zus str*, von * bis * bis Rd-Ende wdh.

2. Rd: 1 Rd re M str.

3. Rd: *4 M re, 1 lrM, 2 M re, 1 lrM*, von * bis * bis Rd-Ende wdh.

4. Rd: 1 Rd re M str.

5. Rd: *2 M re zus str, 2 M re verschr zus str, 4 M re*, von * bis * bis Rd-Ende wdh.

6. Rd: 1 Rd re M str.

7. Rd: *1 lrM, 2 M re, 1 lrM, 4 M re*, von * bis * bis Rd-Ende wdh.

8. Rd: 1 Rd re M str.

1 Rapport = 8 Rd/2 Rd mit »Blumen«.
Nach 0,5 (0,5) 0,5 (1) 1 Rapporten und wenn die nächste Rd eine 4. oder 8. Rd im Muster D ist, wie folgt für den Ärmel abk:

4 M abk, 56 (64) 68 (68) 72 M re, 4 M abk, 56 (64) 68 (68) 72 M re. Den Faden abschneiden. Jetzt zuerst das Vorderteil str und auf der re Seite mit 1 Hin-R beginnen.

VORDERTEIL

2 M re zus str, 2 M re, im Muster D bis zu den letzten 4 M str, 2 M re, 2 M re überzogen zus str.

1 R li M str (gerade Muster-R).

Nächste R: 2 M re zus str, 1 M re, im Muster str bis zu den letzten 3 M, 1 M re, 2 M re überzogen zus str.

1 R li M str.
Weiter glatt rechts über die äußeren 2 M und im Muster über die restlichen M str. 4 R im Muster str.

1 R li M (Hin-R) und 1 R re M str.

Muster E (Pilotenmuster) str

1. R: 1 M li, *2 M re, 2 M li*, von * bis * bis zu den letzten 3 M wdh, 2 M re, 1 M li.
2. R: 1 M re, *2 M li, 2 M re*, von * bis * bis zu den letzten 3 M wdh, 2 M li, 1 M re.
3. R: Re M str.
4. R: Re M str.

Das Muster insgesamt 1 (1) 1 (2) 2-mal arb.

In der 1. R des nächsten Musters auf 51 (61) 63 (63) 68 M abn (zun) abn (abn) –.

0 (0) 1 (1) 1 M li, laut Mini-Strickschrift str bis zu den letzten 1 (1) 2 (2) 1 M, 1 (1) 2 (2) 1 M li.
Diese li M an beiden Seiten immer li str.
In der 5. R der Strickschrift wie folgt für den Halsausschnitt M stilllegen:

19 (23) 24 (24) 26 M im Muster, 13 (15) 15 (15) 16 M stilllegen, 19 (23) 24 (24) 26 M im Muster.

RECHTES VORDERTEIL

1 R (Rück-R) im Muster str.
Nächste R: 2 M re zus str, bis R-Ende im Muster str.

1 R im Muster str.
Nächste R: 2 M re zus str, bis R-Ende im Muster str.

Weiter im Muster laut Strickschrift str.

Beim 5. Mal Zopfen, wie folgt verkürzte R str: Im Muster str bis zu den letzten 2 M, wenden, bis R-Ende str.

Im Muster bis 3 M vor der letzten Wende-M str, wenden, bis R-Ende str.

Im Muster bis 4 M vor der letzten Wende-M str, wenden, bis R-Ende str.
1 R im Muster str. 1 R li M str, dabei die M abk.

LINKES VORDERTEIL

1 R (Rück-R) im Muster str.

Nächste R: Im Muster str bis zu den letzten 2 M, 2 M re überzogen zus str.

1 R im Muster str.

Nächste R: Im Muster str, bis zu den letzten 2 M, 2 M re überzogen zus str.

Im Muster laut Strickschrift str.

Mini-Strickschrift

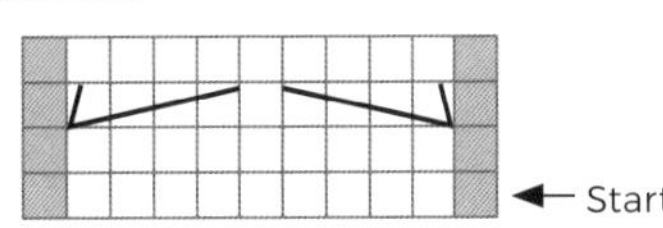

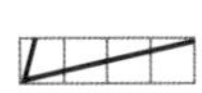 = 3 M auf eine Hilfsndl hinter die Arbeit legen, 1 M re, die 3 M der Hilfsndl re str

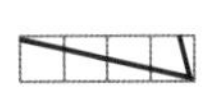 = 1 M auf eine Hilfsndl vor die Arbeit legen, 3 M re, die M der Hilfsndl re str

 = in Hin-R 1 M re, in Rück-R 1 M li

 = in Hin-R 1 M li, in Rück-R 1 M re

Beim 5. Mal Zopfen wie folgt verkürzte R str: Bis R-Ende im Muster str. Li bis zu den letzten 2 M str, wenden, bis R-Ende im Muster str.

Im Muster bis 3 M vor der letzten Wende-M str, wenden, bis R-Ende im Muster str.
Im Muster bis 4 M vor der letzten Wende-M str, wenden, bis R-Ende im Muster str.

1 R li M str und die M abk.

RÜCKENTEIL

Die 1. R ist eine Hin-R.

2 M re zus str, 2 M re, im Muster D str bis zu den letzten 4 M, 2 M re, 2 M re überzogen zus str.

1 R li M str (gerade Muster-R).

Nächste R: 2 M re zus str, 1 M re, im Muster str bis zu den letzten 3 M, 1 M re, 2 M re überzogen zus str.

1 R li M str.
Die äußeren 2 M weiter glatt rechts str und die restlichen M im Muster. 4 R im Muster str.

1 R li M (Hin-R) und 1 R re M str.

Muster E (Pilotenmuster) str

Das Muster insgesamt 1 (1) 1 (2) 2-mal str.

In der 1. R des nächsten Musters auf 51 (61) 63 (63) 68 M abn (zun) abn (abn) -.

Laut Mini-Strickschrift str, aber die äußeren M an beiden Seiten li str.

Beim 5. Mal Zopfen die M für die Schulter aufteilen (die ersten 18 (22) 23 (23) 25 M str und die restlichen M stilllegen):

18 (22) 23 (23) 25 M im Muster, wenden, 2 M li zus str, im Muster bis zu den letzten 2 M str, wenden, bis R-Ende im Muster str, wenden, im Muster str bis 3 M vor der letzten Wende-M, wenden, bis R-Ende str, im Muster str bis 4 M vor der letzten Wende-M, wenden, bis R-Ende str.

1 R im Muster (Rück-R) str, dabei gleichzeitig die M abk.

LINKE SCHULTER

Die mittleren 15 (17) 17 (17) 18 M stilllegen und über die restlichen 18 (22) 23 (23) 25 M weiterstr.

Rechte Seite

2 M re zus str, im Muster str bis zu den letzten 2 M, wenden, bis R-Ende str. Im Muster str bis 3 M vor der letzten Wende-M, wenden, bis R-Ende str. Im Muster str bis 4 M vor der letzten Wende-M, wenden, bis R-Ende str. 1 R im Muster str. 1 R im Muster (Rück-R) str, dabei gleichzeitig die M abk.

HALSAUSSCHNITT

Mit Ndl Nr. 3 arb. In der Mitte der hinteren 15 (17) 17 (17) 18 M beginnen.

8 (8) 8 (8) 9 M re, 20 (20) 20 (22) 21 M aufnehmen, die stillgelegten 13 (15) 15 (15) 16 M re str, 20 (20) 20 (22) 21 M aufnehmen, 7 (9) 9 (9) 9 M re.

7 Rd im doppelten Rippenmuster (2 M re, 2 M li im Wechsel) str.

7 Rd im Rippenmuster (1 M re, 1 M li im Wechsel) str und In der letzten Rd die M abk.

Die Kante nach innen umfalten und annähen. Die Schulternähte schließen.

ÄRMEL

54 (54) 54 (60) 60 M mit Ndl Nr. 3,5 aufnehmen.

Im Muster B (Kjekkas-Muster) str. Das Muster insgesamt 1 (2) 2 (2) 2-mal arb.

Nächste Rd: 1 M li, 2 M li zus str, bis zu den letzten 3 M li M str, 2 M li zus str, 1 M li.

Muster C (Albert-Muster) str

Die Rd mit 2 (2) 2 (1) 1 M li beginnen und beenden.

In der Mitte des Musters wie folgt abn (gilt nicht für Größe 3, 6–9 und 12 Mon): 2 M li zus str, bis zu den letzten 2 M im Muster str, 2 M li zus str.
Das Muster insgesamt 0,5 (0,5) 1 (1) 1-mal str.

1 Rd li. M str
Nächste Rd: 1 M li, 2 M li zus str, li M bis zu den letzten 3 M, 2 M li zus str, 1 M li = 50 (50) 50 (54) 54 M.

2 Rd re M str.
Nächste Rd: *3 M re, 1 Noppe*, von * bis * bis zu den letzten 2 M wdh, 2 M re.
2 Rd re M und 1 Rd li M str.

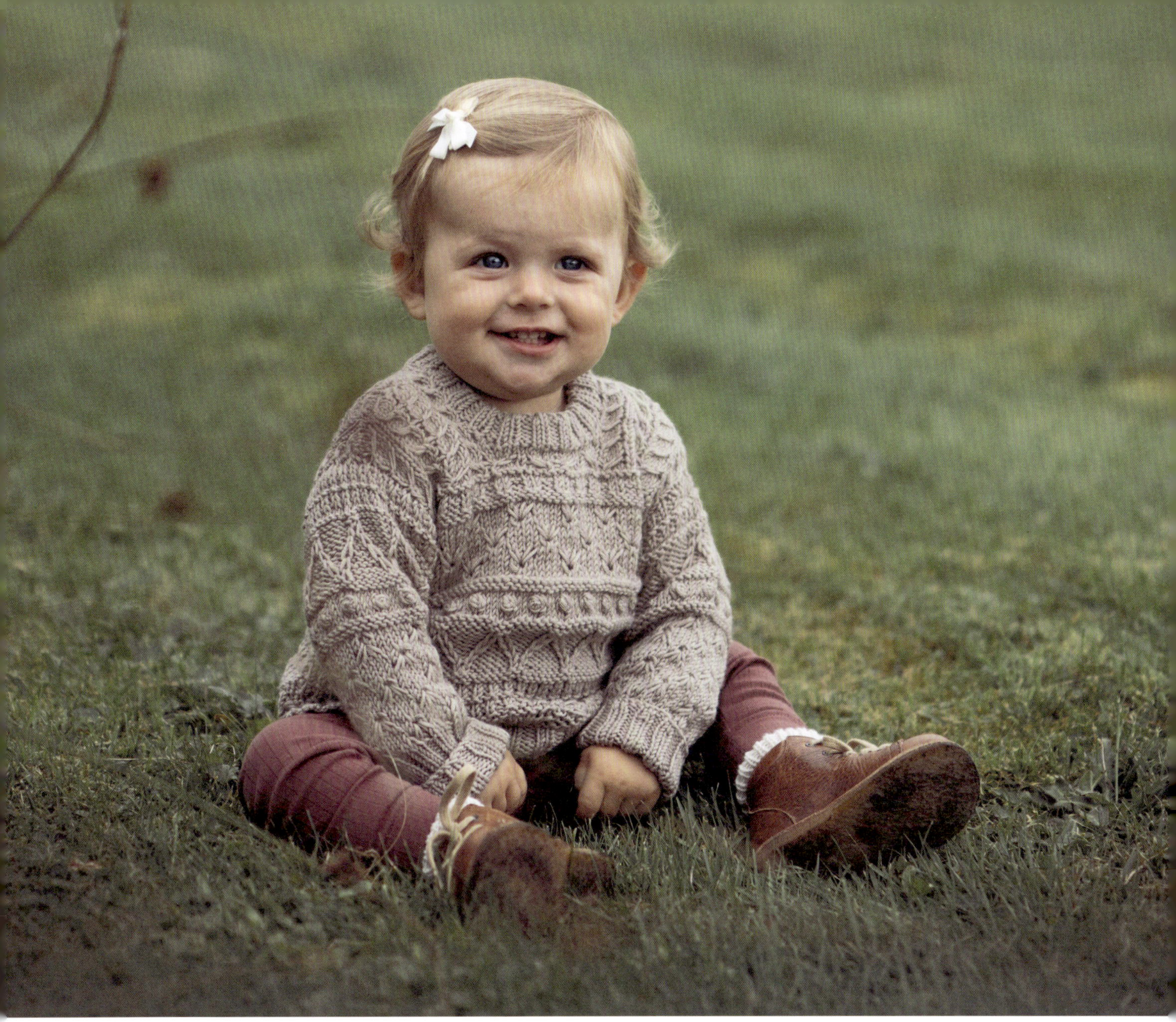

Nächste Rd: 1 M li, 2 M li zus str, li M bis zu den letzten 3 M, 2 M li zus str, 1 M li.
1 Rd re M str.

Muster D (Lillemor-Muster) str
Nach einem kompletten Rapport (2 R mit »Blumen«) wie folgt abn:

1 M re, 2 M re zus str, 1 M re, im Muster str bis zu den letzten 4 M, 1 M re, 2 M re zus str, 1 M re.
Die 3 ersten und letzten M weiter re str.

Nach jedem kompletten Rapport die Abn wdh.

Im Muster str, bis der Ärmel 13 (15) 18 (22) 24 cm misst.

1 Rd re M str und verteilt auf 36 (40) 40 (44) 44 M abn. Zu Ndl Nr. 3 wechseln. 24 Rd im Rippenmuster (2 M re, 2 M li im Wechsel) str. In der letzten Rd die M abk.

Alle Fäden vernähen. Den Pullover anfeuchten und sanft in Form ziehen. Auf einem Handtuch trocknen lassen.

Strukturorama Decke

Eine große, kuschelige und schöne Decke voller Strukturen.

SCHWIERIGKEITSGRAD 2

GRÖSSE ca. 104 x 120 cm
GARN: KlompeLOMPE Merinoull, Farbe 9871
MENGE: 700 g
NADELN: Rundnadel Nr. 4, 80 cm
MASCHENPROBE: 20 M mit Ndl Nr. 4= 10 cm

207 M mit Ndl Nr. 4 anschlagen.

20 R Perlmuster str (1 M re, 1 M li im Wechsel, in der nächsten R versetzt arb).

Über die äußeren 10 M an beiden Seiten weiter im Perlmuster str und über die mittleren 187 M im Muster.

Muster A str (siehe Video auf Klompelompe.no)

1. R (Rück-R): *5 M re, 1 M li, 5 M re*, von * bis * im Musterbereich wdh.
2. R: Im Musterbereich re M str.
3. R: *5 M re, 1 M li, 5 M re*, von * bis * im Musterbereich wdh.
4. R: # 2 M re, *die Ndl neben der re M 4 R tiefer einstechen (2 Kraus-Rippen tiefer). 1 lange M herausstr und auf die re Ndl legen, 1 M re und die lange M darüber ziehen*, 5 M re, von * bis * wdh, 2 M re #, von # bis # im Musterbereich wdh.

Die 3. und 4. R insgesamt 7-mal arb.

1 R re M (Rück-R) str.

Kjekkas-Muster str

1. R (Hin-R): *1 M re, 1 M li*, von * bis * im Musterbereich wdh.
2. R: *1 M re, 1 M li*, von * bis * im Musterbereich wdh.
3. R: Im Musterbereich re M str.
4. R: Im Musterbereich re M str.

Das Muster insgesamt 3-mal arb.
1 R re M (Rück-R) str, dabei 1 M abn.

Albert-Muster
Achtung: Wenn man im Muster in einer Rück-R 1 M abh muss, muss der Faden auf der Rückseite der Arbeit liegen.

Muster C (Albert-Muster) str (siehe Video zu 2 M reverkr und 2 M liverkr (HF und VF) auf Klompelompe.no).

Auf der re Seite der Arbeit (Hin-R) beginnen (bis zur gewünschten Länge wdh).

Erläuterung 2 M reverkr:
Variante 1: Die 2. M vor der 1. M re str, dann die 1. M li str.
Variante 2: Die 1. M auf eine Hilfsndl hinter die Arbeit legen, die 2. M re, str dann die M der Hilfsndl li str.

Erläuterung 2 M liverkr:
Variante 1: Die 2. M hinter der 1. M li str, dann die 1. M re str.
Variante 2: Die 1. M auf eine Hilfsndl vor die Arbeit legen, die 2. M li str dann die M der Hilfsndl re str.

1. R: 1 M li, *3 M li, 2 M re, 3 M li*, von * bis * bis zur letzten M wdh, 1 M li.
2. R: 1 M re, *3 M re, 2 M abh, 3 M re*, von * bis * bis zur letzten M wdh, 1 M re.
3. R: 1 M li, *3 M li, 2 M re, 3 M li*, von * bis * bis zur letzten M wdh, 1 M li.
4. R: 1 M re, *3 M re, 2 M abh, 3 M re*, von * bis * bis zur letzten M wdh, 1 M re.
5. R: 1 M li, *2 M li, 2 M reverkr, 2 M liverkr, 2 M li*, von * bis * bis zur letzten M wdh, 1 M li.
6. R: 1 M re, *2 M re, 1 M abh, 2 M re, 1 M abh, 2 M re*, von * bis * bis zur letzten M wdh, 1 M re.

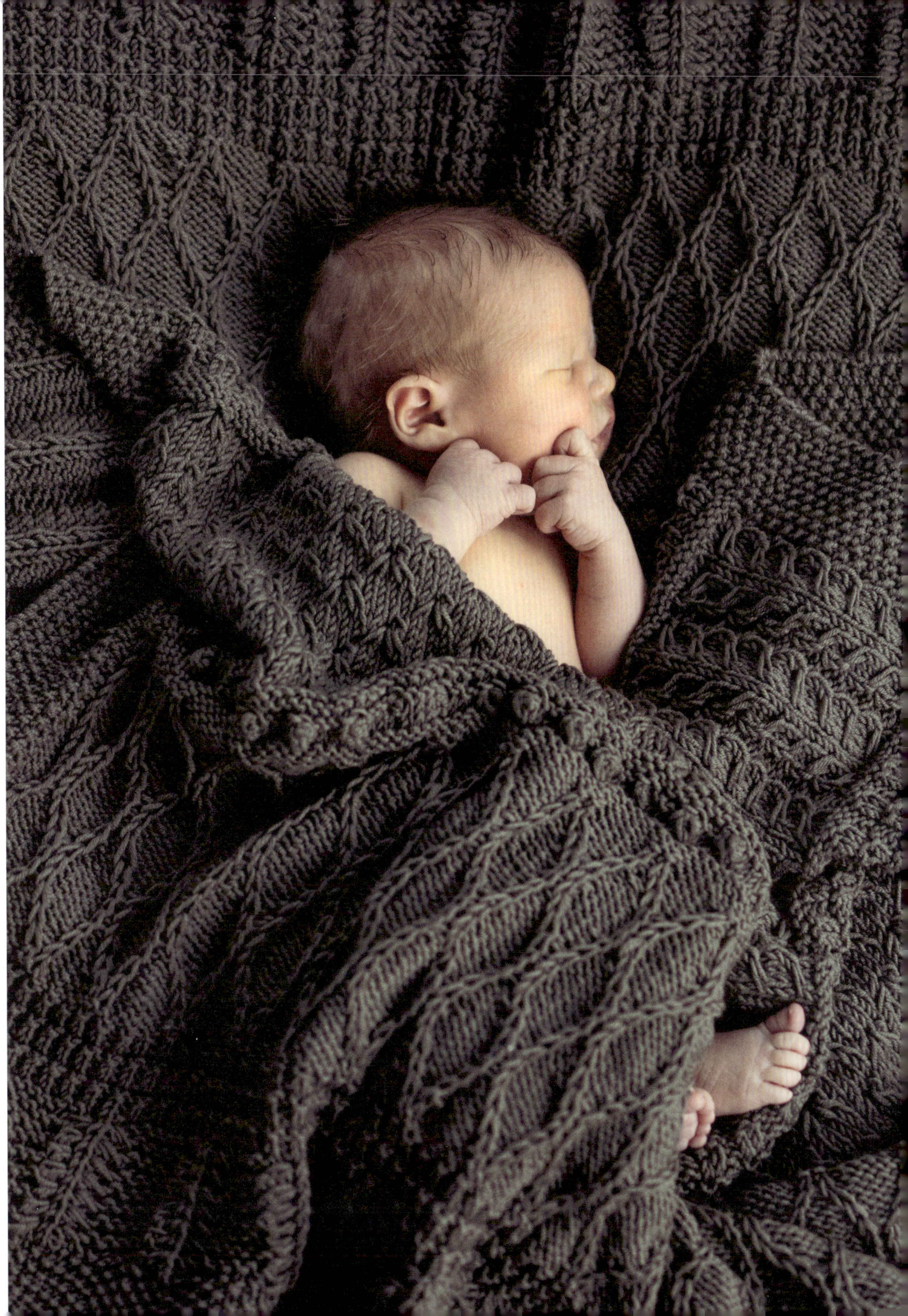

7. R: 1 M li, *1 M li, 2 M reverkr, 2 M li, 2 M liverkr, 1 M li*, von * bis * bis zur letzten M wdh, 1 M li.
8. R: 1 M re, *1 M re, 1 M abh, 4 M re, 1 M abh, 1 M re*, von * bis * bis zur letzten M wdh, 1 M re.
9. R: 1 M li, *2 M reverkr, 4 M li, 2 M liverkr*, von * bis * bis zur letzten M wdh, 1 M li.
10. R: 1 M re, *1 M abh, 6 M re, 1 M abh*, von * bis * bis zur letzten M wdh, 1 M re.
11. R: 1 M li, *1r, 6 M li, 1 M re*, von * bis * bis zur letzten M wdh, 1 M li.
12. R: 1 M re, *1 M abh, 6 M re, 1 M abh*, von * bis * bis zur letzten M wdh, 1 M re.
13. R: 1 M li, *1 M re, 6 M li, 1 M re*, von * bis * bis zur letzten M wdh, 1 M li.
14. R: 1 M re, *1 M abh, 6 M re, 1 M abh*, von * bis * bis zur letzten M wdh, 1 M re.
15. R: 1 M li, * 2 M liverkr, 4 M li, 2 M reverkr*, von * bis * bis zur letzten M wdh, 1 M li.
16. R: 1 M re, *1 M re, 1 M abh, 4 M re, 1 M abh, 1 M re*, von * bis * bis zur letzten M wdh, 1 M re.
17. R: 1 M li, *1 M li, 2 M liverkr, 2 M li, 2 M reverkr, 1 M li*, von * bis * bis zur letzten M wdh, 1 M li.
18. R: 1 M re, *2 M re, 1 M abh, 2 M re, 1 M abh, 2 M re*, von * bis * bis zur letzten M wdh, 1 M re.
19. R: 1 M li, *2 M li, 2 M liverkr, 2 M reverkr, 2 M li*, von * bis * bis zur letzten M wdh, 1 M li.
20. R: 1 M re, *3 M re, 2 M abh, 3 M re*, von * bis * bis zur letzten M wdh, 1 M re.

Das Muster insgesamt 2-mal arb.

1 Hin-R li M, 1 Rück-R re M und 2 R glatt re str.

Nächste R: 1 M re, *3 M re, 1 Noppe*, von * bis * bis zur letzten M im Musterbereich wdh, 1 M re.

1 Noppe (in 1 M str): 1 M re, 1 U, 1 M re, 1 U, 1 M re, die 5 M zurück auf die li Ndl heben, 5 M re, 3 der M zurück auf die li Ndl heben, 3 M re zus str, die letzten 2 M darüberziehen = 1 M.

2 R glatt rechts, 1 Rück-R re M, 1 Hin-R li M und 1 Rück-R li M str.

Muster D (Lillemor-Muster) str
(siehe Video zu lrM (LR) auf Klompelompe.no):

Erläuterung 1 lange rechte Masche (lrM):
1 M re zwischen den M str, die 2 Rd tiefer als 2 M re zus und 2 M re verschr zus gestrickt wurden, die M hochziehen und auf die re Ndl heben. Die nächste lrM in dieselbe Stelle str.

1. R: 1 M re, *4 M re, 2 M re zus str, 2 M re verschr zus str*, von * bis * bis zur letzten M im Musterbereich wdh, 1 M re.
2. R: Im Musterbereich li M str.
3. R: 1 M re, *4 M re, 1 lrM, 2 M re, 1 lrM*, von * bis * bis zur letzten M im Musterbereich wdh, 1 M re.
4. R: im Musterbereich li M str.
5. R: 1 M re, *2 M re zus str, 2 M re verschr zus str, 4 M re*, von * bis * bis zur letzten M im Musterbereich wdh, 1 M re.
6. R: im Musterbereich li M str.
7. R: 1 M re, *1 lrM, 2 M re, 1 lrM, 4 M re*, von * bis * bis zur letzten M im Musterbereich wdh, 1 M re.
8. R: im Musterbereich li M str.

Das Muster insgesamt 5-mal arb.

1 Hin-R li M und 1 Rück-R re M str.

Muster E (Pilotenmuster) str:
1. R: 1 M li, *2 M re, 2 M li*, von * bis * bis zur letzten M im Musterbereich wdh, 1 M li.
2. R: 1 M re, *2 M re, 2 M li*, von * bis * bis zur letzten M im Musterbereich wdh, 1 M re.
3. R: Im Musterbereich re M str.
4. R: Im Musterbereich re M str.

Das Muster insgesamt 2-mal arb.

1 Hin-R li M str. 1 Rück-R re M str, dabei 1 M zun.

Laut Mini-Strickschrift str.
Die Strickschrift insgesamt 8-mal arb.

1 Hin-R li M str. 1 Rück-R re M str, dabei 1 M abn.

Muster E (Pilotenmuster) str:
1. R: 1 M li, *2 M re, 2 M li*, von * bis * bis zur letzten M im Musterbereich wdh, 1 M li.

2. R: 1 M re, *2 M re, 2 M li*, von * bis * bis zur letzten M im Musterbereich wdh, 1 M re.
3. R: Im Musterbereich re M str.
4. R: Im Musterbereich re M str.

Das Muster insgesamt 2-mal arb.

1 Hin-R li M und 1 Rück-R re M str.

Muster D (Lillemor-Muster) str
(siehe Video zu lrM (LR) auf Klompelompe.no):
1. R: 1 M re, *4 M re, 2 M re zus str, 2 M re verschr zus str*, von * bis * bis zur letzten M im Musterbereich wdh, 1 M re.
2. R: Im Musterbereich li M str.
3. R: 1 M re, *4 M re, 1 lrM, 2 M re, 1 lrM*, von * bis * bis zur letzten M im Musterbereich wdh, 1 M re.
4. R: Im Musterbereich li M str.
5. R: 1 M re, *2 M re zus str, 2 M re verschr zus str, 4 M re*, von * bis * bis zur letzten M im Musterbereich wdh, 1 M re.
6. R: Im Musterbereich li M str.
7. R: 1 M re, *1 lrM, 2 M re, 1 lrM, 4 M re*, von * bis * bis zur letzten M im Musterbereich wdh, 1 M re.
8. R: Im Musterbereich li M str.

Das Muster insgesamt 5-mal arb.

1 Hin-R li M, 1 Rück-R re M und 2 R str glatt re str.

Nächste R: 1 M re, *3 M re, 1 Noppe*, von * bis * bis zur letzten M im Musterbereich wdh, 1 M re.

1 Noppe (in 1 M str): 1 M re, 1 U, 1 M re, 1 U, 1 M re, die 5 M zurück auf die li Ndl heben, 5 M re, 3 der M zurück auf die li Ndl heben, 3 M re zus str, die letzten 2 M darüberziehen = 1 M.

2 R glatt rechts, 1 Rück-R re M, 1 Hin-R li. M und 1 Rück-R re M str.

Das Albert-Muster 2-mal str.
1 Rück-R re M str.

Kjekkas-Muster str:
1. R (Hin-R): *1 M re, 1 M li*, von * bis * im Musterbereich wdh.
2. R: *1 M re, 1 M li*, von * bis * im Musterbereich wdh.
3. R: Im Musterbereich re M str.
4. R: Im Musterbereich re M str.

Das Muster insgesamt 3-mal arb und in der letzten R 1 M zun.

Muster A str (siehe Video auf Klompelompe.no):
1. R (Rück-R): *5 M re, 1 M li, 5 M re*, von * bis * im Musterbereich wdh.
2. R: Im Musterbereich re M str.
3. R: *5 M re, 1 M li, 5 M re*, von * bis * im Musterbereich wdh.
4. R: # 2 M re, *die Ndl neben der re M 4 R tiefer einstechen (2 Kraus-Rippen tiefer). 1 lange M herausstr und auf die re Ndl legen. 1 M re und die lange M darüber ziehen*, 5 M re, von * bis * wdh, 2 M re #, von # bis # im Musterbereich wdh.

Die 3. und 4. R insgesamt 7-mal arb.

Mit 20 R Perlmuster enden.

In der letzten R die M abk. Alle Fäden vernähen.

Mini-Strickschrift

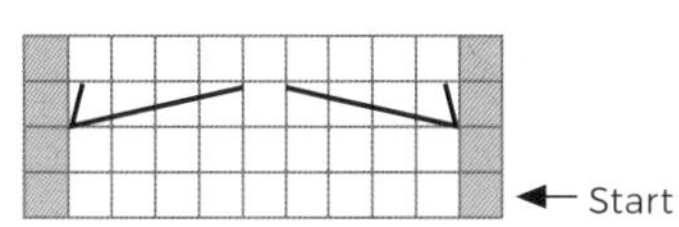

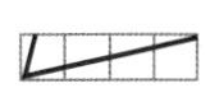 = 3 M auf eine Hilfsndl hinter die Arbeit legen, 1 M re, die 3 M der Hilfsndl re str

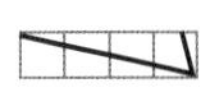 = 1 M auf einer Hilfsndl vor die Arbeit legen, 3 M re, die M der Hilfsndl re str

 = in Hin-R 1 M re, in Rück-R 1 M li

 = in Hin-R 1 M li, in Rück-R 1 M re

Zwergenmütze Mini

Hier prangt unser Mini-Muster auf einer knuffigen Zwergenmütze mit toller Passform.

SCHWIERIGKEITSGRAD 2

GRÖSSEN: Frühchen (1–3 Mon) 3–6 Mon (6–9 Mon) 1-2 Jahre (3–4 Jahre)
GARN: KlompeLOMPE Merinoull
MENGE: 50 (50) 50 (100) 100 (100) g
NADELN: Rundnadeln Nr. 3 und Nr. 3,5, je 40 cm und 80 cm für Magic Loop
MASCHENPROBE: 22 M mit Ndl Nr. 3,5 = 10 cm

65 (71) 77 (83) 83 (89) M mit Ndl Nr. 3 anschlagen. 4 R im Rippenmuster (1 M re, 1 M li im Wechsel) str.

Zu Ndl Nr. 3,5 wechseln. 1 R im Muster str, dabei gleichmäßig verteilt 1 (6) 0 (5) 5 (2) M zun = 66 (77) 81 (88) 88 (91) M.
Laut Strickschrift str.

Wenn die Arbeit 12 (13) 14 (15) 16 (17) cm misst, wie folgt verkürzte Reihen str (German Short Rows, siehe Video auf Klompelompe.no):

Im Muster str bis zu den letzten 11 M, wenden, im Muster str bis zu den letzten 11 M, wenden, im Muster str bis 5 M vor der letzten Wende-M, wenden, im Muster str bis 5 M vor der letzten Wende-M, wenden.

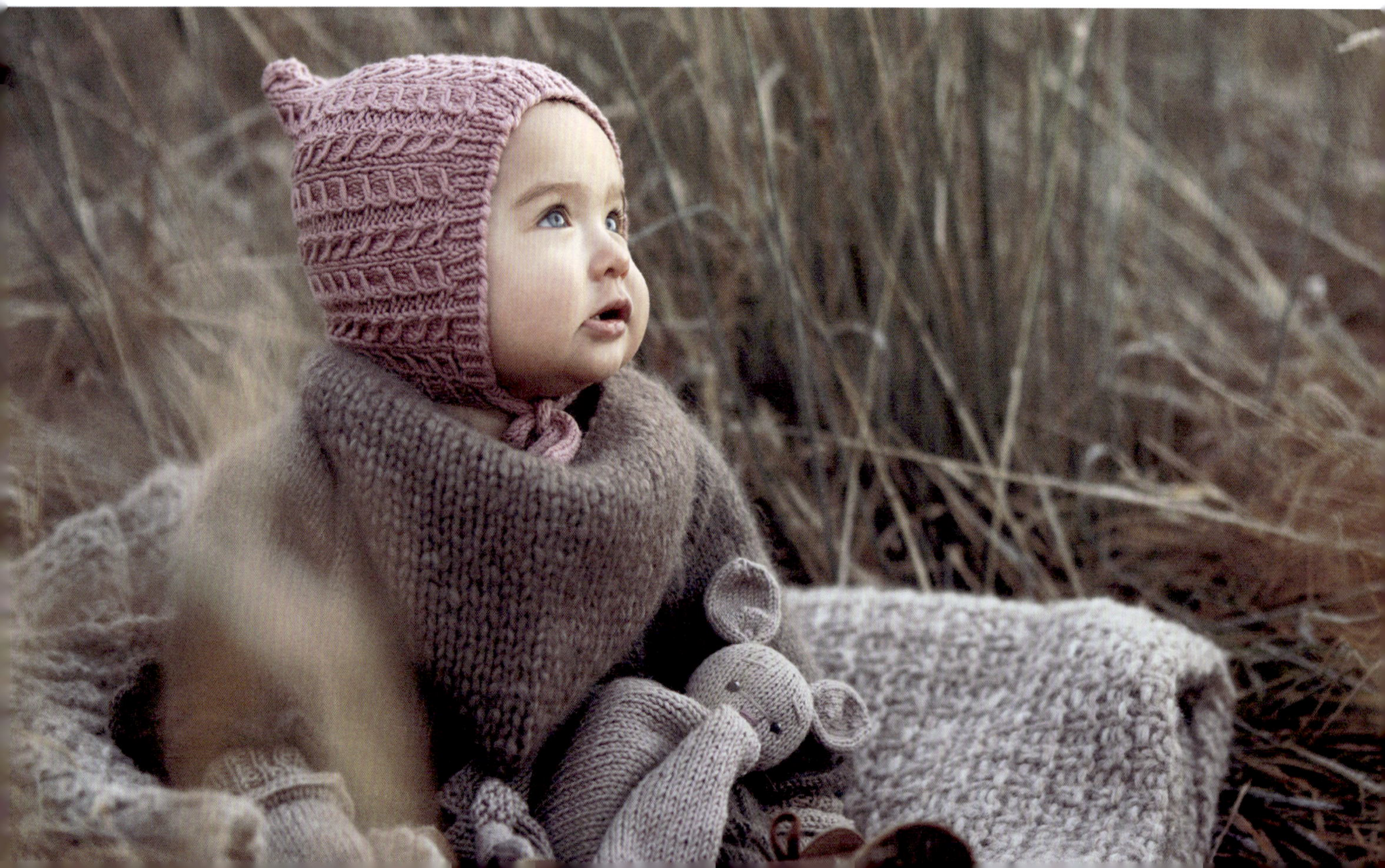

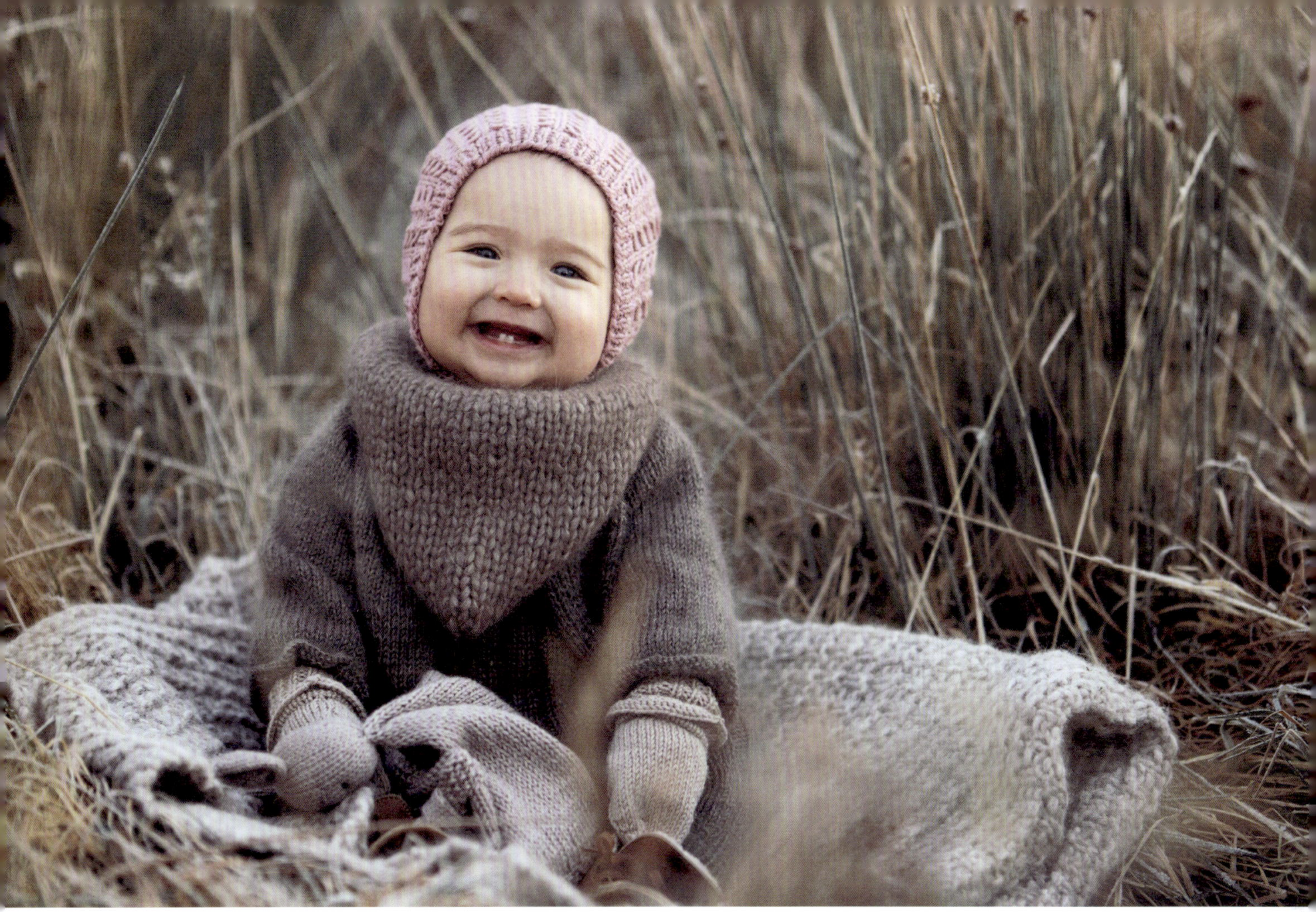

Größe 6-9 Mon, 1–2 Jahre und 3–4 Jahre:
Im Muster str bis 5 M vor der letzten Wende-M, wenden, im Muster str bis 5 M vor der letzten Wende-M, wenden.

Muster für Zwergenmütze Mini und Autoschlafsack

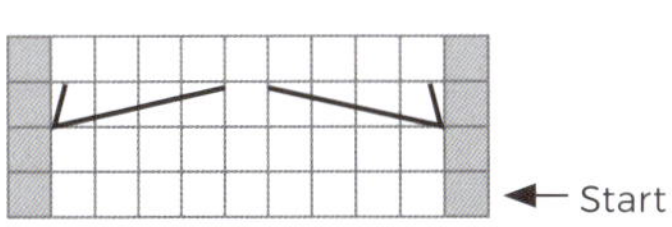

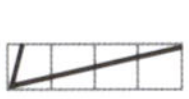 = 3 M auf eine Hilfsndl hinter die Arbeit legen, 1 M re, die 3 M der Hilfsndl re str

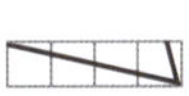 = 1 M auf eine Hilfsndl vor die Arbeit legen, 3 M re, die M der Hilfsndl re str

 = in Hin-R 1 M re, in Rück-R 1 M li

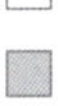 = in Hin-R 1 M li, in Rück-R 1 M re

Alle Größen
Im Muster bis R-Ende str.
Das Teil re auf re legen und mit einer dritten Ndl je 1 M der vorderen Ndl mit 1 M der hinteren Ndl re zus str und gleichzeitig abk.

37 (39) 43 (45) 47 (49) M mit Ndl Nr. 3 aus der Halsausschnitt aufnehmen. 4 (4) 4 (6) 6 (6) R im Rippenmuster str. In der letzten R diese M abk, aber beidseitig die äußeren 4 M für einen I-Cord übrig lassen.

I-CORD

Über die 4 M an einer Seite einen ca. 17 (17) 18 (18) 20 (20) cm langen I-Cord (siehe Video auf Klompelompe.no) str. Auf der anderen Seite wdh.

Alle Fäden vernähen.

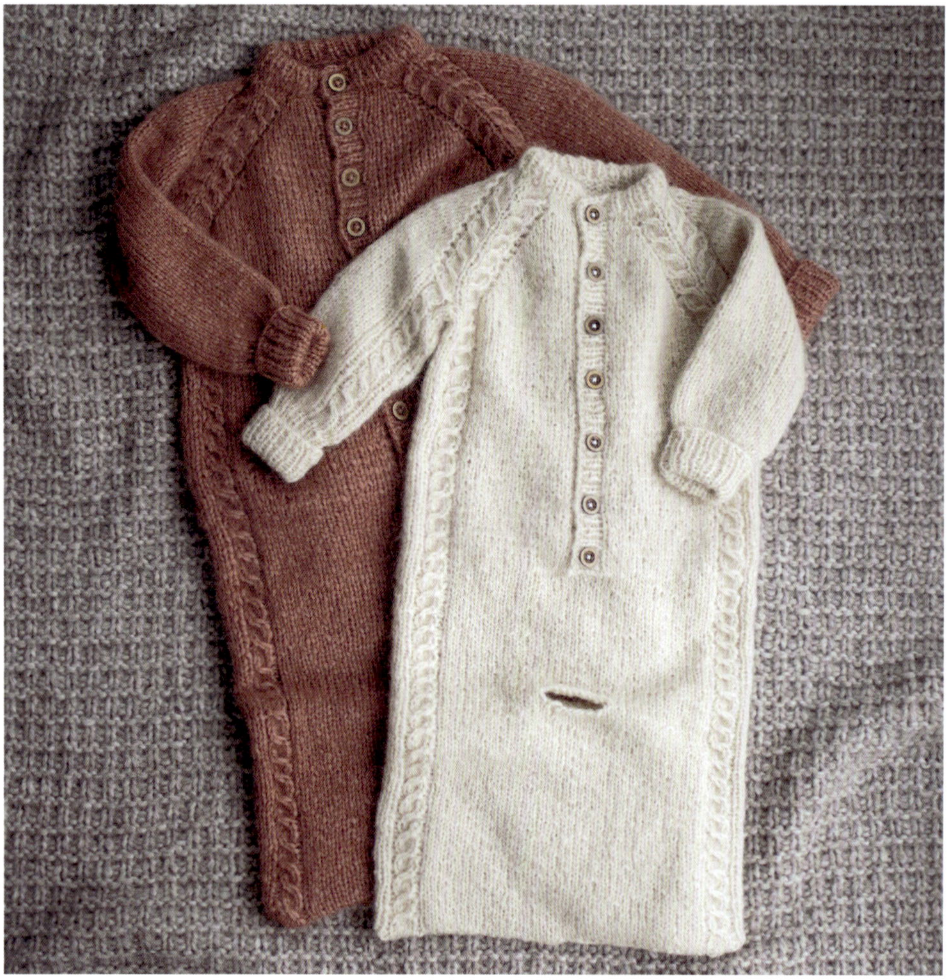

Kuscheliger Autoschlafsack

Ein cleverer Schlafsack für Autokindersitze.

SCHWIERIGKEITSGRAD 2

GRÖSSEN: (0–6) 9–18 Mon
GARN: Sandnes Garn KOS, Farbe 4032 oder 1012
MENGE: 200 g für beide Größen:
NADELN: Rundnadeln Nr. 3,5 und Nr. 5, je 60 cm und 80 cm
MASCHENPROBE: 16 M mit Ndl Nr. 5 = 10 cm
MASSE: Oberweite: ca. (57) 64 cm
Länge: ca. (63) 72 cm

Von oben nach unten in Reihen auf einer Rundnadel str.

(41) 45 M mit Ndl Nr.5 anschlagen. Zu Ndl Nr. 3,5 wechseln und (10) 12 R im Rippenmuster (1 M re, 1 M li im Wechsel) str. Zu Ndl Nr. 5 wechseln. 1 R re M str, dabei jede 2. M der Anschlagskante aufnehmen und mit der M auf der li Ndl zus str. Ist das zu schwierig, kann man die Kante auch später umschlagen und festnähen. 1 R li M str, dabei gleichmäßig verteilt 8 M zun.

MM setzen ohne zu str: (4) 5 M, MM, 11 M (Muster-M), MM, 1 M, MM, 1 M (Raglan-M hinten), MM, (15) 17 M (Rückenteil), MM, 1 M (Raglan-M hinten), MM, 1 M, MM, 11 M (Muster-M) MM, (4) 5 M.

Über die Muster-M mit dem Muster laut Strickschrift auf Seite 113 und mit den Raglan-Zun beginnen. Für die Zun 1 M re verschr aus dem Querfaden herausstr. Beidseitig der 11 Muster-M und beidseitig der Raglan-M hinten zun = 8 M zugenommen.

Weiter die 11 M zwischen den MM im Muster str. In jeder 2. R (Hin-R) die Raglan-Zun str. Die restlichen M glatt rechts str (Hin-R re M und Rück-R li M).

Wenn zum 2. Mal zugenommen wird, wie folgt verkürzte R im Nacken str: Mit Raglan-Zun bis 1 M vor dem 2. Musterfeld str, wenden, li M bis 1 M vor dem anderen Musterfeld str, wenden, mit Raglan-Zun bis R-Ende str.

Weiterstr und in der Hin-R Raglan-Zun str, bis am Vorderteil insgesamt (12) 14-mal zugenommen wurde = (149) 169 M.

Nächste R: Bis inklusive der mittleren Muster-M str, die nächsten Muster-M und die Ärmel-M stilllegen, 5 M unter dem Arm anschlagen, die Raglan-M str, Rückenteil-M und die nächste Raglan-M re str, die Ärmel-M und die ersten 5 Muster-M stilllegen und 5 M unter dem Arm anschlagen, bis R-Ende str = (97) 109 M.

Weiter in dieser Mustereinteilung str. Die M, die vorher die mittlere M im Muster war, wird ab jetzt immer glatt links gestrickt.

Weiterstr, bis die Arbeit (33) 39 cm misst.
3 M anschlagen. Ab jetzt in Rd str.
10 cm glatt rechts und im Muster str.

In der nächsten Rd die mittleren 9 M von Vorder- und Rückenteil abk. In der folgenden Rd über den abgeketteten M je 9 M anschlagen.
(20) 23 cm glatt rechts und im Muster str.

In der nächsten Rd die M abk. Das Teil am unteren Rand zus nähen.

ÄRMEL

Ab der Mitte der 5 unter dem Arm angeschlagenen M 3 M aufnehmen, 1 M aus dem Übergang aufnehmen, die stillgelegten (31) 35 M str (die Muster-M weiter im Muster), 1 M aus dem Übergang aufnehmen und 2 M bis Rd-Ende aufnehmen = 38 (42) M.

Die M neben dem Musterfeld zum Körper hin wird im gesamten Ärmel glatt links gestrickt.

Die erste M wird für den Rd-Anfang markiert und im gesamten Ärmel li gestrickt.

Nach 3,5 cm wie folgt abn: 1 M li, 2 M re zus str, bis zu den letzten 2 M str, 2 M re überzogen zus str.

Alle 4 cm insgesamt (4) 5-mal abn. Weiterstr, bis der Ärmel (16) 21 cm misst. Wenn die Abn das Musterfeld erreichen, wird auf der anderen Seite des Musterfelds weiter abgenommen.

1 Rd re M str und gleichmäßig verteilt auf 26 M abn.

Zu Ndl Nr. 3,5 wechseln und 24 Rd im Rippenmuster (1 M re, 1 M li im Wechsel) str. In der letzten Rd die M abk.

KNOPFLEISTE

Mit Ndl Nr. 3,5 aus jeder M 1 M aufnehmen, dabei jede 4. M überspringen, auch aus dem Rippenmuster am Hals M aufnehmen. 6 R im Rippenmuster (1 M re, 1 M li im Wechsel) str.

Auf der li Seite in der 2. R gleichmäßig verteilt (7) 8 Knopflöcher einstr, dafür 2 M re zus str, 1 U.

Fäden vernähen, die Nähte unter den Armen schließen, den unteren Rand der Knopfleisten annähen und die Knöpfe annähen. Den Schlafsack unter einem feuchten Handtuch trocknen lassen.

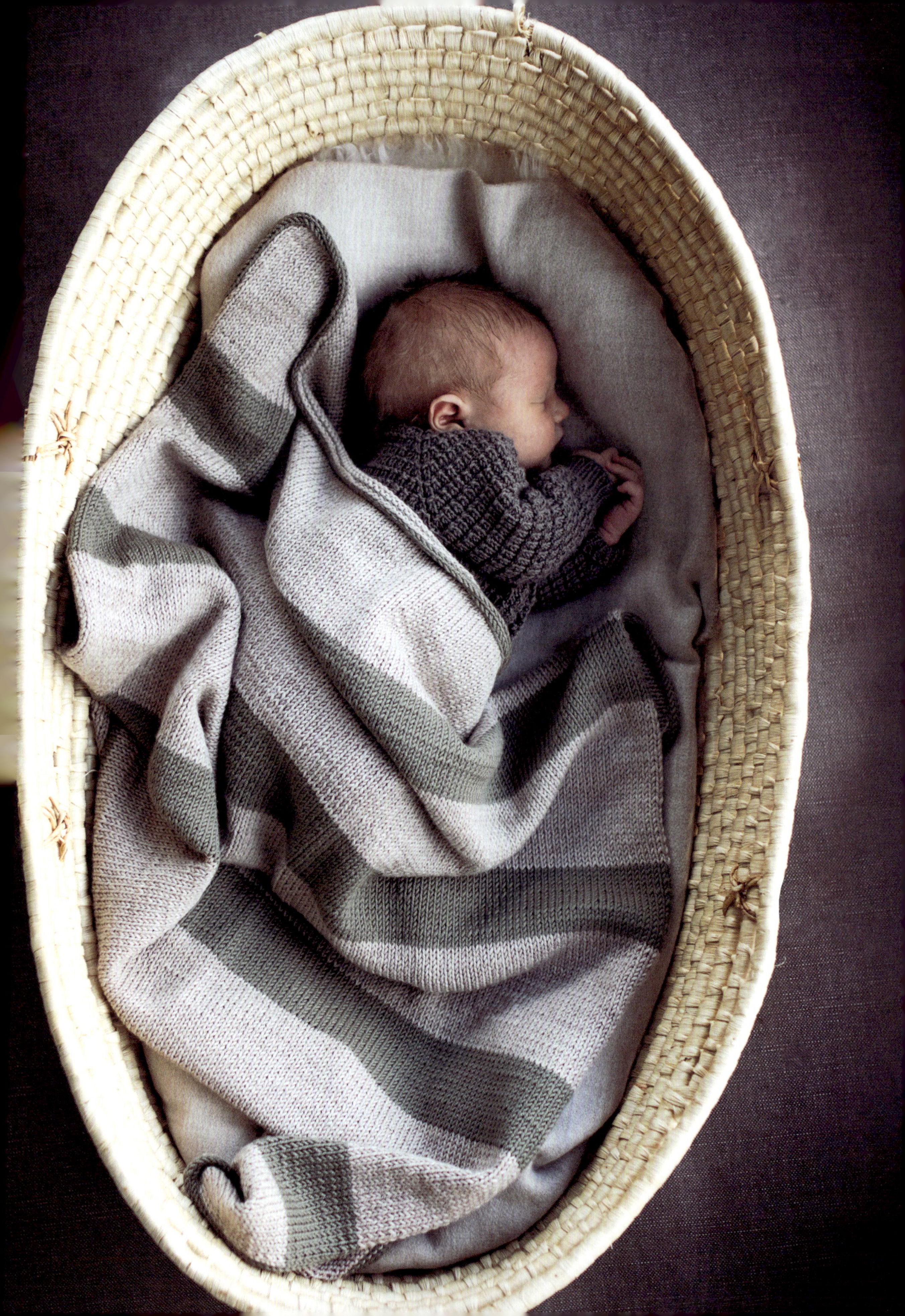

Stripelars-Set

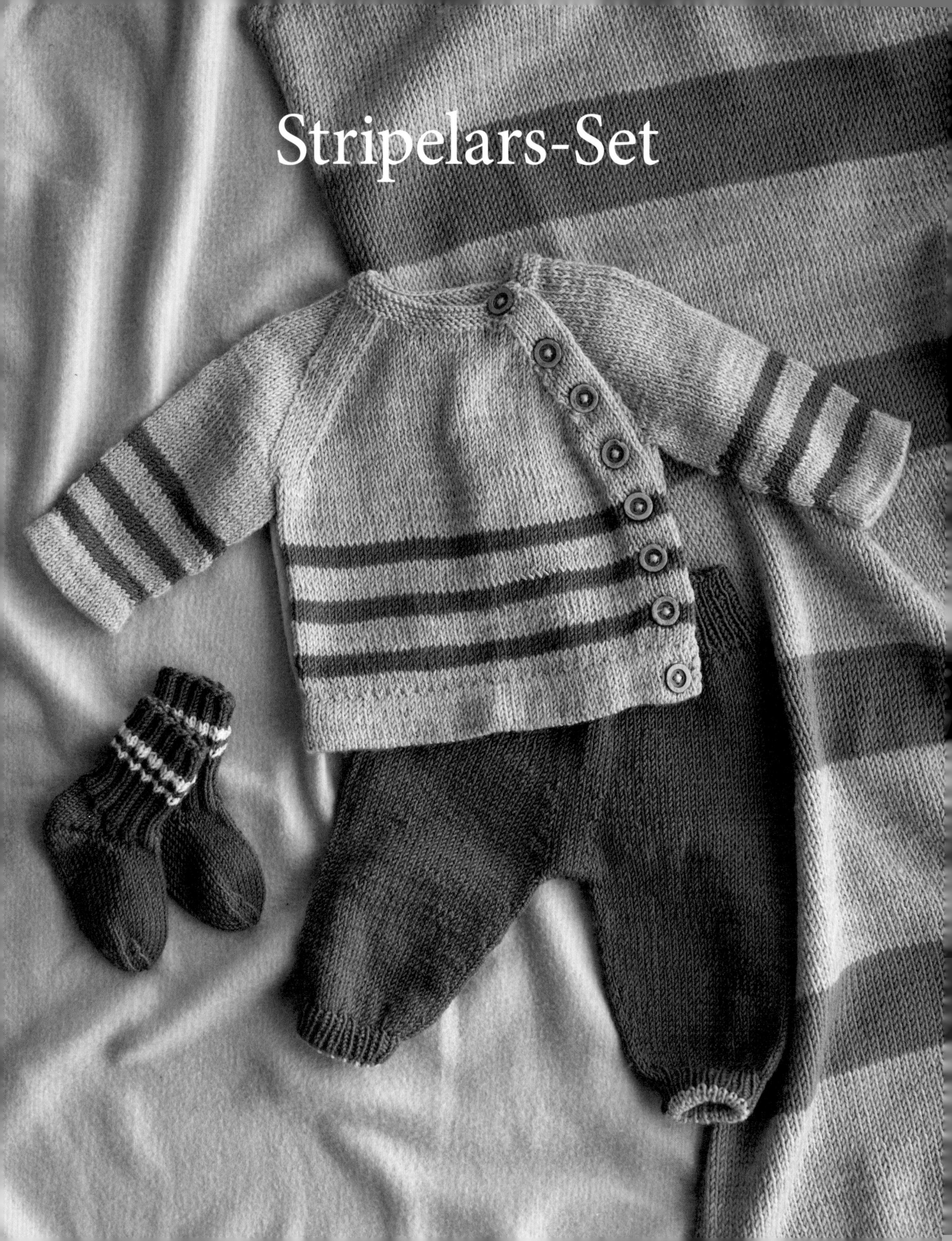

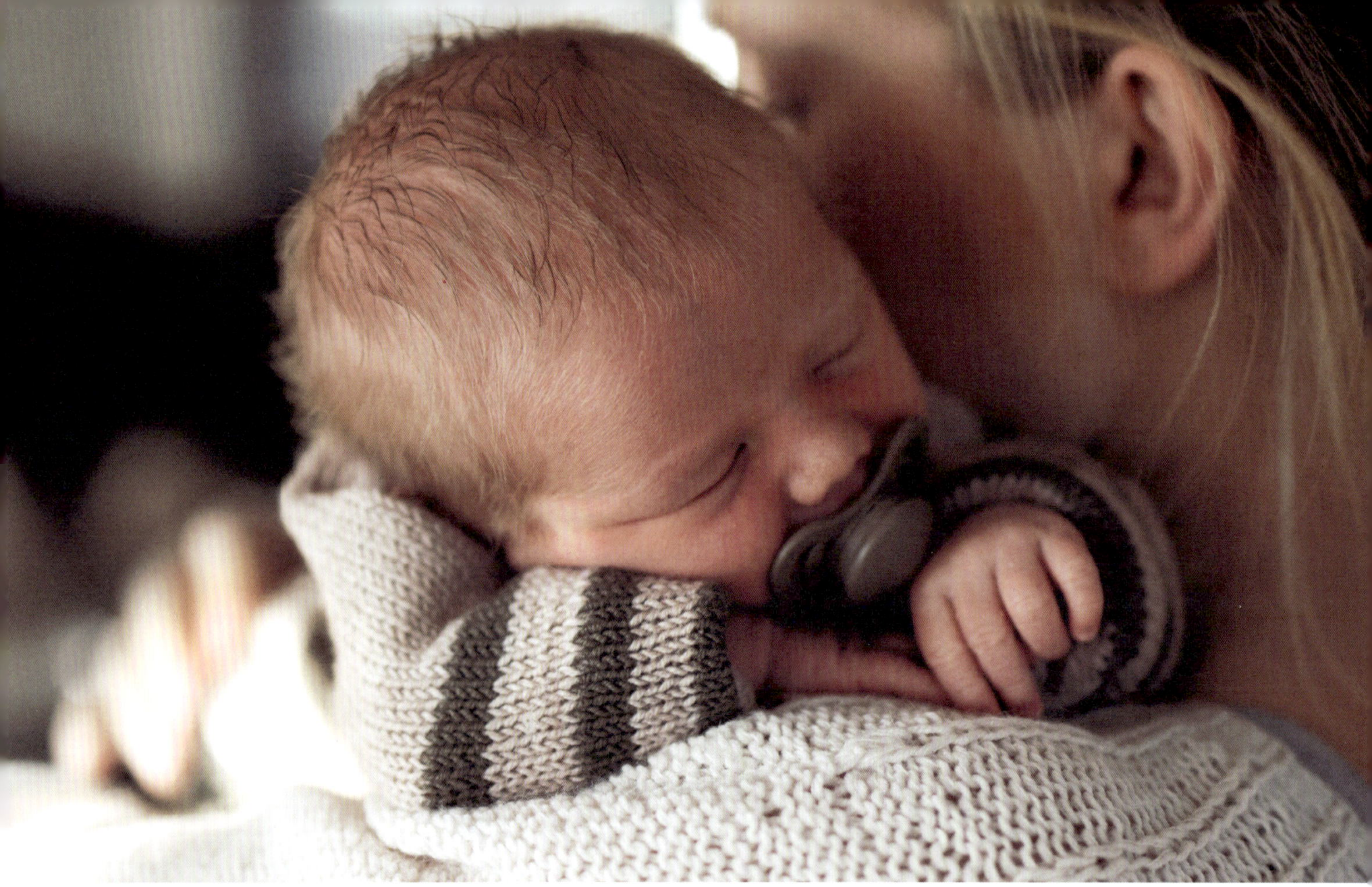

Stripelars kleine Jacke

Eine einfache Jacke, die perfekt zum Set passt.

SCHWIERIGKEITSGRAD 2

GRÖSSEN: (0–1) 3 (6–12) 18–24 Mon
GARN: KlompeLOMPE Tynn Merinoull
Farbe A: 2650 Farbe B: 9871
MENGE: Farbe A: (100) 100 (150) 150 g
Farbe B: (50) 50 (50) 50 g
NADELN: Rundnadeln Nr. 2,5 und Nr. 3, je 40 cm und 80 cm
MASCHENPROBE: 27 M mit Ndl Nr. 3 = 10 cm
MASSE: Gesamtlänge: ca. (23) 28,5 (33) 40 cm
Oberweite: ca. (42) 51 (56) 61 cm

Von unten nach oben in Reihen auf einer Rdndl str.

(116) 145 (157) 171 M mit Ndl Nr. 3 mit Farbe A anschlagen, 3 R glatt rechts str.

Nächste R (Rück-R): Li M str bis zu den letzten 5 M, 2 M abk, 3 M re. In der nächsten R über den abgeketteten M 2 M anschlagen (das erste Knopfloch am doppelten Bund).

8 R glatt rechts str.

Wie folgt in der nächsten R (Hin-R) ein Knopfloch str: 3 M re, 2 M abk, re M bis R-Ende str.

In der nächsten R über den abgeketteten M 2 M anschlagen (das erste Knopfloch am doppelten Bund).

Insgesamt 18 R glatt rechts str.

Nächste R: 1 R re M str, dabei jede 2. M der Anschlagkante aufnehmen und mit der M zus str. Am R-Ende 6 M anschlagen (Beleg).

1 R li M str und am R-Ende 6 M anschlagen.
2 R glatt rechts str.

Wie folgt insgesamt (8) 8 (8) 9 Knopflöcher mit ca. (3) 3,5 (4) 5 cm Abstand str:

(Hin-R): 2 M re, 2 M abk, 5 M re, 2 M abk, re M bis R-Ende str. In der nächsten R über den abgeketteten M je 2 M anschlagen.

Zu Farbe B wechseln und 4 R glatt rechts str.

Zu Farbe A wechseln und 6 R re glatt rechts str.
Zu Farbe B wechseln und 4 R glatt rechts str.
Zu Farbe A wechseln und 6 R re glatt rechts str.
Zu Farbe B wechseln und 4 R glatt rechts str.
Zu Farbe A wechseln und weiter glatt rechts str.

Wenn die Arbeit (14) 18 (21) 26 cm misst, wie folgt abk:

13 M re (Knopfleiste), MM setzen, (48) 62 (69) 76 M re, 4 M abk, re M bis zu den letzten 17 M str, 4 M abk, 13 M re (Knopfleiste).

ÄRMEL

(40) 40 (42) 42 M mit Ndl Nr. 2,5 mit Farbe A anschlagen und 8 Rd re M str.

Zu Ndl Nr. 3 wechseln und 8 Rd re M str.

Die Anschlagkante nach innen umfalten, 1 Rd re M str, dabei jede 2. M der Anschlagkante aufnehmen und mit der M auf der li Ndl zus str. Ist das zu schwierig, kann man die Kante auch später umfalten und annähen.

1 Rd re M str

Zu Farbe B wechseln und 4 Rd re M str.

Nach 1 cm glatt re wie folgt zun:

1 M li, 1 M zun, re M bis Rd-Ende str, 1 M zun (für die Zun 1 M re verschr aus dem Querfaden herausstr). Die Zun ca. alle 2 cm wdh, bis (46) 52 (60) 62 M erreicht sind.

Zu Farbe A wechseln und 6 Rd re M str.

Zu Farbe B wechseln und 4 Rd re M str.

Zu Farbe A wechseln und 6 Rd re M str.

Zu Farbe B wechseln und 4 Rd re M str.

Zu Farbe A wechseln und weiterstr, bis der Ärmel (14) 16 (20) 25 cm misst. 4 M in der Mitte unter dem Arm abk. Beiseitelegen und einen zweiten Ärmel str.

Die Ärmel und den Körper auf eine Ndl nehmen = (204) 245 (273) 291 M.

Die 1. R ist eine Rück-R. An jeder Verbindungsstelle zwischen Arm und Körper 1 MM setzen = 4 MM.

In jeder Hin-R wie folgt abn:

12 M re, 2 M re überzogen zus str, im Muster bis 4 M vor dem MM str, *2 M re zus str, 4 M re, 2 M re überzogen zus str, re M bis 4 M vor dem nächsten MM str*, von * bis * noch 2-mal wdh, re M bis zu den letzten 14 M str, 2 M re zus str, 12 M re.

Die Knopfleisten werden damit Teil der restlichen Arbeit. Die Abn in jeder Hin-R wdh.

Insgesamt (12) 16 (19) 21-mal abn = (108) 117 (121) 123 M.

Nächste R (Hin-R): 12 M re, 2 M re überzogen zus str, 3 M re, wenden, li M bis R-Ende str, 12 M re, 2 M re überzogen zus str, 1 M re, wenden, li M bis R-Ende str, 12 M re, re M mit Abnahmen bis R-Ende str.

Li M bis 9 M ins Vorderteil str (ab der Raglanmitte zählen), wenden, re M mit Raglan-Abn bis R-Ende str.

Li M bis vor der letzten Wende-M str, wenden, re mit Raglan-Abn bis R-Ende str.

Zu Ndl Nr. 2,5 wechseln. Die ersten 6 M abk, re M bis R-Ende str.

Nächste R: Die ersten 6 M abk, re M bis R-Ende str.

4 Kraus-Rippen str und in der letzten R die M abk. Das letzte Knopfloch in der 3. Kraus-Rippen-R str.

Alle Fäden vernähen, die Nähte unter den Ärmeln schließen und die Knöpfe annähen. Die Jacke dämpfen oder unter einem feuchten Handtuch trocknen lassen.

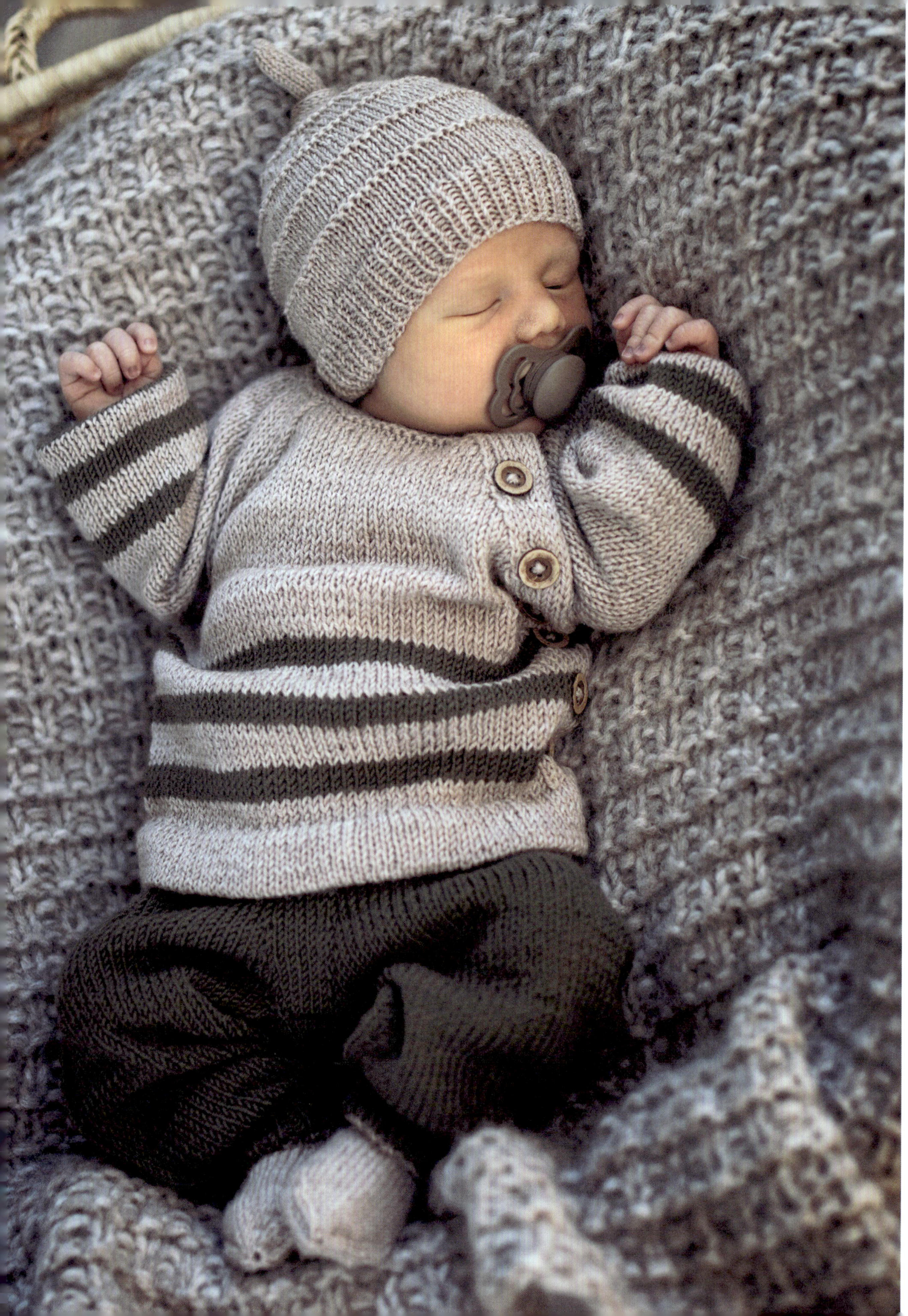

Stripelars kleine Hose

Einfache, dünne Babyhose mit hübschen Details

SCHWIERIGKEITSGRAD 2

GRÖSSEN: (Frühchen) 0–1 (3–6) 9–12 (18–24) Mon
GARN: KlompeLOMPE Tynn Merinoull, Farbe A: 9871, Farbe B: 2650
MENGE: Farbe A: (100) 100 (100) 100 (150) g
Farbe B: 50 g für alle Größen
NADELN: Rundnadeln Nr. 2,5 und Nr. 3, je 40 cm und 80 cm
MASCHENPROBE: 27 M mit Ndl Nr. 3 = 10 cm
MASSE: Oberweite: ca. (35) 37 (42) 45 (48) cm
Gesamtlänge: ca. (25) 28 (36) 42 (47) cm

Die Hose in Runden von oben nach unten str.
(94) 100 (114) 122 (130) M mit Ndl Nr. 2,5 anschlagen.

14 Rd Rippenmuster (1 M re, 1 M li im Wechsel) str.
Zu Ndl Nr. 3 wechseln und 1 Rd re M str.
1 Rd re M str und auf (108) 114 (128) 136 (144) M zun.
1 Rd re M str.
Wie folgt das Rückenteil mit verkürzten R verlängern (German Short Rows, siehe Video auf Klompelompe.no): 20 M re, wenden, 40 M li, wenden, 43 M re, wenden, 46 M li, wenden, 49 M re, wenden, 52 M li, wenden.

Größe 9–12 und 18–24 Mon
55 M re, wenden, 58 M li, wenden, 61 M re, wenden, 64 M li, wenden.

Alle Größen
Re M bis Rd-Ende str.

Re M str, bis die Arbeit in der vorderen Mitte (11) 12 (14) 16 (18) cm misst.
Beidseitig der mittleren 6 M von Vorder- und Rückenteil 1 MM setzen.

Beidseitig der 6 M vorn und hinten 1 M zun.
In jeder 3. R insgesamt 5-mal arb.
In der nächsten Rd die 6 M vorn und hinten abk = (58) 61 (68) 72 (76) M pro Bein.

BEIN
In Rd glatt rechts str. Wenn das Bein 2,5 cm misst, wie folgt abn:
1 M re, 2 M re zus str, re M bis zu den letzten 3 M str, 2 M re überzogen zus str, 1 M re.
Alle 2,5 cm insgesamt (3) 4 (4) 5 (5)-mal abn.

Weiterstr, bis das Bein (10) 12 (18) 21 (24) cm misst.
1 Rd re M str und gleichmäßig verteilt auf (36) 36 (40) 44 (44) M abn. Zu Ndl Nr. 2,5 wechseln.
(8) 8 (8) 10 (10) Rd im Rippenmuster str. Zu Farbe B wechseln. 1 Rd re M und (8) 8 (8) 10 (10) Rd im Rippenmuster str. In der letzten Rd die M abk. Die Kante nach innen umfalten und locker annähen.

SEITENNAHT/UNTERSCHENKEL
Die Hose flach hinlegen und die 3 äußeren M an jeder Seite zus nähen (siehe Foto).

Alle Fäden vernähen und die Hose unter einem feuchten Handtuch trocknen lassen.

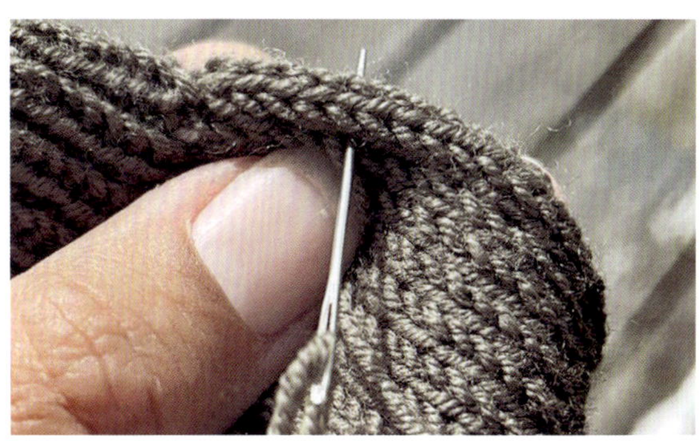

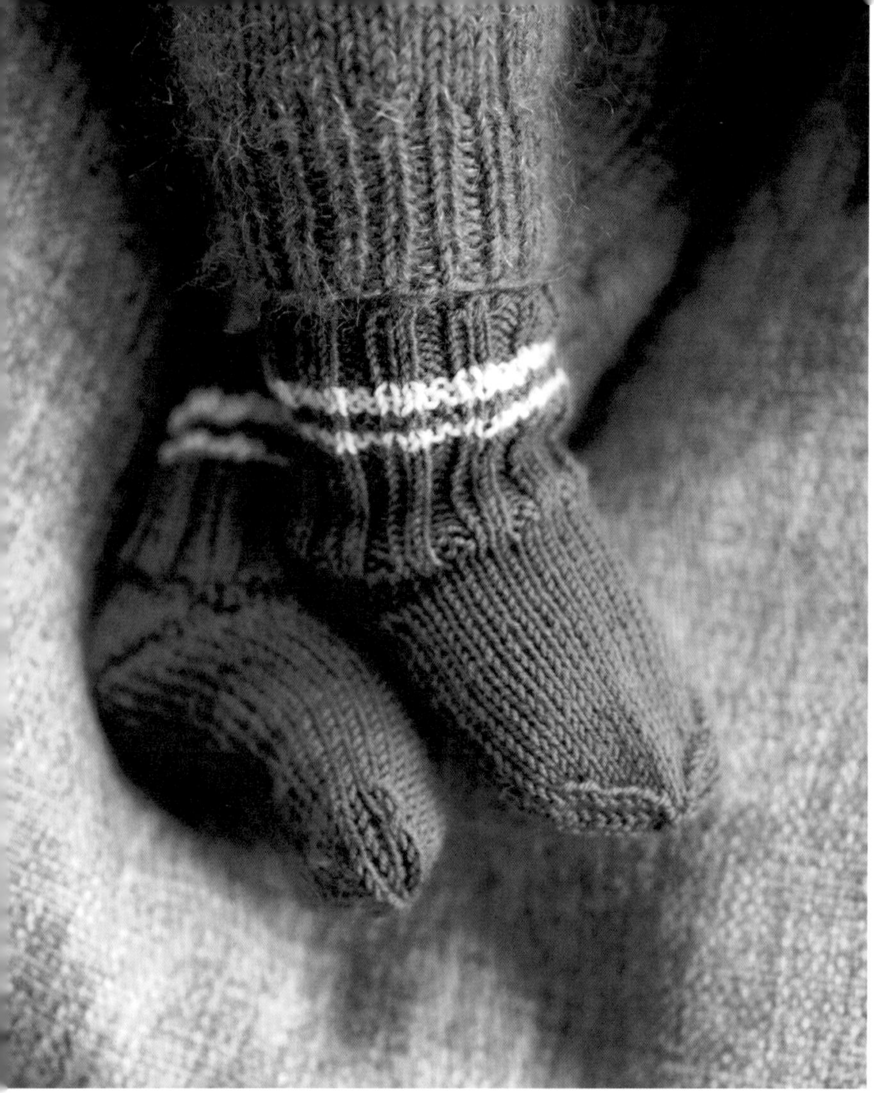

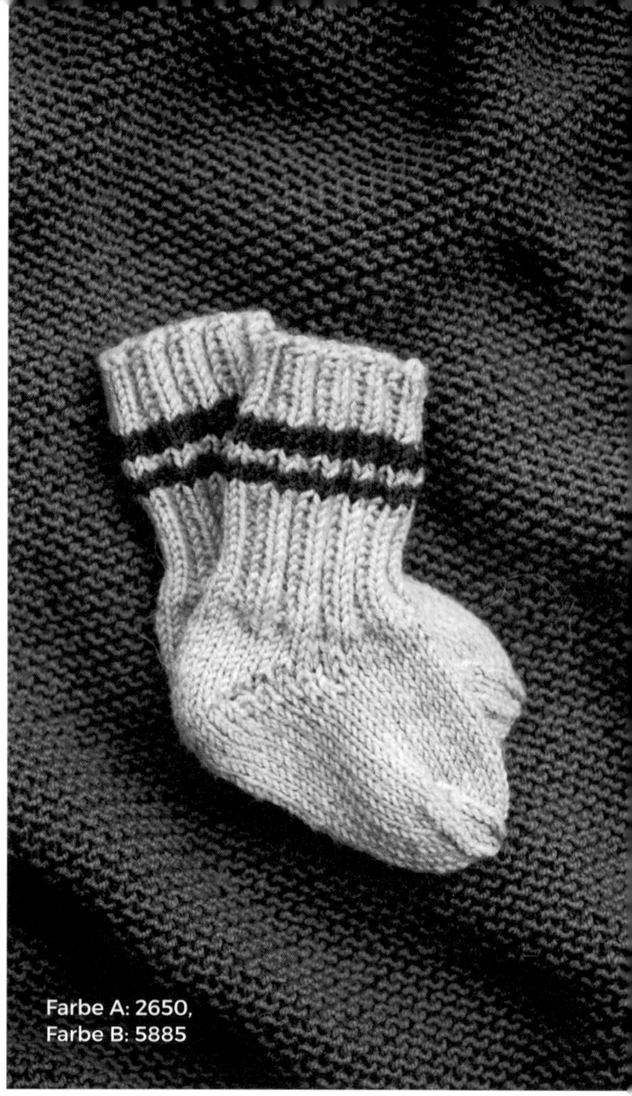

Farbe A: 2650,
Farbe B: 5885

Stripelars Tennissocken

Winzige Babysocken, inspiriert von klassischen Tennissocken.

SCHWIERIGKEITSGRAD 2

GRÖSSEN: (0–1 Mon) 3 Mon (6 Mon) 9–12 Mon (18–24 Mon) 2–3 Jahre
GARN: KlompeLOMPE Tynn Merinoull Farbe A: 9871 und Farbe B: 1013
MENGE: Farbe A: 50 g Farbe, B: ein Rest
NADELN: Rundnadeln Nr. 2,5 und Nr. 3, je 80 cm
MASCHENPROBE: 27 M mit Ndl Nr. 3 = 10 cm

Die Socken von oben str. Wir empfehlen, mit Magic Loop zu str (siehe Video auf Klompelompe.no).

Achtung: Bei jedem Farbwechsel 1 Rd re M (kein Rippenmuster) str.
(36) 40 (40) 44 (48) 48 M mit Ndl Nr. 3 mit Farbe A anschlagen. Zu Ndl Nr. 2,5 wechseln.
(7) 7 (7) 7 (9) 9 Rd Rippenmuster (2 M re, 2 M li im Wechsel) str.
Zu Farbe B wechseln. 1 Rd re M (damit die Streifen sauberer sind).

2 Rd im Rippenmuster str.

Zu Farbe A wechseln, 1 Rd re M str.

1 Rd im Rippenmuster str.

Zu Farbe B wechseln, 1 Rd re M str.

1 Rd im Rippenmuster str.

Zu Farbe A wechseln, 1 Rd re M str.

(8) 10 (12) 12 (14) 14 Rd im Rippenmuster str.

Zu Ndl Nr. 3 wechseln.

1 Rd re M str. 1 Rd re M str, dabei gleichmäßig verteilt (6) 10 (6) 10 (10) 6 M abn.

Ferse

Verkürzte R str (siehe Video German Short Rows auf Klompelompe.no): Re M bis zu den letzten (6) 6 (8) 8 (10) 10 M str, wenden, li M bis zu den letzten (6) 6 (8) 8 (10) 10 M str, wenden.

Weiter immer 1 M vor der letzten Wende-M wenden, bis 8 M zwischen den Wende-M liegen.

Re M bis Rd-Ende str.

Re M bis zu den letzten (10) 10 (12) 12 (14) 16 M str, wenden, li M bis zu den letzten (10) 10 (12) 12 (14) 16 M str, wenden.

Weiter immer 1 M nach der letzten Wende-M wenden, bis (4) 4 (6) 6 (8) 8 M übrig sind.

(11) 13 (15) 19 (23) 27 Rd re M str.

Jetzt wie folgt abn:

Größe 2-3 Jahre

8 M re, 2 M re zus str, 1 M re, 2 M re verschr zus str, 8 M re, von * bis * wdh. 1 Rd re M str.

Größe 18-24 Mon und 2-3 Jahre

7 M re, 2 M re zus str, 1 M re, 2 M re verschr zus str, 7 M re, von * bis * wdh.

Größe (6 Mon) 9-12 Mon (18-24 Mon) 2-3 Jahre

6 M re, 2 M re zus str, 1 M re, 2 M re verschr zus str, 6 M re, von * bis * wdh.

Alle Größen

5 M re, 2 M re zus str, 1 M re, 2 M re verschr zus str, 5 M re, von * bis * wdh. 1 Rd re M str.

4 M re, 2 M re zus str, 1 M re, 2 M re verschr zus str, 4 M re, von * bis * wdh.

3 M re, 2 M re zus str, 1 M re, 2 M re verschr zus str, 3 M re, von * bis * wdh.

2 M re, 2 M re zus str, 1 M re, 2 M re verschr zus str, 2 M re, von * bis * wdh.

1 M re, 2 M re zus str, 1 M re, 2 M re verschr zus str, 1 M re, von * bis * wdh.

Den Faden durch die M fädeln und zus ziehen. Alle Fäden vernähen.

Stripelars Hipstermütze

Einfache Mütze mit coolem Schnitt. Durch den doppelten Bund hält sie die Ohren besonders warm.

SCHWIERIGKEITSGRAD 2

GRÖSSEN: 3 Mon (6–9 Mon) 1–3 Jahre (3–6 Jahre)

GARN: KlompeLOMPE Merinoull Farbe A: 6061, Farbe B: 1013, und KlompeLOMPE Tynn Merinoull Farbe 6061

MENGE: KlompeLOMPE Merinoull Farbe A: 50 g für alle Größen, Farbe B: 50 g oder ein Rest für alle Größen, KlompeLOMPE Tynn Merinoull: 50 g für alle Größen

NADELN: Rundnadeln Nr. 3 und Nr. 3,5, je 40 cm und 80 cm

MASCHENPROBE: 27 M mit Ndl Nr. 3 = 10 cm
22 M mit Ndl Nr. 3,5 = 10 cm

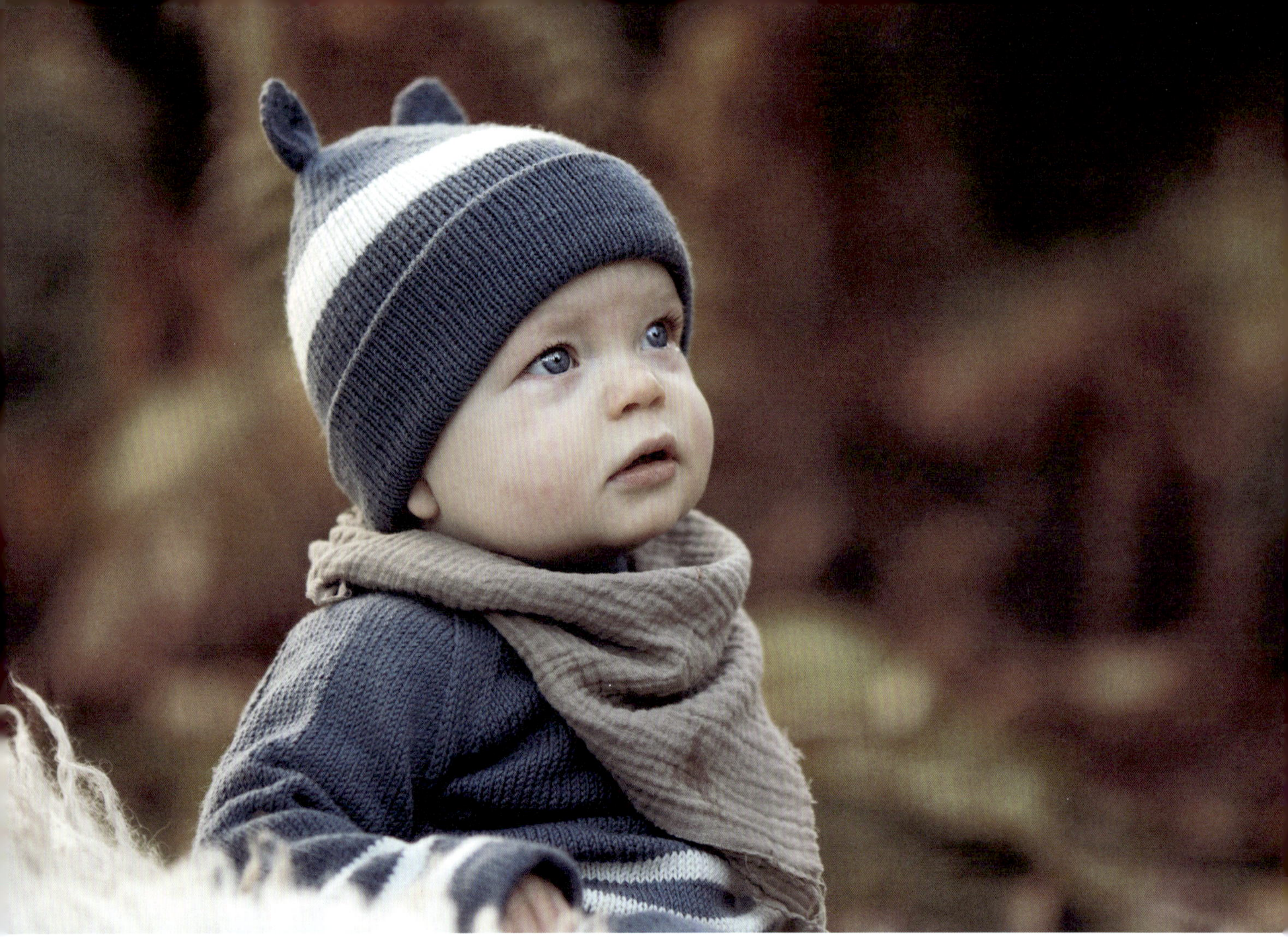

Tipp für einen Farbwechsel ohne Stufe: Farbe wechseln, 1 Rd str. In der nächsten Rd die 1. M abh.

Die Mütze in Runden str. 90 (98) 98 (108) M mit Ndl Nr. 3 mit Klompelompe Tynn Merinoull anschlagen. 12,5 (13) 14 (15) cm glatt rechts in Rd str.

Die Anschlagkante umfalten, dann jede 2. M der Anschlagskante aufnehmen und mit der M zus str. Ist das zu schwierig, kann man die Kante auch später umfalten und annähen. 4 Rd re M str.

Die Arbeit wenden. Die li Seite wird nun zur re Seite.

Zu Ndl Nr. 3,5 und Klompelompe Merinoull Farbe A wechseln, 1 Rd re M str und gleichmäßig verteilt auf 72 (80) 80 (88) M abn.

Glatt rechts str, bis die Arbeit 7 (7,5) 8 (8,5) cm ab dem Umschlag misst. Zu Farbe B wechseln.

3 cm glatt rechts str. Zu Farbe A wechseln und glatt rechts str, bis die Arbeit 10 (11) 13 (15) cm ab der Umschlagkante misst.

Nächste Rd: *6 M re, 2 M re zus str*, von * bis * bis Rd-Ende wdh.

4 Rd re M str.

Nächste Rd: *5 M re, 2 M re zus str*, von * bis * bis Rd-Ende wdh.

4 Rd re M str.

Nächste Rd: *4 M re, 2 M re zus str*, von * bis * bis Rd-Ende wdh.

3 Rd re M str.

Nächste Rd: *3 M re, 2 M re zus str*, von * bis * bis Rd-Ende wdh.

1 Rd re M str.

Nächste Rd: *2 M re, 2 M re zus str*, von * bis * bis Rd-Ende wdh.

1 Rd re M str.

Nächste Rd: *1 M re, 2 M re zus str*, von * bis * bis Rd-Ende wdh.

1 Rd re. M str

Nächste Rd: *2 M re zus str*, von * bis * bis Rd-Ende wdh.

Faden durch die M fädeln zus ziehen und alle Fäden vernähen.

OHREN

24 M mit Ndl Nr. 3 mit Klompelompe Tynn Merinoull anschlagen und in Rd str.

8 Rd re M str.

Nächste Rd: *4 M re, 2 M re zus str*, von * bis * bis Rd-Ende wdh.

1 Rd re M str.

Nächste Rd: *3 M re, 2 M re zus str*, von * bis * bis Rd-Ende wdh.

1 Rd re. M str

Nächste Rd: *2 M re, 2 M re zus str*, von * bis * bis Rd-Ende wdh.

1 Rd re M str.

Nächste Rd: *1 M re, 2 M re zus*, von * bis * bis Rd-Ende wdh.

Nächste Rd: *2 M re zus str*, von * bis * bis Rd-Ende wdh.

Den Faden durch die M fädeln und zus ziehen.

Den unteren Teil des Ohrs wie ein W falten und zus nähen. Die Ohren mit ca. 6,5 (7) 8 (9) cm Abstand zueinander und ca. 1 cm von der Spitze der Mütze entfernt annähen.

Stripelars Fäustlinge

Feine Fäustlinge mit Streifen und I-Cord in Kontrastfarbe.

SCHWIERIGKEITSGRAD 2

GRÖSSEN: (1–3 Mon) 6 Mon (1–2 Jahre) 3–4 Jahre
GARN: KlompeLOMPE Merinoull, Farbe A: 2650, Farbe B: 2652
MENGE: Farbe A: (50) 50 (50) 100 g
Farbe B: Ein Rest für alle Größen
NADELN: Rundnadeln Nr. 3 und Nr. 3,5, je 80 cm
MASCHENPROBE: 22 M mit Ndl Nr. 3,5 = 10 cm

In Runden str, die an der Seite beginnen. Die Arbeit mit Magic Loop (siehe ein Video auf Klompelompe.no) in zwei Teile aufteilen.

(28) 32 (36) 38 M mit Ndl Nr. 3 mit Farbe A anschlagen.

8 Rd re M str.

Eine Loch-Rd wie folgt str:

LINKER FÄUSTLING

(24) 28 (32) 34 M re, 4 M abk.

RECHTER FÄUSTLING:

(12) 14 (16) 17 M re, 4 M abk, re M bis Rd-Ende str.

BEIDE FÄUSTLINGE

1 Rd re M str und über den abgeketteten M 4 neue M anschlagen. 5 Rd re M str.

Nächste Rd: Das Teil nach innen falten und die M mit denen der Anschlagkante zus str. Alternativ kann man den Umschlag auch später annähen.

Zu Ndl Nr. 3,5 wechseln.

1 cm glatt rechts str.

Zu Farbe B wechseln, 2 cm glatt rechts str.

Zu Farbe A wechseln. Glatt rechts str.

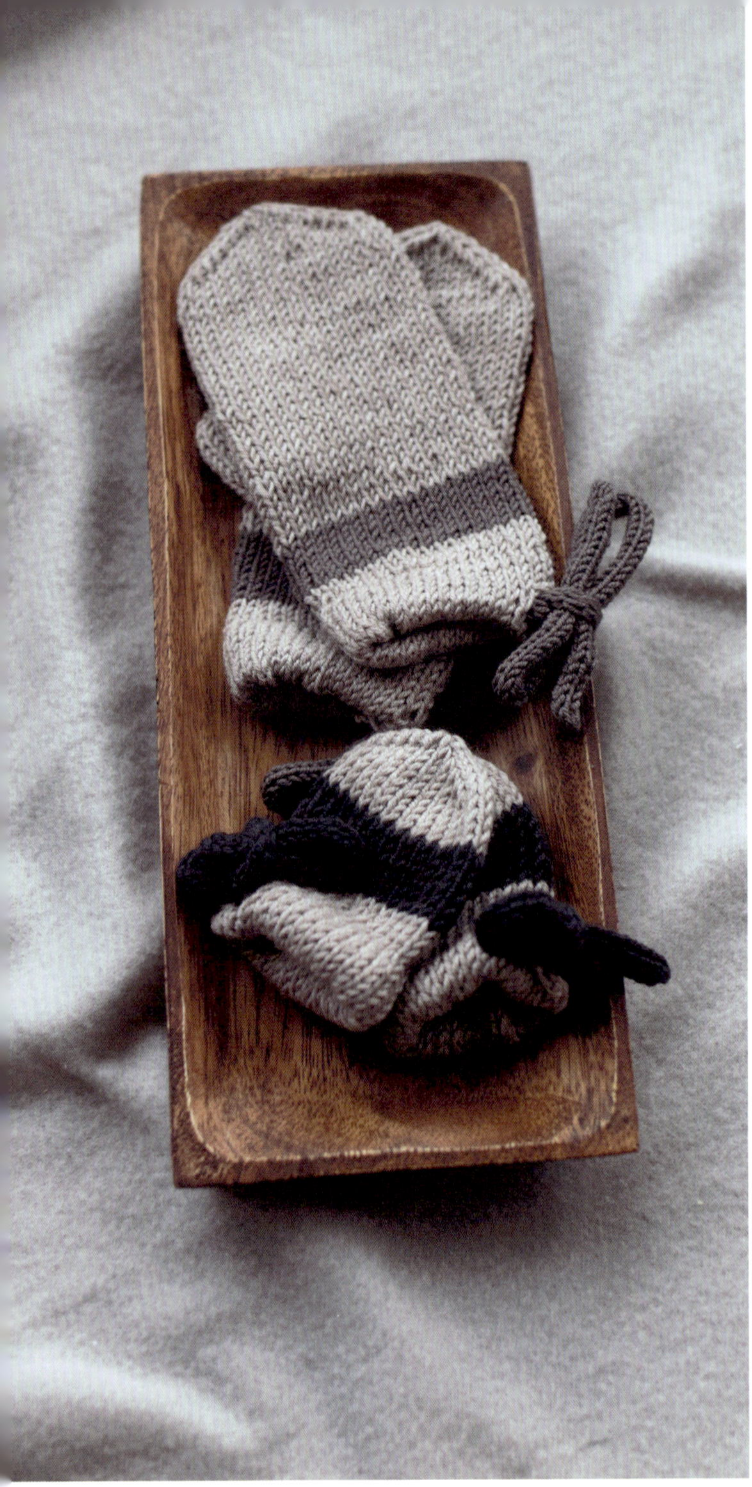

Größe (1–2) 3–4 Jahre
Wenn die Arbeit (7) 8 cm misst, die Daumenöffnung vorbereiten.

LINKER FÄUSTLING

Die Oberseite str, (12) 12 M re, die nächsten (5) 6 M mit einem Hilfsfaden str, diese (5) 6 M zurück auf die li Ndl heben und re M bis Rd-Ende str.

RECHTER FÄUSTLING

Die Oberseite str, 1 M re, die nächsten (5) 6 M mit einem Hilfsfaden str, diese (5) 6 M zurück auf die li Ndl heben und re M bis Rd-Ende str.

Alle Größen
Wenn die Arbeit (7) 10 (14) 15 cm misst, wie folgt abn:

1 M re, 2 M re zus str, bis 3 M vor Ende der Oberseite str, 2 M re überzogen zus str, 1 M re, von * bis * auf der Innenseite wdh.

In jeder Rd so abn, bis noch 8 M übrig sind.

Den Faden durch die M fädeln und zus ziehen.

DAUMEN

Die M je 5 (6) M über und unter dem Hilfsfaden aufnehmen, dazu noch 1 M an jeder Seite = (12) 14 Daumen-M.
Den Hilfsfaden entfernen und in Rd mit Farbe A glatt rechts str. Wenn der Daumen 3,5 (4,5) cm misst, 2 M re zus str bis Rd-Ende.

Den Faden abschneiden, durch die M fädeln und zus ziehen.

Für jeden Fäustling einen ca. 30 cm langen I-Cord str (siehe Video auf Klompelompe.no), oder mit einer Strickliesel anfertigen und in den Bund einziehen.

Alle Fäden vernähen, und die Fäustlinge unter einem feuchten Handtuch trocknen lassen.

Stripelars Decke

Gestreifte Decke mit einem I-Cord als tollen Kantenabschluss.

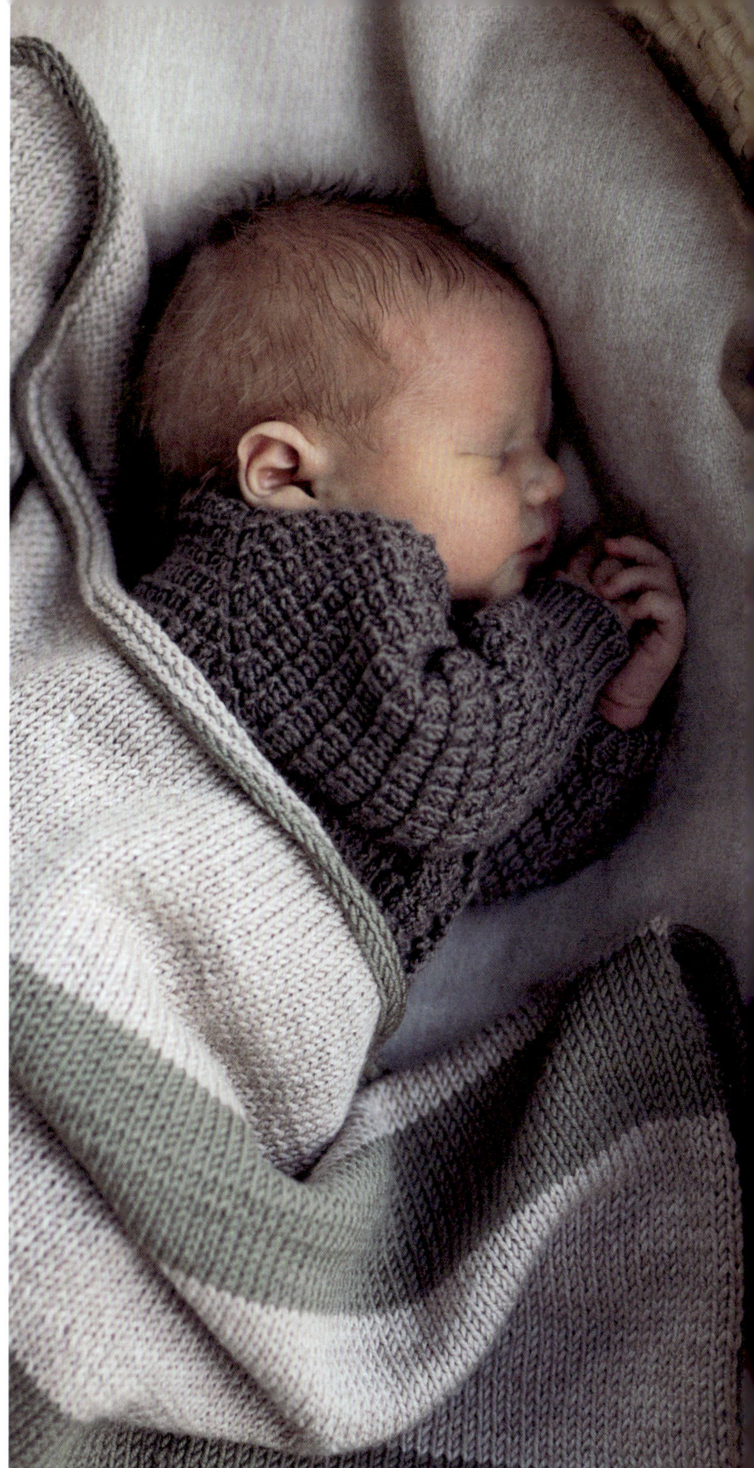

SCHWIERIGKEITSGRAD 2

GRÖSSE ca. 72 x 85 cm
GARN: KlompeLOMPE Tynn Merinoull,
Farbe A: 2650, Farbe B: 9871
MENGE: Farbe A: 250 g Farbe B: 150 g
NADELN: Rundnadel Nr. 4, 80 cm
MASCHENPROBE: 20 M mit Ndl Nr. 4 = 10 cm

140 M mit Ndl Nr. 4 mit Farbe A anschlagen.

Glatt rechts str, bis die Arbeit 12 cm misst.
*Zu Farbe B wechseln. 6 cm str. Zu Farbe A wechseln. 12 cm str *, von * bis * insgesamt 4-mal arb.
Zu Farbe B wechseln und 1 R str.

Jetzt wird um die gesamte Decke eine I-Cord-Kante gestrickt (I-Cord siehe Video auf Klompelompe.no): 3 M mit Farbe B anschlagen und auf die li Ndl legen.

2 M re, und die nächsten 2 M re verschr zus str. Die 3 M von der re auf die li Ndl heben, von * bis * bis R-Ende wdh, bis wieder 3 M übrig sind.

Aus den Kanten der Decke mit Farbe B M aufnehmen (an den langen Seiten 1 M aus jeder M, dabei jede 4. M überspringen, und an den kurzen Seiten 1 M aus jeder M) und zwar rund um die gesamte Decke (eine Seite nach der anderen).

Weiter wie beschrieben abn und mit den 3 M beginnen, die zuletzt auf der Ndl lagen. So um die gesamte Decke str, und die letzten 3 M normal abk.

Fäden vernähen und die Decke unter einem feuchten Handtuch trocknen lassen.

Stripelars große Jacke

Diese Jacke aus Merinowolle ist weich und warm und eignet sich im Frühling und Sommer auch für draußen.

SCHWIERIGKEITSGRAD 2

GRÖSSEN: (0–1) 3 (6–12) 18–24 Mon
GARN: KlompeLOMPE Tynn Merinoull, Farbe 9871, KlompeLOMPE Merinoull, Farbe A: 9871, Farbe B: 1013
MENGE: KlompeLOMPE Merinoull: Farbe A: (100) 100 (150) 200 g, Farbe B: 50 g für alle Größen, KlompeLOMPE Tynn Merinoull: 50 g für alle Größen
NADELN: Rundnadeln Nr. 2,5 und Nr. 3,5, je 40 cm und 80 cm
MASCHENPROBE: 22 M mit Ndl Nr. 3,5 = 10 cm
MASSE: Oberweite: ca. (46) 51 (57) 62 cm
Gesamtlänge: ca. (22) 24 (29) 35 cm

Die Jacke von oben nach unten in Reihen str.

(79) 85 (85) 87 M mit Ndl Nr. 2,5 mit Klompelompe Tynn Merinoull anschlagen.

16 R im Rippenmuster str, dabei in der 4. und 12. R wie folgt ein Knopfloch str:

Im Rippenmuster bis zu den letzten 5 M str, 2 M abk, 3 M im Rippenmuster str. In der nächsten R über den abgeketteten M 2 M anschlagen.

Nächste R: 1 R im Rippenmuster str, dabei jede 2. M aus dem Anschlag aufnehmen und mit der M zus str. Den Faden abschneiden. Zu Ndl Nr. 3,5 und Klompelompe Merinoull in Farbe A wechseln. Die äußeren 6 M an jeder Seite stilllegen.

1 R li M str und verteilt auf (65) 71 (71) 73 M abn.

Nächste R (Hin-R): (9) 10 (10) 10 M re, 1 M zun, 3 M re (Raglan-M), 1 M zun, (6) 7 (7) 8 M re (Ärmel-M), 1 M zun, 3 M re (Raglan-M), 1 M zun, (23) 25 (25) 25 M re, 1 M zun, 3 M re (Raglan-M), 1 M zun, (6) 7 (7) 8 M re (Ärmel-M), 1 M zun, 3 M re (Ärmel-M), 1 M zun, re M bis zu den letzten 5 M str, wenden, li M bis zu den letzten 5 M str, wenden, re M mit Raglan-Zun bis 3 M vor der letzten Wende-M str, wenden, li M bis 3 M vor der letzten Wende-M str, wenden, re M mit Raglan-Zun bis R-Ende str.

Weiter in jeder Hin-R insgesamt (11) 13 (16) 19-mal zun = (153) 175 (199) 225 M. 1 R li. M str

In der nächsten R die Arbeit wie folgt für die Ärmel teilen:

Bis inklusive der mittleren Raglan-M str, die nächste Raglan-M, die Ärmel-M und die nächste 1. Raglan-M stilllegen, 4 M anschlagen, bis inklusive der mittleren Raglan-M str, die nächste Raglan-M, die Ärmel-M und die nächste 1. Raglan-M stilllegen, 4 M anschlagen, re M bis R-Ende str = (101) 113 (125) 137 M.

9 R glatt rechts str. In der nächsten R beidseitig der 4 unter den Armen angeschlagenen M 1 M zun.

Weiterstr, bis die Arbeit (14) 16 (21) 27 cm (ab der Schulter) misst.

Zu Farbe B wechseln, 2 cm glatt rechts str.
Zu Farbe A wechseln, 1,5 cm glatt rechts str.
Zu Farbe B wechseln, 2 cm glatt rechts str.
Zu Farbe A wechseln, 2,5 cm glatt rechts str.

Die M stilllegen.

RECHTE KNOPFLEISTE

Mit Ndl Nr. 2,5 und Klompelompe Tynn Merinoull arb. Die Knopfleiste in R im Rippenmuster über die 6 stillgelegten M str. Auf der li Seite beginnen.

*1 R im Rippenmuster str.

Nächste R: Mit dem Faden vor der Arbeit 1 M aus der Kante auf die li Ndl aufnehmen und mit der 1. M der Knopfleiste li zus str, im Rippenmuster bis R-Ende str*, von * bis * wdh und jede 3. M überspringen, bis die unten stillgelegten M erreicht sind. Die M stilllegen und die li Knopfleiste str.

LINKE KNOPFLEISTE

Gleichmäßig verteilt (4) 5 (6) 7 MM unter dem ersten Knopfloch setzen, um die restlichen Knopflöcher zu markieren.

Auf der li Seite beginnen.

*Im Rippenmuster bis R-Ende str.

Nächste R: 5 M im Rippenmuster, die nächste M mit der äußeren M an der Kante li zus str*, von * bis * wdh und jede 3. M überspringen, bis die unten stillgelegten M erreicht sind, dabei an den markierten Stellen 1 Knopfloch arb. Die M stilllegen.

Den unterer Beleg mit Klompelompe Tynn Merinoull und Ndl Nr. 2,5 str:

Die M der li Knopfleiste im Rippenmuster str, die stillgelegten M re str, dabei gleichmäßig verteilt (22) 26 (30) 32 M zun, die M der re Knopfleiste im Rippenmuster str. Glatt rechts und im Rippenmuster str, bis der Beleg 3 cm misst. Daran denken, mittig am Beleg das unterste Knopfloch einzustr. Die M abk, Beleg nach innen umfalten und annähen. Die Außenkanten des Belegs zus nähen.

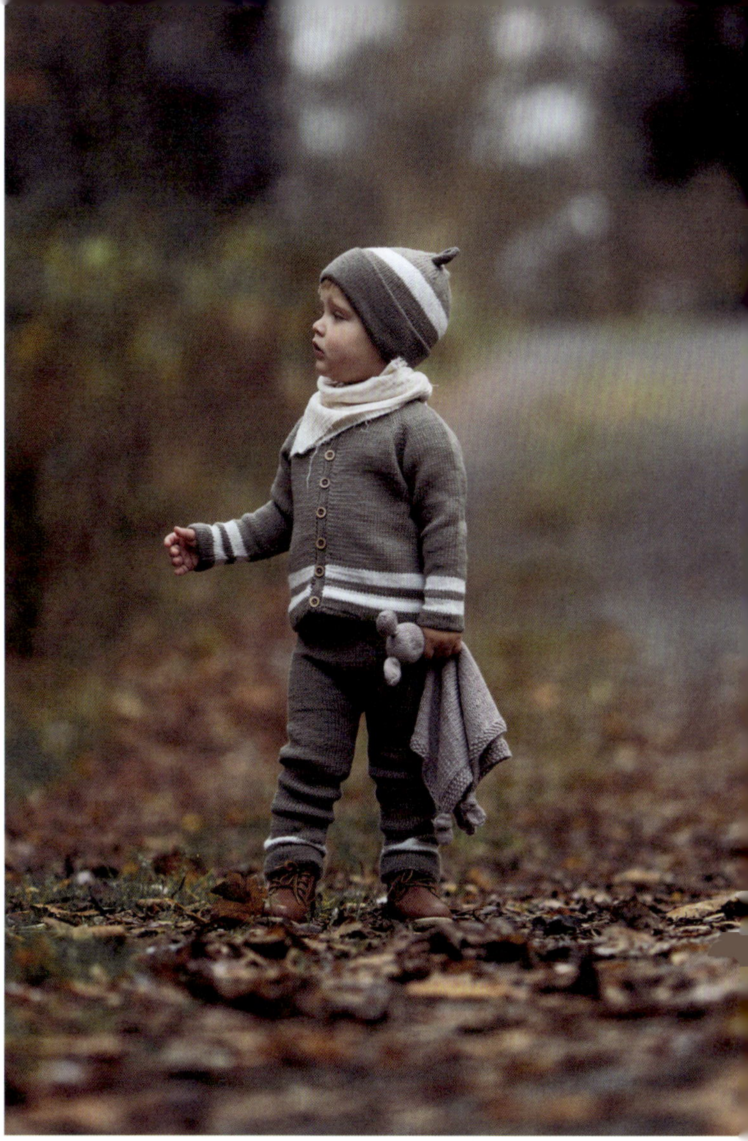

ÄRMEL

Mit Klompelompe Merinoull in Farbe A und Ndl Nr. 3,5 ab der Mitte der unter dem Arm angeschlagenen M 2 M aufnehmen, 1 M aus dem Übergang aufnehmen, die (30) 35 (41) 48 stillgelegten Ärmel-M re str, 1 M aus dem Übergang aufnehmen, 2 M aufnehmen bis Rd-Ende = (36) 41 (47) 54 M.

Die 1. M ist eine frühere Raglan-M und wird immer li gestrickt.

Nach 2,5 cm wie folgt abn: 1 M li, 2 M re zus str, re M bis zu den letzten 2 M str, 2 M re überzogen zus str.

Alle 2 cm abn, bis noch (30) 31 (33) 34 M übrig sind.

Wenn der Ärmel (4,5) 6,5 (10,5) 16,5 cm misst, mit den Streifen beginnen.

Zu Farbe B wechseln, 2 cm glatt rechts str.

Zu Farbe A wechseln, 1,5 cm glatt rechts str.

Zu Farbe B wechseln, 2 cm glatt rechts str.

Zu Farbe A wechseln, 2 cm glatt rechts str.

Zu Ndl Nr. 2,5 und Klompelompe Tynn Merinoull wechseln. 1 Rd re M str, dabei gleichmäßig verteilt (4) 4 (6) 6 M zun. 3 cm glatt rechts str, dann die M abk. Beleg nach innen umfalten und annähen.

Alle Fäden vernähen und die Knöpfe annähen. Die Jacke unter einem feuchten Handtuch trocknen lassen.

Stripelars große Hose

Eine perfekte Alltagshose für die Kita-Garderobe.

SCHWIERIGKEITSGRAD 2

GRÖSSEN: (0–1 Mon) 3 Mon (6 Mon) 12 Mon (18 Mon) 2 Jahre (3 Jahre)
GARN: KlompeLOMPE Merinoull, Farbe A: 9871, Farbe B: 1013
MENGE: Farbe A: (100) 100 (150) 150 (200) 200 (200) g, Farbe B: 50 g für alle Größen
NADELN: Rundnadeln Nr. 3 und Nr. 3,5, je 60 cm und 80 cm
MASCHENPROBE: 22 M mit Ndl Nr. 3,5 = 10 cm
MASSE: Oberweite: ca. (34,5) 38 (44) 49 (51) 54,5 (58) cm
Gesamtlänge: ca. (30,5) 34,5 (38,5) 42,5 (45,5) 48,5 (54,5) cm

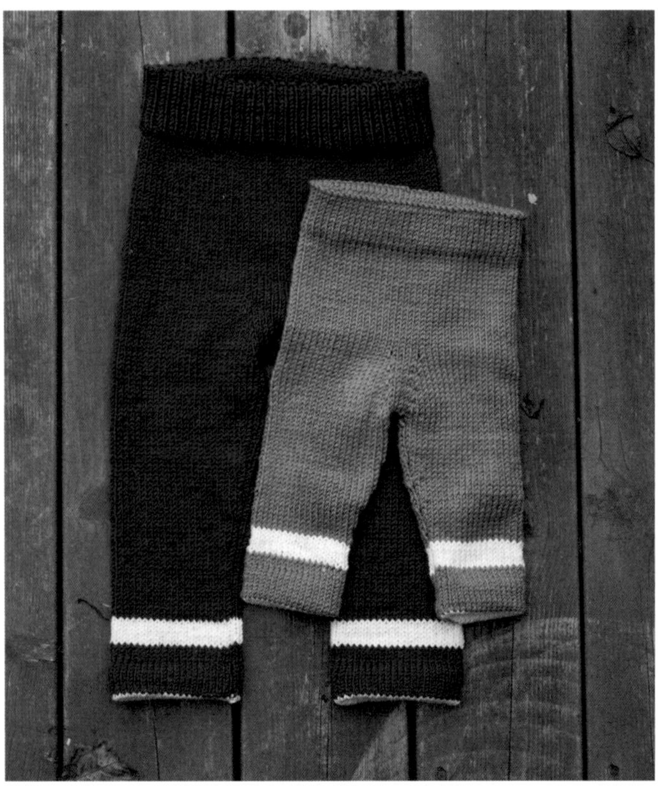

Die Hose von oben nach unten in Runden str.

(76) 84 (96) 108 (112) 120 (128) M mit Ndl Nr. 3 mit Farbe A anschlagen. Dabei unbedingt locker anschlagen, eventuell mit einer dickeren Ndl.

(10) 10 (15) 15 (15) 15 (15) Rd re M str. 1 Rd li M str. (10) 10 (15) 15 (15) 15 (15) Rd im Rippenmuster (1 M re, 1 M li im Wechsel) str.

Zu Ndl Nr. 3,5 wechseln und 1 Rd re M str.

Den hinteren Teil der Hose wie folgt mit verkürzten R länger str (mit German Short Rows siehe Video auf Klompelompe.no): 10 M re, wenden, 20 M li, wenden, bis 4 M nach der letzten Wende-M str, wenden, bis 4 M nach der letzten Wende-M str. So weiterstr, bis an jeder Seite (3) 3 (4) 4 (5) 5 (5) 5-mal gewendet wurde, re M bis Rd-Ende str.

Glatt rechts str, bis die Arbeit vorne (8) 9 (10) 11 (12) 13 (14) cm ab dem Wechsel zu Nd Nr. 3,5 misst. Beidseitig der mittleren (4) 4 (6) 10 (10) 10 (10) M von Vorder- und Rückentel 1 MM setzen. Beidseitig der mittleren M 1 re verschr aus dem Querfaden zun. Dies in jeder 3. Rd insgesamt 5-mal arb = (96) 104 (116) 128 (132) 140 (148) M.

1 Rd re M str, dabei gleichzeitig die (4) 4 (6) 10 (10) 10 (10) markierten M vorn und hinten abk = (44) 48 (52) 54 (56) 60 (64) M pro Bein.

BEIN
In Rd glatt rechts str, dabei die 1. M der Rd immer li str = markierte M.
3 cm re M str.
In der nächsten Rd wie folgt abn: 1 M li (markierte M), 2 M re zus str, re M bis zu den letzten 2 M str, 2 M re überzogen zus str.

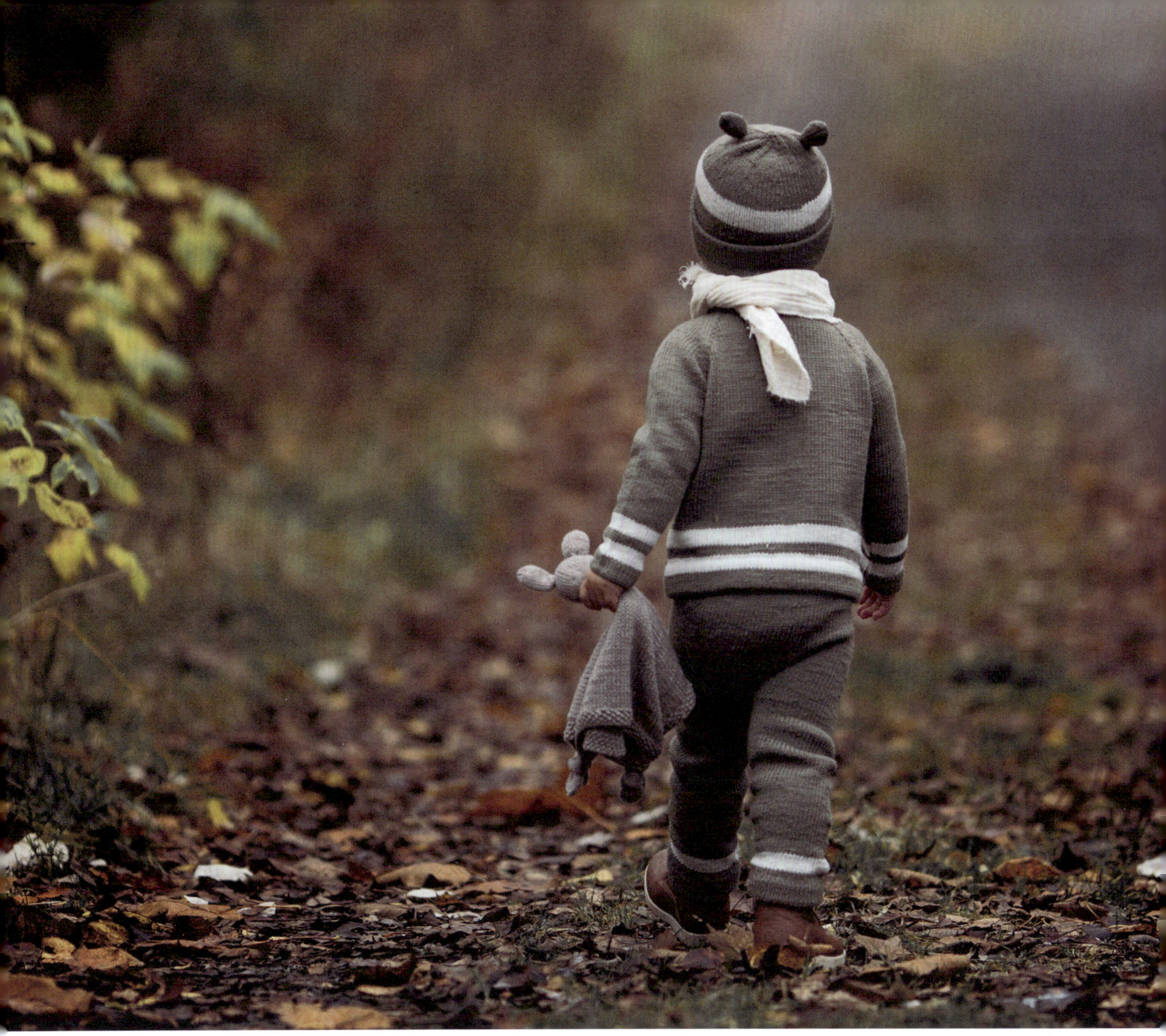

Alle (2) 2,5 (3) 3 (3,5) 4 (5) cm abn, bis noch (36) 36 (40) 44 (48) 48 (52) M übrig sind.

Weiter glatt rechts str, bis das Bein (9) 12 (15) 18 (20) 22 (27) cm misst.

Zu Farbe B wechseln. 6 Rd glatt rechts str.

Zu Farbe A wechseln. 1 cm glatt rechts str. Zu Ndl Nr. 3 wechseln. 2,5 cm glatt rechts str. Zu Farbe B wechseln. 2,5 cm glatt rechts str und in der letzten Rd die M abk.

Die (4) 4 (6) 10 (10) 10 (10) M hinten und vorn im Schritt im M-Stich zus nähen. Den Beleg in der Taille umfalten und auf der Rückseite annähen. Ein Gummiband einziehen. Die unterste Kontrastfarbe am Bein nach innen umfalten und auf der Rückseite annähen.

Alle Fäden vernähen. Die Hose unter einem feuchte Handtuch trocknen lassen.

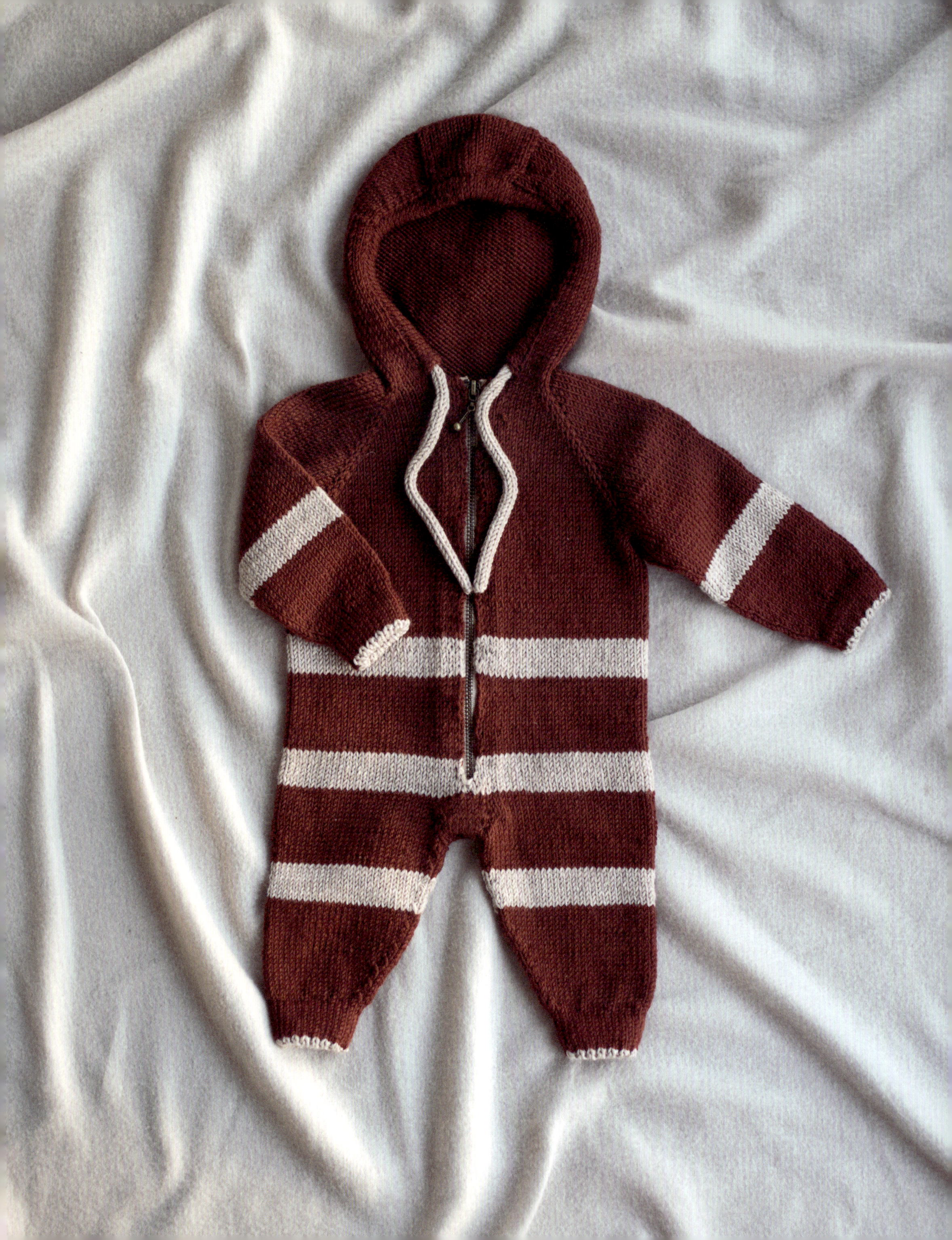

Stripelars Overall

Ein gemütlicher, weiter Overall. An nicht allzu kalten Tagen ideal für draußen, und um das Baby im Kindersitz im Auto warm zu halten.

SCHWIERIGKEITSGRAD 3

GRÖSSEN: 0–2 Mon (3 Mon) 6–9 Mon (1 Jahr) 2 Jahre (3 Jahre)
GARN: KlompeLOMPE Merinoull, Farbe A: 3355, Farbe B: 2650
MENGE: Farbe A: 200 (250) 250 (300) 350 (400) g, Farbe B: 50 (50) 50 (50) 100 (100) g
NADELN: Rundnadeln Nr. 3 und Nr. 3,5, je 60 cm und 80 cm
REISSVERSCHLUSS: 25 (30) 30 (35) 40 (40) cm
MASCHENPROBE: 22 M mit Ndl Nr. 3,5 = 10 cm
MASSE: Gesamtlänge ohne Kapuze: ca. 43 (48) 53 (60) 68 (75) cm
Oberweite: ca. 51 (57) 61 (65) 67 (70,5) cm

In Reihen str und mit der Kapuze beginnen.

16 (16) 16 (20) 20 (20) M mit Ndl Nr. 3,5 mit Farbe A anschlagen.

1 R li M str. 1 R re M str, dabei gleichmäßig verteilt 3 M zun. Weiter glatt rechts str, bis die Arbeit 7 (8) 10 (12) 13 (14) cm misst. Die M stilllegen.

Für die Zun 1 M re verschr aus dem Querfaden herausstr.

An dem glatt rechten Stück aus der li Seite 17 (19) 24 (26) 28 (30) M aufnehmen, die stillgelegten M str, aus der anderen Seite 17 (19) 24 (26) 28 (30) M aufnehmen = 53 (57) 67 (75) 79 (83) M.

Beidseitig der mittleren 19 (19) 19 (23) 23 (23) M 1 MM setzen. Glatt rechts str.
Insgesamt 6-mal in jeder Hin-R beidseitig der 19 (19) 19 (23) 23 (23) M 1 M zun = 65 (69) 79 (87) 91 (95) M.

In der nächsten Hin-R die Rückseite der Kapuze wie folgt länger str:

Bis zum 2. MM str, wenden, li M bis zum 1. MM str, wenden, bis zur letzten M str, wenden, li M bis zur letzten M str, wenden, bis R-Ende str.

1 R li. M str

Die verkürzten R noch 1-mal wdh.

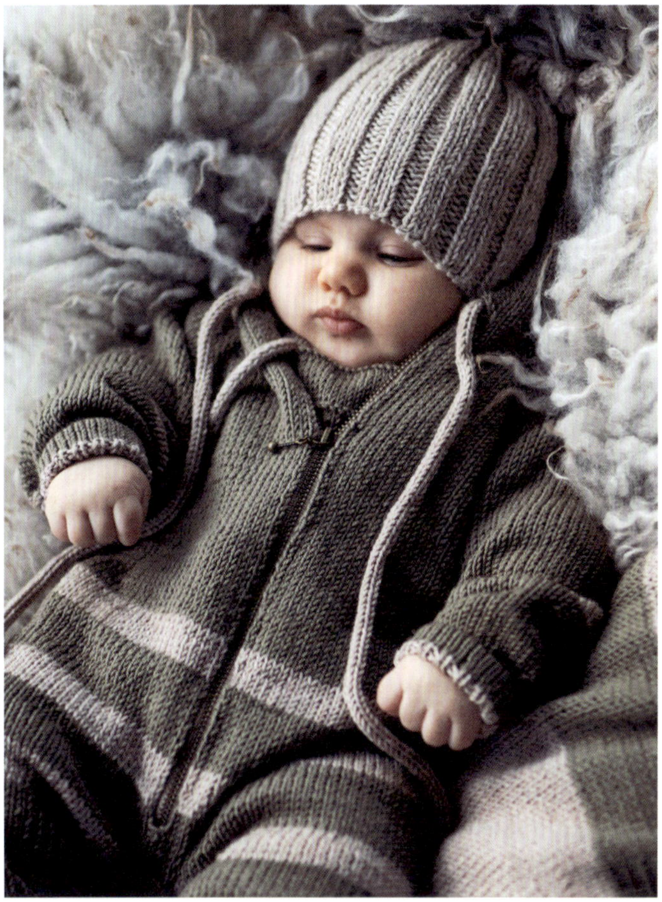

Weiterstr, bis die Kapuze 9 (10) 10 (10) 10 (11) cm ab dem Ende der Zun misst. In der nächsten Hin-R wie folgt abn: Bis 2 M vor dem MM str, 2 M re zus str, bis zum nächsten MM str, 2 M re überzogen zus str, bis R-Ende str.

In jeder Hin-R insgesamt 2 (2) 3 (6) 8 (8)-mal abn = 61 (65) 73 (75) 75 (79) M.

Weiterstr, bis die Kapuze 14 (15) 16 (18) 19 (20) cm ab den Zun misst.

1 R re M (Hin-R) str und verteilt auf 53 (57) 63 (67) 67 (71) M abn.

1 R li M str. Den Faden abschneiden.

In der nächsten R wie folgt für die Raglan-Zun aufteilen:

3 M anschlagen, 6 (7) 9 (10) 10 (11) M re, 1 M zun, 1 M re (Raglan-M), 1 M zun, 8 M re, 1 M zun, 1 M re (Raglan-M), 1 M zun, 21 (23) 25 (27) 27 (29) M re, 1 M zun, 1 M re (Raglan-M), 1 M zun, 8 M re, 1 M zun, 1 M re (Raglan-M), 1 M zun, 6 (7) 9 (10) 10 (11) M re, 3 M anschlagen.

Ab jetzt ab dieser R messen.

Weiter glatt rechts str, dabei in jeder Hin-R beidseitig der Raglan-M zun.

Die Zun insgesamt 15 (17) 18 (19) 20 (21)-mal arb = 179 (199) 213 (225) 233 (245) M.

Nächste R (Hin-R): Bis zur Raglan-M re M str, die nächsten 40 (44) 46 (48) 50 (52) Ärmel-M (inklusive Raglan-M) stilllegen, 7 M anschlagen, die M des Rückenteils str, die nächsten 40 (44) 46 (48) 50 (52) Ärmel-M (inklusive Raglan-M) stilllegen, 7 M anschlagen, re M bis R-Ende str = 113 (125) 135 (143) 147 (155) M.

Glatt rechts str, bis die Arbeit 16 (18) 20 (24) 28 (30) cm misst. Zu Farbe B wechseln und 2,5 cm glatt rechts str.

Zu Farbe A wechseln und 5 cm glatt rechts str.

Zu Farbe B wechseln und 2,5 cm glatt rechts str.

Zu Farbe A wechseln.

Weiter glatt rechts str, bis die Arbeit 25 (28) 29 (33) 37 (39) cm misst und die nächste R eine Hin-R ist.

1 R re M str und 1 M anschlagen. Ab jetzt in Rd weiterstr, bis die Arbeit 27 (29) 31 (35) 39 (41) cm misst. Beidseitig der mittleren 7 M von Vorder- und Rückenteil 1 MM setzen.

Beidseitig der 7 markierten M vorn und hinten 1 M re verschr aus dem Querfaden zun. In jeder 2. Rd insgesamt 4-mal arb.

In der nächsten Rd die markierten 7 M abk = 58 (64) 69 (73) 75 (79) M pro Bein.

BEIN

Den Rd-Beginn markieren. Weiter glatt rechts str.

5 cm nach dem letzten Streifen in Farbe B wieder zu Farbe B wechseln und 2,5 cm str. Zu Farbe A wechseln und bis zum Ende der Arbeit glatt rechts str.

Wenn das Bein 1 cm misst, wie folgt abn: 1 M re, 2 M re zus str, bis zu den letzten 2 M str, 2 M re überzogen zus str.

Alle 1 (1) 1 (1) 1,5 (1,5) cm insgesamt 9 (11) 13 (14) 15 (18)-mal abn.

Weiterstr, bis das Bein 11 (14) 17 (20) 24 (29) cm misst.

1 Rd re M str und gleichmäßig verteilt auf 30 (30) 32 (34) 36 (38) M abn.

Zu Ndl Nr. 3 wechseln und 3 cm glatt rechts str. Zu Farbe B wechseln und 3 cm Rippenmuster (1 M re, 1 M li) im Wechsel str. In der letzten Rd die M abk.

Die Rippen nach innen umfalten und annähen.

ÄRMEL

Mit Ndl Nr. 3,5 und Farbe A arb.

Ab der Mitte der unter dem Arm angeschlagenen M 4 M aufnehmen, die stillgelegten 40 (44) 46 (48) 50 (52) M str, 3 M bis Rd-Ende aufnehmen.

Wenn es zu schwierig ist, die M unter dem Arm aufzunehmen, können Sie sie auch anschlagen und später die Naht unter dem Arm schließen.

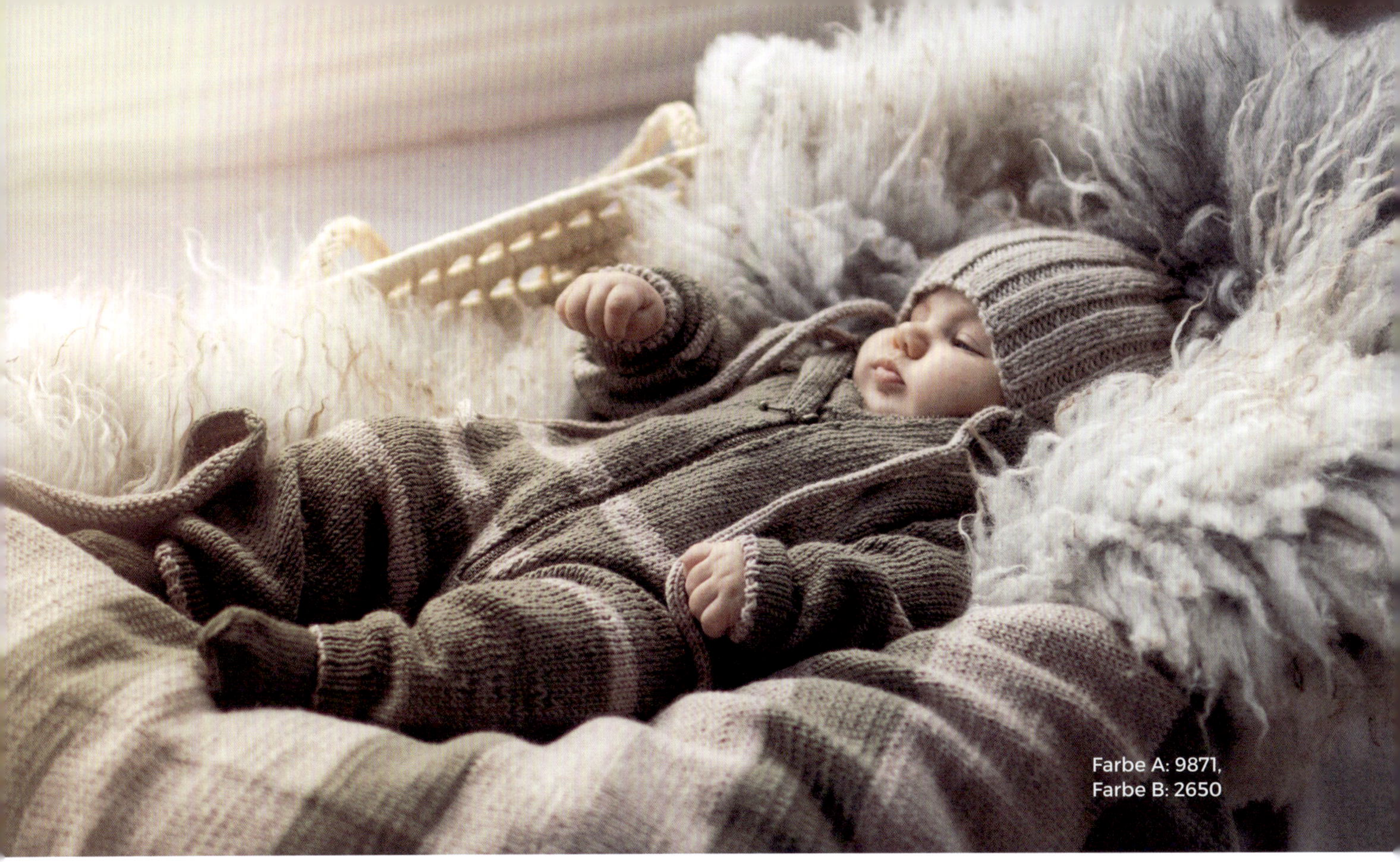

In derselben Höhe wie am Körper, gemessen unter dem Arm, 1 Streifen von 2,5 cm mit Farbe B str. Glatt rechts str, bis der Ärmel 14 (16) 18 (20) 24 (26) cm misst, dabei nach 2 cm wie folgt abn: 1 M re, 2 M re zus str, bis zu den letzten 2 M str, 2 M re zus str. Alle 1,5 (1,5) 1,5 (1,5) 2 (2,5) cm abn, bis 31 (31) 33 (35) 37 (39) M übrig sind. In der letzten Rd 1 M abk.

Zu Ndl Nr. 3 wechseln und 3 cm glatt rechts str. Zu Farbe B wechseln und 3 cm im Rippenmuster (1 M re, 1 M li im Wechsel) str. In der letzten Rd die M abk.

Die Rippen nach innen umfalten und annähen.

KAPUZENTUNNEL

Um die Kapuze mit Farbe A und Ndl Nr. 3,5 aus jeder M 1 M aufnehmen, dabei jede 4. M überspringen (aus jeder M der Anschlagkante in der Mitte der Kapuze 1 M aufnehmen). 3 cm glatt rechts str. In der letzten Rd die M abk. Tunnel nach innen umfalten und annähen. An den Enden eine Öffnung lassen.

Mit Farbe B einen I-Cord str (siehe Video auf Klompelompe.no) oder mit einer Strickliesel arb. Den I-Cord in den Tunnel einziehen.
Einen Reißverschluss einnähen.

BELEG

4 M am Hals, auf der einen Seite des Reißverschluss aufnehmen (1 M aus jeder der 3 am Hals angeschlagenen M + 1 M). Glatt rechts str, bis der Beleg so lang ist wie der Reißverschluss (Öffnung des Overalls). Die M stilllegen.

Auf der anderen Seite genauso str.

Nächste R: 4 M str, 2 M anschlagen, die 4 stillgelegten M str. Glatt rechts str, bis der Beleg den Reißverschluss ganz bedeckt (eventuell den Reißverschluss vorher passend abschneiden). Den Beleg so annähen, dass er den Reißverschluss innen gut bedeckt.

Alle Fäden vernähen und den Overall unter einem feuchten Handtuch trocknen lassen.

Stripelars Trägerhose

Diese niedliche Trägerhose trägt ebenfalls das Streifenmuster.

SCHWIERIGKEITSGRAD 2

GRÖSSEN: (0–2 Mon) 3 Mon (6 Mon) 12 Mon (18 Mon) 2 Jahre (4 Jahre)
GARN: KlompeLOMPE Merinoull, Farbe A: 9871, Farbe B: 2650
MENGE: Farbe A: (100) 150 (200) 200 (200) 250 (300) g, Farbe B: (50) 50 (50) 50 (50) 50 (50) g
NADELN: Rundnadeln Nr. 3 und Nr. 3,5, je 40 cm und 80 cm für Magic Loop
MASCHENPROBE: 22 M mit Ndl Nr. 3,5 = 10 cm
MASSE: Oberweite: ca. (43) 43 (49) 53 (56) 59 (63) cm
Länge (von der Taille bis unten): ca. (38,5) 43,5 (45,5) 56 (61,5) 66 (69) cm

Die Hose mit Rippenmuster oben an der Taille beginnen und in Runden str.

(94) 94 (108) 116 (124) 130 (138) M mit Ndl Nr. 3 mit Farbe A anschlagen. Der Rd-Beginn ist in der hinteren Mitte. 10 Rd Rippenmuster (1 M re, 1 M li im Wechsel) str.

LATZ

Mit Ndl Nr. 3 zuerst die Rückseite des Latzes str. (36) 36 (40) 40 (44) 46 (48) M oben aus der vorderen Mitte der Rippen aufnehmen. (10) 10 (12) 12 (14) 16 (16) R glatt links (Hin-R li M, Rück-R re M) für die Rückseite des Latzes str.

In der nächsten R (Rück-R) wie folgt Knopflöcher str: 3 M re, 2 M abk, re M bis zu den letzten 5 M str, 2 M abk, 3 M re.

In der nächsten R über den abgekettteten M 2 M anschlagen.

3 R glatt links str.

1 Hin-R re M str (Umbruchkante). Jetzt wird wieder nach unten zu den Rippen gestrickt.

3 R glatt links, dann wie folgt Knopflöcher str: 3 M li, 2 M abk, li M bis zu den letzten 5 M str, 2 M abk, 3 M li. In der nächsten R über den abgeketteten M 2 M anschlagen.

(15) 15 (17) 17 (19) 21 (21) R glatt links str.

In der nächsten R (Rück-R) wie folgt zun: 1 M re, 1 M zun, bis zur letzten M str, 1 M zun, 1 M re.

1 R li M str.

In der nächsten R die Zun wdh.

1 R li M str

In der nächsten R die Zun wdh.

1 R li M str = (42) 42 (46) 46 (50) 52 (54) M.

Jetzt werden Latz und Hose zus gestrickt. In der hinteren Mitte, am Rd-Beginn mit Ndl Nr. 3,5 beginnen.

(26) 26 (31) 35 (37) 39 (42) M re, dann Latz und Hose zus str, (26) 26 (31) 35 (37) 39 (42) M re. Beim Zusstr je 1 M vom Latz mit 1 M der Hose re zus str.
1 Rd re M str, dabei gleichmäßig verteilt (12) 18 (18) 20 (20) 20 (20) M zun = (106) 112 (126) 136 (144) 150 (158) M.

Wie folgt das Rückenteil verlängern (verkürzte R mit German Short Rows, siehe Video auf Klompelompe.no): 10 M re, wenden, 20 M li, wenden, 25 M re, wenden, 30 M li, wenden, 35 M re, wenden, 40 M li, wenden, re M bis Rd-Ende str.
2 cm glatt rechts mit Farbe A str.
Weiter Streifen str.

STREIFEN:

6 Rd mit Farbe B, 18 Rd mit Farbe A im Wechsel.
Tipp für einen Farbwechsel ohne Stufe: Farbe wechseln, 1 Rd str. In der nächsten Rd die 1. M abh.

Glatt rechts str, bis die Arbeit (19) 23 (24) 27 (29) 30 (31) cm ab der Oberkante der Rippen misst, gemessen an der Seite. Beidseitig der mittleren 6 M von

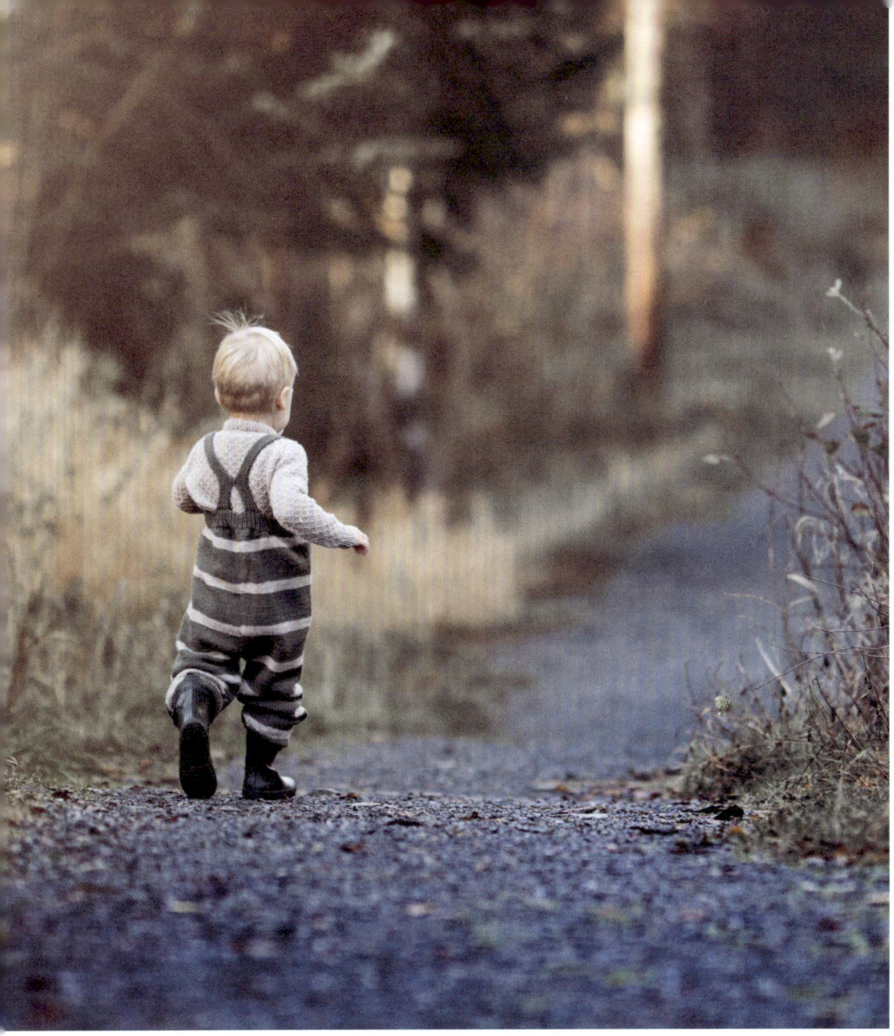

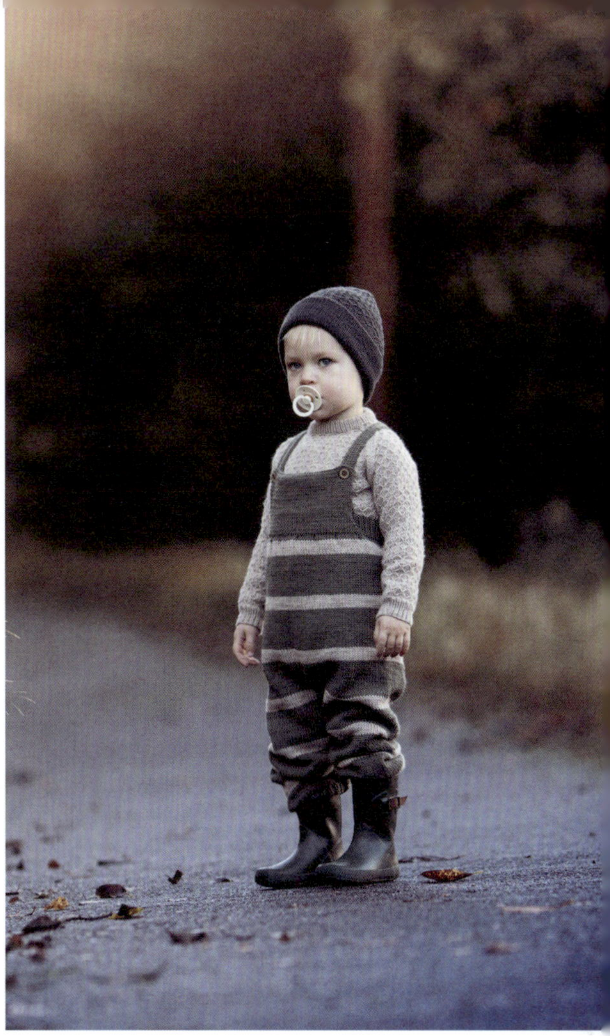

Vorder- und Rückenteil 1 MM setzen. Beidseitig dieser 6 M 1 M zun = 4 M zugenommen. Die Zun in jeder 2. Rd insgesamt 4-mal arb.

In der nächsten Rd die 6 M vorn und 6 M hinten abk = (55) 58 (65) 70 (74) 77 (81) M pro Bein.

BEIN

Mit Ndl Nr. 3,5 weiter Streifen str. Die (55) 58 (65) 70 (74) 77 (81) M in Rd mit Magic Loop (siehe Video auf Klompelompe.no) str. An der Verbindungsstelle 1 MM setzen.

Nach 2 cm wie folgt abn: 1 M re, 2 M re zus str, bis zu den letzten 3 M str, 2 M re überzogen zus str, 1 M re.

Alle (3) 2 (1,5) 2 (2) 2 (2) cm abn, bis (47) 46 (49) 48 (50) 53 (53) M übrig sind.

Weiterstr, bis das Bein (14) 15 (16) 23 (26) 28 (31) cm misst. 1 Rd re M str, dabei gleichmäßig verteilt (9) 8 (11) 10 (10) 11 (11) M abn. Zu Ndl Nr. 3 wechseln und mit Farbe A str. (10) 10 (10) 12 (14) 16 (16) Rd im Rippenmuster str. In der letzten Rd die M abk.

TRÄGER

Mit Ndl Nr. 3 und Farbe A 9 M für den re Träger aufnehmen (in der hinteren Mitte sollen 8 M zwischen den Trägern liegen).

12 R Rippenmuster (1 M re, 1 M li im Wechsel) str. Arbeit beiseitelegen und an der li Seite genauso einen zweiten Träger str.

In der nächsten R am Schluss 1 M (Mittel-M) anschlagen, und den anderen Träger mitstr = 19 M.

4 R im Rippenmuster str. In der nächsten R die Mittel-M abk, und die Träger getrennt str, bis sie ab den aufgenommenen M (18) 18 (20) 22 (24) 26 (28) cm messen. Die M abk. Am Ende jedes Trägers einen Knopf annähen.

Alle Fäden vernähen, die Seiten des Latzes über den Rippen zus nähen und die Hose unter einem feuchten Handtuch trocknen lassen.

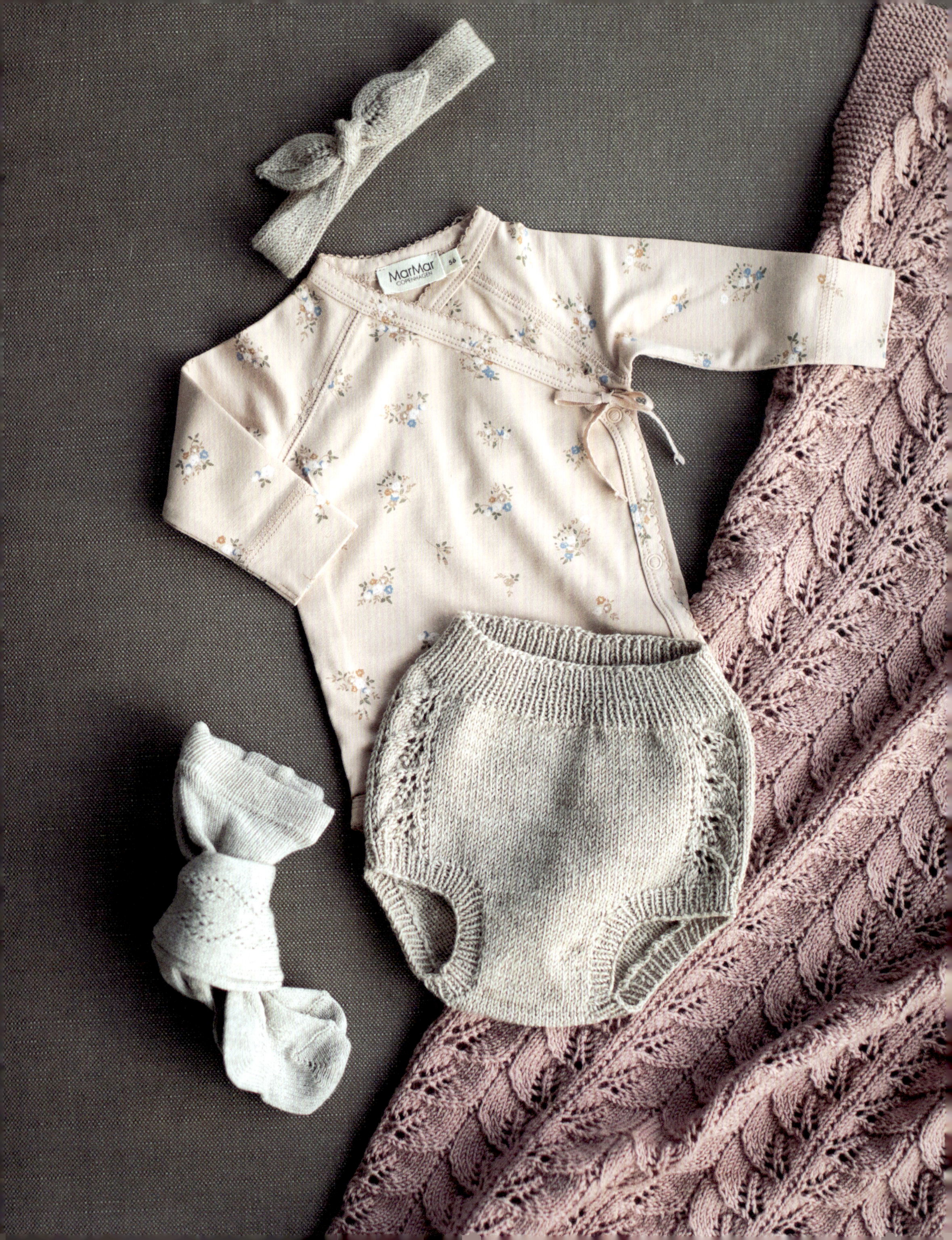
MarMar
COPENHAGEN
56

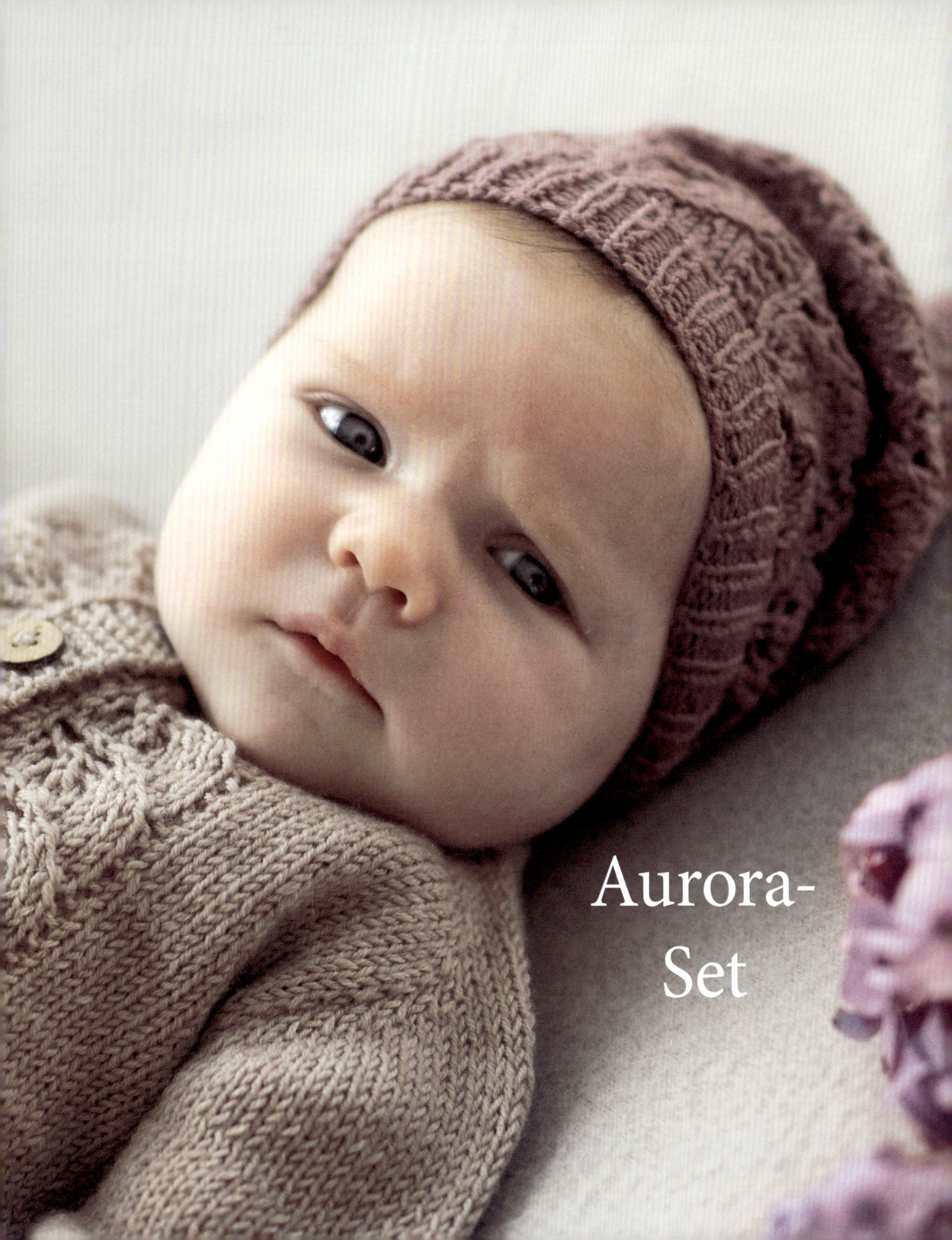

Aurora-Set

Aurora-Babyjacke

Das Blattmuster der Aurorajacke hat uns all die Jahre begleitet. Es begann mit einem Sommertop, wurde dann ein Taufkleid und findet sich jetzt auf einem süßen, kleinen Set.

SCHWIERIGKEITSGRAD 3

GRÖSSEN: (0–1) 3 (6–12) 18–24 Mon
GARN: KlompeLOMPE Tynn Merinoull, Farbe 2650
MENGE: (100) 100 (150) 200 g
NADELN: Rundnadeln Nr. 2,5 und Nr. 3, je 60 cm und 80 cm
MASCHENPROBE: 27 M mit Ndl Nr. 3 = 10 cm
MASSE: Oberweite: ca. (43,5) 46 (54,5) 60 cm
Gesamtlänge: ca. (22) 26 (29) 35 cm

Von oben nach unten in Reihen auf einer Rdndl str.

(78) 78 (84) 88 M mit Ndl Nr. 2,5 anschlagen. 3 Kraus-Rippen (1 Kraus-Rippe = 2 R re M) str.

In der 3. R wie folgt ein Knopfloch str: Re M bis zu den letzten 5 M str, 2 M abk, 3 M re. In der nächsten R über den abgeketteten M 2 M anschlagen. Insgesamt 3 Knopflöcher mit (8) 8 (9) 10 Kraus-Rippen Abstand str. Zu Ndl Nr. 3 wechseln.

Die äußeren 5 M an jeder Seite weiter kraus rechts str (Knopfleisten), im Muster laut Strickschrift über die 11 nächsten M an jeder Seite und glatt rechts über die restlichen M str. Strickschrift auf Seite 145.

An der Passe jetzt beidseitig der 6 Ärmel-/Schulter-M wie folgt zun:

5 M re, 11 M im Muster, (1) 1 (2) 3 M re, 1 M zun, 1 M re, 1 M zun, MM setzen, 6 M re (Ärmel-M), 1 M zun, 1 M re, 1 M zun, (28) 28 (32) 34 M re, 1 M zun, 1 M re, 1 M zun, MM setzen, 6 M re (Ärmel-M), 1 M zun, 1 M re, 1 M zun, (1) 1 (2) 3 M re, 11 M im Muster, 5 M re = 8 M zugenommen. Hier wird nur an Vorder- und Rückenteil zugenommen, die Maschenzahl des Ärmels bleibt unverändert.

Weiter in jeder Hin-R zun (und weiter die äußeren 5 M kraus rechts und die nächsten 11 M im Muster str):

Bis 1 M vor dem MM str, 1 M zun, 1 M re, 1 M zun, 6 M re, 1 M zun, 1 M re, 1 M zun, bis 1 M vor dem nächsten MM str, 1 M zun, 1 M re, 1 M zun, 6 M re, 1 M zun, 1 M re, 1 M zun, bis R-Ende str.

1 Rück-R im eingeteilten Muster str.

1 R re M und im Muster str und wie zuletzt zun.

Nächste R: (Rück-R): Bis zu den letzten 17 M str, wenden, re M mit Zun str, bis noch 17 M übrig sind, wenden, li M bis zu den letzten 19 M str, wenden, re M mit Zun bis zu den letzten 19 M str, wenden, bis R-Ende str.

Weiter in jeder Hin-R zun, bis insgesamt (5) 6 (8) 9-mal zugenommen wurde = (118) 126 (148) 160 M.

Nun wie folgt an Vorderteil, Rückenteil und Ärmeln zun (Raglan-Zun):

Die MM um 1 M in die Vorderteile versetzen = jeweils 7 M zwischen den Ärmel-MM. Die M beidseitig der 6 Ärmel-M sind jetzt die Raglan-M.

Bis zur Raglan-M str, 1 M zun, 1 M re, 1 M zun, von * bis * insgesamt 4-mal arb, bis R-Ende str = 8 M zugenommen.

1 R li M (weiter mit Muster-M und kraus rechten Knopfleisten) str.

1 R str und die Raglan-Zun beidseitig der Raglan-M wdh.

1 Rück-R str.

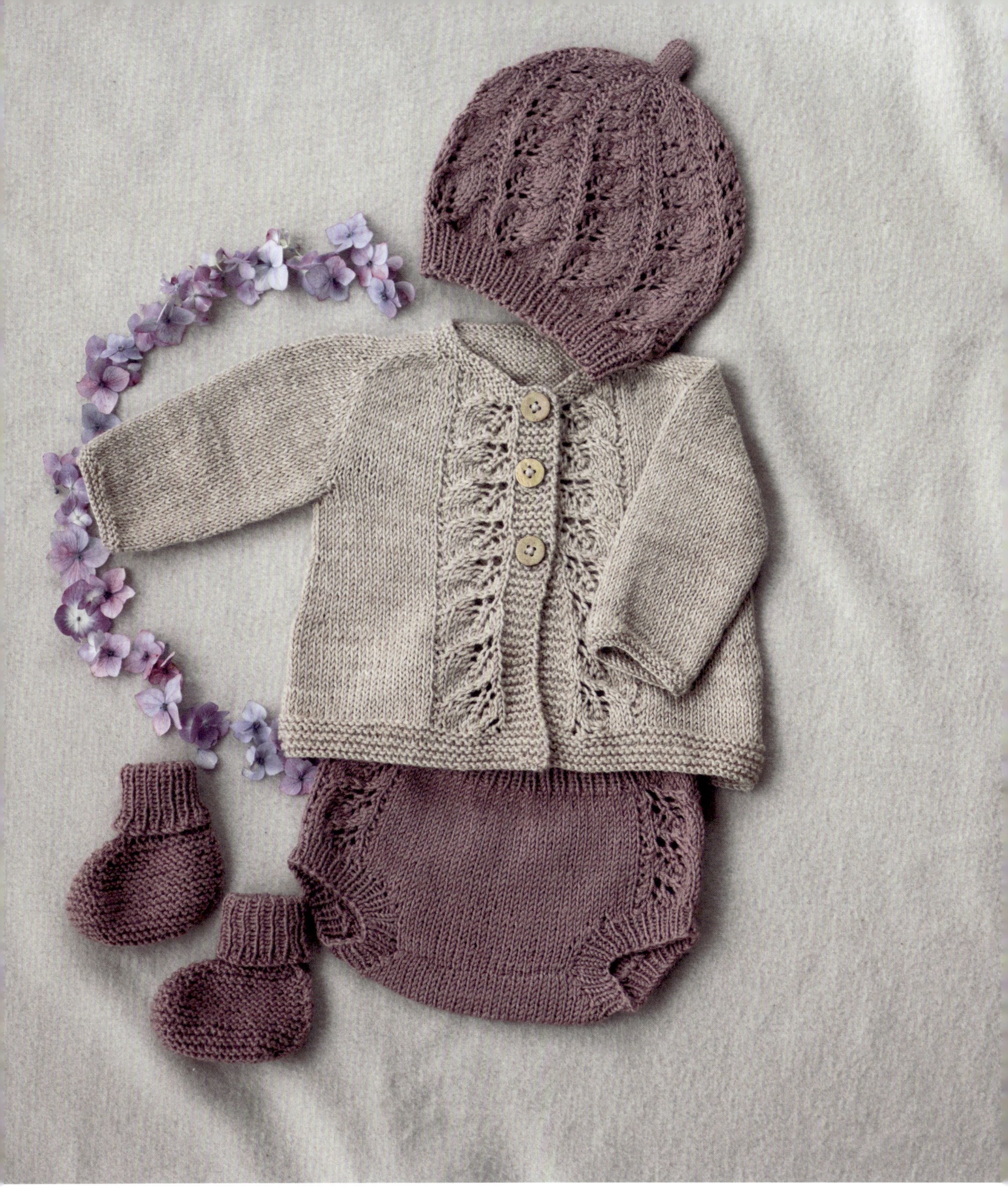

Größe 18– 24 Mon
1 R str und die Raglan-Zun beidseitig der Raglan-M wdh.

1 Rück-R str.

Alle Größen
Jetzt wie folgt nur noch an den Ärmel-M zun:

Bis nach der 1. Ärmel-Raglan-M str, 1 M zun, 2 M re, 1 M zun, bis 2 M vor der 2. Ärmel-Raglan-M str, 1 M zun, 2 M re, 1 M zun, von * bis * wdh, bis R-Ende str.

In jeder Hin-R am Ärmel zun, bis es je (42) 46 (54) 62 Ärmel-M sind (ohne Raglan-M).

Nächste R (Hin-R): Re (und im Muster) bis zu den Ärmel-M str, die (42) 46 (54) 64 Ärmel-M stilllegen, 4 M anschlagen, re bis zum nächsten Ärmel, die (42) 46 (54) 64 Ärmel-M stilllegen, 4 M anschlagen, bis R-Ende str = (122) 130 (152) 168 M.

In der bisherigen Mustereinteilung weiterstr.

Beidseitig der 4 unter dem Arm angeschlagenen M 1 MM setzen.

Nach 4 cm beidseitig der 4 M an beiden Seiten 1 M zun. Insgesamt (3) 3 (4) 5-mal alle 4 cm zun.

Weiterstr, bis die Arbeit (ab der Schulter) (20) 24 (27) 33 cm misst. Mit 5 Kraus-Rippen enden und in der letzten R die M abk. Achtung: Für die 5 Kraus-Rippen nicht zu Ndl Nr. 2,5 wechseln, weil diese Jacke unten locker sein soll.

ÄRMEL
Ab der Mitte der unter dem Arm angeschlagenen M 2 M aufnehmen, 1 M aus dem Übergang aufnehmen, die stillIgelegen M str, 1 M aus dem Übergang aufnehmen und 2 M bis Rd-Ende aufnehmen.

Die 1. M ist eine alte Raglan-M und wird immer li gestrickt.

Nach 2 cm wie folgt abn:

1 M li, 2 M re zus str, re M bis zu den letzten 2 M str, 2 M re überzogen zus str.

Alle (2) 2 (1,5) 1,5 cm abn, bis (38) 38 (40) 42 M übrig sind. Weiterstr, bis der Ärmel (12) 14 (18) 24 cm misst. Zu Ndl Nr. 2,5 wechseln. 1 Rd li M str. 1 Rd re M str, dabei gleichmäßig verteilt 4 M abn. 1 Rd li M und 1 Rd re M str. 1 Rd li, M str dabei gleichzeitig die M abk.

Alle Fäden vernähen, die Nähte unter den Armen schließen und die Knöpfe annähen. Die Jacke unter einem feuchten Handtuch trocknen lassen oder dämpfen.

Aurora-Babymütze

Eine süße Mütze mit hübschem Spitzenmuster.

SCHWIERIGKEITSGRAD 2

GRÖSSEN: (Frühchen) 0–1 Mon (1–3 Mon) 3–6 Mon (9–12 Mon) 1–2 Jahre
GARN: KlompeLOMPE Tynn Merinoull, Farbe 4331
MENGE: 50 g für alle Größen
NADELN: Rundnadeln Nr. 2,5 und Nr. 3, je 40 cm und 80 cm
MASCHENPROBE: 27 M mit Ndl Nr. 3 = 10 cm

Nicht für Größe Frühchen,
1-3 Mon und 9-12 Mon

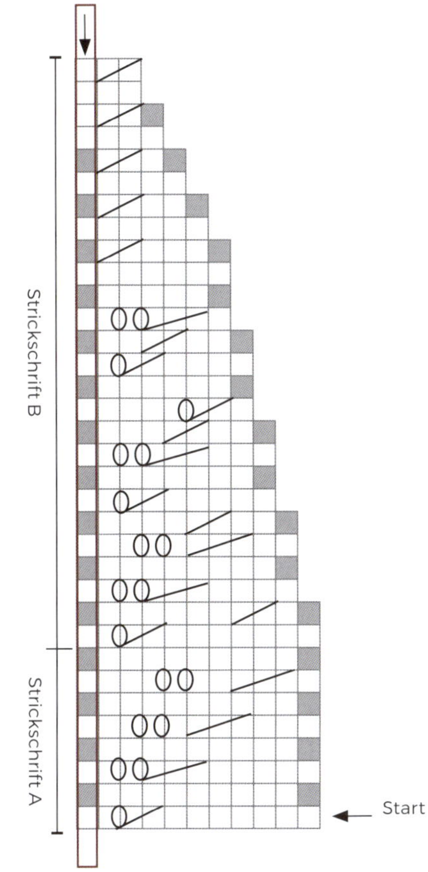

- □ = in Hin-R 1 M re, in Rück-R 1 M li
- ■ = in Hin-R 1 M li, in Rück-R 1 M re
- = 2 M re zus str
- = 2 M re überzogen zus st
- = 3 M re zus str
- = 2 M zus re abh, 1 M re, beide abgehobenen M darüberziehen
- = 1 U zwischen 2 M

(72) 78 (88) 92 (96) 102 M mit Ndl Nr. 2,5 anschlagen.

(10) 10 (12) 12 (14) 14 Rd Rippenmuster (1 M re, 1 M li im Wechsel) str.

Zu Ndl Nr. 3 wechseln, 1 Rd re M str, dabei gleichmäßig verteilt (8) 10 (2) 7 (4) 8 M zun = (80) 88 (90) 99 (100) 110 M.

Mit dem Muster laut Strickschrift beginnen.

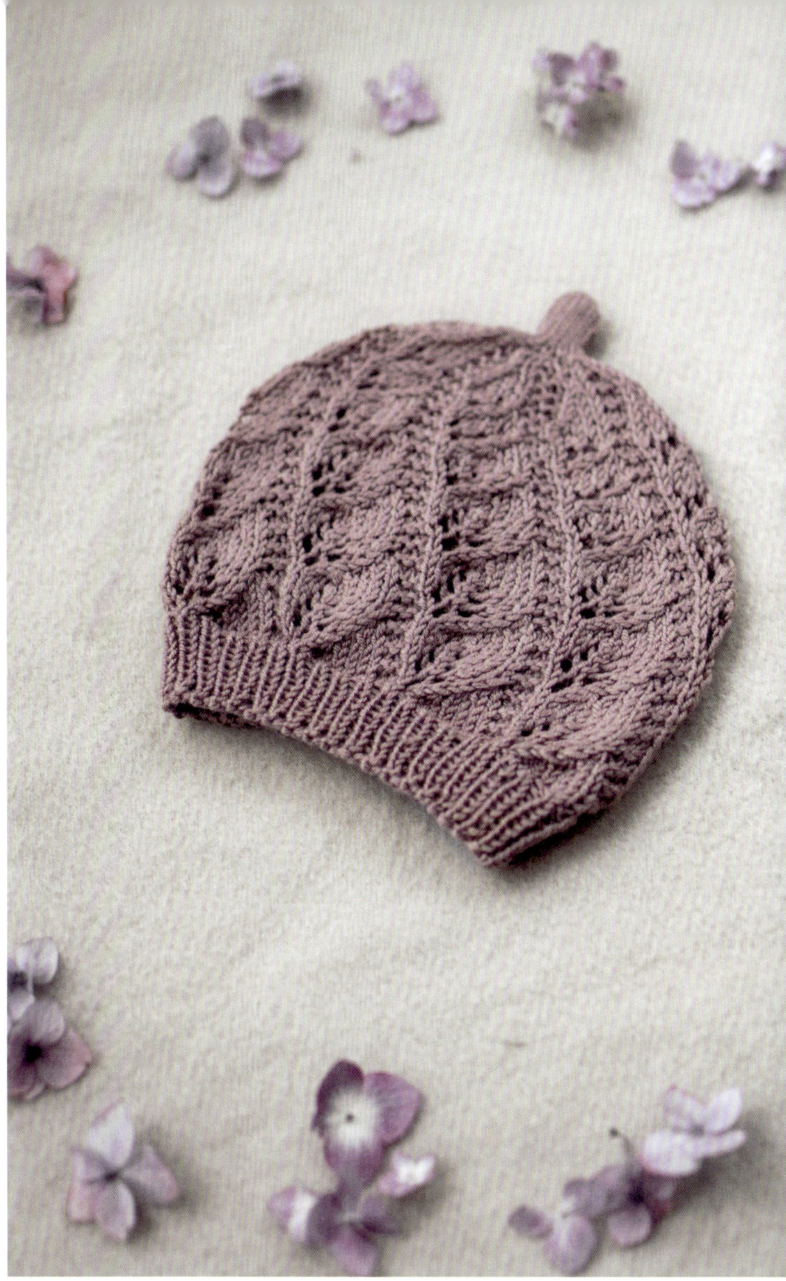

Strickschrift A insgesamt (2) 3 (4) 4 (5) 6-mal str.
Strickschrift B str.

Größe 0–1, 3–6 und 9–12 Mon

Nächste Rd: *1 M re, 2 M re zus str*, von * bis * bis zu den letzten (-) 1 (-) 0 (-) 2 M str, (-) 1 (-) 0 (-) 2 M re.

Alle Größen

10 Rd re M str.

Den Faden abschneiden, durch die M fädeln und zus ziehen. Fäden vernähen und die Mütze unter einem feuchten Handtuch trocknen lassen.

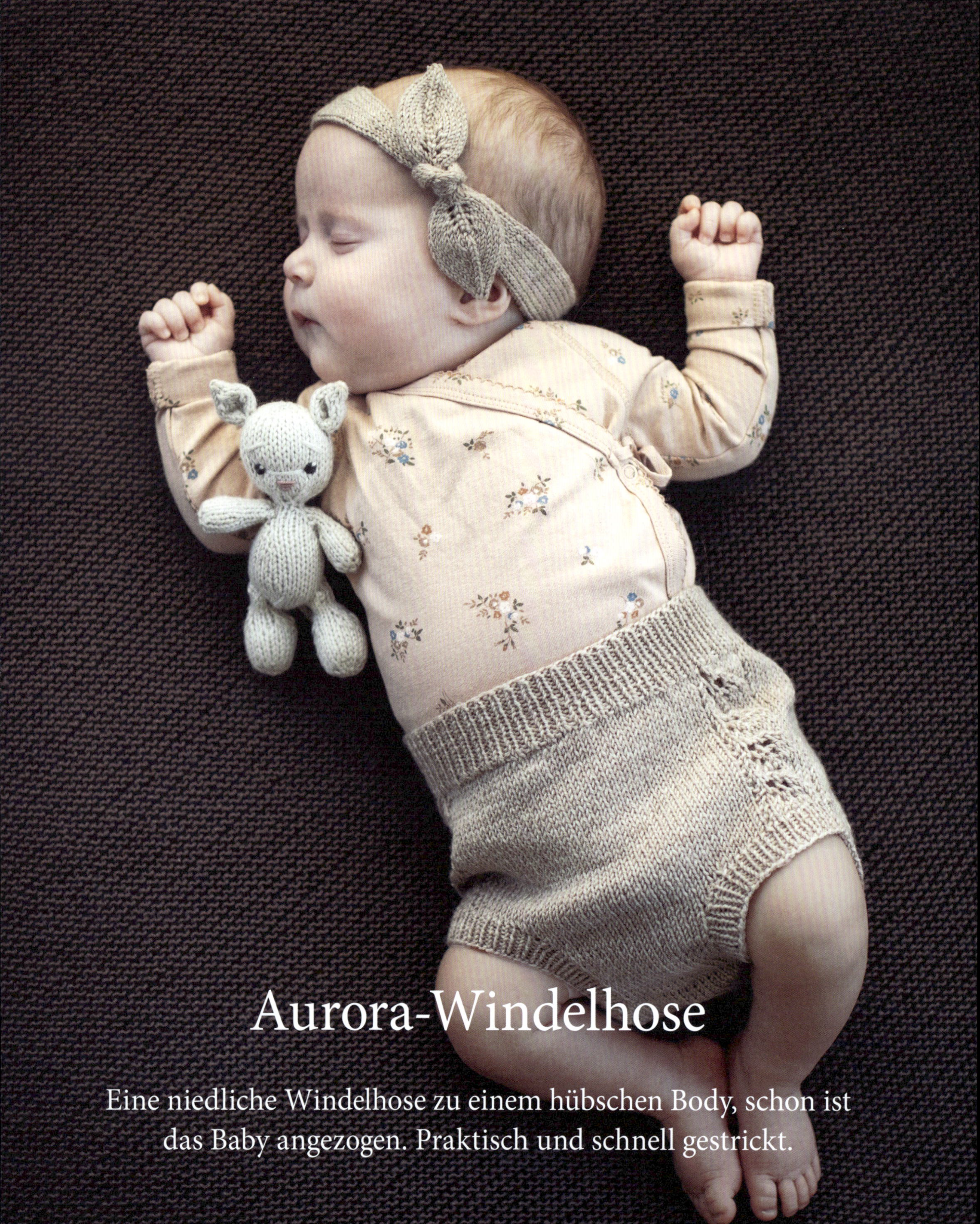

Aurora-Windelhose

Eine niedliche Windelhose zu einem hübschen Body, schon ist das Baby angezogen. Praktisch und schnell gestrickt.

SCHWIERIGKEITSGRAD 2

GRÖSSEN: (0–1) 3 (6) 12 (18–24) Mon
GARN: Klompelompe Tynn Merinoull, Farbe 2650
MENGE: (50) 50 (50) 50 (100) g
NADELN: Rundnadeln Nr. 2,5 und Nr. 3, je 40 cm und 80 cm
MASCHENPROBE: 27 M mit Ndl Nr. 3 = 10 cm

(102) 112 (122) 122 (132) M mit Ndl Nr. 2,5 anschlagen.

(14) 14 (14) 16 (16) Rd Rippenmuster (1 M re, 1 M li im Wechsel) str.

Zu Ndl Nr. 3 wechseln. 1 Rd re M str, dabei gleichmäßig verteilt (10) 12 (10) 14 (12) M zun = (112) 124 (132) 136 (144) M.

Wie folgt das Rückenteil länger str (verkürzte R mit German Short Rows arb, siehe Video auf Klompelompe.no): 22 M re, wenden, 44 M li, wenden, 47 M re, wenden, 50 M li, wenden.

Größe 6, 12 und 18–24 Mon
53 M re, wenden, 56 M li, wenden, 59 M re, wenden, 62 M li, wenden.

Alle Größen
Re M bis Rd-Ende str.
In der nächsten Rd wie folgt MM setzen:

(28) 31 (33) 34 (36) M re, MM setzen, 11 M im Muster, MM setzen, (34) 40 (44) 46 (50) M re, MM setzen, 11 M im Muster, MM setzen, (28) 31 (33) 34 (36) M re.

An beiden Seiten über die 11 M im Muster laut Strickschrift und die restlichen M glatt rechts str.

Weiterstr, bis die Arbeit in der vorderen Mitte (10,5) 11,5 (12,5) 13,5 (14,5) cm misst.

Faden abschneiden. Die letzten (26) 28 (30) 31 (33) M auf die li Ndl heben. Das Rückenteil über die hinteren (52) 56 (60) 62 (66) M str, je (26) 28 (30) 31 (33) M vor und nach dem bisherigen Rd-Beginn. Die restlichen M stilllegen.

In R str. Die 1. R ist eine Hin-R.

In der nächsten Hin-R mit den Abn beginnen: 2 M re zus str, re M bis zu den letzten 2 M str, 2 M re überzogen zus str. In jeder Hin-R abn, bis (18) 20 (22) 24 (26) M übrig sind. In einer Rück-R die M li abk.

Vorderteil: Die äußeren (18) 20 (22) 22 (24) M an jeder Seite stilllegen und über die mittleren (24) 28 (28) 30 (30) M in R für das Vorderteil str. Wie beim Rückenteil abn, aber wenn (18) 20 (22) 24 (26) M übrig sind, ohne Abn weiterstr, bis das Vorderteil ca. 1 cm kürzer ist als das Rückenteil.

Vorder- und Rückenteil im Maschenstich zus nähen.

Mit Ndl Nr. 2,5 rund ums Bein ca. 1 M aus jeder M aufnehmen, dabei jede 4. M überspringen und über die stillgelegten M str.

(7) 7 (8) 8 (10) Rd im Rippenmuster (1 M re, 1 M li im Wechsel) str, in der letzten Rd die M abk.

Alle Fäden vernähen und die Hose unter einem feuchten Handtuch trocknen lassen.

Linke Seite

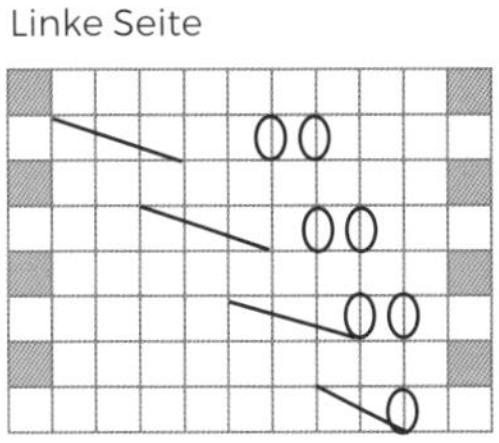

Rechte Seite

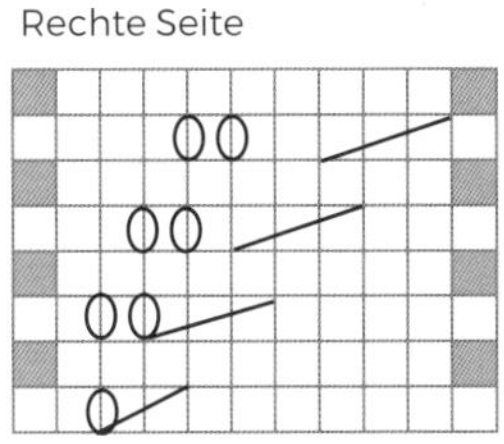

= in Hin-R 1 M re, in Rück-R 1 M li
= in Hin-R 1 M li, in Rück-R 1 M re
= 2 M re zus str
= 2 M re überzogen zus str
= 3 M re zus str
= 2 M wie zum Re Str abh, 1 M re, beide abgehobenen M darüberziehen
= 1 U zwischen 2 M

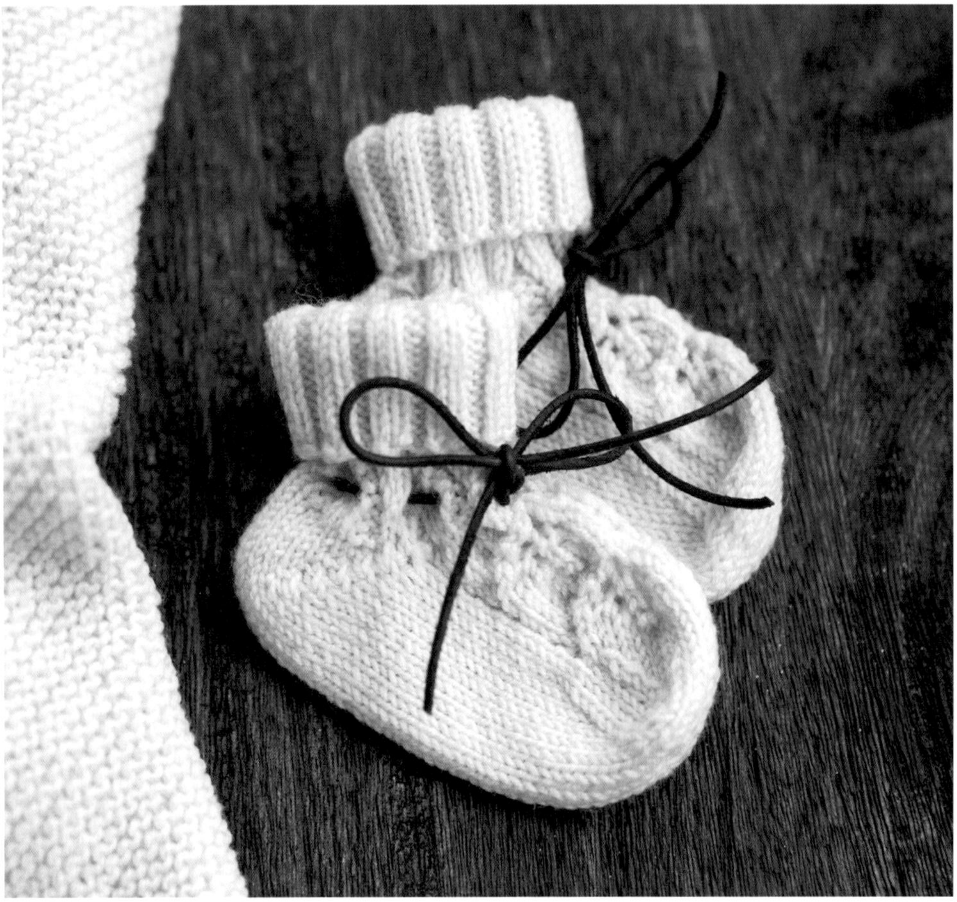

Lilly-Babysocken

Niedliche Socken mit dem feinen Blattmuster.

SCHWIERIGKEITSGRAD 2

GRÖSSEN: (1-3 Mon) 6-9 Mon (12-18 Mon) 2 Jahre (3–4 Jahre)
GARN: KlompeLOMPE Tynn Merinoull, Farbe 1013
MENGE: 50 g für alle Größen
NADELN: Rundnadel Nr. 2,5, 80 cm
MASCHENPROBE: 32 M mit Ndl Nr. 2,5 = 10 cm

Der Rd-Beginn ist in der hinteren Mitte.
(40) 44 (48) 52 (56) M mit Ndl Nr.2,5 anschlagen.
(7,5) 8,5 (9,5) 10 (10) cm Rippenmuster (2 M re, 2 M li im Wechsel) str. In der nächsten Rd wie folgt eine Loch-Rd str:

Größe 1–3 Mon, 12–18 Mon, 3–4 Jahre
2 M re zus str, 1 U, 2 M li, von * bis * bis Rd-Ende wdh.

Größe 6–9 Mon und 2 Jahre
2 M re zus str, 1 U, 2 M li, von * bis * 5 (6)-mal arb, 2 M re, 2 M li, von * bis *5 (6)-mal arb.

(3) 4 (5) 5 (6) Rd im Rippenmuster str.

Den Faden abschneiden. Die hinteren (20) 20 (24) 24 (28) M auf eine Ndl heben ((10) 10 (12) 12 (14) M vor und nach dem Rd-Beginn) und die vorderen M stilllegen.

Tipp: Wenn man mit Magic Loop (siehe Video auf Klompelompe.no) strickt, lässt man einfach die M für den oberen Teil auf dem einen Ndl-Teil und strickt die Ferse in R auf dem anderen Teil.

Wie folgt die Ferse über die hinteren M str:

FERSE

In R glatt rechts str.

1. R (Hin-R): Bis zur letzten M str, wenden.
2. R (Rück-R): Die 1. M wie zum Li-Str abh, den Faden anziehen und bis zur letzten M str, wenden.
3. R (Hin-R): Die 1. M wie zum Re-Str abh, den Faden anziehen und bis zu den letzten 2 M str, wenden.
4. R (Rück-R): Die 1. M wie zum Li-Str abh, den Faden anziehen und bis zu den letzten 2 M str, wenden.

Weiter so arb, bis noch (8) 8 (10) 10 (12) M zwischen den Wende-M auf der Ndl sind.

Weiter in R str, aber jetzt in jeder R für die Ferse 1 M mehr str. Wie folgt Lücken am Übergang vermeiden: Der Querfaden zwischen den M (vor der M, die mehr gestrickt wird) anheben und verschr auf die Ndl heben. Den Faden mit der M zus str.

So weiterstr, bis alle M der Ferse gestrickt sind.

Weiter über alle M in Rd str. Die Rd beginnt jetzt an der Seite, vor der Ferse.

1 Rd re M str, dabei auf insgesamt (41) 41 (47) 51 (55) M (zun) abn (abn) abn (abn) = (21) 21 (21) 25 (25) M oben auf dem Fuß und die restlichen unten an der Sohle.

Größe (1–3) 6–9 (12–18) Mon

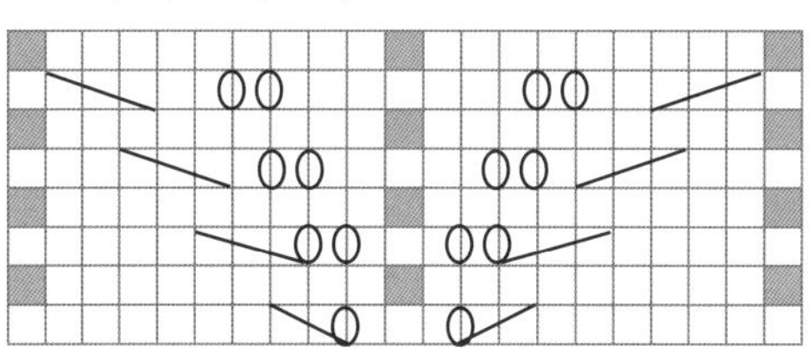

Bevor die nächste Rd beginnt, den Querfaden vor der ersten M anheben und verschränkt auf die Ndl heben. Den Faden mit der M zusammenenstr, damit am Rd-Anfang keine Lücke entsteht.

Die Sohle weiter glatt rechts und den oberen Fuß im Muster laut Strickschrift str.

Wenn die Strickschrift (2) 2,5 (3) 3,5 (4)-mal gestrickt wurde, 1 Rd re M str, dabei oben 1 M abn = (40) 40 (46) 50 (54) M. Die seitlichen MM so versetzen, dass beide Teile gleich viele M haben.

Abn für die Spitze:

1 M re, 2 M re überzogen zus str, bis 3 M vor dem MM (Seite) str, 2 M re zus str, 1 M re, von * bis * wdh = 4 M in der Rd abgenommenen.

Insgesamt (5) 5 (6) 6 (7)-mal in jeder 2. Rd abn = (20) 20 (22) 26 (26) M.

Den Faden so lang abschneiden, dass damit genäht werden kann. Die Socke flach hinlegen und die (10) 10 (11) 13 (13) M oben am Fuß und die (10) 10 (11) 13 (13) M unten im Maschenstich zus nähen.

Alle Fäden vernähen und die Socken unter einem feuchten Handtuch trocknen lassen oder vorsichtig dämpfen. Eine Kordel drehen und durch die Loch-Rd ziehen oder ein Lederbändchen benutzen.

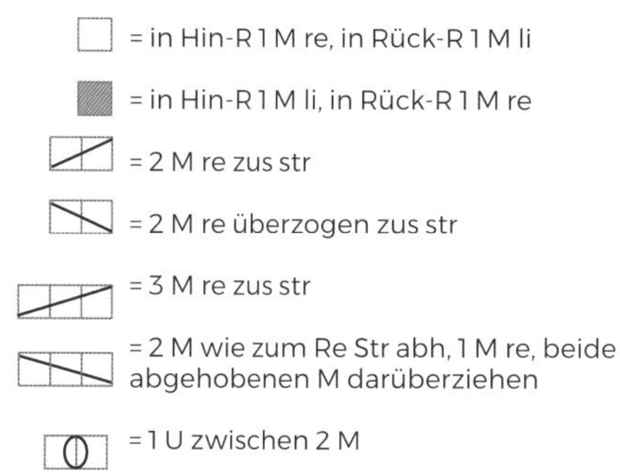

Größe 2 Jahre (3–4 Jahre)

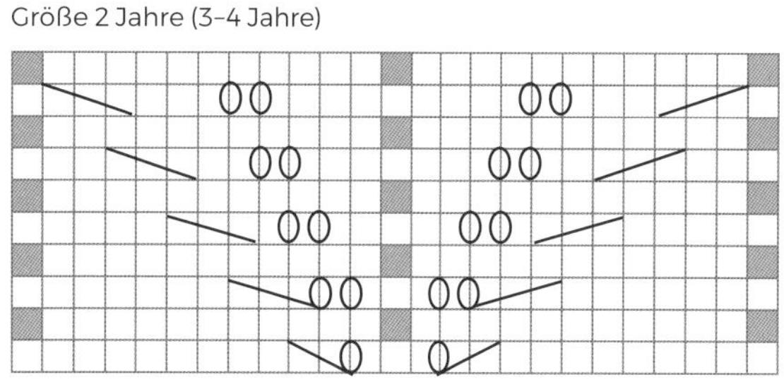

Lilly-Strampler

Auch das zarte Lilly-Muster begleitet uns von Anfang an, diesmal auf einem Strampler mit Rundpasse.

SCHWIERIGKEITSGRAD 2

GRÖSSEN: (1–3 Mon) 6 Mon (9 Mon) 12 Mon (18 Mon) 2 Jahre
GARN: KlompeLOMPE Tynn Merinoull, Farbe 6033
MENGE: (150) 200 (200) 250 (250) 300 g
NADELN: Rundnadeln Nr. 2,5 und Nr. 3, je 40 cm und 60 cm, evtl. Rundnadeln 80 cm für Magic Loop
MASCHENPROBE: 27 M mit Ndl Nr. 3 = 10 cm
MASSE: Oberweite: ca. (49) 51 (52) 53 (57) 57,5 cm
Gesamtlänge: ca. (45) 48 (51) 56 (61) 71 cm

Den Strampler mit einem Musterband in Reihen-beginnen.

(24) 24 (24) 28 (28) 28 M mit Ndl Nr. 2,5 anschlagen. Laut Strickschrift str. Die 3 kleinsten Größen: laut Strickschrift B str.

Wenn die Strickschrift (22) 23 (24) 21 (22) 22-mal (= (22) 23 (24) 21 (22) 22 Blätter) gestrickt wurde, die M in einer Rück-R abk. Das Musterband mit dem Bügeleisen gut dämpfen, damit die M sauber aufgenommenen werden können. Die Enden zus nähen.

(98) 104 (108) 121 (128) 128 M mit Ndl Nr. 3 aus der oberen Kante von der re Seite her aufnehmen.

1 Rd re M str.

Jetzt wie folgt eine Öffnung in den Nacken und das obere Rückenteil str:

Nächste R: (38) 40 (42) 44 (46) 46 M li, wenden, (38) 40 (42) 44 (46) 46 M re, wenden, (34) 36 (38) 40 (42) 42 M li, wenden, (34) 36 (38) 40 (42) 42 M re, wenden, li M bis R-Ende str.

Nächste R: (38) 40 (42) 44 (46) 46 M re, wenden, (38) 40 (42) 44 (46) 46 M li, wenden, (34) 36 (38) 40 (42) 42 M re, wenden, (34) 36 (38) 40 (42) 42 M li.

Nächste R: *1 M re, 2 M re zus str*, von * bis * bis R-Ende wdh.

3 R re M str und in der letzten R die M abk.

(210) 216 (222) 234 (245) 250 M aus der unteren Kante von der re Seite her aufnehmen.

(3) 3 (5) 7 (9) 13 Rd re M str.

Wie folgt für Ärmel und Körper aufteilen:

(29) 30 (30) 32 (34) 34 M re, die nächsten (47) 48 (50) 52 (54) 56 M stilllegen (Ärmel-M), 7 M unter dem Arm anschlagen, (58) 60 (62) 66 (69) 70 M re, die nächsten (47) 48 (50) 52 (54) 56 M stilllegen (Ärmel-M), 7 M unter dem Arm anschlagen, (29) 30 (30) 32 (34) 34 M re = (130) 134 (136) 144 (151) 152 M. Beidseitig der 7 unter den Armen angeschlagenen M 1 MM setzen.

1 Rd re M str und gleichmäßig verteilt auf (138) 148 (160) 166 (180) 188 M zun.

Weiter glatt rechts str.

Nach 3 cm auf beiden Seiten beidseitig der 7 M 1 M zun.

Die Zun nach (3) 4 (4) 5 (5) 5 cm, insgesamt (3) 3 (4) 4 (4) 5-mal arb = (150) 160 (176) 182 (196) 208 M.

Es wird in der hinteren Mitte gemessen. Weiterstr, bis die Arbeit (30) 34 (35,5) 37 (40) 42 cm misst.

Wie folgt das Rückenteil verlängern (verkürzte R German Short Rows, siehe Video auf Klompelom-pe.no): 20 M re, wenden, 40 M li, wenden, 43 M re, wenden, 46 M li, wenden, 49 M re, wenden, 52 M li, wenden.

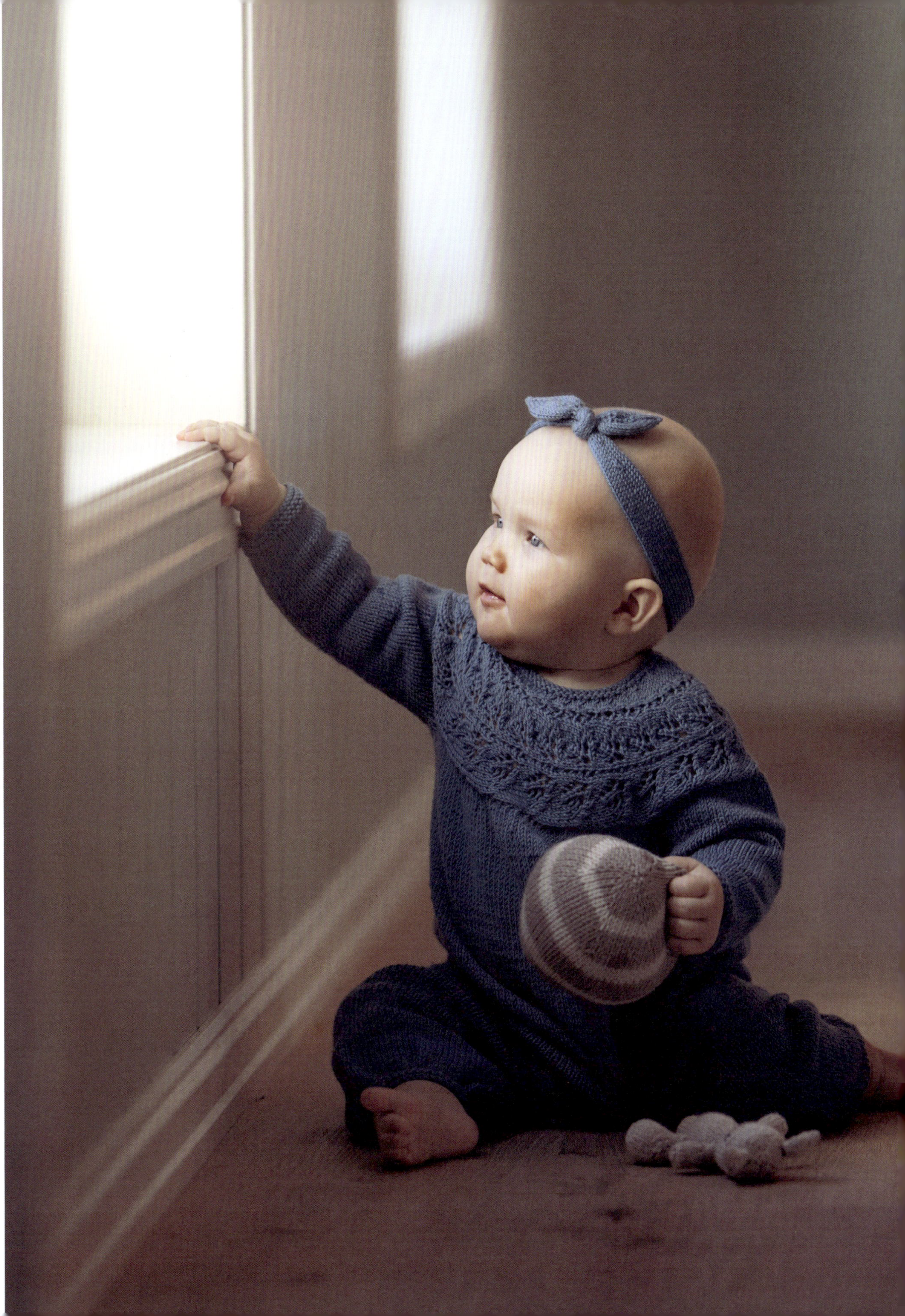

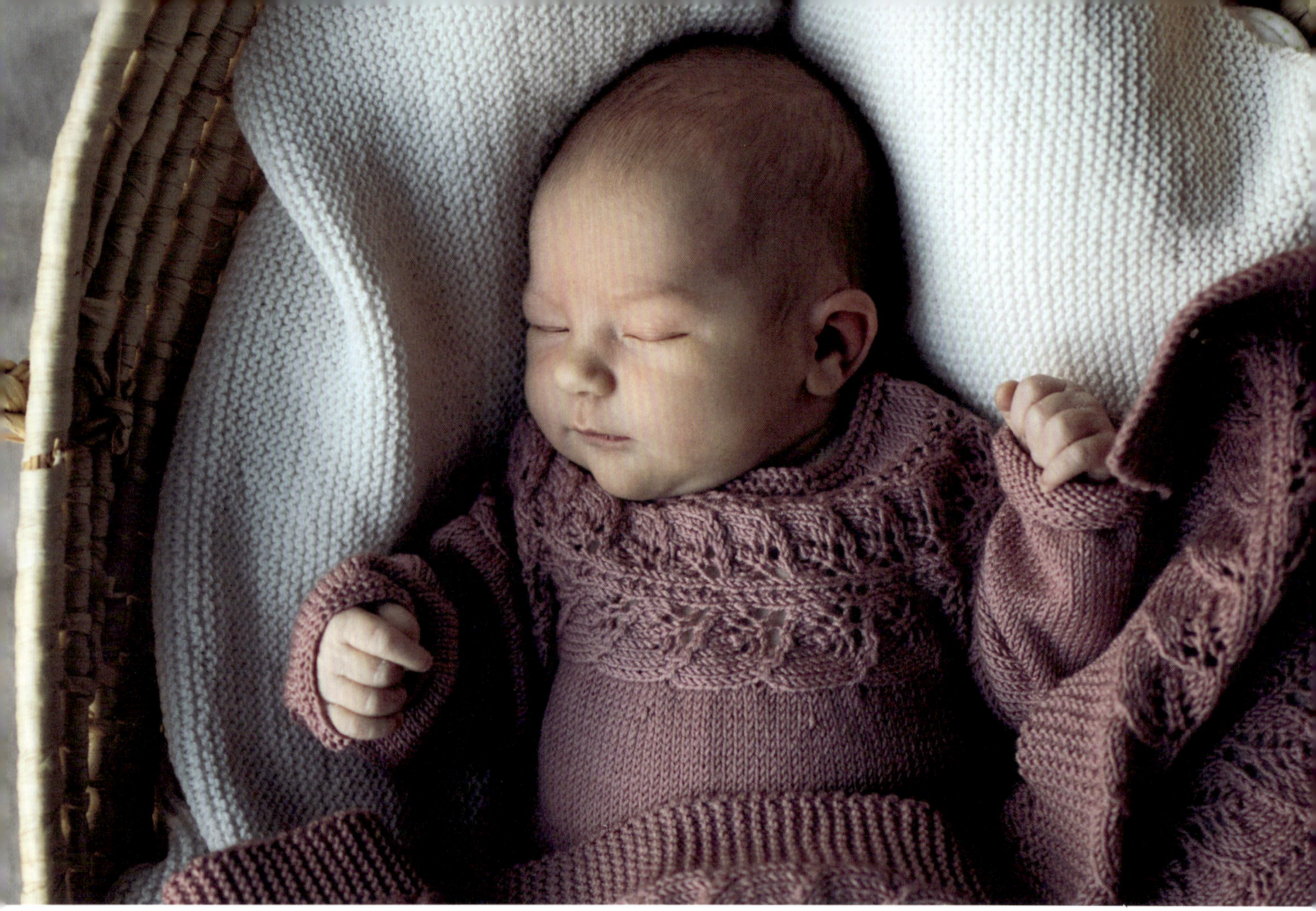

Größe (9) 12 (18) Mon 2 Jahre
55 M re, wenden, 58 M li, wenden.

Größe (18 Mon) 2 Jahre
61 M re, wenden, 64 M li, wenden.

Alle Größen
Re M bis Rd-Ende str.

Beidseitig der 8 mittleren M von Vorder- und Rückenteil 1 MM setzen. In der nächsten Rd beidseitig der 8 M vorn und hinten 1 M re verschr aus dem Querfaden zun.

Die Zun in jeder 3. Rd insgesamt 5-mal arb. In der nächsten Rd die 8 M vorn und hinten abk, die Beine getrennt in R beenden = (77) 82 (90) 93 (100) 106 M pro Bein.

BEIN
1 R li M str.
Nächste R: 1 M re, 2 M re zus str, re M bis zu den letzten 3 M str, 2 M re überzogen zus str, 1 M re.

Insgesamt (9) 9 (10) 10 (11) 11-mal in jeder 4. R abn.

Weiter glatt rechts str, bis das Bein (15) 18 (19,5) 21 (23) 26 cm misst und die nächste R eine Rück-R ist.

1 R li M str, dabei gleichmäßig verteilt auf (36) 36 (38) 38 (40) 40 M abn.
Zu Ndl Nr. 2,5 wechseln, 3 Kraus-Rippen str (1 Kraus-Rippe = 2 R re M) und in der letzten R die M abk.

KNOPFLEISTE
(Achtung: Hier werden zum M-Aufnehmen die M herausgestrickt und nicht nur aufgenommen):

Mit Ndl Nr. 2,5 aus jeder M 1 M aufnehmen, dabei jede 4. M überspringen. Aus den im Schritt

Strickschrift für Lilly Strampler und Lilly-Body

- = in Hin-R 1 M re, in Rück-R 1 M li
- = in Hin-R 1 M li, in Rück-R 1 M re
- = 2 M re zus str
- = 2 M re überzogen zus str
- = 3 M re zus str
- = 2 M wie zum Re-Str abh, 1 M re, beide abgehobenen M darüberziehen
- = 1 U zwischen 2 M
- = Wenden (Tipp zum Wenden ohne Löcher: Vor dem Wenden den Faden um die nächste M wickeln und in der nächsten R den Wickelfaden mit der M zus str.)

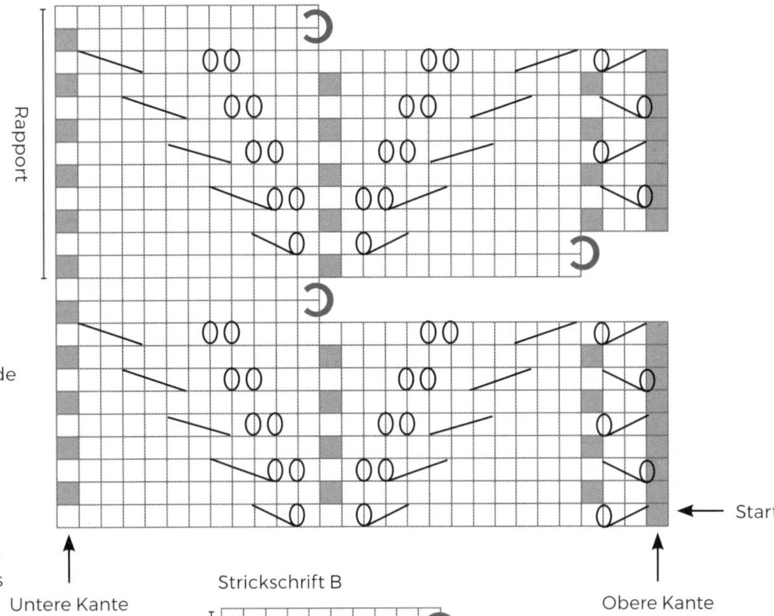

Strickschrift B

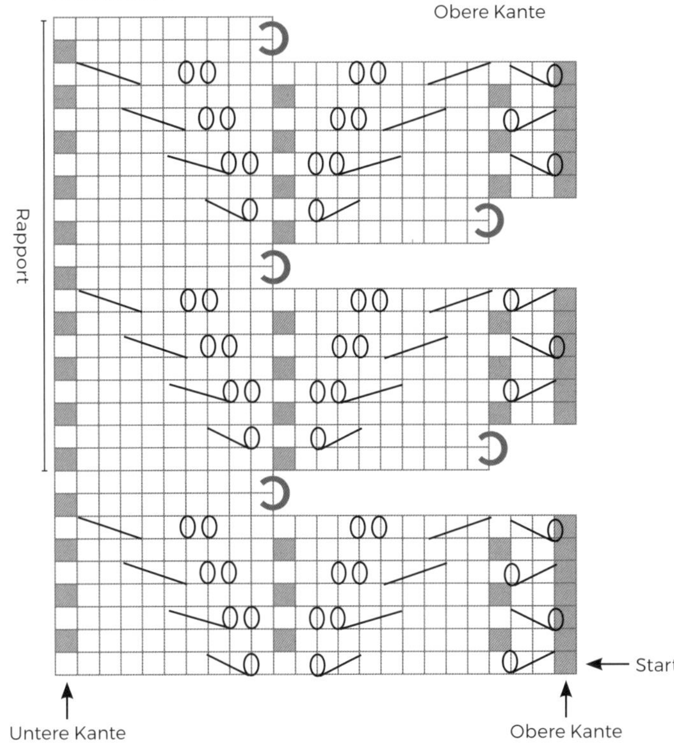

abgeketteten M je 1 M aufnehmen.
4 Kraus-Rippen str und in der letzten R die M abk.

Am Vorderteil in der 2. R gleichmäßig verteilt (7) 9 (9) 9 (11) 11 Knopflöcher einstr, dafür 2 M abk und in der nächsten R wieder anschlagen.

ÄRMEL

Ab der Mitte aus den 7 unter dem Arm angeschlagenen M 4 M aufnehmen, 1 M aus dem Übergang aufnehmen, die stillgelegten (47) 48 (50) 52 (54) 56 M str, 1 M aus dem Übergang aufnehmen, und 3 M bis Rd-Ende aufnehmen.

Die Ärmel auf einem Nadelspiel in Rd str. Die erste M (markierte M) immer li str.

Wenn der Ärmel 1,5 cm misst, wie folgt abn:

1 M li (markierte M), 2 M re zus str, bis 2 M vor die markierte M str, 2 M re überzogen zus str.

Diese Abn alle (1,5) 1,5 (1,5) 2 (2) 2,5 cm wdh, bis (40) 41 (43) 43 (45) 49 M übrig sind. Weiterstr, bis der Ärmel (14) 16 (18) 20 (21) 23 cm misst.

1 Rd re M str, dabei gleichmäßig verteilt 5 M abn.

Zu Ndl Nr. 2,5 wechseln und 3 Kraus-Rippen str, in der letzten Rd die M abk.

4 Lm oben an die eine Seite im Nacken häkeln und mit einer Km befestigen. Einen Knopf auf der anderen Seite annähen.

Alle Fäden vernähen, die Knöpfe annähen und den Strampler unter einem feuchten Handtuch trocknen lassen.

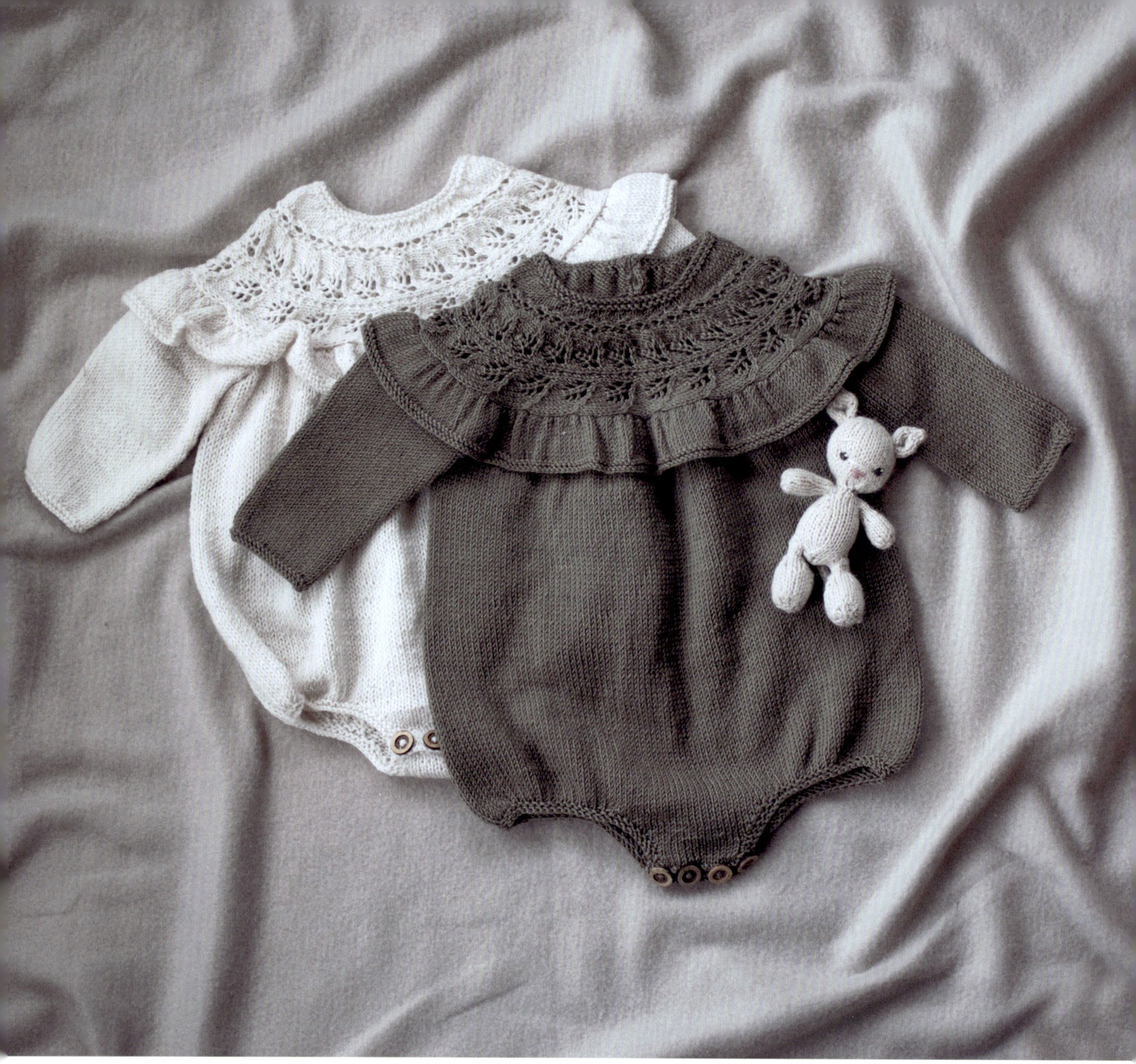

Lilly-Body

Ein verzierter und süßer Body. Fehlt nur noch eine Strumpfhose und schon ist das Baby bereit fürs Fest!

SCHWIERIGKEITSGRAD 2

GRÖSSEN: (1–3 Mon) 3–6 Mon (9 Mon) 12 Mon (18 Mon) 2 Jahre
GARN: KlompeLOMPE Tynn Merinoull, Farbe 9871 oder 1013
MENGE: (150) 150 (200) 200 (250) 250 g
NADELN: Rundnadeln Nr. 2,5 und Nr. 3, je 40 cm und 60 cm, evtl. Rundnadeln 80 cm für Magic Loop
MASCHENPROBE: 27 M mit Ndl Nr. 3 = 10 cm
MASSE: Oberweite: ca. (49) 51 (52) 53 (57) 57,5 cm
Gesamtlänge: ca. (35) 38 (39) 43 (45) 49 cm

Den Body mit einem Musterband in Reihen beginnen.

(24) 24 (24) 28 (28) 28 M mit Ndl Nr. 2,5 anschlagen. Laut Strickschrift str. Die 3 kleinsten Größen: laut Strickschrift B str.

Wenn die Strickschrift (22) 23 (24) 21 (22) 22-mal (= (22) 23 (24) 21 (22) 22 Blätter) gestrickt wurde, in einer Rück-R die M abk. Das Musterband mit dem Bügeleisen gut dämpfen, damit die M sauber aufgenommenen werden können. Die Enden zus nähen.

(98) 104 (108) 121 (128) 128 M mit Ndl Nr. 3 aus der oberen Kante von der re Seite her aufnehmen.

1 Rd re M str.

Jetzt wie folgt eine Öffnung in den Nacken und das obere Rückenteil str:

Nächste R: (38) 40 (42) 44 (46) 46 M li, wenden, (38) 40 (42) 44 (46) 46 M re, wenden, (34) 36 (38) 40 (42) 42 M li, wenden, (34) 36 (38) 40 (42) 42 M re, wenden, bis R-Ende li M str.

Nächste R: (38) 40 (42) 44 (46) 46 M re, wenden, (38) 40 (42) 44 (46) 46 M li, wenden, (34) 36 (38) 40 (42) 42 M re, wenden, (34) 36 (38) 40 (42) 42 M li.

Nächste R: *1 M re, 2 M re zus str*, von * bis * bis R-Ende wdh.

3 R re M str und in der letzten R die M abk.

(210) 216 (222) 234 (245) 250 M aus der unteren Kante von der re Seite her aufnehmen. (3) 3 (5) 7 (9) 13 Rd re M str.

Wie folgt für Ärmel und Körper aufteilen:

(29) 30 (30) 32 (34) 34 M re, die nächsten (47) 48 (50) 52 (54) 56 M stilllegen (Ärmel-M), 7 M unter dem Arm anschlagen, (58) 60 (62) 66 (69) 70 M re, die nächsten (47) 48 (50) 52 (54) 56 M stilllegen (Ärmel-M), 7 M unter dem Arm anschlagen, (29) 30 (30) 32 (34) 34 M re = (130) 134 (136) 144 (151) 152 M.

(6) 6 (6) 8 (8) 10 Rd re M str.

Nächste Rd: *3 M re, 1 M zun*, von * bis * bis zu den letzten (1) 2 (1) 0 (1) 2 M wdh, (1) 2 (1) 0 (1) 2 M re = (173) 178 (181) 192 (201) 202 M.

In Rd glatt rechts str, bis die Arbeit (31) 34 (35) 38 (40) 44 cm misst.

1 Rd re M str, dabei (1) 0 (1) 0 (1) 0 M abn.

Wie folgt das Rückenteil verlängern:

(50) 50 (52) 52 (54) 54 M re, wenden, (100) 100 (104) 104 (108) 108 M li, wenden, (98) 98 (102) 102 (106) 106 M re, wenden, (96) 96 (100) 100 (104) 104 M li, wenden, re M bis Rd-Ende str.

Wie folgt die Beine abteilen:

(16) 17 (17) 19 (19) 20 M re (Rückenteil), die nächsten (58) 59 (60) 63 (66) 66 M re str und stilllegen, (24) 26 (26) 28 (30) 30 M re (Vorderteil), die nächsten (58) 59 (60) 63 (66) 66 M re str und stilllegen, (16) 17 (17) 19 (19) 20 M re (Rückenteil).

Den Faden abschneiden und zunächst das Rückenteil str. Die 1. R ist eine Hin-R.

Nächste R: 2 M re zus str, re M bis zu den letzten 2 M str, 2 M re überzogen zus str.

1 R li M str.

Diese 2 R wdh, bis 14 M übrig sind. Die M stilllegen.

Wie folgt das Vorderteil str, die 1. R ist eine Hin-R.

Nächste R: 2 M re zus str, re M bis zu den letzten 2 M str, 2 M re überzogen zus str.

1 R li M str.

Diese 2 R wdh, bis noch 14 M übrig sind.

3 R glatt rechts str.

Die M stilllegen.

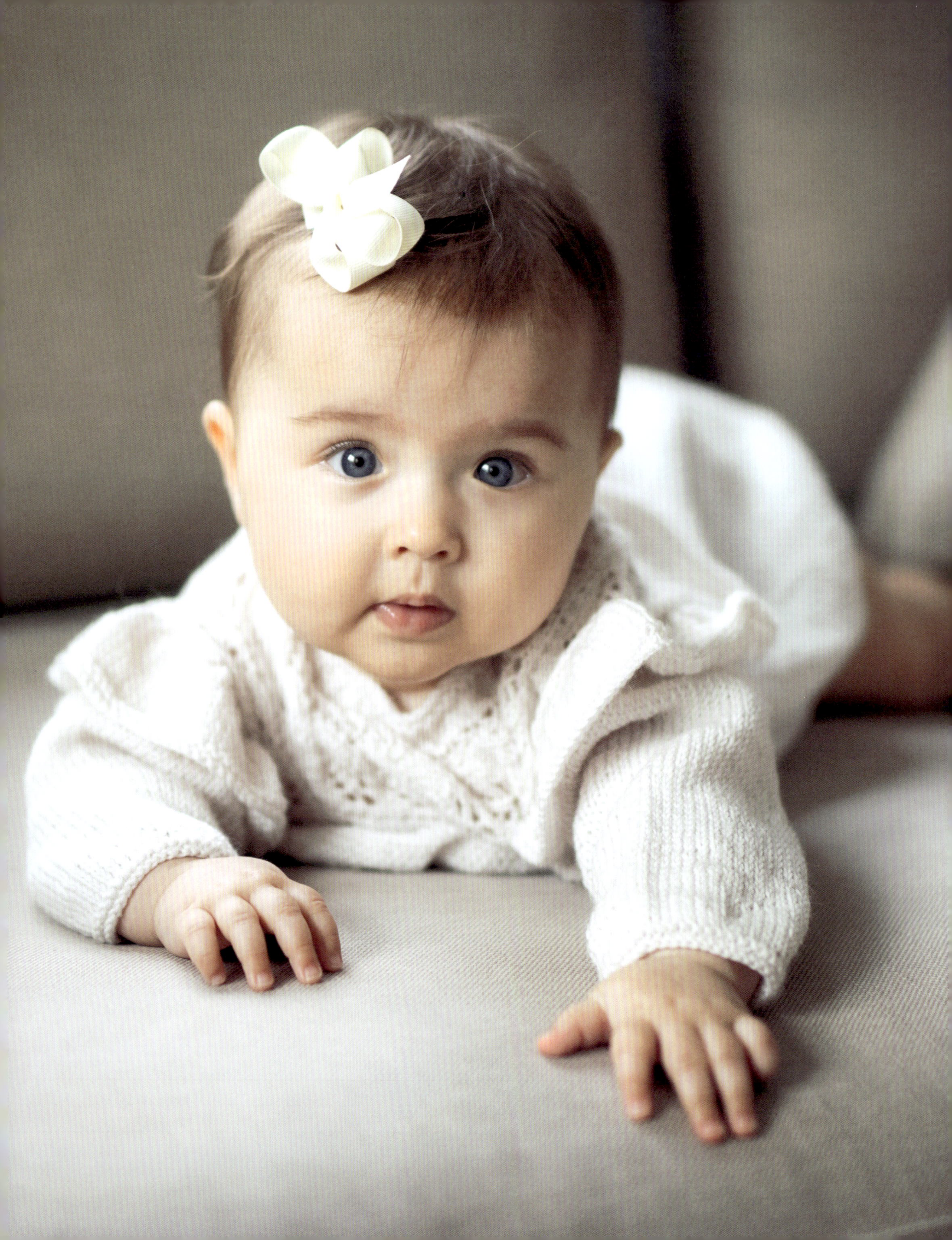

Mit Ndl Nr. 2,5 M aus der Beinkante M aufnehmen.

9 M am Vorderteil aufnehmen, *2 M re zus str*, von * bis * insgesamt (29) 29 (30) 31 (33) 33-mal arb, (0) 1 (0) 1 (0) 0 M re, 14 M am Rückenteil aufnehmen.

3 R re M str und in der letzten R die M abk.

Auf der anderen Seite genauso str.

KNOPFLEISTE IM SCHRITT

Mit Ndl Nr. 2,5 3 M am Ende der Rippen an der Beinkante aufnehmen, die stillgelegten 14 M str und 3 M auf der anderen Seite aufnehmen. 5 R re M str und in der letzten R die M abk.

Am Vorderteil in der 2. R gleichmäßig verteilt 4 Knopflöcher wie folgt str: 2 M re zus str, 1 U.

ÄRMEL

Ab der Mitte aus den 7 unter dem Arm angeschlagenen M 4 M aufnehmen, 1 M aus dem Übergang aufnehmen, die stillgelegten (47) 48 (50) 52 (54) 56 M str, 1 M aus dem Übergang aufnehmen, 3 M bis Rd-Ende aufnehmen.

Die Ärmel auf einem Nadelspiel in Rd str. Die erste M (markierte M) immer li str.

Wenn der Ärmel 1,5 cm misst, wie folgt abn:

1 M li (markierte M), 2 M re zus str, bis 2 M vor der markierten M str, 2 M re überzogen zus str.

Diese Abn alle (1,5) 1,5 (1,5) 2 (2) 2,5 cm wdh, bis (40) 41 (43) 43 (45) 49 M übrig sind. Weiterstr, bis der Ärmel (14) 16 (18) 20 (21) 23 cm misst. 1 Rd re str, dabei gleichmäßig verteilt 5 M abn.

Zu Ndl Nr. 2,5 wechseln, 1 Rd li M und 1 Rd re M str.

1 Rd li M str, dabei gleichzeitig die M abk.

VOLANT

Mit Ndl Nr. 3 arb.

(210) 215 (220) 235 (245) 250 M aus der Unterkante des Musterbands aufnehmen.

Nächste Rd: *2 M re, 1 M zun, 3 M re, 1 M zun*, von * bis * bis Rd-Ende wdh.

(10) 10 (10) 12 (12) 14 Rd re M str.

1 Rd li M und 1 Rd re M str.

1 Rd li M str, dabei gleichzeitig die M abk.

4 Lm oben an die eine Seite im Nacken häkeln und mit einer Km befestigen. Einen Knopf auf der anderen Seite annähen.

Alle Fäden vernähen, Knöpfe annähen und Body unter einem feuchten Handtuch trocknen lassen.

Lillesøsters Socken

Dünne Socken mit kraus rechtem Fuß. Warm und niedlich und mit guter Passform.

SCHWIERIGKEITSGRAD 2

GRÖSSEN: (0–1) 3–6 (9–12) Mon
GARN: KlompeLOMPE Tynn Merinoull, Farbe 1013 oder 4032
MENGE: 50 g für alle Größen
NADELN: Rundnadel Nr. 3, 80 cm, für Magic Loop
MASCHENPROBE: 27 M mit Ndl Nr. 3 = 10 cm

Die Socken in Reihen str.
(31) 35 (37) M mit Ndl Nr. 3 anschlagen.

1 R re M str.

Nächste R: 1 M re, 1 M zun, (14) 16 (17) M re, 1 M zun, 1 M re, 1 M zun, (14) 16 (17) M re, 1 M zun, 1 M re.
1 R re M str.

Nächste R: 1 M re, 1 M zun, (15) 17 (18) M re, 1 M zun, 3 M re,

1 M zun, (15) 17 (18) M re, 1 M zun, 1 M re.
1 R re M str.
Nächste R: 1 M re, 1 M zun, (16) 18 (19) M re, 1 M zun, 5 M re, 1 M zun, (16) 18 (19) M re, 1 M zun, 1 M re.
1 R re M str.
Nächste R: 1 M re, 1 M zun, (17) 19 (20) M re, 1 M zun, 1 M re, 1 M zun, 5 M re, 1 M zun, 1 M re, 1 M zun, (17) 19 (20) M re, 1 M zun, 1 M re.
5 R re M str.

Nächste R: (19) 21 (22) M re, 2 M re zus str, 7 M re, 2 M re zus str, (19) 21 (22) M re.
1 R re M str.
Nächste R: (18) 20 (21) M re, 2 M re zus str, 7 M re, 2 M re zus str, (18) 20 (21) M re.
1 R re M str.
Nächste R: (17) 19 (20) M re, 2 M re zus str, 7 M re, 2 M re zus str, (17) 19 (20) M re.
1 R re M str.
Nächste R: (16) 18 (19) M re, 2 M re zus str, 2 M re zus str, 3 M re, 2 M re zus str, 2 M re zus str, (16) 18 (19) M re.
1 R re M str.

Nächste R: (17) 19 (20) M re, 2 M re zus str, 1 M re, 2 M re zus str, (17) 19 (20) M re.
1 R re M str.
Nächste R: (14) 16 (17) M re, 2 M re zus, str 2 M re zus str, 1 M re, 2 M re zus str, 2 M re zus str, (14) 16 (17) M re.
1 R re M str.

(12) 14 (15) M re, 2 M re zus str, 2 M re zus str, 1 M abh, 2 M re zus str, die abgehobene M darüberziehen, 2 M re zus str, (12) 14 (15) M re = (28) 32 (34) M.

Ab jetzt in Rd str. (30) 34 (34) Rd im Rippenmuster (1 M re, 1 M li im Wechsel) str.

Die M abk.

Die Socken an der Sohle und der Ferse zus nähen.
Alle Fäden vernähen.
Die Hälfte der Rippen umfalten und zur Dekoration zwei Knöpfe durch beide Lagen annähen.

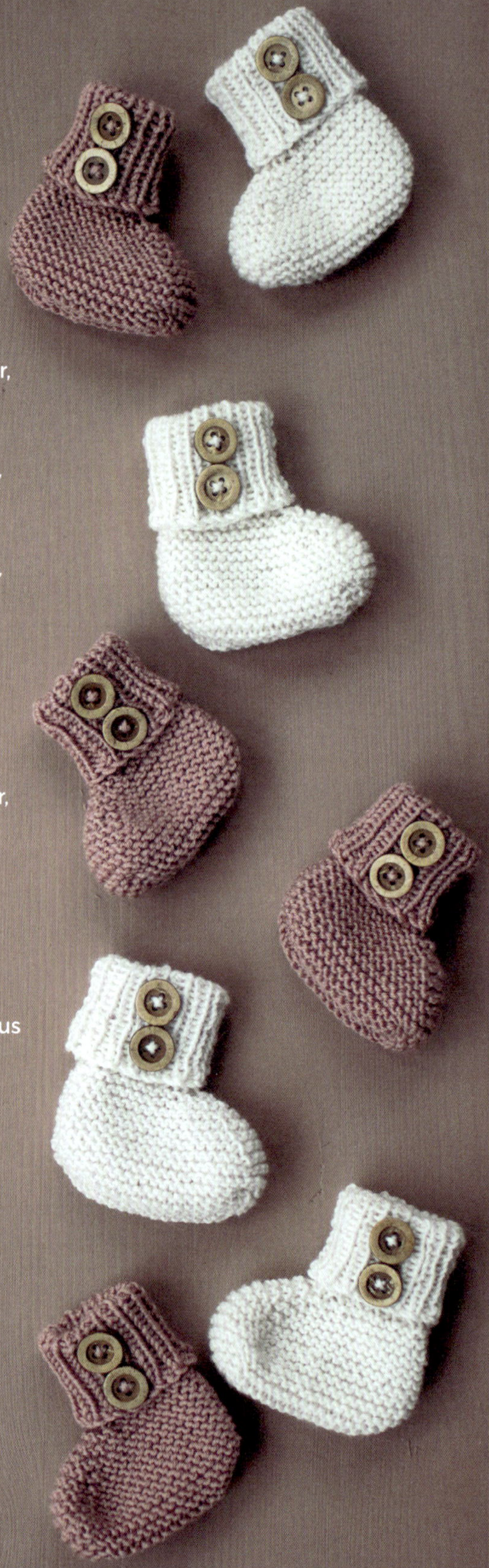

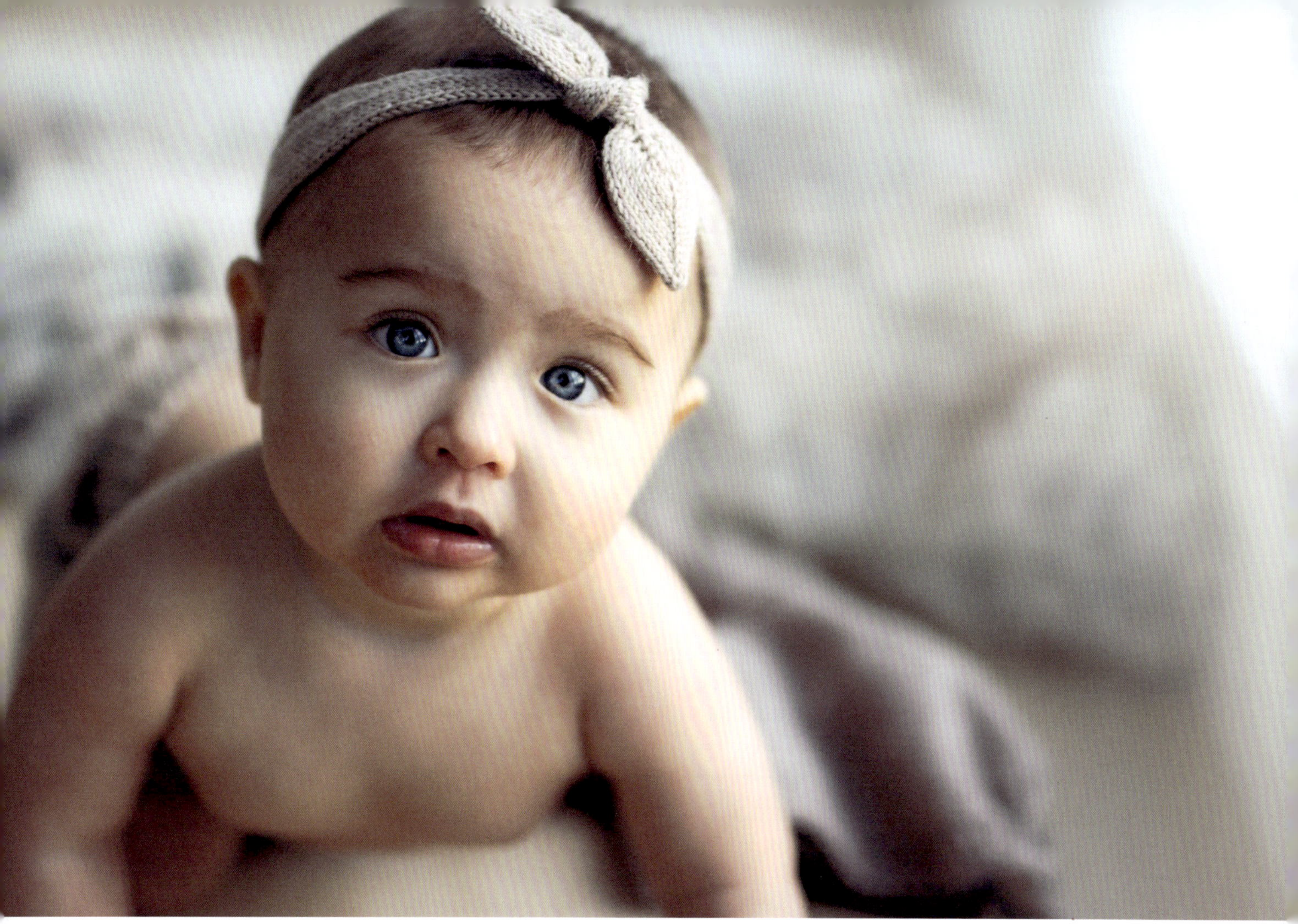

Aurora Haarband

Das ist wohl das niedlichste Teil des Sets. Außerdem macht es Spaß, das Projekt an einem Abend zu stricken!

SCHWIERIGKEITSGRAD 2

GRÖSSEN: (0–3) 4–12 Mon (1–3) Jahre
GARN: KlompeLOMPE Tynn Merinoull, Farbe 2650
MENGE: 50 g oder ein Rest
NADELN: Rundnadel Nr. 2,5, 80 cm oder 60 cm für Magic Loop
MASCHENPROBE: 30 M mit Ndl Nr. 2,5 = 10 cm

Das Band beginnt mit einem Blatt.
8 M anschlagen. 1 Rd re M mit Magic Loop (siehe Video auf Klompelompe.no) str.

Die Arbeit mit Magic Loop in zwei Hälften aufteilen und jede Hälfte laut Strickschrift str.

Den Faden durch die M fädeln und zus ziehen.

8 M aus der Anschlagskante des Blatts aufnehmen. 4 cm glatt rechts str.

Nächste Rd: 2 M re, 1 M zun, 4 M re, 1 M zun, 2 M re.

Dann 5 cm re M str.
Nächste Rd: *2 M re, 1 M zun, 1 M re, 1 M zun, 2 M re*, von * bis * wdh. Dann 2 cm re M str.

Nächste Rd: *3 M re, 1 M zun, 1 M re, 1 M zun, 3 M re*, von * bis * wdh.

Größe 1–3 Jahre
2 cm re M str.

Nächste Rd: *4 M re, 1 M zun, 1 M re, 1 M zun, 4 M re*, von * bis * wdh.

Alle Größen
Glatt rechts str, bis die Arbeit (33) 39 (41) cm ab den aufgenommenen M misst.

Größe 1–3 Jahre
Nächste Rd: *4 M re, 2 M wie zum Re-Str abh, 1 M re, die abgehobenen M darüberziehen, 4 M re*, von * bis * wdh. Dann 2 cm re M str.

Alle Größen
Nächste Rd: *3 M re, 2 M wie zum Re-Str abh, 1 M re, die abgehobenen M darüberziehen, 3 M re*, von * bis * wdh.

2 cm re M str.

Nächste Rd: *2 M re, 2 M wie zum Re-Str abh, 1 M re, die abgehobenen M darüberziehen, 2 M re*, von * bis * wdh. 1,5 cm re M str.
Nächste Rd: *1 M re, 2 M re zus str, 2 M re*, von * bis * wdh. 4 cm glatt rechts str.
Jede Seite laut Strickschrift str.

Den Faden durch die M fädeln und zus ziehen.
Die Fäden vernähen.

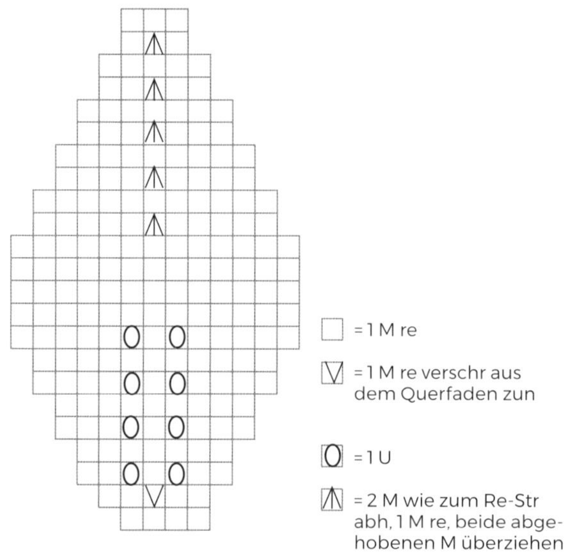

Aurora-Decke

Dünne Wolle und ein zartes Blattmuster für eine feine Decke.

SCHWIERIGKEITSGRAD 2

GRÖSSE ca. 70 x 82 cm
GARN: KlompeLOMPE Tynn Merinoull, Farbe 4032
MENGE: 300 g
NADELN: Rundnadel Nr. 3, 80 cm
MASCHENPROBE: 27 M mit Ndl Nr. 3 = 10 cm

189 M mit Ndl Nr.3 anschlagen. 10 Kraus-Rippen (1 Kraus-Rippe = 2 R re M) str.

Nächste R (Hin-R): 10 M re, laut Strickschrift bis zu den letzten 10 M str, 10 M re.
Weiter die 10 M an beiden Seiten kraus rechts (jede R re M) und die restlichen M laut Strickschrift str.

Weiterstr, bis die Arbeit ca. 75 cm misst und die letzte R der Strickschrift gestrickt wurde.

10 Kraus-Rippen str.

In der letzten R die abk.
Alle Fäden vernähen und die Decke unter einem feuchten Handtuch trocknen lassen.

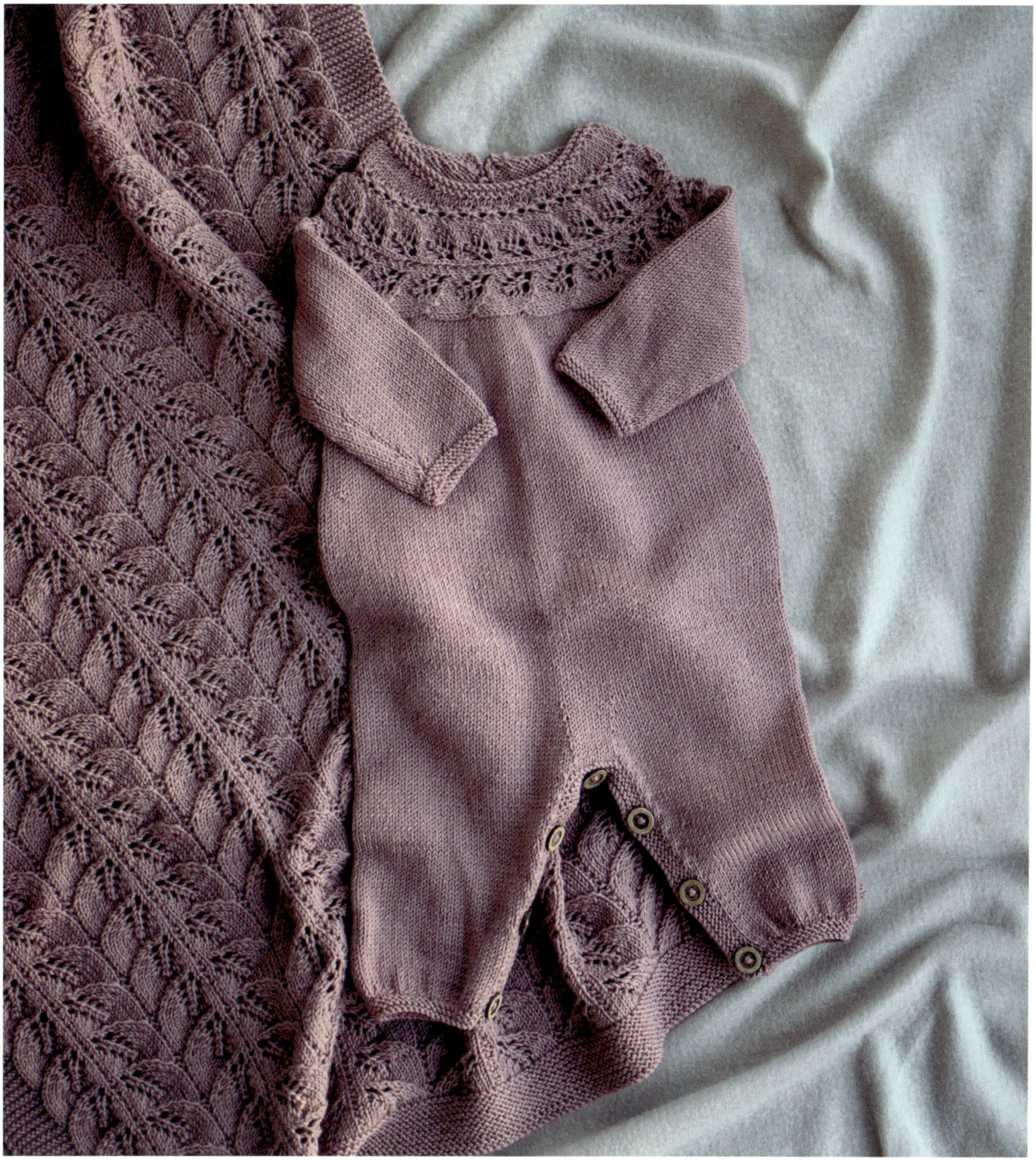

- = in Hin-R 1 M re, in Rück-R 1 M li
- = in Hin-R 1 M li, in Rück-R 1 M re
- = 2 M re zus str
- = 2 M re überzogen zus str
- = 3 M re zus str
- = 2 M wie zum Re-Str abh, 1 M re, beide abgehobenen M darüberziehen
- = 1 U zwischen 2 M

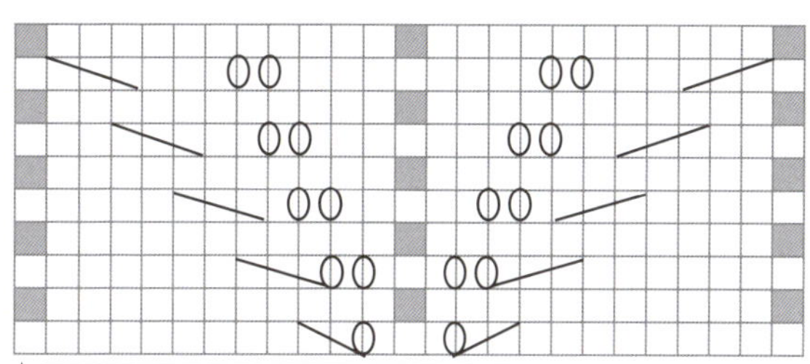

Go'klompen-Set

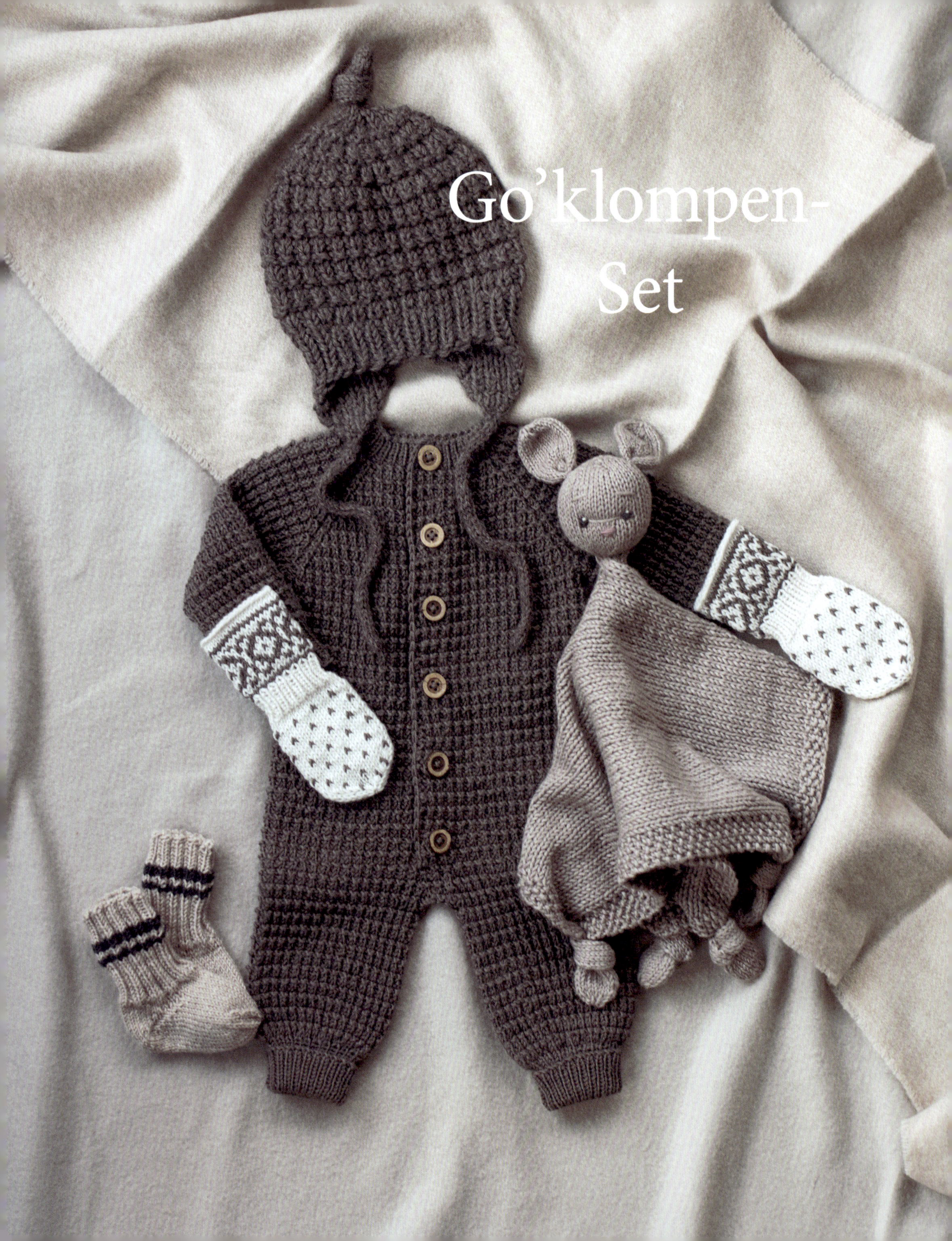

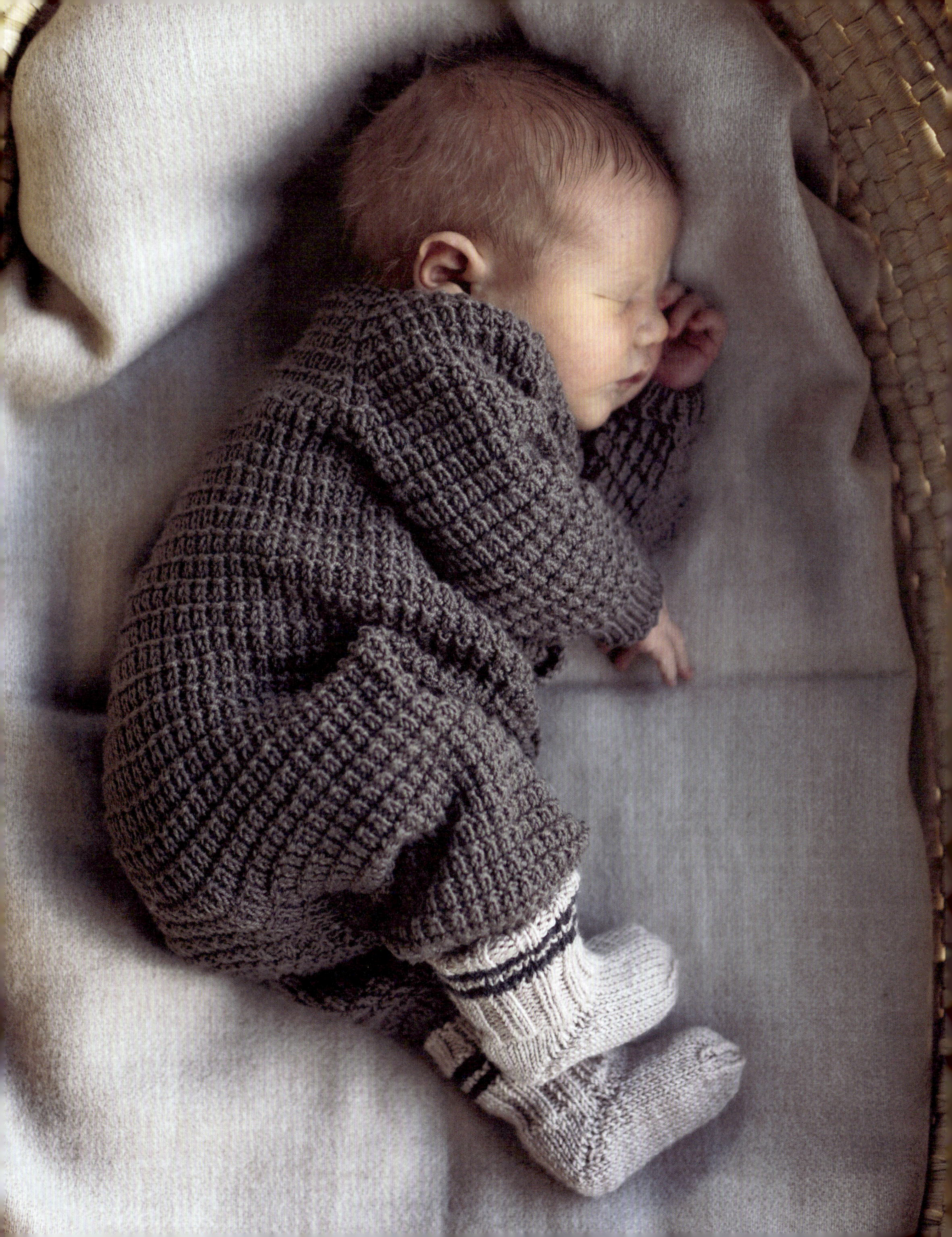

Fischernetzpulli fürs Baby

Ein cooles und einfaches Strukturmuster macht diesen Pulli zu einem tollen Projekt.

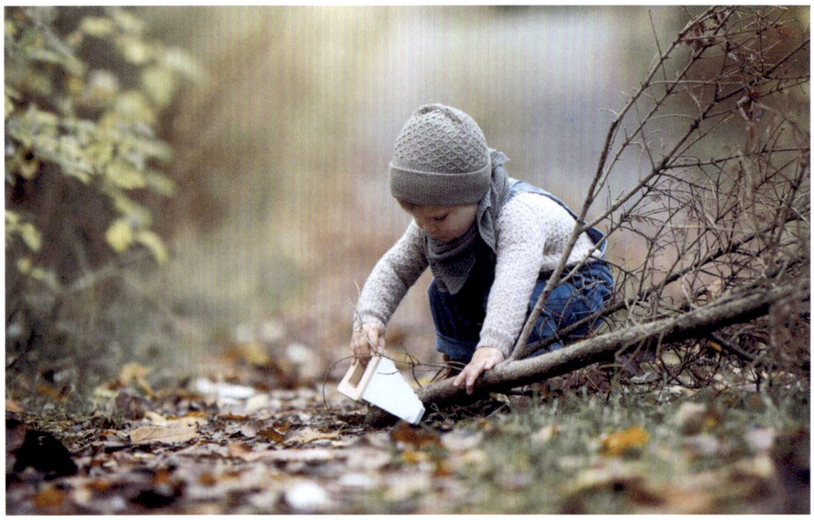

SCHWIERIGKEITSGRAD 2

GRÖSSEN: (3 Mon) 6–9 Mon (1 Jahre) 2 Jahre (4 Jahre)
GARN: KlompeLOMPE Merinoull, Farbe 9871
MENGE: (150) 200 (200) 250 (300) g
NADELN: Rundnadeln Nr. 3 und Nr. 3,5, je 40 cm, 60 cm und 80 cm
MASCHENPROBE: 22 M mit Ndl Nr. 3,5 = 10 cm
MASSE: Oberweite: ca. (53) 56 (60) 64 (67) cm
Gesamtlänge: ca. (24) 27 (31) 35 (39) cm

ABKÜRZUNGEN

Fdv: mit dem Faden vor der Arbeit.
Fdh: mit dem Faden hinter der Arbeit.
mFd: mit dem losen Faden (den losen Faden, der vor der Arbeit liegt, anheben und mit der M re zus str)

Den Pullover von unten nach oben in Runden str. (116) 124 (132) 140 (148) M mit Ndl Nr. 3 anschlagen. 12 Rd Rippenmuster (1 M re, 1 M li im Wechsel) str. Zu Ndl Nr. 3,5 wechseln. 1 Rd re M str.

MUSTER

Nächste Rd: *1 M li, 3 M abh Fdv*, von * bis * bis Rd-Ende wdh.

2 Rd re M str.

Nächste Rd wie folgt str: 2 M re, 1 M re mFd,* 3 M re, 1 M re mFd*, von * bis * bis zur letzten M wdh, 1 M abh mit Fdv.

Nächste Rd: 2 M abh Fdv, 1 M li *3 M abh Fdv, 1 M li*, von * bis * bis zur letzten M wdh, 1 M re.

2 Rd re M str.

Nächste Rd: 1 M re mFd, *3 M re, 1 M re mFd* bis zu den letzten 3 M wdh, 3 M re.

Im Muster str, bis die Arbeit ca. (17) 19 (22) 25 (28) cm misst und die nächste Rd eine 4. Rd im Muster ist (die, in der man den losen Faden anhebt).

In der nächsten Rd wie folgt für den Ärmel abk: 4 M abk, (49) 53 (57) 61 (65) M im Muster str,

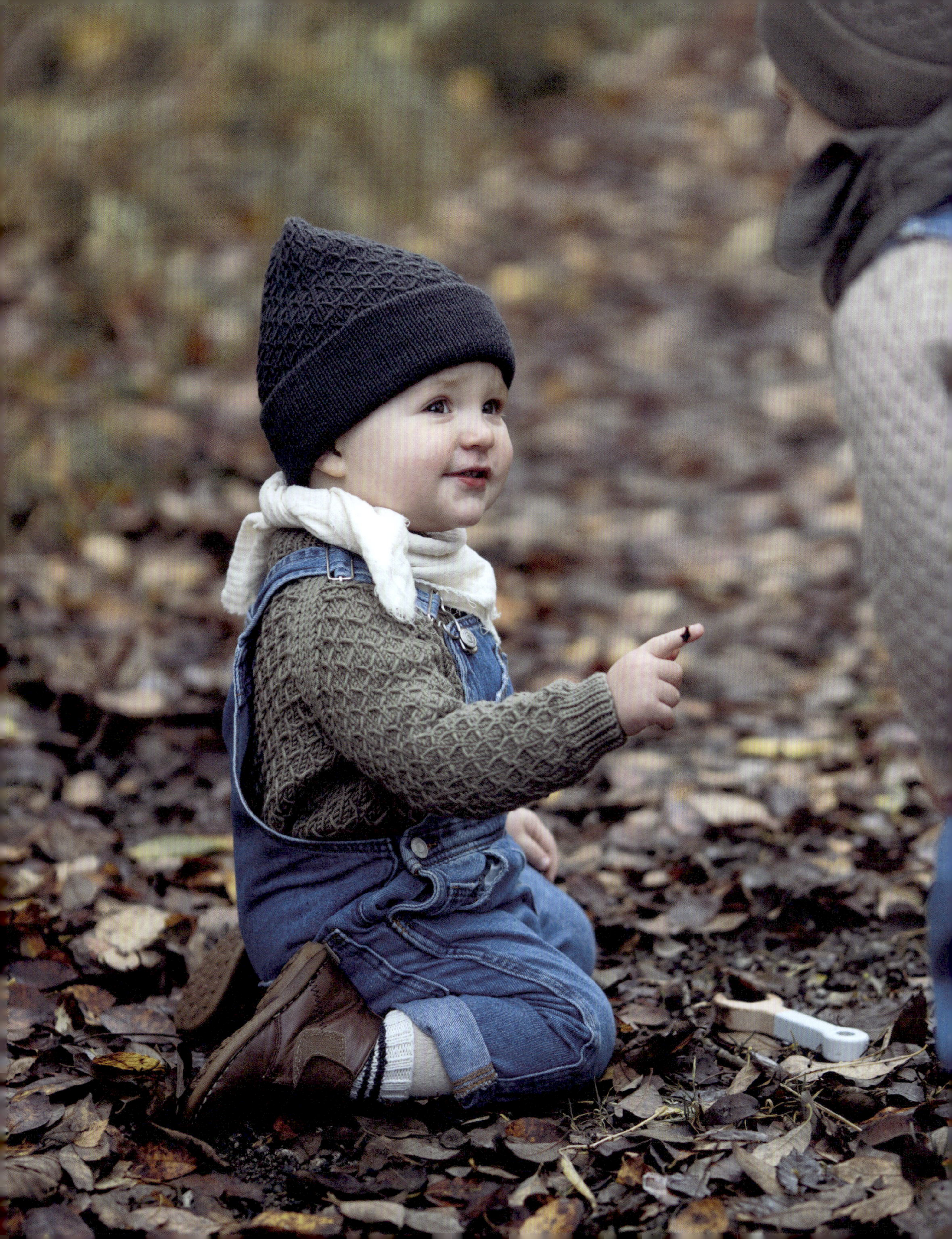

9 M abk, (49) 53 (57) 61 (65) M im Muster str, 5 M abk.

Die Arbeit beiseitelegen und die Ärmel str.

ÄRMEL

(32) 32 (36) 36 (40) M mit Ndl Nr. 3 anschlagen. 12 Rd im Rippenmuster (1 M re, 1 M li im Wechsel) str.

Zu Ndl Nr. 3,5 wechseln. 1 Rd re M str, dabei gleichmäßig verteilt 4 M zun.

Den Rd-Beginn (in der Mitte unter dem Arm) mit 1 MM markieren. Im Muster str.

Ab jetzt alle (6) 4,5 (6) 5 (5) cm (in einer Muster-Rd, in der alle M re gestrickt werden) wie folgt zun:

1 M re, 1 M zun, im Muster str bis zur letzten M, 1 M zun, 1 M re.

Sobald genug M für einen Rapport vorhanden sind, werden sie ins Muster integriert.

Weiter im Muster und mit Zun str, bis (40) 44 (46) 50 (54) M auf der Ndl sind. Weiterstr, bis der Ärmel ca. (16) 20 (22) 26 (28) cm misst und die nächste Rd eine 4. oder 8. Muster-Rd ist.

Rechter Ärmel: In der nächsten Rd die ersten 5 und die letzten 4 M abk.

Linker Ärmel: In der nächsten Rd die ersten 4 und die letzten 5 M abk.

Die Ärmel und den Körper auf eine Ndl nehmen = (160) 176 (188) 204 (220) M.

Die ersten 2 M vom li Ärmel auf die re Ndl heben. Hier beginnt die Rd. Es sind 4 markierte Raglan-M an jeder Raglanlinie (je 2 M auf jeder Seite eines MM). Diese M werden immer glatt rechts gestrickt. In Rd, in denen M abgehoben werden, diese M mit Fdh abh.

Nun MM setzen (in einer 1. oder 5. Muster-Rd): *MM setzen, 2 M abh Fdh, (23) 27 (29) 33 (37) M im Muster, 2 M abh Fdh, MM setzen, 2 M abh Fdh, (49) 53 (57) 61 (65) M im Muster, 2 M abh Fdh*, von * bis * wdh.

In der nächsten Rd wie folgt abn:

1 M re, 2 M re überzogen zus str, im Muster bis 3 M vor dem MM str, 2 M re zus str, 1 M re, von * bis * bis Rd-Ende wdh.

Insgesamt (9) 10 (12) 13 (15)-mal in jeder 2. Rd im Muster so abn, dabei zählen die Rd, in denen M abgehoben werden, nicht mit.

Nächste Rd: Die mittleren (11) 13 (13) 15 (15) M des Vorderteils str und stilllegen, im Muster bis Rd-Ende str. Den Faden abschneiden.

Vorn auf der li Seite der Arbeit beginnen. 1 Rück-R im Muster str.

Nächste R: 2 M re zus str, bis zu den letzten 2 M im Muster mit Raglan-Abn str, 2 M re überzogen zus str. Dies in jeder Hin-R wdh.

Wird eine Rück-R mit abgehobenen M gestrickt, die erste und letzte M li str.

Wenn sich am Ärmel nur noch 1 M zwischen den Raglan-M befindet, wie folgt ab MM abn: 1 M re, 1 M abh, 2 M re zus str, die abgehobene M darüberziehen.

Das nächste Mal wie folgt am MM abn: 1 M abh, 2 M re zus str, die abgehobene M darüberziehen.

So weiter abn, bis noch 2 M am Vorderteil übrig sind. 1 R str, dabei am Beginn und Ende der R 2 M re zus str. Den Faden abschneiden.

HALSAUSSCHNITT

Mit Ndl Nr. 3 arb.

1 Rd wie folgt str, dabei eventuelle lose Fäden wie im Muster str: Bis R-Ende str, 8 M bis zu den stillgelegten M aufnehmen, die stillgelegten M str, 8 M aufnehmen und bis Rd-Ende str.

13 Rd im Rippenmuster str. Zu Ndl Nr. 3,5 wechseln und die M im Rippenmuster abk.

Die Rippen am Halsausschnitt nach innen falten und locker annähen, es darf nicht zu stramm sein.

Die Nähte unter den Armen schließen. Alle Fäden vernähen und den Pulli unter einem feuchten Handtuch trocknen lassen.

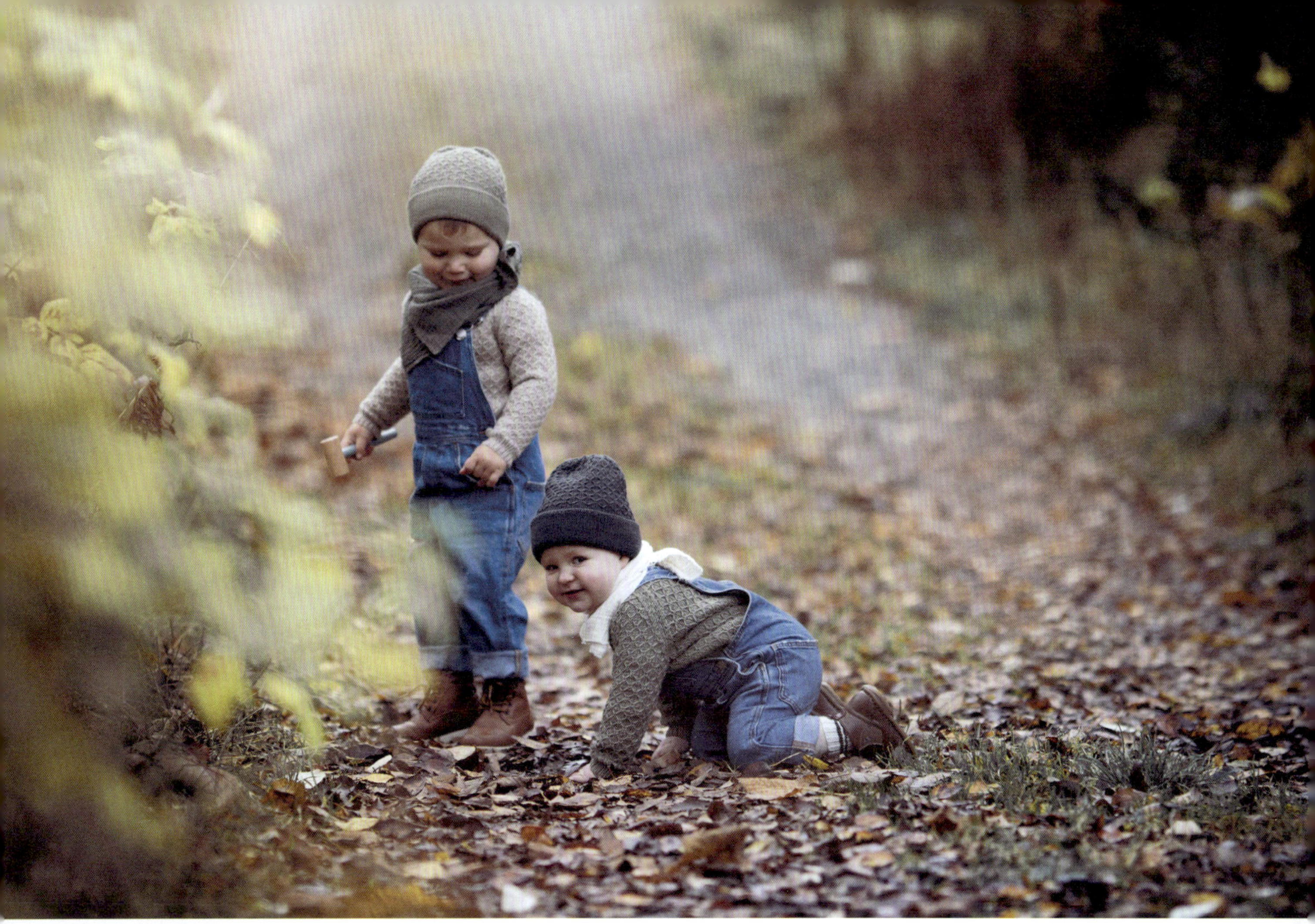

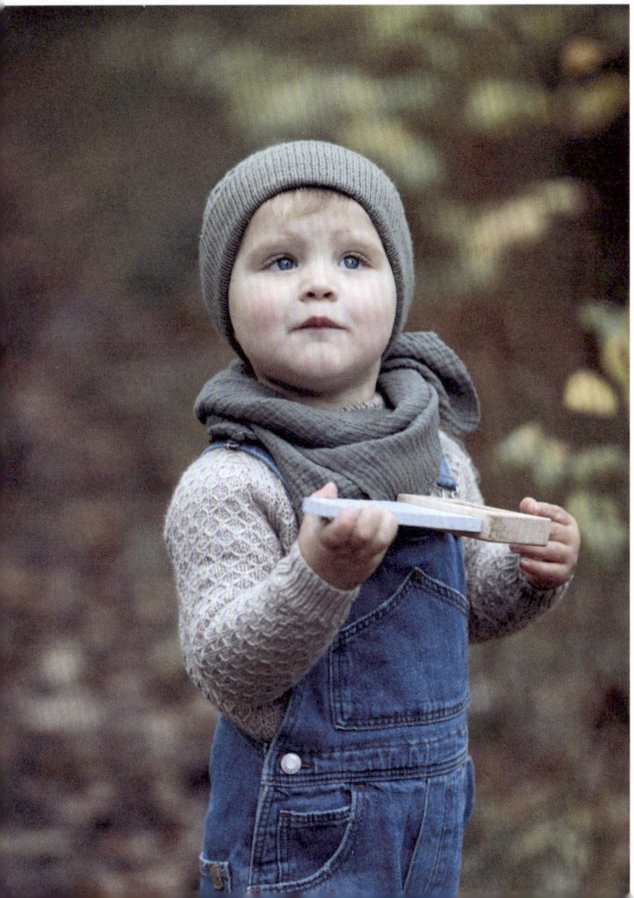

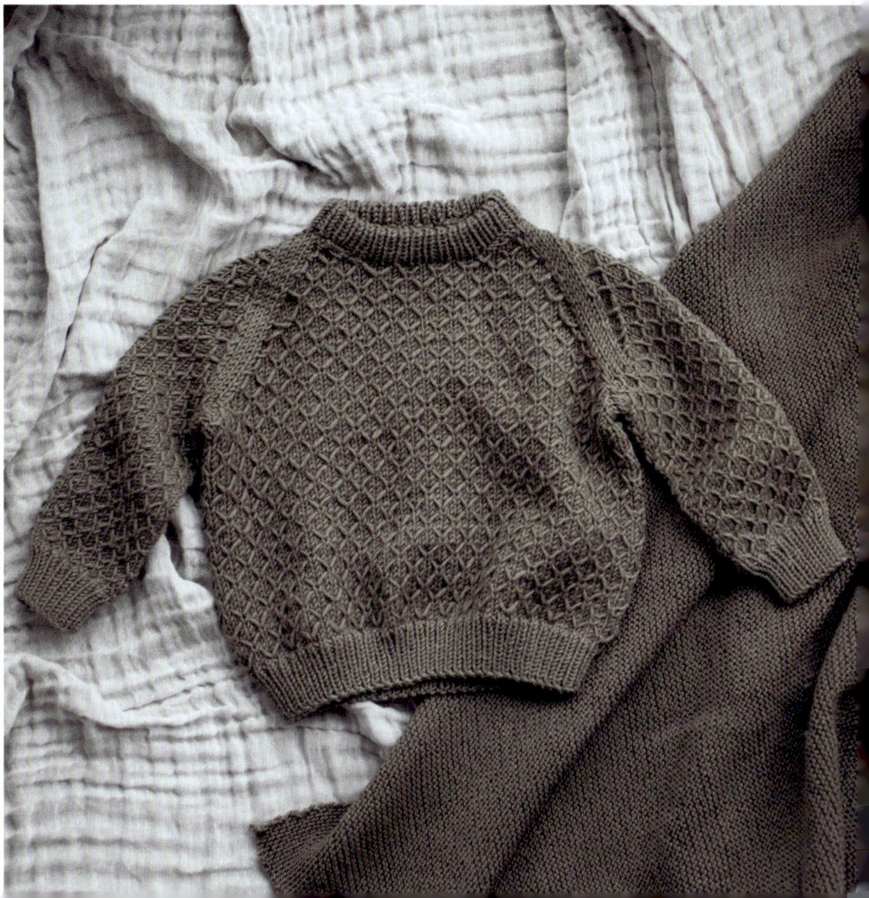

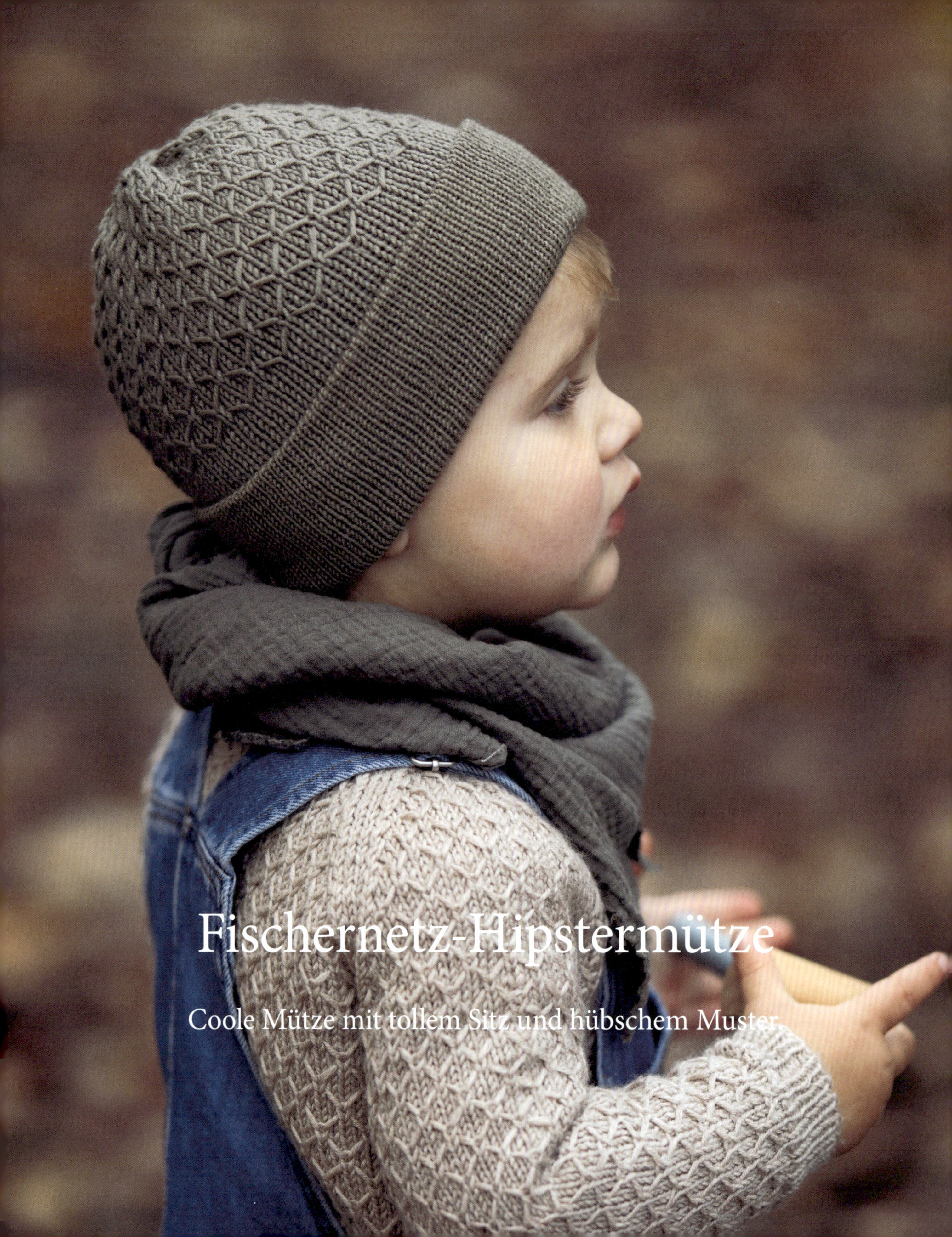

Fischernetz-Hipstermütze

Coole Mütze mit tollem Sitz und hübschem Muster.

SCHWIERIGKEITSGRAD 2

GRÖSSEN: 3 Mon (6–9 Mon) 1–3 Jahre
GARN: KlompeLOMPE Merinoull und KlompeLOMPE Tynn Merinoull, Farbe 9871
MENGE: KlompeLOMPE Merinoull: 50 g für alle Größen und KlompeLOMPE Tynn Merinoull: 50 g für alle Größen
NADELN: Rundnadeln Nr. 3 und Nr. 3,5, je 40 cm und 80 cm
MASCHENPROBE: 27 M mit Ndl Nr. 3 = 10 cm
22 M mit Ndl Nr. 3,5 = 10 cm

Die Mütze in Runden str.
90 (98) 98 M mit Ndl Nr. 3 mit Klompelompe Tynn Merinoull anschlagen. In Rd 12,5 (13) 14 cm glatt rechts str. Den Beleg nach innen umschlagen und jede 3. M der Anschlagkante mit der M zus str. Ist das zu schwierig, kann man die Kante auch später umschlagen und annähen. 4 Rd re M str. Die Arbeit auf li wenden. Die li Seite ist jetzt die re Seite.

Zu Ndl Nr. 3,5 und zu Klompelompe Merinoull wechseln, 1 Rd re M str und gleichmäßig verteilt auf 72 (80) 80 M abn. Glatt rechts str, bis die Arbeit 7 (7,5) 8 cm ab der Umschlagkante misst.

ABKÜRZUNGEN

Fdv: mit dem Faden vor der Arbeit.
Fdh: mit dem Faden hinter der Arbeit.
mFd: mit dem losen Faden (den losen Faden, der vor der Arbeit liegt, anheben und mit der M re zus str)

MUSTER

Nächste Rd: *1 M li, 3 M abh Fdv*, von * bis * bis Rd-Ende wdh.
2 Rd re M str.
Nächste Rd wie folgt str: 2 M re, 1 M re mFd,* 3 M re, 1 M re mFd*, von * bis * bis zur letzten M wdh, 1 M abh Fdv.
Nächste Rd: 2 M abh Fdv, 1 M li *3 M abh Fdv, 1 M li*, von * bis * bis zur letzten M wdh, 1 M re.
2 Rd re M str.
Nächste Rd: 1 M re mFd, *3 M re, 1 M re mFd*, von * bis * bis zu den letzten 3 M wdh, 3 M re.

Im Muster str, bis die Arbeit ca. 9 (10) 12 cm ab der Umschlagkante misst und die nächste Rd eine 5. Muster-Rd ist.

Nächste Rd im Muster: 2 M abh Fdv, 1 M li, *3 M abh Fdv, 1 M li*, von * bis * wdh bis zur letzten M, 1 M re.
Nächste Rd: 4 M re, 2 M re zus str, *6 M re, 2 M re zus str*, von * bis * bis zu den letzten 2 M wdh, 2 M re.
1 Rd re M str.
Nächste Rd: 1 mFd *2 M re, 1 M re mFd, 3 M re, 1 M re mFd*, von * bis * bis zu den letzten 6 M wdh, 2 M re, 1 M re mFd, 3 M re.
Nächste Rd: *1 M li, 2 M abh Fdv, 1 M li, 3 M abh Fdv*, von * bis * bis Rd-Ende wdh.
1 Rd re M str.
Nächste Rd: *5 M re, 2 M re zus str*, von * bis * bis Rd-Ende wdh.
Nächste Rd: 1 M re, 1 M re mFd, *2 M re, 1 M re mFd*, von * bis * bis zur letzten M wdh, 1 M re.
Nächste Rd: 1 M abh Fdv, 1 M li *2 M abh Fdv, 1 M li*, von * bis * bis zur letzten M wdh, 1 M abh Fdh.
2 Rd re M str.
Nächste Rd: *1 M re mFd, 2 M re, 1 M re mFd, 2 M re zus str*, von * bis * bis Rd-Ende wdh.
Nächste Rd: *1 M li, 2 M abh Fdv, 1 M li, 1 M abh Fdv*, von * bis * bis zu den letzten 5 M wdh, 1 M li, 2 M abh Fdv, 1 M li, 1 M abh Fdh.
2 Rd re M str.
Nächste Rd: *1 M re, 1 M re mFd, 1 M re, 2 M re zus str mFd*, von * bis * bis zu den letzten 5 M wdh, 1 M re, 1 M re mFd, 1 M re, 2 M re zus str.
1 Rd re M str.

Nächste Rd: *2 M re, 2 M re zus str*, von * bis * bis Rd-Ende wdh.
1 Rd re M str.
Nächste Rd: *1 M re, 2 M re zus str*, von * bis * bis Rd-Ende wdh.
1 Rd re M str.
Nächste Rd: *2 M re zus str*, von * bis * bis Rd-Ende wdh.
Nächste Rd: *2 M re zus str*, von * bis * bis Rd-Ende wdh.

Den Faden durch die M fädeln und zus ziehen. Alle Fäden vernähen. Umschlag vorsichtig dämpfen.

Go'klompen-Strampler

In unserem ersten Buch gab es die niedliche Go'klompen Jacke. Jetzt haben wir mit dem Muster einen Strampler gemacht.

SCHWIERIGKEITSGRAD 3

GRÖSSEN: (0–1 Mon) 3 Mon (6–9 Mon) 1 Jahr (2 Jahre) 3 Jahre
GARN: KlompeLOMPE Tynn Merinoull, Farbe 6061
MENGE: (150) 150 (200) 250 (300) 300 g
NADELN: Rundnadeln Nr. 2,5 und Nr. 3, je 80 cm
MASCHENPROBE: 27 M mit Ndl Nr. 3 = 10 cm
MASSE: Oberweite: ca. (48) 51 (55) 56 (59) 64 cm
Länge: ca. (41) 45 (50) 60 (68) 74 cm

Von oben nach unten in Reihen auf einer Rundnadel str.

(79) 83 (89) 89 (93) 93 M mit Ndl Nr. 2,5 anschlagen. Im Rippenmuster (1 M re, 1 M li im Wechsel) str. Die 1. R ist eine Rück-R.

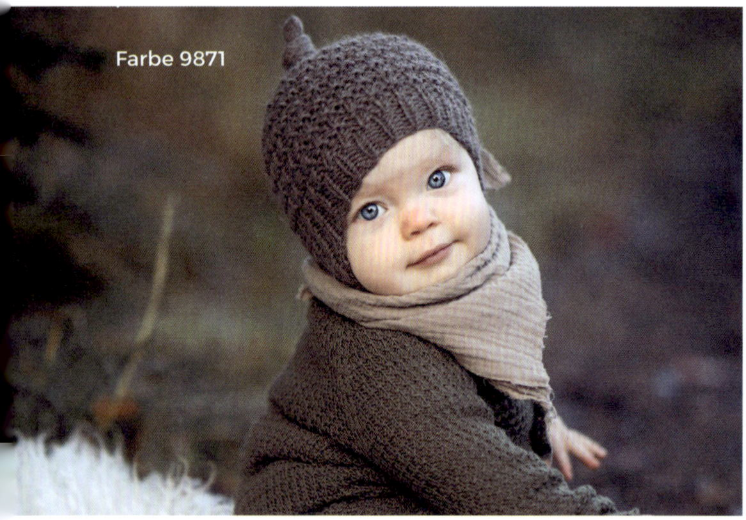

In der 4. R wie folgt ein Knopfloch str: 3 M Rippenmuster, 2 M re zus str, 1 U, im Rippenmuster bis R-Ende str. Insgesamt 7 R im Rippenmuster str.

Insgesamt (6) 6 (7) 7 (8) 8 Knopflöcher mit ca. (4,5) 5 (4,5) 5 (5) 5 cm Abstand str.

Mit dem Muster und den Raglan-Zun beginnen. Vor dem Weiterstr den nächsten Abschnitt lesen:

MUSTER

1. R: in einer Hin-R re M, in einer Rückr li M str.
2. R: in einer Rück-R re M, in einer Hin-R li M str.
3. R: *1 M li, 1 M re*, von * bis * wdh.
4. R: *1 M re, 1 M li*, von * bis * wdh (sodass re M über re M und li M über li M liegen).

RAGLAN-MASCHEN IM MUSTER

(markierte M):
1. R: 3 M re.
2. R: 3 M re.
3. R: 1 M re, 1 M li, 1 M re.
4. R: 1 M li, 1 M re, 1 M li.

Zu Ndl Nr. 3 wechseln.

Mit dem Muster beginnen (1. R) und wie folgt Raglan-Zun str:

(14) 14 (16) 16 (16) 16 M re (li Vorderteil), 1 U, 3 M re (Raglan-M), 1 U, (9) 9 (9) 9 (11) 11 M re (Ärmel), 1 U, 3 M re (Raglan-M), 1 U, (21) 25 (27) 27 (27) 27 M re (Rückenteil), 1 U, 3 M re (Raglan-M), 1 U, (9) 9 (9) 9 (11) 11 M re (Ärmel), 1 U, 3 M re (Raglan-M), 1 U, (14) 14 (16) 16 (16) 16 M re (re Vorderteil).

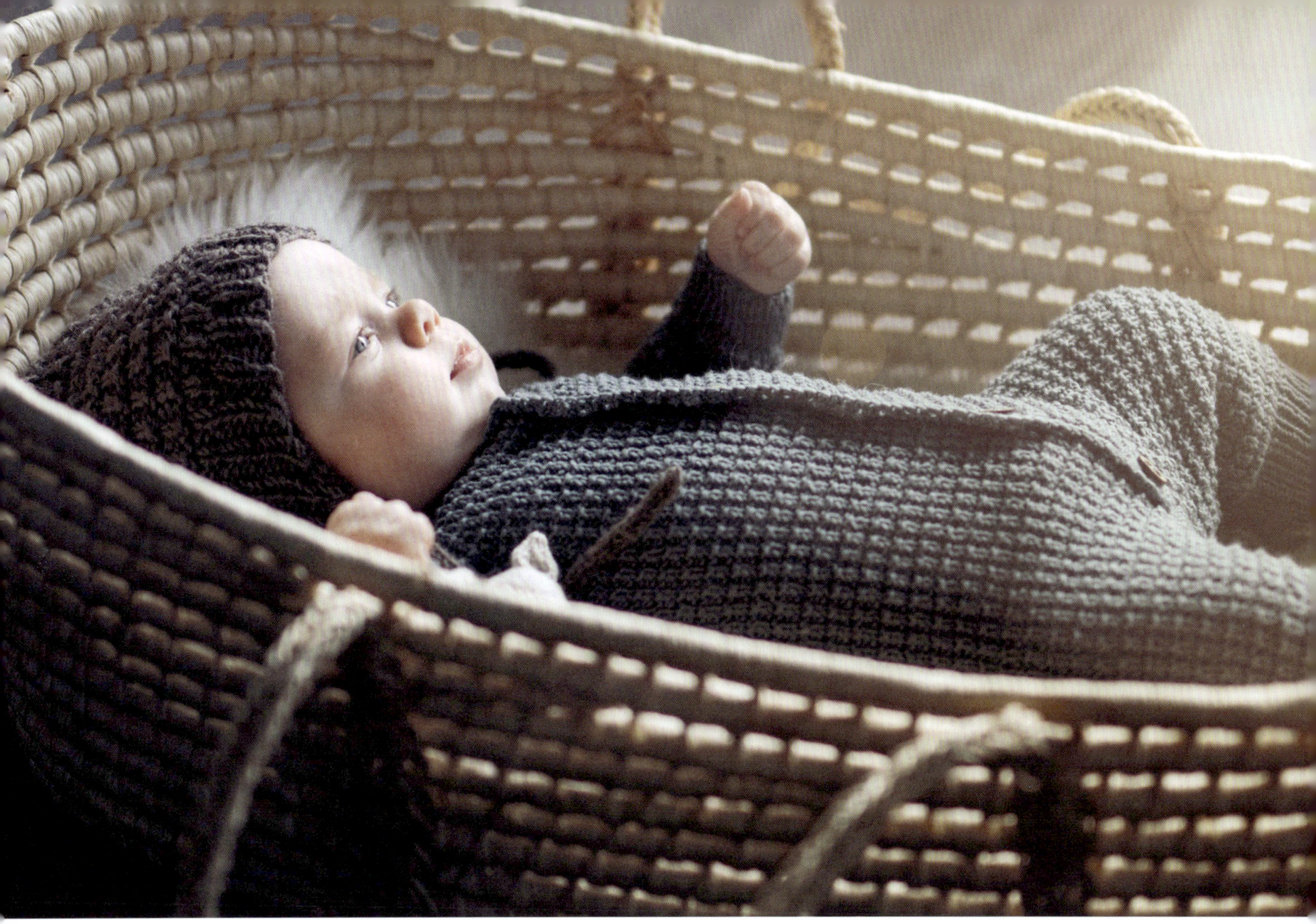

Weiter im Muster str. In den Rück-R die M verschr str, also in der 2. R die U re verschr und in der 4. R mustergemäß je re verschr oder li verschr str.

ANMERKUNG:
In der 3. Muster-R die 1. M nach dem U im Musterfeld (nicht markierte M) li str. Das ist wichtig, damit das Muster im weiteren Verlauf passt.

Insgesamt (17) 18 (19) 20 (22) 25-mal in jeder Hin-R (1. R und 3. R) mit 1 U beidseitig der Raglan-M zun = insgesamt (215) 227 (241) 249 (269) 293 M.

Nächste R: Im Muster str bis inkl. der ersten 2 Raglan-M, die nächste Raglan-M, die (43) 45 (47) 49 (55) 61 Ärmel-M und die nächste Raglan-M stilllegen, 5 M unter dem Arm anschlagen, die 2 Raglan-M str, die Rückenteil-M und die nächsten 2 Raglan-M str, die nächste Raglan-M, die (43) 45 (47) 49 (55) 61 Ärmel-M und die nächste Raglan-M stilllegen, 5 M unter dem Arm anschlagen, bis R-Ende im Muster str = (135) 143 (153) 157 (165) 177 M.

Im Muster str, bis die Arbeit ca. (26) 28 (31) 35 (39) 41 cm misst und gerade eine 2. R im Muster gestrickt wurde.

Nächste R (Hin-R): Die letzten 5 M hinter die ersten 5 M legen und beide re zus str. 1 MM beidseitig dieser 5 M und der mittleren 5 im Rückenteil setzen.

Ab jetzt in Rd str.

In der nächsten Rd beidseitig der 5 M vorn und hinten 1 M zun.

Die Zun insgesamt 4-mal in jeder 2. Rd arb. In der nächsten Rd die 5 M vorn und hinten abk = (68) 72 (77) 79 (83) 89 M je Bein.

Im Muster in Rd str, dabei in der 1. Rd (0) 0 (1) 1 (1) 1 M abn.

Weiterstr, bis das Bein (10) 12 (14) 20 (24) 28 cm misst.

1 Rd re M str und gleichmäßig verteilt auf (44) 44 (46) 46 (48) 48 M abn.

Zu Ndl Nr. 2,5 wechseln. 6 cm im Rippenmuster (1 M re, 1 M li im Wechsel) str und in der letzten R die M abk.

ÄRMEL

Ab der Mitte der unter dem Arm angeschlagenen M 3 M aufnehmen, die (45) 47 (49) 51 (57) 63 stillgelegten M str, 2 M bis Rd-Ende aufnehmen. An der Verbindungsstelle 1 MM setzen. In Rd str.

Nach 2 cm vor und nach dem MM 1 M abn.

Die Abn alle 2 cm wdh, bis noch (38) 38 (40) 42 (42) 44 M übrig sind. Weiterstr, bis der Ärmel (12) 14 (16) 19 (23) 26 cm misst.

Zu Ndl Nr. 2,5 wechseln. 3 cm Rippenmuster (1 M re, 1 M li im Wechsel) str und in der letzten Rd die M abk.

Entlang der Knopfleisten feste M häkeln. Die Naht zwischen den Beinen schließen und die Knöpfe annähen. Alle Fäden vernähen.

Den Strampler anfeuchten, in die Breite ziehen und unter einem Handtuch trocknen lassen, oder den Strampler beim Dämpfen in die Breite ziehen.

Kuschelige Go'klompenmütze

Dank doppeltem Faden eine warme, schnell gestrickte Mütze.

SCHWIERIGKEITSGRAD 2

GRÖSSEN: (3–5 Mon) 6–12 Mon (1–3 Jahre) 3–6 Jahre
GARN: KlompeLOMPE Merinoull Farbe 1013, Sandnes Garn Mini Alpakka Farbe 1015
MENGE: KlompeLOMPE Merinoull: (50) 50 (50) 100 g, Sandnes Garn Mini Alpakka: 50 g für alle Größen
NADELN: Rundnadel Nr. 5, 40 cm, Rundnadel Nr. 4, 80 cm
Maschenprobe: 17 M mit doppeltem Faden mit Ndl Nr. 5 = 10 cm

Die Mütze mit den I-Cords an den Ohrenklappen beginnen.

4 M mit Ndl Nr. 4 mit Sandnes Garn Mini Alpakka anschlagen. Einen 18 cm langen I-Cord (siehe Video auf Klompelompe.no) str.

OHRENKLAPPE

Mit Ndl Nr. 5 und doppeltem Faden, einem Faden von jeder Qualität, weiterstr.

1. R (Rück-R) wie folgt str: 1 M li, 1 M re, 1 M li verschr aus dem Querfaden zun, 1 M re, 1 M li.

Nächste R (Hin-R): [1 M li, 1 M re verschr] in 1 M str, 1 M li, 1 M re, 1 M li, [1 M re, 1 M li verschr] in 1 M str.

Nächste R: Im Rippenmuster (1 M re, 1 M li im Wechsel) bis R-Ende str.

Nächste R (Hin-R): [1 M re, 1 M li verschr] in 1 M, 1 M re, 1 M li, 1 M re, 1 M li, 1 M re, [1 M li, 1 M re verschr] in 1 M str.

Nächste R: Im Rippenmuster (1 Mli, 1 M re im Wechsel) bis R-Ende str.

So weiter zun bis auf (15) 17 (17) 19 M. Die letzte R ist eine Rück-R. Die Ohrenklappe beiseitelegen und eine zweite genauso str.

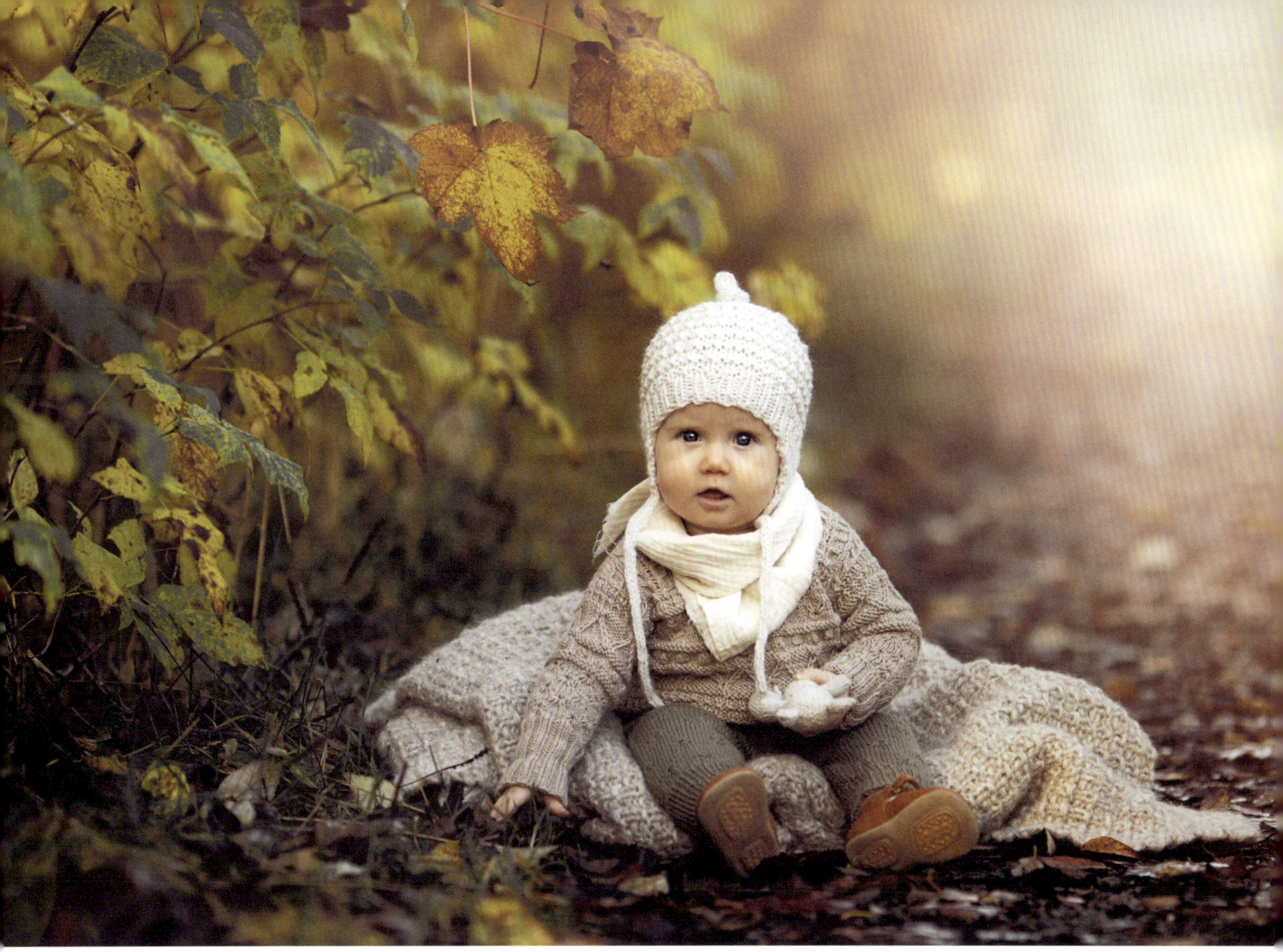

3 M anschlagen, über die M der einen Ohrklappe im Rippenmuster str, (19) 21 (25) 25 M anschlagen, über die M der anderen Ohrenklappe im Rippenmuster str, 2 M anschlagen = (54) 60 (64) 68 M. (7) 8 (8) 9 Rd im Rippenmuster str.

1 Rd re M str, dabei gleichmäßig verteilt (6) 6 (8) 4 M zun = (60) 66 (72) 72 M.

MUSTER

1. und 2. Rd: 1 M re, 1 M li im Wechsel.
3. Rd: Alle M re str.
4. Rd: Alle M li str.

Mit dem Muster beginnen.

Nach (5) 6 (7) 9 Muster-Rapporten wie folgt weiterstr:

Im Muster str, in der 3. Rd (alle M re) wie folgt abn: *4 M re, 2 M re zus str*, von * bis * bis Rd-Ende wdh. Im Muster str, in der 3. Muster-Rd wie folgt abn: *3 M re, 2 M re zus str*, von * bis * bis Rd-Ende wdh.

2 Rd re M str.

Nächste Rd: *2 M re, 2 M re zus str*, von * bis * bis Rd-Ende wdh. 2 Rd re M str

Nächste Rd: *1 M re, 2 M re zus str*, von * bis * bis Rd-Ende wdh. 1 Rd re M str

Nächste Rd: Immer 2 M re zus str

Nächste Rd: *1 M re, 2 M re zus str*, bis zu den letzten (4) 2 (0) 0 M wdh, (4) 2 (0) 0 M re = 8 M.

Über die restlichen 8 M 10 cm re M in Rd str.

Den Faden durch die M fädeln und zus ziehen. Alle Fäden vernähen.

Go'klompen-Decke

Seit unserem ersten Buch ist dieses Strukturmuster eines unserer meistgenutzten. Die Decke ist groß, weich und herrlich kuschelig.

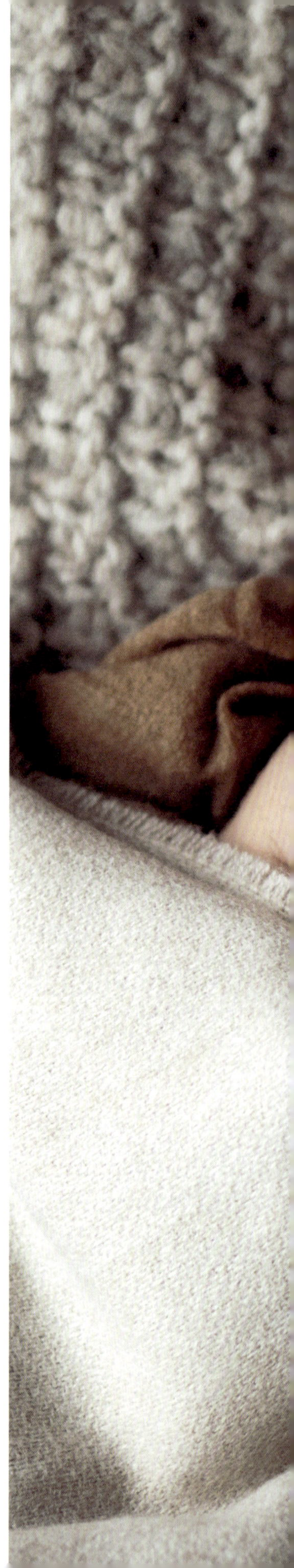

SCHWIERIGKEITSGRAD 1

GRÖSSE 100 x 120 cm
GARN: Sandnes Garn KOS, Farbe 2611
MENGE: 700 g
NADELN: Rundnadel Nr. 8, 80 cm
MASCHENPROBE: 12 M mit Ndl Nr. 8 = 10 cm

MUSTER

1. R: *1 M re, 1 M li*, von * bis * bis zur letzten M wdh, 1 M re.

2. R: *1 M li, 1 M re*, von * bis * bis zur letzten M wdh, 1 M li.

3. und 4. R: Alle M re str.

121 M mit Ndl Nr. 8 mit doppeltem Faden anschlagen.

Im Muster str, bis die Arbeit 120 cm misst.

Die M abk.

Alle Fäden vernähen.

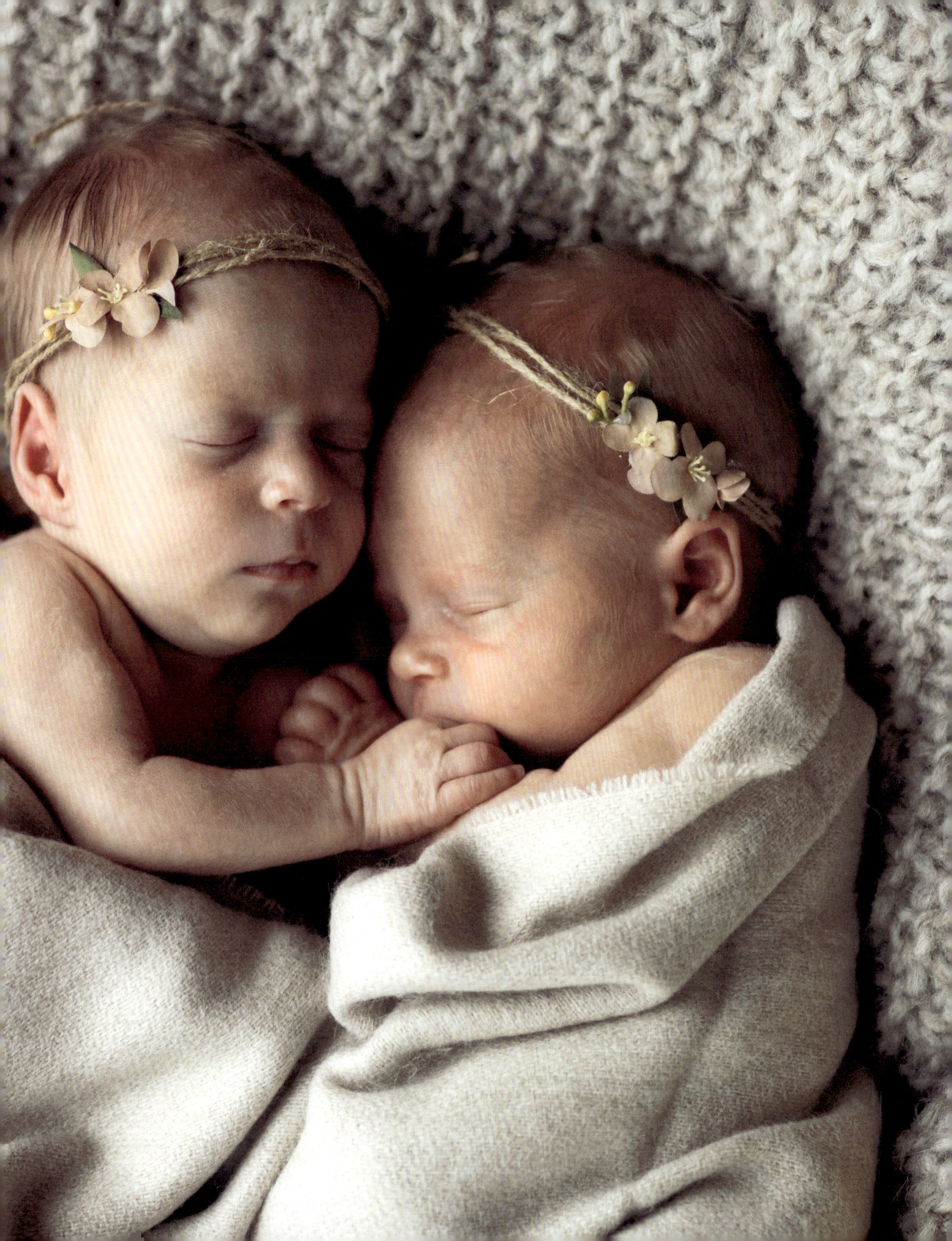

Fischernetz-Babysocken

Diese einfachen Babysocken sitzen gut am Fuß und haben dasselbe hübsche Strukturmuster wie das restliche Set.

SCHWIERIGKEITSGRAD 2

GRÖSSEN: (0–4 Mon) 4–12 Mon (18 Mon) 2–3 Jahre
GARN: KlompeLOMPE Tynn Merinoull, Farbe 2652
MENGE: 50 g für alle Größen
NADELN: Rundnadel Nr. 3, 80 cm
MASCHENPROBE: 27 M mit Ndl Nr. 3 = 10 cm

Die Socken von oben nach unten in Runden mit Magic Loop str.

40 (48) 48 (56) M mit Ndl Nr. 3 anschlagen. 5 Rd im Rippenmuster (1 M re, 1 M li im Wechsel) str.

Im Muster weiterstr.

ABKÜRZUNGEN

Fdv: mit dem Faden vor der Arbeit.

mFd: mit dem losen Faden (den losen Faden, der vor der Arbeit liegt, anheben und mit der M re zus str)

MUSTER

Nächste Rd: *1 M li, 3 M abh Fdv*, von * bis * bis Rd-Ende wdh.

2 Rd re M str.

Nächste Rd: 2 M re, 1 M re mFd,* 3 M re, 1 M re mFd*, von * bis * bis zur letzten M wdh, 1 M abh Fdv.

Nächste Rd: 2 M abh Fdv, 1 M li *3 M abh Fdv, 1 M li*, von * bis * bis zur letzten M wdh, 1 M re.

2 Rd re M str.

Nächste Rd: 1 M re mFd, *3 M re, 1 M re mFd*, von * bis * bis zu den letzten 3 M wdh, 3 M re.
Wenn der Muster-Rapport (4) 4 (5) 5-mal gestrickt wurde, das Muster beenden.

2 Rd re M str und in der 2. Rd gleichmäßig verteilt (0) 6 (2) 8 M abn = (40) 42 (46) 48 M.

LOCHRUNDE:

Größe 0–4 Mon: *2 M re zus str, 1 U, 2 M re*, von * bis * bis Rd-Ende wdh.
Größe 4–12 Mon: *2 M re zus str, 1 U, 2 M re*, von * bis * 5-mal wdh, 2 M re, von * bis * 5-mal wdh.
Größe 18 Mon: *2 M re zus str, 1 U, 2 M re* von * bis * 5-mal wdh, 6 M re, von * bis * 5-mal wdh.
Größe 2–3 Jahre: *2 M re zus str, 1 U, 2 M re*, von * bis * bis Rd-Ende wdh.

3 Rd re M str. Den Faden abschneiden.

Die ersten (12) 13 (14) 14 M und die letzten (12) 13 (14) 14 M stilllegen und über die mittleren (16) 16 (18) 20 M getrennt weiterstr.

OBERER TEIL

In R glatt rechts str.

Ca. (3,5) 4,5 (5,5) 6,5 cm glatt rechts str. In der nächsten R (Hin-R) wie folgt abn:

2 M re zus str, re M bis zu den letzten 2 M str, 2 M re überzogen zus str.

Insgesamt (3) 3 (4) 4-mal in jeder Hin-R abn und in der nächsten R (Rück-R) die M abk. Den Faden abschneiden.

An der hinteren Mitte, dem früheren Rd-Beginn, wieder beginnen. Die stillgelegten M re str, am oberen Teil M aufnehmen (ca. 1 M aus jeder M, aber an den Seiten ca. jede 4. M überspringen) und die letzten stillgelegten M re str = (62) 68 (74) 80 M.

Kraus rechts str (1 Rd li M, 1 Rd re M im Wechsel)

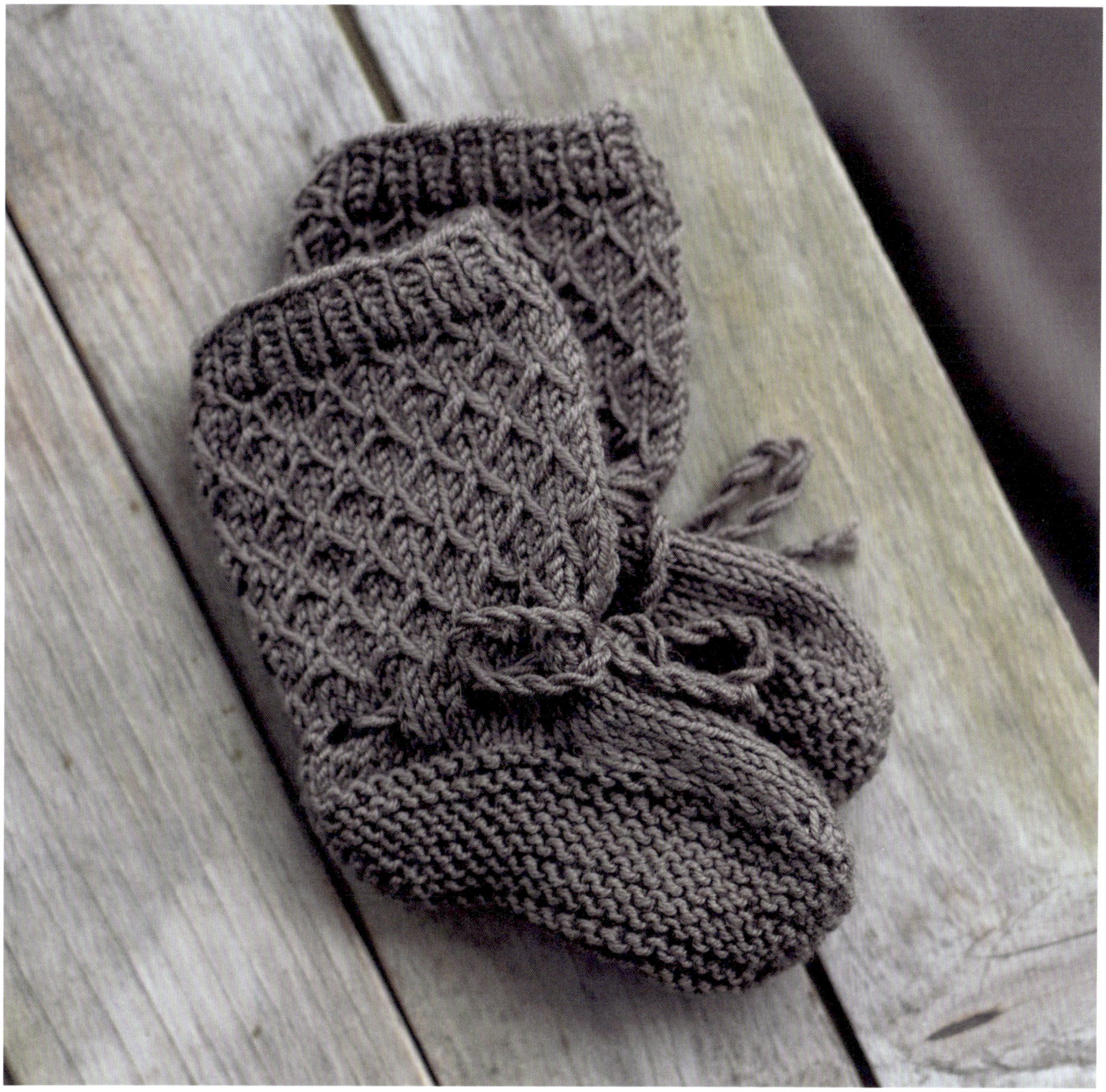

Wenn (3,5) 3,5 (4,5) 5,5 Kraus-Rippen gestrickt wurden und die nächste Rd eine Rd re M ist, wie folgt abn:
1 M re, 2 M re zus str, (22) 25 (28) 31 M re, 2 M re zus str, 8 M re, 2 M re zus str, (22) 25 (28) 31 M re, 2 M re zus str, 1 M re.

1 Rd li M str.

Nächste Rd: 1 M re, 2 M re zus str, (18) 21 (24) 27 M re, 2 M re zus str, 2 M re zus str, 8 M re, 2 M re zus str, 2 M re zus str, (18) 21 (24) 27 M re, 2 M re zus str, 1 M re.

1 Rd li M str.

Nächste Rd: 1 M re, 2 M re zus str, 2 M re zus str, (17) 20 (23) 26 M re, 2 M re zus str, 1 M re, 2 M re zus str, 1 M re, 2 M re zus str, (17) 20 (23) 26 M re, 2 M re zus str, 2 M re zus str, 1 M re.

1 Rd li M str.

Nächste Rd: 1 M re, 2 M re zus str, (16) 19 (22) 25 M re, 2 M re zus str, 3 M re, 2 M re zus str, (16) 19 (22) 25 M re, 2 M re zus str, 1 M re.

1 Rd li M str.

1 Rd re M str, dabei die M abk.

Die Sohle zus nähen. Alle Fäden vernähen, eine Schnur drehen und durch die Loch-Rd ziehen.

Dünne Lillemorhose

Eine dünne und niedliche Hose mit Lochmuster und Volant.

SCHWIERIGKEITSGRAD 2

GRÖSSEN: (Frühchen) 0–1 (3) 6 (9) 12 (18) Mon
GARN: KlompeLOMPE Tynn Merinoull, Farbe 2652
MENGE:(100) 100 (100) 150 (150) 150 (150) g
NADELN: Rundnadeln Nr. 2,5 und Nr. 3, je 40 cm und 80 cm
MASCHENPROBE: 27 M mit Ndl Nr. 3 = 10 cm
MASSE: Oberweite: ca. (44) 48 (48) 52 (52) 55,5 (55,5) cm, Gesamtlänge (ohne Träger): ca. (29,5) 32,5 (37,5) 39,5 (44,5) 48,5 (52,5) cm

(120) 130 (130) 140 (140) 150 (150) M mit Ndl Nr. 2,5 anschlagen.
19 Rd Rippenmuster (1 M re, 1 M li im Wechsel) str.
In der 8. Rd vorn 2 Knopflöcher einstr:
(49) 52 (52) 56 (56) 59 (59) M Rippenmuster, 2 M re zus str, 1 U, (18) 22 (22) 24 (24) 28 (28) M Rippenmuster, 1 U, 2 M re überzogen zus str, (49) 52 (52) 56 (56) 59 (59) M Rippenmuster.
Zu Ndl Nr. 3 wechseln und 1 Rd re M str.

Jetzt den hinteren Teil der Hose mit verkürzten R länger str (siehe Video German Short Rows auf Klompelompe.no): 10 M re, wenden, 20 M li, wenden, 25 M re, wenden, 30 M li, wenden, 35 M re, wenden, 40 M li, wenden, re M bis Rd-Ende str.

Weiter wie folgt im Muster str:
8 Rd re M str.
Nächste Rd: 3 M re, *2 M re zus str, 2 M re verschr zus str, 6 M re*, von * bis * bis zu den letzten 7 M wdh, 2 M re zus str, 2 M re verschr zus str, 3 M re.
1 Rd re M str.
Nächste Rd: 3 M re, *1 lrM, 2 M re, 1 lrM, 6 M re*, von * bis * bis zu den letzten 5 M wdh, 1 lrM, 2 M re, 1 lrM, 3 M re.
8 Rd re M str.
Nächste Rd: 2 M re verschr zus str, *6 M re, 2 M re zus str, 2 M re verschr zus str*, von * bis * bis zu den letzten 8 M wdh, 6 M re, 2 M re zus str.
1 Rd re M str.
Nächste Rd: 1 M re, 1 lrM, *6 M re, 1 lrM, 2 M re, 1 lrM*, von * bis * bis zu den letzten 7 M wdh, 6 M re, 1 lrM, 1 M re.
Diese 22 Rd wdh.

Wenn die Arbeit (16) 18 (22) 23 (26) 28 (29) cm misst, beidseitig der mittleren 6 M von Vorder- und Rückenteil 1 MM setzen.
In jeder 2. Rd beidseitig der 6 M 1 M re verschr aus dem Querfaden zun = 4 M zugenommen. Insgesamt 4-mal in jeder 2. Rd zun.

In der nächsten Rd die 6 markierten M vorn und hinten abk = 62 (67) 67 (72) 72 (77) 77 M pro Bein.

BEIN
Im Muster str, bis das Bein (9) 10 (11) 12 (14) 16 (19) cm misst.
Dabei nach ca. 1,5 cm wie folgt abn: 1 M re, 2 M re zus str, bis zu den letzten 3 M str, 2 M re überzogen zus str, 1 M re. Weiter im Muster str. Im Musterbereich re M str, wenn die M nicht mehr für einen Rapport ausreichen.
Alle (1,5) 1,5 (1,5) 1,5 (2) 2,5 (3) cm abn, bis noch (52) 55 (55) 58 (58) 65 (65) M übrig sind.
1 Rd re M str und auf (38) 40 (40) 42 (42) 44 (44) M abn.
Zu Ndl Nr. 2,5 wechseln. 20 Rd im Rippenmuster (1 M re, 1 M li im Wechsel) str und in der letzten Rd die M abk.

TRÄGER
Mit Ndl Nr. 2,5 aus der hinteren Mitte 19 M aufnehmen und 12 R im Rippenmuster (1 M re, 1 M li

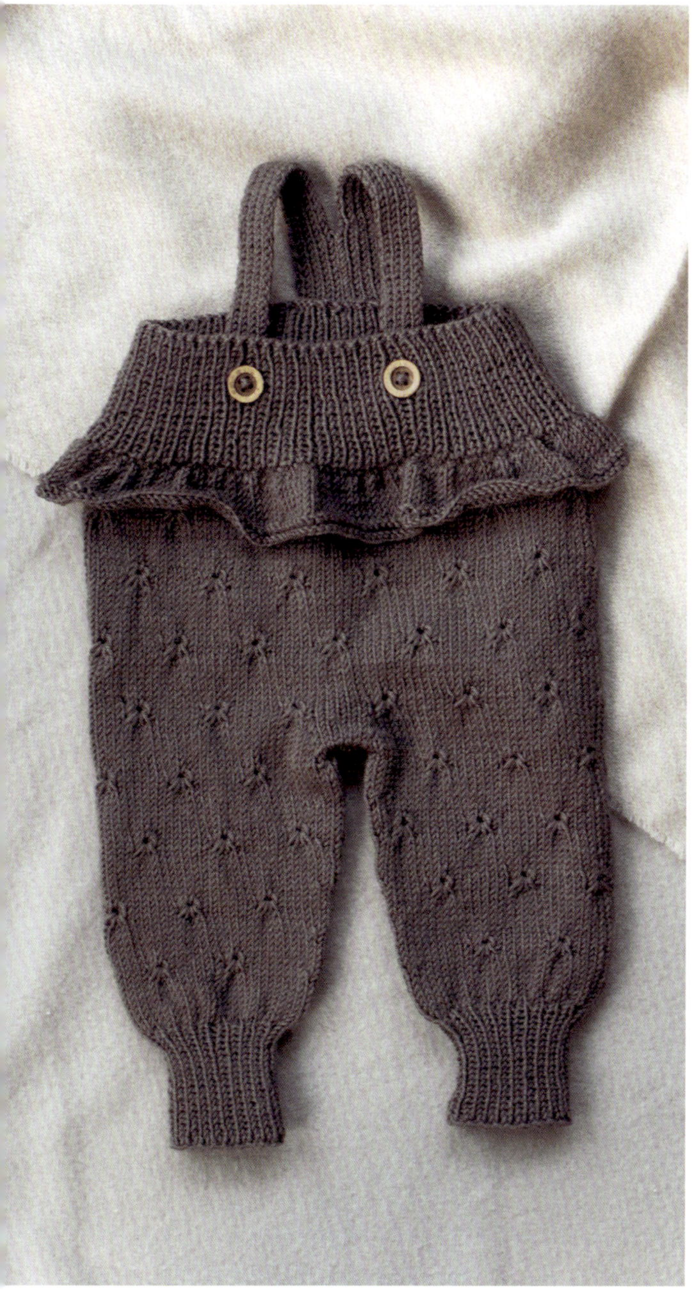

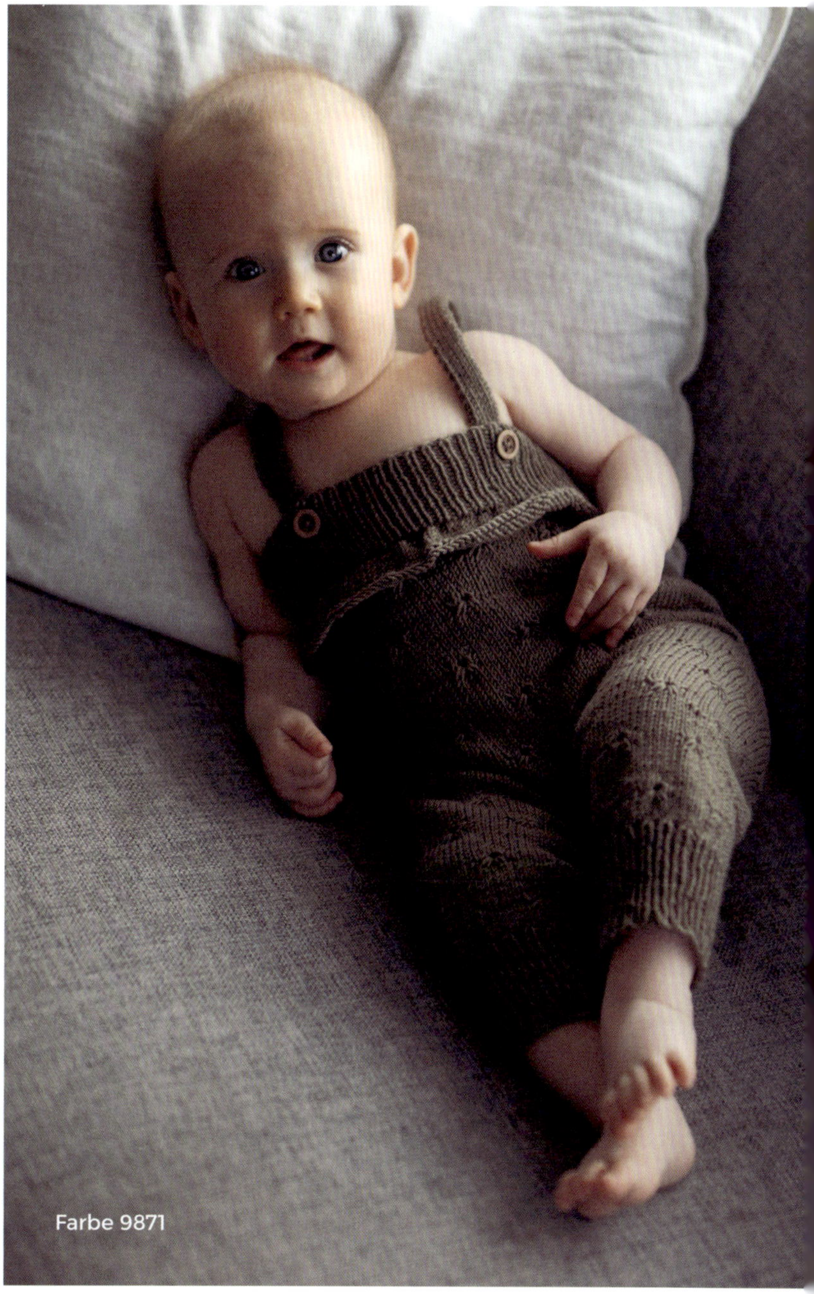

Farbe 9871

im Wechsel) str. In der nächsten R die mittlere M abk, dann jeden Träger getrennt str, bis er (16) 18 (18) 20 (22) 22 (24) cm ab der M-Aufnahme misst.

VOLANT

Mit Ndl Nr. 3 alle M aus der 1. Rd nach den Rippen aufnehmen. Dann 1 Rd re M str.

Nächste Rd: *2 M re, 1 M zun*, von * bis * bis Rd-Ende wdh.

(7) 7 (8) 8 (9) 9 (10) Rd re M str. 1 Rd li M, 1 Rd re M str. 1 Rd li M str, dabei gleichzeitig die M abk.

An jeden Träger einen Knopf nähen. Alle Fäden vernähen. Die Hose unter einem feuchten Handtuch trocknen lassen oder vorsichtig dämpfen.

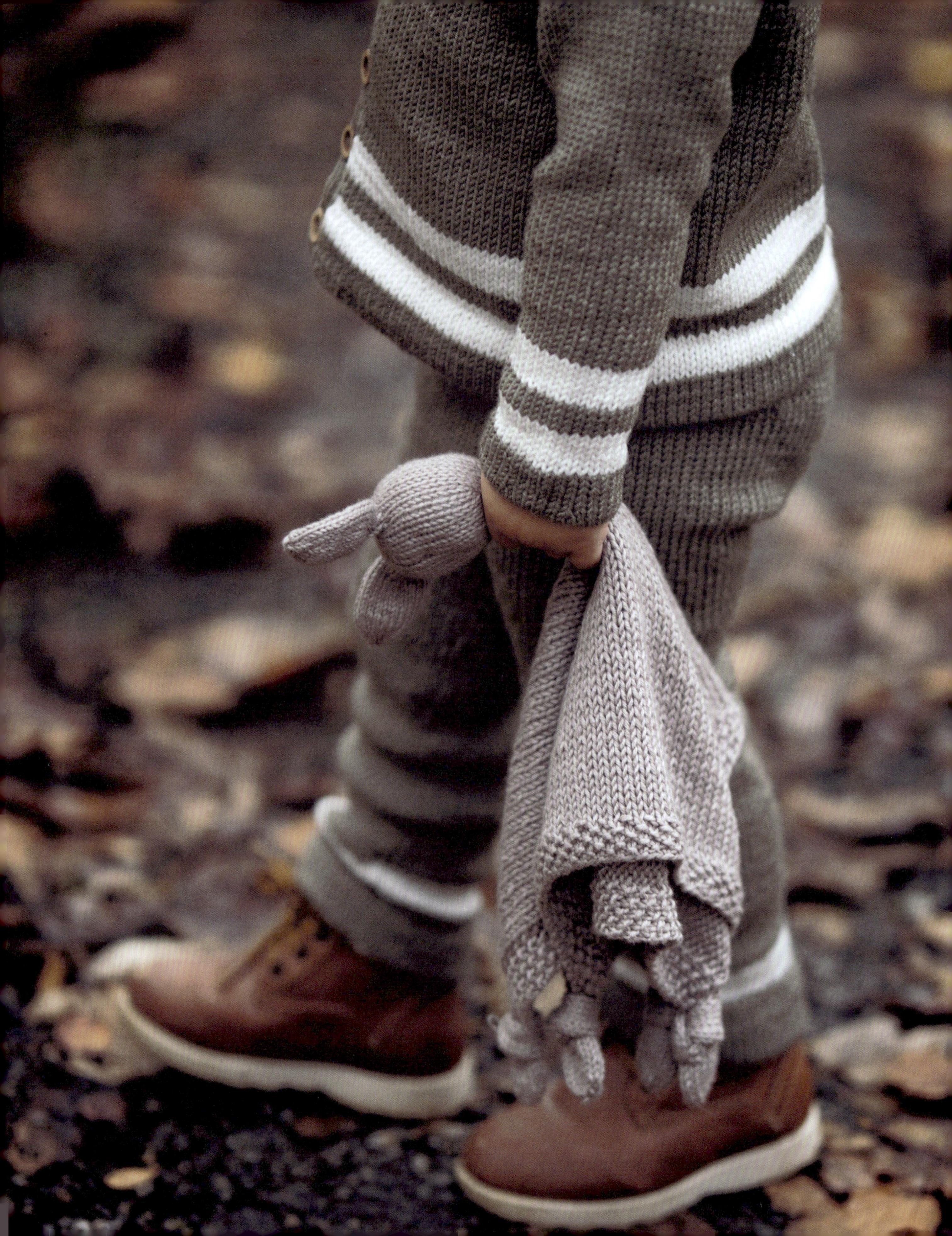

Spielsachen

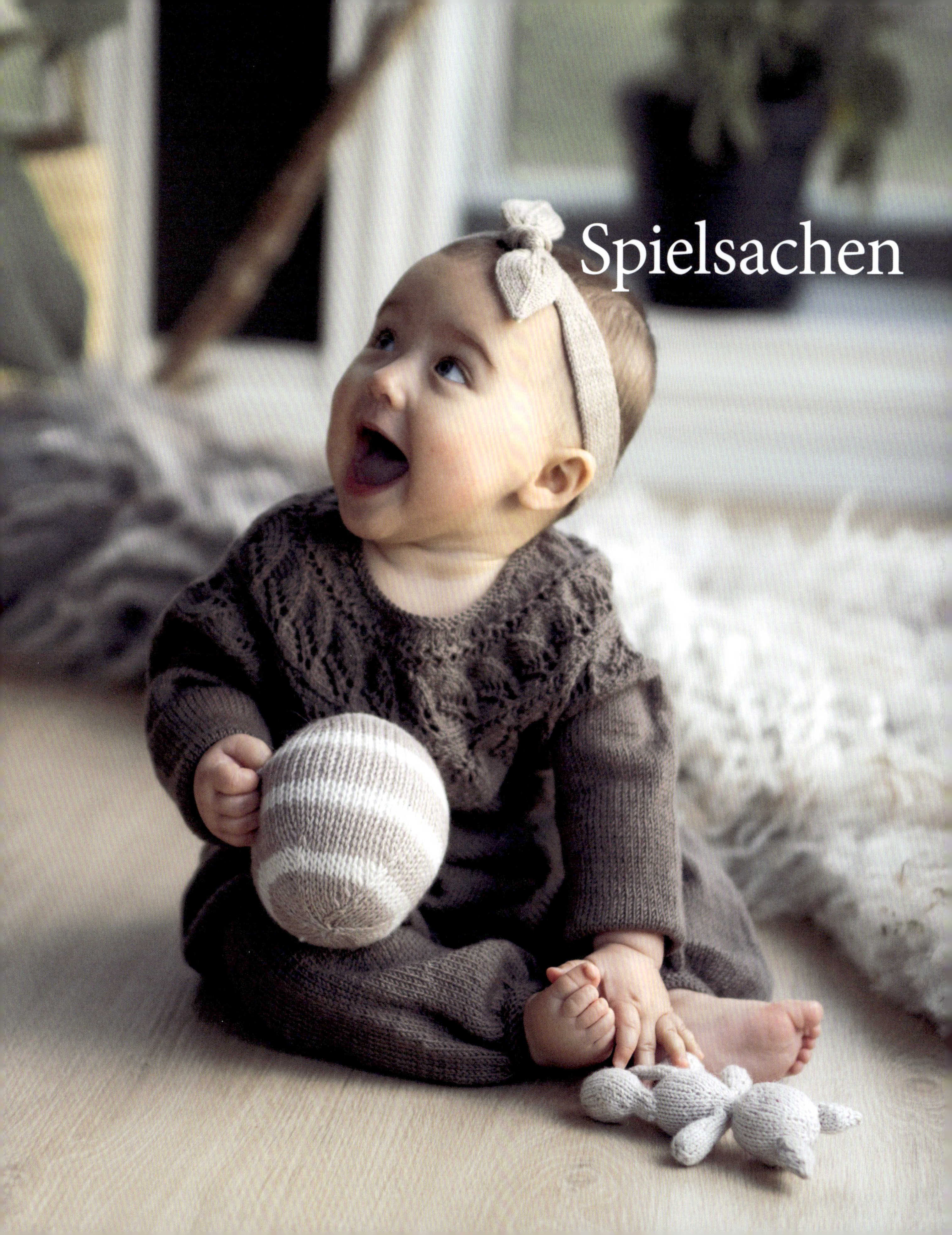

Rassel

GARN: Sandnes Garn DUO, Farbe 2650
MENGE: 50 g und zwei Wollreste, um das Gesicht aufzusticken
NADELN: Rundnadel Nr. 2,5, 80 cm für Magic Loop
MASCHENPROBE: 26 M mit Ndl Nr. 2,5 = 10 cm

Die Rassel während des Strickens nach und nach mit Füllwatte füllen und die Glocken mittig einlegen.
6 M mit Ndl Nr. 2,5 anschlagen.
Nächste Rd: *[1 M re, 1 M re verschr] in 1 M*, von * bis * bis Rd-Ende wdh.
Nächste Rd: *1 M re, [1 M re, 1 M re verschr] in 1 M*, von * bis * bis Rd-Ende wdh.
Nächste Rd: *2 M re, [1 M re, 1 M re verschr] in 1 M *, von * bis * bis Rd-Ende wdh.
Nächste Rd: *3 M re, [1 M re, 1 M re verschr] in 1 M *, von * bis * bis Rd-Ende wdh.
Nächste Rd: *4 M re, [1 M re, 1 M re verschr] in 1 M *, von * bis * bis Rd-Ende wdh.
Nächste Rd: *5 M re, [1 M re, 1 M re verschr] in 1 M*, von * bis * bis Rd-Ende wdh.
15 Rd re M str.
Nächste Rd: *5 M re, 2 M re zus str*, von * bis * bis Rd-Ende wdh.
Nächste Rd: *4 M re, 2 M re zus str*, von * bis * bis Rd-Ende wdh.
Nächste Rd: *3 M re, 2 M re zus str*, von * bis * bis Rd-Ende wdh.
Nächste Rd: *2 M re, 2 M re zus str*, von * bis * bis Rd-Ende wdh.
3 Rd re M str.
Nächste Rd: *2 M re, 1 M zun*, von * bis * bis Rd-Ende wdh.
Re M str, bis die Arbeit 13 cm misst.
Nächste Rd: *2 M re zus str*, von * bis * bis Rd-Ende wdh.
Den Faden durch die M fädeln und zus ziehen.

TIEROHREN

18 M mit Ndl Nr. 2,5 anschlagen. 2 Rd re M mit Magic Loop (siehe Video auf Klompelompe.no) str.
Nächste Rd: *4 M re, 1 M zun, 1 M re, 1 M zun, 4 M re*, von * bis * wdh.
4 Rd re M str.
Nächste Rd: *2 M re, 2 M re zus str*, von * bis * bis zu den letzten 2 M wdh, 2 M re = 17 M.
Nächste Rd: 2 M re zus str, *1 M re, 2 M re zus str*, von * bis * bis Rd-Ende wdh = 11 M.
Nächste Rd: *2 M re zus*, von * bis * bis zur letzten M wdh, 1 M re.
Den Faden durch die M fädeln und zus ziehen.
Die Ohren mit 3 cm Abstand an die Rassel nähen.
Augen, Nase und Augenbrauen aufsticken.

Ball

GARN: Sandnes Garn DUO, Farbe A: 2650, Farbe B: 1015
MENGE: 50 g oder ein Rest in jeder Farbe
NADELN: Rundnadel Nr. 2,5, 80 cm für Magic Loop
MASCHENPROBE: 26 M mit Ndl Nr.2,5 = 10 cm

Den Ball während des Strickens nach und nach mit Füllwatte füllen.

6 M mit Ndl Nr. 2,5 mit Farbe A anschlagen. Wenn gewünscht, Streifen str. Dafür abwechselnd 6 Rd mit Farbe A, 3 Rd mit Farbe B str.

Für alle folgenden Rd gilt: von * bis * bis Rd-Ende wdh.

Nächste Rd: *[1 M re, 1 M re verschr] in 1 M*.
Nächste Rd: *1 M re, [1 M re, 1 M re verschr] in 1 M*.
Nächste Rd: *2 M re, [1 M re, 1 M re verschr] in 1 M*.

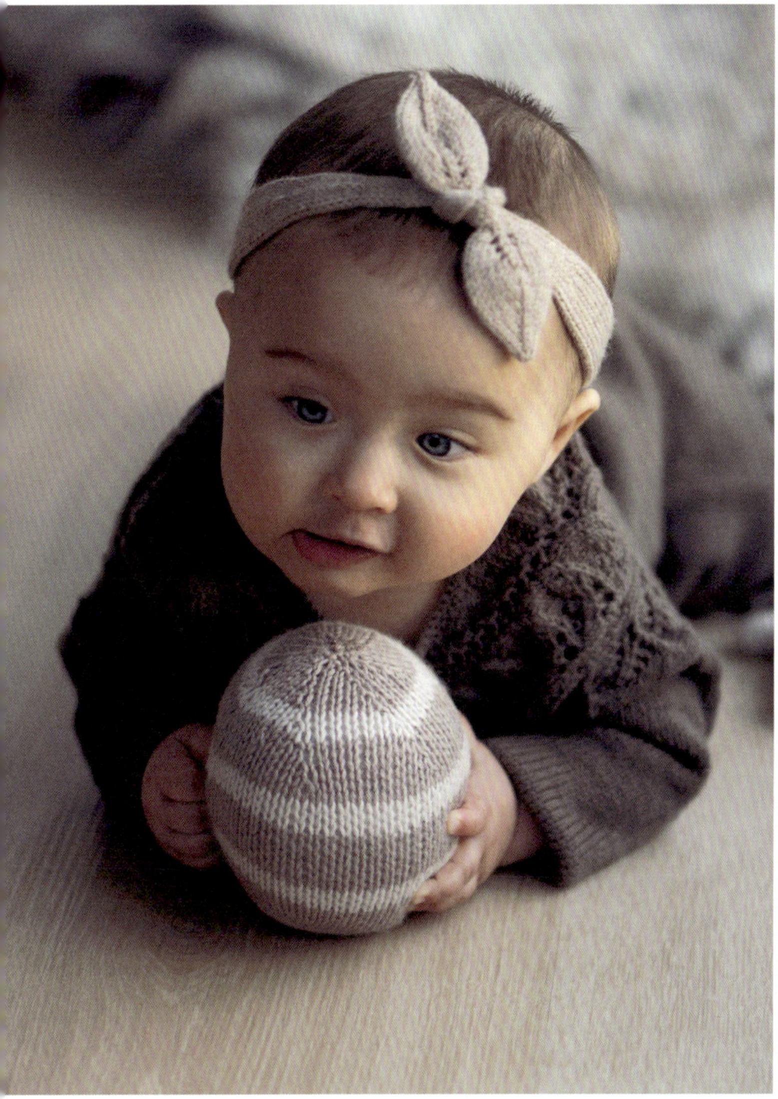

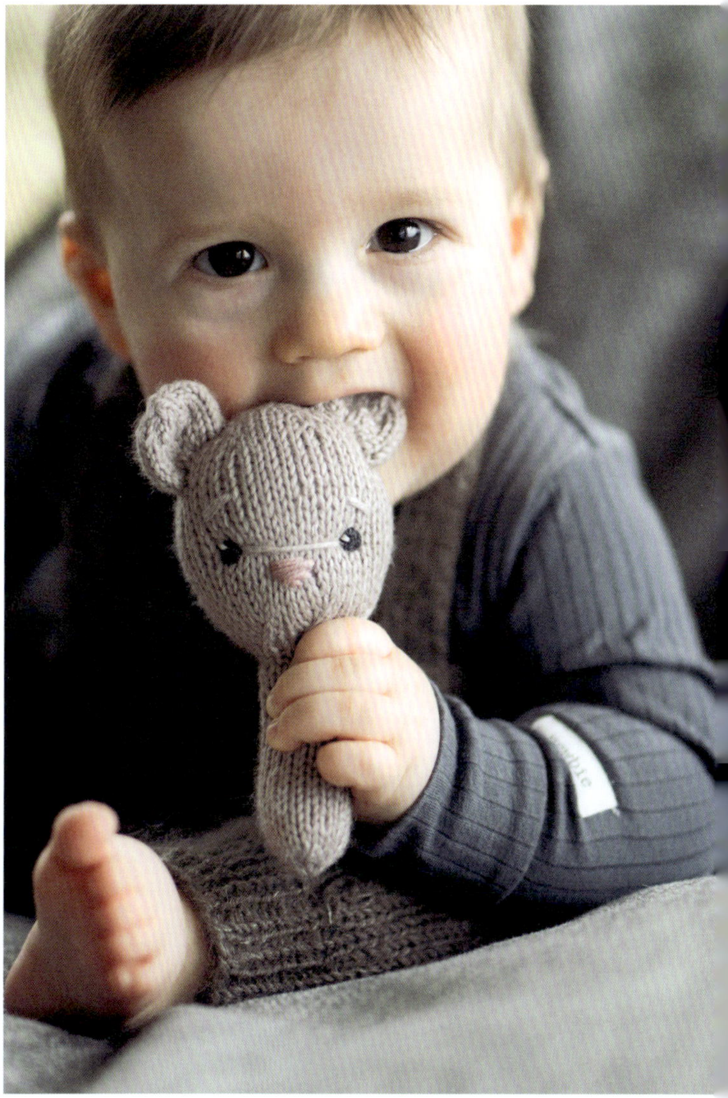

Nächste Rd: *3 M re, [1 M re, 1 M re verschr] in 1 M*.
Nächste Rd: *4 M re, [1 M re, 1 M re verschr] in 1 M*.
Nächste Rd: *5 M re, [1 M re, 1 M re verschr] in 1 M*.
Nächste Rd: *6 M re, [1 M re, 1 M re verschr] in 1 M*.
Nächste Rd: *7 M re, [1 M re, 1 M re verschr] in 1 M*.
Nächste Rd: *8 M re, [1 M re, 1 M re verschr] in 1 M*.
Nächste Rd: *9 M re, [1 M re, 1 M re verschr] in 1 M*.

5 cm re M str.

Nächste Rd: *9 M re, 2 M re zus str*.
Nächste Rd: *8 M re, 2 M re zus str*.
Nächste Rd: *7 M re, 2 M re zus str*.
Nächste Rd: *6 M re, 2 M re zus str*.
Nächste Rd: *5 M re, 2 M re zus str*.
Nächste Rd: *4 M re, 2 M re zus str*.
Nächste Rd: *3 M re, 2 M re zus str*.
Nächste Rd: *2 M re, 2 M re zus str*.
Nächste Rd: *1 M re, 2 M re zus str*.
Nächste Rd: *2 M re zus str*.

Den Faden durch die M fädeln und zus ziehen.

Schmusetuch

GARN: Sandnes Garn DUO, Farbe 2650
MENGE: 100 g und zwei Reste zum Aufsticken des Gesichts
NADELN: Rundnadeln Nr. 2,5 und Nr. 3,5, je 80 cm für Magic Loop
MASCHENPROBE: 26 M mit Ndl Nr. 2,5 = 10 cm
22 M mit Ndl Nr. 3,5 = 10 cm

Das Tuch in Reihen str.

75 M mit Ndl Nr. 3,5 anschlagen.
5 R im Perlmuster (1 M re, 1 M li im Wechsel und in der nächsten R versetzt) str.

Weiter beidseitig über die äußeren 5 M im Perlmuster und die restlichen M glatt rechts str.

Wenn die Arbeit ca. 30 cm misst, noch 5 R über alle M im Perlmuster str. In der letzten R die M abk.

KNOTEN

5 M mit Ndl Nr. 2,5 aus der Tuchecke aufnehmen, 5 M anschlagen. Diese 10 M mit Magic Loop (siehe Video auf Klompelompe.no) in Rd str. 20 Rd re M str.

Nächste Rd: *2 M re, 1 M zun, 1 M re, 1 M zun, 2 M re*, von * bis * wdh.

7 Rd re M str

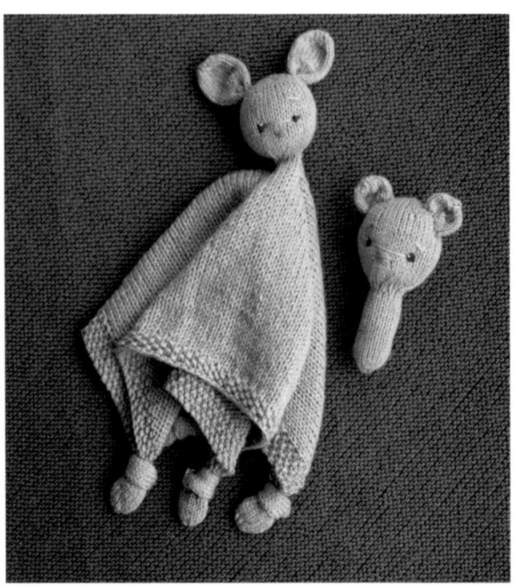

Nächste Rd: *2 M re zus str*, von * bis * bis Rd-Ende wdh.
Den Faden abschneiden, durch die M fädeln und zus ziehen. Die 5 angeschlagenen M annähen.
In jede Ecke einen Knoten str.

KOPF

Den Kopf beim Stricken nach und nach mit Füllwatte füllen.
Für alle folgenden Rd gilt: von * bis * bis Rd-Ende wdh.
6 M mit Ndl Nr. 2,5 mit Farbe A anschlagen.
Nächste Rd: *[1 M re, 1 M re verschr] in 1 M*.
Nächste Rd: *1 M re, [1 M re, 1 M re verschr] in 1 M*.
Nächste Rd: *2 M re, [1 M re, 1 M re verschr] in 1 M*.
Nächste Rd: *3 M re, [1 M re, 1 M re verschr] in 1 M*.
Nächste Rd: *4 M re, [1 M re, 1 M re verschr] in 1 M*.
15 Rd re M str.
Nächste Rd: *4 M re, 2 M re zus str*.
Nächste Rd: *3 M re, 2 M re zus str*.
Nächste Rd: *2 M re, 2 M re zus str*.
Nächste Rd: *1 M re, 2 M re zus str*.
Nächste Rd: *2 M re zus str*.
Den Faden durch die M fädeln und zus ziehen.

OHR

18 M mit Ndl Nr. 2,5 anschlagen. 5 Rd re mit Magic Loop str.
Nächste Rd: *4 M re, 1 M zun, 1 M re, 1 M zun, 4 M re*, von * bis * wdh.
10 Rd re M str.
Nächste Rd: *2 M re, 2 M re zus str*, von * bis * bis zu den letzten 2 M wdh, 2 M re = 17 M.
1 Rd re M str.
Nächste Rd: 2 M re zus str, *1 M re, 2 M re zus*, von * bis * bis Rd-Ende wdh = 11 M.
Nächste Rd: *2 M re zus str*, von * bis * bis zur letzten M wdh, 1 M re.
Den Faden durch die M fädeln und zus ziehen.

Alle Fäden vernähen.

Den Kopf in die Mitte des Tuchs nähen. Augen, Nase und Augenbrauen aufsticken.

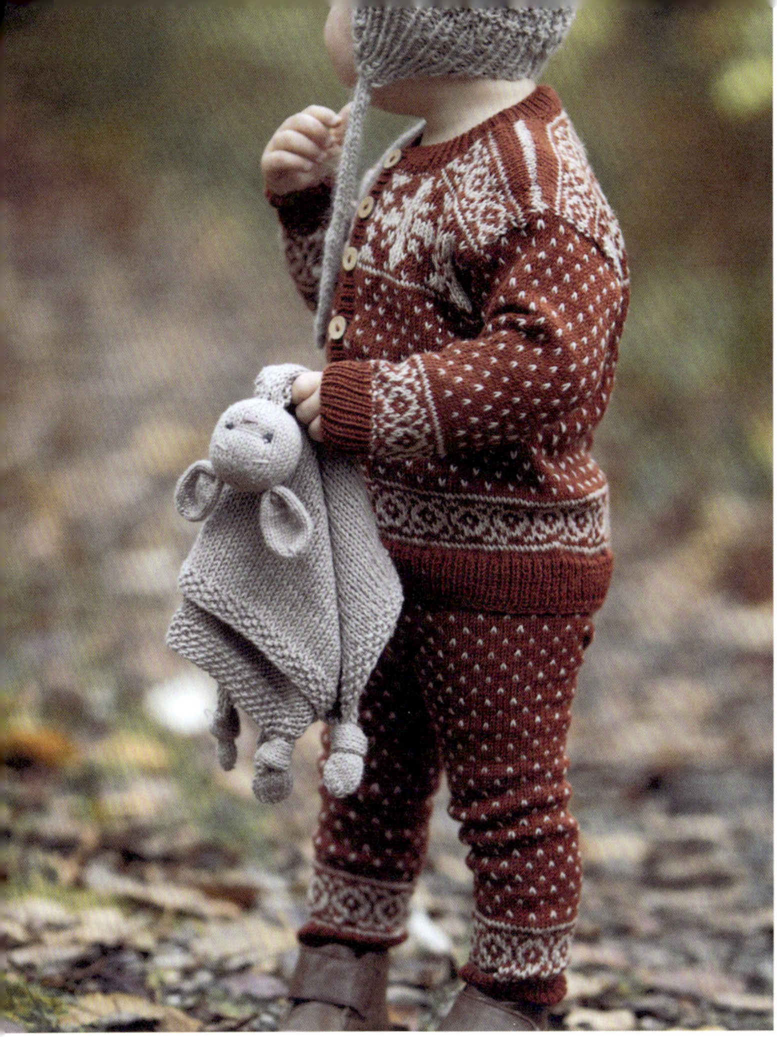

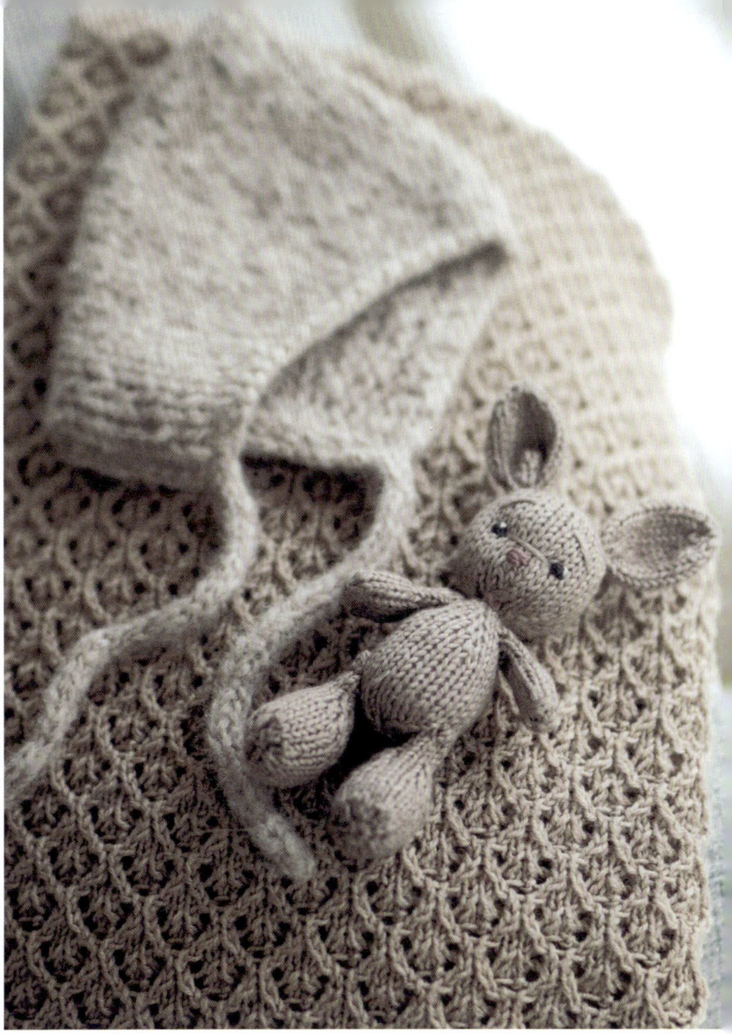

Minikaninchen & Minikatze

GARN: Sandnes Garn DUO, Farbe 2650 oder 1015
MENGE: 50 g und zwei Reste, um das Gesicht aufzusticken
NADELN: Rundnadel Nr. 2,5, 80 cm für Magic Loop
MASCHENPROBE: 25 M mit Ndl Nr. 2,5 = 10 cm

Das Tierchen beim Stricken nach und nach mit Füllwatte füllen.

Zuerst den Kopf str.

Zum Abn 2 M re zus str, sollten nur noch wenige M auf der Ndl sein und es wegen der Füllung eng werden, kann man auch 2 M überzogen zus str.

6 M mit Ndl Nr. 2,5 anschlagen.

Wenn mit Magic Loop (siehe Video auf Klompelompe.no) gestrickt wird, die M auf 2 Ndl verteilen. Für alle folgenden Rd gilt: von * bis * bis Rd-Ende wdh.

1. Rd: *[1 M re, 1 M re verschr] in 1 M = 12 M.
Nächste Rd: *1 M re, [1 M re, 1 M re verschr] in 1 M*.
Nächste Rd: *2 M re, [1 M re, 1 M re verschr] in 1 M*.
Nächste Rd: *3 M re, [1 M re, 1 M re verschr] in 1 M*.
10 Rd re M str.
Nächste Rd: *3 M re, 2 M re zus str*.
Nächste Rd: *2 M re, 2 M re zus str*.
Nächste Rd: *1 M re, 2 M re zus str*.
Nächste Rd: *2 M re zus str*.
1 Rd re M str.

Nächste Rd: *2 M re, 1 M zun (re verschr aus dem Querfaden str)*.
1 Rd re M str.
Nächste Rd: *3 M re, 1 M zun*.
1 Rd re M str.
Nächste Rd: *4 M re, 1 M zun*.
1 Rd re M str.
Nächste Rd: *5 M re, 1 M zun*.
1 Rd re M str.
Nächste Rd: *6 M re, 1 M zun*.
1 Rd re M str.
Nächste Rd: *7 M re, 1 M zun*.
8 Rd re M str.
Nächste Rd: *4 M re, 2 M re zus str*.
Nächste Rd: *3 M re, 2 M re zus str*.
Nächste Rd: *2 M re, 2 M re zus str*.
Nächste Rd: *1 M re, 2 M re zus str*.
Nächste Rd: *2 M re zus str*.

OHR KANINCHEN

14 M mit Ndl Nr. 2,5 anschlagen. 3 Rd re M mit Magic Loop str.
Nächste Rd: *3 M re, 1 M zun, 1 M re, 1 M zun, 3 M re*, = 18 M.
9 Rd re M str.
Nächste Rd: *1 M re, 2 M re zus str*.
1 Rd re M str.
Nächste Rd: *2 M re zus str*.

OHR KATZE

14 M mit Ndl Nr. 2,5 anschlagen. 2 Rd re M str.
Nächste Rd: *2 M re, 1 M zun, 3 M re, 1 M zun, 2 M re*.
2 Rd re M str.
Nächste Rd: *1 M re, 2 M re überzogen zus str, 3 M re überzogen zus str, 2 M re zus str, 1 M re*.
Nächste Rd: *1 M re, 3 M re überzogen zus str, 1 M re*.
2 Rd re M str, den Faden durch die M fädeln und zus ziehen.

ARM

6 M mit Ndl Nr. 2,5 anschlagen.
Nächste Rd: *[1 M re, 1 M re verschr] in 1 M*.
6 Rd re M str.
Nächste Rd: *1 M re, 2 M re zus str*.
4 Rd re M str.
Nächste Rd: 4 M re, 4 M abn.
Nächste R: 1 M re, 2 M re zus str, 1 M re.
1 R li M, dabei gleichzeitig die M abk.

FUSS

6 M mit Ndl Nr. 2,5 anschlagen.
Nächste Rd: *[1 M re, 1 M re verschr] in 1 M*.
Nächste Rd: * 1 M re, [1 M re, 1 M re verschr] in 1 M*.
5 Rd re M str.
Verkürzte R an der Ferse: 4 M re, wenden, 8 M li, wenden, 9 M re, wenden, 10 M li, wenden, 11 M re, wenden, 12 M li, wenden, 6 M re.
1 Rd re. M str
Nächste Rd: 4 M re, 2 M re überzogen zus str, 2 M re überzogen zus str, 2 M re, 2 M re zus str, 2 M re zus str, 4 M re.
1 Rd re M str.
Nächste Rd: 2 M re, 2 M re überzogen zus str, 2 M re überzogen zus str, 2 M re, 2 M re zus str, 2 M re zus str, 2 M re.
4 Rd re M str.

RECHTER FUSS

5 M abk, 5 M re.
1 R li M str, dabei gleichzeitig die M abk.

LINKER FUSS

5 M re, 5 M abk.
1 R re M str, dabei gleichzeitig die M abk.

KATZENSCHWANZ

3 M mit Ndl Nr. 2,5 anschlagen. Einen 5,5 cm langen I-Cord str (siehe Video auf Klompelompe.no). Den Faden durch die M fädeln und zus ziehen. Den Schwanz 1,5 cm von der hinteren Mitte entfernt an die Katze nähen.

Die Arme oben am Hals annähen. Die Ohren mit ca. 3 cm Abstand am Kopf annähen. Die Beine mit 2 cm Abstand unten am Körper annähen.
Alle Fäden vernähen.

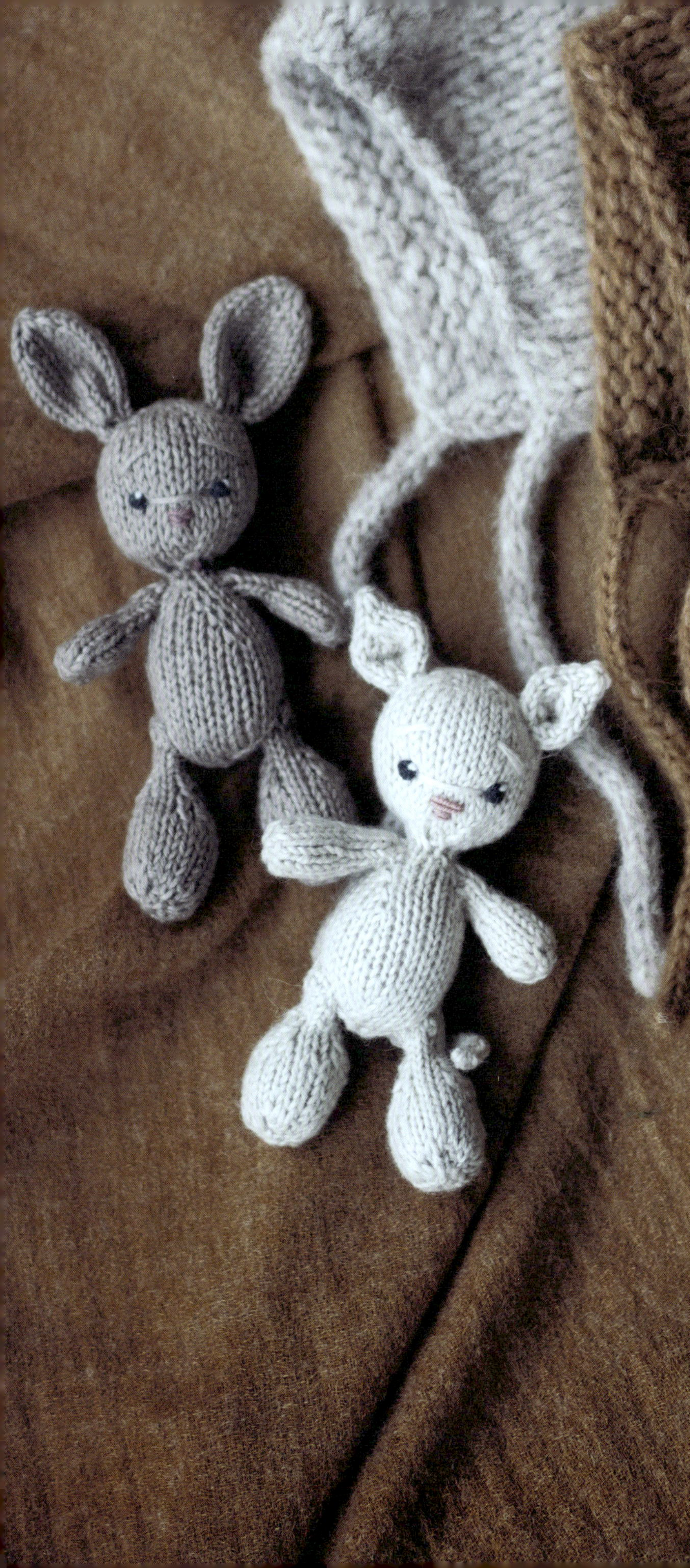

Danke

Was für ein Glück wir haben, unser 16. Buch zu veröffentlichen! Das hätten wir niemals geschafft ohne das fantastische Team vom J.M. Stenersens Verlag. Wir wissen es zu schätzen, dass sie immer noch dafür arbeiten, dass unsere Bücher schön werden. Wir müssen Solveig (unsere Lieblingsredakteurin), Raymond, Tine, Camilla, Thomas und Cathrine nennen, die wir über die Jahre besonders gut kennengelernt haben. Danke für das Anfeuern und die guten Ratschläge auf dem Weg und dafür, dass wir bei unseren Besuchen immer herzlich empfangen werden.

Danke dem fantastischen Team der Teststrickerinnen. Besonders toll ist, dass mehrere Teststrickerinnen die niedlichen kleinen Models produziert haben, die mit nur wenigen Tagen unsere Kleider präsentieren.
Danke der Designerin Anne Vines, die das Buchlayout so schön gemacht hat.
Danke an Sandnes Garn für eine tolle Zusammenarbeit und das schöne Qualitätsgarn, das in Norwegen hergestellt wird.
Dank an Stig Øyvind und Arve, weil sie lange Arbeitstage ertragen und die Stellung halten, wenn wir weg sind.
Dank unseren süßen Models:
Guro, Ingvild, Sarah, Noah, Elias, Mads, Benjamin, Tobias, Even, Olav, Erle, Oline, Magnus, Mats, Hedda, Iben, Agnes, Sara Oline, Reidun, Gustav, Caspian Matheo, Filippa und Lotta.

TESTSTRICKERINNEN:
Britt Alise K. Stange, Line Tangen, Åse Osmundsen, Kristin Karlsen, Svanhild Andreassen, Marianne Hartwedt, Gunnvor Thulin, Mary Therese Utvik, Lillian H. Johansen, Gro Torunn Utvik, Maria Hjelmaas, Sissel Eikeland, Ingebjørg Thorsen, Aina Pedersen, Solveig Hartwedt, Anna L. Larsen, Lena T. Yrke, Bodhild Bang, Mariann Midtbø, Ingrid H. Hiller, Tove K. Milje, Johanna F. K. Gismervik, Kristine Leirdal, Linneah Hilbig, Helene Aardal, Christine Ulland, Randi Andreassen, Pia I. Ø. Ytreland, Svitlana Larsen, Eva Britt Kvalevaag, Bjørg Eikanger Kvia, Inger Utvik, Caroline Lillesund, Ida Helland, Trine Rommetveit und Linda Andreassen.

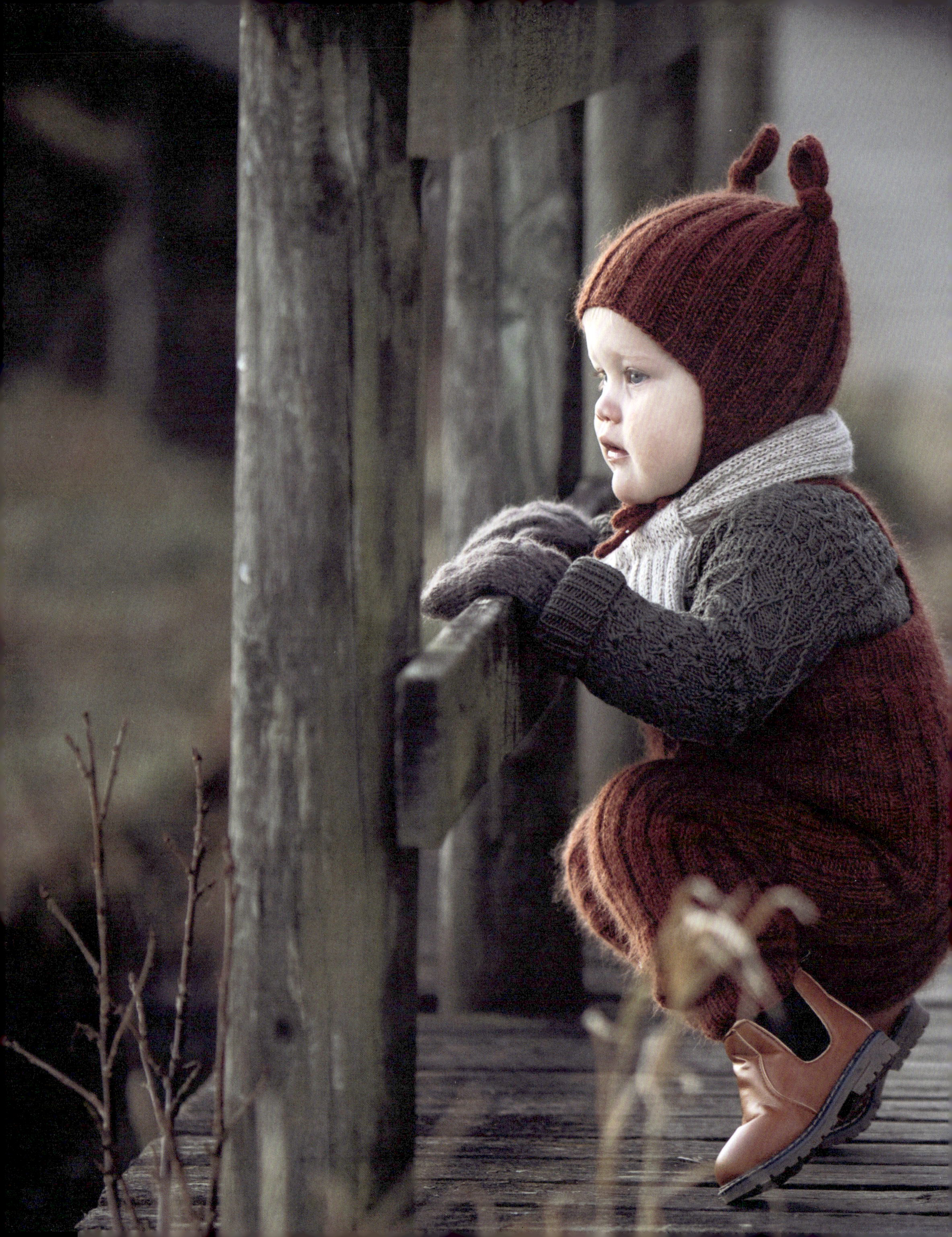